ŒUVRES
DE
LOUIS RACINE.

TOME QUATRIÈME.

PARIS.

LE NORMANT, IMPRIMEUR-LIBRAIRE,

RUE DES PRÊTRES SAINT-GERMAIN-L'AUXERROIS.

1808.

ŒUVRES

DE

LOUIS RACINE.

LE
PARADIS
PERDU.

TOME IV. A

SOMMAIRE

DU LIVRE SEPTIÈME.

RAPHAEL apprend à Adam, que Dieu, après avoir chassé du Ciel les Anges rebelles, déclara qu'il les remplaceroit par d'autres créatures, pour lesquelles il vouloit faire le monde. Son Fils, exécuteur de sa volonté, part suivi d'un cortége d'Anges, va dans le chaos où il arrange l'univers; et l'ouvrage des six jours étant accompli, il remonte dans les Cieux.

LE PARADIS PERDU.

LIVRE SEPTIÈME.

Descends du Ciel, Uranie, s'il m'est permis de t'appeler par ce nom, Muse par qui, en suivant ta voix divine, je me suis trouvé élevé plus haut que le Parnasse, et bien plus haut que ne vola jamais ce fameux Pégase. Ce n'est pas ton nom que j'invoque, mais ta puissance, puisque tu n'es pas une des neuf Muses, et que tu ne résides pas sur le sommet de l'antique Olympe ; mais que née dans le Ciel avant que les montagnes se fussent élevées sur la terre, avant que les fleuves l'eussent arrosée, tu conversois avec l'éternelle sagesse, cette sagesse ta sœur, et tu te jouois avec elle en présence du Tout-Puissant, qui prenoit plaisir à écouter tes chants célestes. Conduit par toi, j'ai osé monter, moi vil habitant de la terre, jusqu'au Ciel des Cieux, et là, j'ai respiré l'air de l'Empyrée, dont tu as pour moi tempéré la subtilité. Daigne prendre le même soin de me conduire, lorsque je retourne à mon élément, à cet air auquel ma naissance m'a accoutumé, de peur que par une chute pareille à celle de ce Bellérophon qui ne s'étoit pas élevé si haut que moi, renversé comme lui de mon coursier ailé, je ne tombe dans les champs Aleïens, égaré, perdu, abandonné.

Je n'ai encore chanté que la moitié de ce que je dois chanter. Mais celle qui me reste, ne me conduira plus hors des limites de cette sphère qu'éclaire l'astre du jour. Je vais rester sur la terre ; et n'étant plus obligé de m'élever au-dessus du pole, j'aurai plus de courage pour soutenir une voix mortelle, que rien ne peut ni forcer au silence ni affoiblir, quoique je sois tombé dans ces mauvais jours, au milieu de ces langues mauvaises, et que je me trouve dans les ténèbres, parmi les dangers qui de tous côtés m'environnent, et abandonné de tout le monde. Mais dans ma solitude je ne serai pas seul, si tu daignes me visiter, lorsque la nuit étend ses voiles sur la nature, ou lorsque l'aurore peint l'orient de ses couleurs de pourpre.

Gouverne mes chants, ô Uranie, et procure-leur les auditeurs qu'ils méritent. Je serai content, quoiqu'ils soient en petit nombre. Surtout écarte loin de moi la barbare dissonnance de Bacchus et de son cortége insensé, race de la troupe furieuse qui déchira le chantre de la Thrace, sur le mont Rhodope, dont les arbres et les rochers eurent des oreilles promptes à se laisser ravir par ses sons, jusqu'au moment où des cris sauvages imposant silence à sa voix et à sa lyre, le fils d'une Muse implora en vain une mère qui ne put le défendre. Pour toi, tu ne manques pas à qui t'implore, parce que tu es véritablement céleste, et que Calliope n'étoit qu'un vain songe.

Raconte, déesse, ce qui se passa après que Raphaël, cet affable Archange, instruisant Adam par un terrible exemple, à détester le crime de l'apostasie, lui eut appris la chute de ceux qui dans le Ciel furent apostats, pour préserver d'un pareil malheur Adam et sa race, Adam et son épouse à qui rien n'est interdit que le fruit d'un seul arbre : commandement facile à observer au milieu de tant de fruits qu'ils ont à choisir, et qui peuvent par leur abondance satisfaire à toute la variété de leur goût.

Adam et sa chère compagne avoient prêté une oreille attentive à un récit qui les remplissoit d'étonnement, et les jetoit dans des réflexions profondes sur des choses si élevées et si étranges, et que jamais ils n'eussent soupçonnées. Quoi, une telle haine dans le Ciel; une telle guerre près du Dieu de paix; une telle confusion dans le séjour de la félicité ! Ils pensent aussi que l'impossibilité d'un tel mélange dans le bonheur, a fait refluer le mal sur ceux dont il étoit sorti, comme le vent fait refluer une onde vers sa source. Par ces réflexions, Adam chasse loin de lui les doutes qui s'élèvent dans son cœur, et n'a d'autre desir (il étoit encore innocent), que d'acquérir les connoissances qui lui sont utiles : comment ce monde visible, cette terre, ce Ciel commencèrent; quand, de quoi, pour quelle raison ils furent créés; ce qui s'est fait avant lui dans Eden et dehors. Il est comme un homme qui, après avoir apaisé sa soif dans une onde qui coule avec un doux murmure, la considère, et sent à cette vue renaître en lui une nouvelle soif. Il fit à son hôte cette nouvelle demande :

« Vous avez rempli nos oreilles de merveilles,
» en nous révélant des choses si grandes et si
» différentes de celles que nous voyons ici-bas, ô
» divin interprète, que le Ciel dans sa bonté a
» envoyé vers nous, pour nous donner à temps
» des leçons que ne peut se donner à elle-même
» l'humaine connoissance, et dont l'ignorance
» auroit pu causer notre perte! Vous êtes cause
» que nous devons une immortelle reconnoissance
» à cette infinie bonté, et que nous recevons les
» avertissemens qu'elle nous donne avec une pro-
» testation solennelle et irrévocable d'observer sa
» souveraine volonté, la fin de tout ce que nous
» sommes. Mais puisque votre aimable complai-
» sance a bien voulu nous faire part des choses
» qui surpassent nos terrestres pensées, et dont
» cependant la connoissance nous est utile, puisque
» la suprême sagesse a jugé à propos de nous l'ac-
» corder, daignez descendre un peu plus bas, et
» nous raconter ce qui ne nous est peut-être pas
» moins utile de savoir. Quel commencement a eu
» ce Ciel que nous admirons, et qui, si élevé sur
» nos têtes, est orné de tous ces feux innombrables;

» quelle est l'origine de cette substance qui donne
» et remplit tout espace, de cet air qui répandu
» dans la vaste étendue, l'embrasse toute avec la
» terre fleurie ; quelle raison détermina le Créateur
» au milieu du saint repos dont il jouit de toute
» éternité, de bâtir si tard dans le chaos ; après
» qu'il eut commencé son ouvrage, en quel temps
» le finit-il ? Apprenez-nous ces choses, s'il ne
» vous est pas défendu de nous les apprendre. Ce
» n'est pas l'envie de pénétrer dans les secrets de
» son éternel empire, qui nous fait faire cette
» demande ; c'est pour le louer dans des ouvrages
» qui, plus ils seront connus de nous, plus ils en
» seront admirés. Il reste encore au grand astre du
» jour, quoique déjà si avancé, une partie consi-
» dérable de sa carrière. Arrêté par votre voix, il
» se plaît sans doute à écouter cette voix puissante;
» il sera bien mieux arrêté par le plaisir de vous
» entendre raconter son origine, et la naissance de
» toute la nature sortant de l'obscur sein de l'abyme ;
» ou si l'étoile du soir se hâte de venir avec la
» lune vous écouter, la nuit amènera avec elle le
» silence ; et le sommeil charmé de vous entendre,
» veillera lui-même, ou nous lui ordonnerons de
» s'éloigner, jusqu'à ce que votre chant finisse,
» et que l'aurore vous engage à nous quitter. »

Telle fut la prière qu'Adam fit à son hôte illustre,
et le céleste Esprit lui fit cette douce réponse :

« Que cette demande faite avec tant de pru-
» dence, te soit accordée. Cependant quelle langue

» de Séraphin est capable de raconter les œuvres
» du Tout-Puissant ? Nos paroles les peuvent-elles
» exprimer, et l'esprit humain les peut-il conce-
» voir ? Mais ce que tu pourras comprendre, ce
» qui te pourra porter à justifier le Créateur, et
» contribuer à te rendre plus heureux, ne te sera
» point refusé. J'ai reçu en haut l'ordre de satis-
» faire à tes desirs, quand ils seront renfermés dans
» les bornes qu'ils doivent avoir. Ne les étends pas
» plus loin, et ne te flatte pas que tu puisses jamais,
» par tes recherches, pénétrer ces secrets que l'in-
» vincible monarque, l'être à qui seul rien n'est
» caché, a enveloppés dans une nuit qui sera tou-
» jours nuit pour le Ciel comme pour la terre. Il
» t'est permis de chercher et de connoître les autres
» choses, mais la connoissance est comme un ali-
» ment ; il faut aussi que la tempérance règle cette
» avidité. Ce n'est que prise avec mesure, qu'elle
» profite à l'âme, qui sans cela en est surchargée ;
» et la sagesse alors se tourne en folie, de même
» que l'aliment corporel se tourne, sans la tempé-
» rance, en pernicieuses fumées.

» Après la chute de Lucifer (on appelle ainsi ce-
» lui qui brilla parmi les Anges, plus que cette étoile
» ne brille parmi les astres), après que ce rebelle,
» avec ses légions enflammées, eut été précipité
» dans son lieu, l'auguste Fils retourna vainqueur
» avec ses Saints ; et le Tout-Puissant, qui, de son
» trône, en contempla la multitude, dit à son Fils :

« L'espérance de notre jaloux ennemi est donc

» trompée. Il avoit cru tout entraîner dans sa révolte,
» et avec l'aide des rebelles, usurper sur nous cette
» forteresse élevée et inaccessible, siége de la su-
» prême autorité. Tous ceux qu'il a entraînés dans
» son parti, il les a entraînés dans son malheur,
» et leur place ici ne se trouve plus. Mais je
» vois que la plus grande partie garde toujours
» sa place, et que le Ciel, très-peuplé encore,
» conserve assez d'habitans pour remplir ses
» royaumes, quelque vastes qu'ils soient, et assez
» de ministres pour remplir les solennelles fonc-
» tions qui doivent être exercées dans ce haut
» temple. Mais afin que son cœur ne se glorifie
» pas dans le mal qu'il a déjà fait, dans le plaisir
» d'avoir privé le Ciel de plusieurs habitans, et
» dans ce qu'il croit follement une perte pour moi
» (si c'en est une que de perdre ce qui veut se
» perdre soi-même), il m'est facile de la réparer.
» Je vais en un moment créer un autre monde, et
» un homme dont sortira une race innombrable
» d'hommes. Ils habiteront ce monde, non pour
» toujours, parce que s'élevant par les degrés de
» leurs mérites, et après l'épreuve d'une longue
» obéissance, ils s'ouvriront à la fin un chemin
» pour monter jusqu'ici. La terre deviendra un
» Ciel, et le Ciel une terre, et il n'y aura plus
» qu'un seul royaume, une joie et une union sans
» fin. En attendant, Puissances célestes, étendez-
» vous davantage dans votre séjour; et toi, mon
» Verbe, mon Fils unique, c'est par toi que j'o-

» père. Parle, et qu'il soit fait. J'envoie avec toi
» ma puissance, et mon esprit qui couvre tout de
» son ombre. Va, pars. Ordonne que la partie de
» l'abyme qui recevra de toi des bornes, devienne
» Ciel et terre : abyme qui n'a ni bornes ni espace
» vide, parce que *je suis*. L'infini est rempli par
» moi ; mais moi, que rien ne peut renfermer, je
» n'étends point partout cette bonté qui me fait
» créer, je me renferme en moi-même, libre d'agir
» ou de ne pas agir. Ni nécessité ni hasard n'appro-
» chent de moi. Je veux, voilà le destin. » Ainsi
» parla le Tout-Puissant ; et par son Verbe, sa
» Divinité filiale, l'effet suivit ses paroles.

» Les opérations de Dieu sont immédiates. Le
» temps ni le mouvement n'en peuvent suivre la
» rapidité ; mais elles ne peuvent être racontées
» qu'avec la succession des paroles dans une narra-
» tion, et une narration qui soit à la portée de l'hu-
» maine intelligence.

» Le triomphe fut grand dans le Ciel, et la joie
» fut extrême, lorsqu'on y entendit le Tout-Puis-
» sant déclarer sa volonté. On y chanta : « Gloire soit
» au Très-Haut, bonne volonté à ces hommes qui
» doivent naître, et paix dans leur séjour. Gloire à
» celui dont la juste et vengeresse colère a chassé
» les méchans de sa vue, et de la demeure des justes.
» Gloire et louange à celui dont la sagesse a ordonné
» que du mal seroit créé le bien ; que la place vide
» des malheureux Esprits seroit remplie par une race
» meilleure, et que sa bonté se répandroit sur des

» siècles et des mondes infinis. » Ces paroles furent
» chantées par toutes les hiérarchies.

» Cependant, prêt à exécuter cette grande com-
» mission, le Fils parut, ceint de la toute-puissance,
» et couronné des rayons de la divine majesté. La
» sagesse, l'amour immense, tout son Père brilloit
» en lui. Son char étoit environné d'un innombrable
» cortége que composoient Chérubins, Séraphins,
» Potentats, Trônes, Vertus, Esprits ailés, ainsi que
» chars ailés, célestes équipages de l'arsenal de Dieu,
» qui toujours prêts à partir, sont depuis un temps
» infini placés par millions entre deux montagnes
» d'airain, et réservés pour les fêtes solennelles. En
» ce moment ils vinrent d'eux-mêmes se présenter;
» car l'esprit de vie qui est en eux, est attentif aux
» desirs de leur maître: Les portes du Ciel, qui en
» tournant sur leurs gonds d'or font un bruit har-
» monieux, ouvrent passage au Roi de gloire, qui
» dans son puissant Verbe et son Esprit, s'avance
» pour créer de nouveaux mondes. Ils s'arrêtèrent
» tous sur les limites des Cieux, et contemplèrent
» du bord l'abyme immense, incommensurable,
» sombre, désert, horrible, affreux, plein d'orages,
» et pareil à la mer, lorsqu'elle est tourmentée jus-
» qu'au fond de son sein par les vents furieux, et
» que ses vagues soulevées comme des montagnes,
» semblent vouloir assaillir le haut des Cieux, et
» confondre le centre de la terre avec ses poles.

« Silence, ondes tumultueuses, et toi abyme, tais-
» toi. Que vos discordes finissent, dit le Verbe qui
» opère tout. »

» Il ne s'arrêta point, mais élevé sur les ailes des
» Chérubins, il s'avança dans la gloire paternelle,
» jusqu'au milieu du chaos et du monde prêt à naître.
» Le chaos avoit entendu sa voix. Le brillant cortége
» des Anges le suivit, pour contempler la création,
» et les merveilles de sa puissance.

» Alors il arrête les roues brûlantes de son char,
» et prend dans ses mains le compas d'or que Dieu,
» dans ses éternels trésors, avoit réservé pour cir-
» conscrire l'univers et tous les êtres créés. Il en
» appuie un pied au centre, et tourne l'autre dans
» les ténèbres de l'immense profondeur, en disant :
« Etends-toi jusque-là. Qu'ici soient tes bornes.
» Voilà ta juste circonférence, ô univers ! »

» Ainsi Dieu créa le Ciel, ainsi il créa la terre,
» matière sans ornement et toute nue. De pro-
» fondes ténèbres couvroient la face de l'abyme,
» et l'Esprit de Dieu étendant ses ailes sur les
» tranquilles eaux, y répandoit une vertu féconde,
» une chaleur vitale, qui s'insinuoient au travers de la
» masse fluide, et qui faisoient précipiter au fond la
» lie noire, froide, infernale, l'ennemie de la vie.
» Ensuite il jeta en moule, et réunit ensemble
» toutes les parties homogènes ; les autres furent
» renvoyées en divers lieux, l'air s'étendit entre
» elles ; et la terre, balancée sur elle-même, resta
» sur son centre.

« Que la lumière soit, dit Dieu. » Aussitôt
» la lumière éthérée, la première des choses,
» quintessence pure, sortit de l'abyme, et partit

» de son orient natal pour traverser l'air ténébreux ;
» elle étoit portée dans un nuage brillant de forme
» sphérique, et le soleil n'étant pas encore, elle fit
» quelque temps son séjour dans ce nébuleux ta-
» bernacle. Dieu vit que la lumière étoit bonne,
» il la sépara des ténèbres par l'hémisphère, et il
» appela la lumière le jour, et les ténèbres la nuit.
» Ainsi du soir et du matin se fit le premier jour,
» qui ne se passa pas sans être chanté et célébré
» par les chœurs célestes. Au premier éclat de la
» naissante lumière exhalée du sein des ténèbres
» dans ce premier jour de l'univers, ils remplirent
» de leurs acclamations et de leurs cris de joie, la
» vide concavité de ce grand orbe; et touchant
» leurs harpes d'or, glorifiant dans leurs hymnes
» Dieu et ses ouvrages, ils les chantèrent en l'ap-
» pelant *Créateur*, lorsque le premier soir arriva,
» et lorsqu'il fut suivi du premier matin.

» Dieu dit encore : « Que le Firmament soit au
» milieu des eaux, qu'il sépare les eaux des eaux. »
» Et Dieu fit le Firmament, pure étendue, liquide
» et transparente, air élémentaire qui se répand
» en circuit jusqu'à la convexité la plus reculée de
» cet orbe si vaste ; séparation ferme et sûre, qui
» divise les eaux supérieures de celles d'en bas.
» Car, ainsi que la terre, le monde fut bâti au
» milieu d'une onde calme qui l'environne ; vaste
» océan de cristal, dont le tumultueux empire du
» chaos fut éloigné, de peur que le voisinage de
» ces fières extrémités n'apportât du trouble dans

» toute sa structure. Dieu donna le nom de Ciel au
» firmament, et les célestes chœurs chantèrent le
» soir et le matin du second jour.

» La terre étoit créée ; mais enveloppée encore
» dans le sein des eaux, comme un embrion in-
» forme, elle ne paroissoit pas. Ce n'étoit pas inutile-
» ment que le grand océan rouloit ses flots sur sa
» surface ; car tout son globe étant amolli par cette
» humeur douce et féconde, la mère universelle
» que cette vivifiante humilité amollissoit et faisoit
» fermenter, étoit diposée à concevoir, lorsque
» Dieu dit : « Vous eaux, qui êtes sous les Cieux,
» rassemblez-vous en un même lieu, et que l'aride
» élément paroisse. » Au même instant, paroissent
» et s'élèvent les énormes montagnes. Leurs dos,
» vastes et nus, cherchent à s'approcher des nuages.
» Leurs cimes vont frapper le firmament ; et autant
» que s'élèvent ces hauteurs sourcilleuses, autant
» s'affaissent les lits creux, vastes et profonds, qui
» se préparent à recevoir les eaux. Elles courent
» avec joie s'y précipiter, s'arrondissant comme
» sont arrondies les gouttes qui roulent sur la pous-
» sière. Les unes s'élèvent en mur de cristal, les
» autres s'étendent en rase campagne : telle fut la
» rapidité que la voix souveraine imprima à leurs
» flots rapides. Comme à l'appel des trompettes,
» les armées (tu as déjà entendu parler d'armées)
» se rangent sous leurs enseignes, ainsi la multitude
» liquide roulant flots sur flots, remplit les chemins
» qu'elle trouve, torrent impétueux, quand ils sont

» escarpés, et tranquille surface dans la plaine. Ni
» rochers, ni montagnes ne lui font obstacle : tantôt
» coulant sous terre, tantôt serpentant en longs
» circuits, elle retrouve sa route, et se creuse sans
» peine ses lits profonds, sur une terre limoneuse
» qui cédoit partout, avant que Dieu lui eût ordonné
» de devenir entièrement sèche, à la réserve des
» endroits où elle doit recevoir dans son sein les
» fleuves qui y continueront leur course toujours
» majestueuse. Il donne le nom d'aride à la terre,
» et celui de mer à l'immense réservoir où se ras-
» semblèrent les eaux. Il vit que cela étoit bon, et
» il dit : « Que la terre pousse de l'herbe verte qui
» porte sa graine, et des arbres fruitiers qui portent
» du fruit selon leur espèce, et qui renferment leurs
» semences dans eux-mêmes, pour se produire sur
» la terre. »

» A peine il eut parlé, la terre nue, la terre
» jusqu'alors nue, déserte, sauvage, hideuse, poussa
» l'herbe tendre, dont l'agréable verdure embellit
» toute sa face. Les plantes ornées de tant de feuilles
» différentes, développant leurs couleurs variées,
» répandirent la joie sur son sein parfumé de leurs
» charmantes odeurs : en même temps qu'elles s'é-
» panouissoient, la vigne fit briller ses grappes
» épaisses. Près d'elles étendirent leurs tiges ram-
» pantes, ces fruits ronds, au ventre creux et large ;
» et des tuyaux armés d'épis se soutinrent en ba-
» taillons dans la campagne. L'humble arbrisseau
» et le buisson unirent, en s'embrassant, leur che-

» velue hérissée. Les arbres superbes s'élevèrent
» majestueusement, étendant leurs branches char-
» gées de fruits abondans, ou de fleurs qui commen-
» çoient à éclorre. Les hautes forêts en couvrirent les
» montagnes, et des bouquets de bois environnèrent
» les vallées, bordèrent les fontaines et les rivières.

» La terre alors parut un Ciel, séjour digne que
» des Dieux en fassent leur habitation. Elle est
» propre à leur offrir de charmantes promenades,
» ou à les recevoir dans ses sacrés ombrages. Dieu
» n'avoit point encore fait tomber la pluie sur elle,
» et la main de l'homme ne l'avoit point encore
» cultivée; mais il s'élevoit de son sein une vapeur,
» dont la rosée humectoit sa surface, toutes les
» plantes de la campagne que Dieu avoit créées
» avant qu'elles fussent sorties du sein de la terre,
» et toutes les herbes avant que leur verdure l'eût
» couverte. Dieu vit que cela étoit bon; et le soir
» et le matin célébrèrent le troisième jour.

» Le Très-Haut dit encore : « Que dans la vaste
» étendue des Cieux soient faits des corps lumineux,
» afin qu'ils divisent le jour et la nuit, et qu'ils ser-
» vent à marquer les saisons, les jours, et le cours
» des ans. Qu'ils brillent dans le céleste firmament,
» c'est l'office que je leur donne, et qu'ils répandent
» la lumière sur la terre. » Cela fut fait ainsi.

» Dieu fit deux grands corps lumineux, grands
» par l'utilité dont ils sont aux hommes; le plus
» grand pour présider au jour, le moins grand pour
» paroître à son tour, et venir présider à la nuit.
» Il

» Il fit aussi les étoiles qu'il plaça dans le firmament,
» pour illuminer la terre, pour régler alternati-
» vement le jour et la nuit, et séparer la lumière
» des ténèbres; et Dieu contemplant son grand ou-
» vrage, vit que tout cela étoit bon.

» Le premier des célestes corps formés par lui,
» fut le soleil, vaste sphère d'abord sans lumière,
» quoique d'une substance éthérée. Après lui fut
» formé le corps rond de la lune, et chaque étoile
» de toute grandeur; et Dieu sema dans le Ciel les
» astres, comme dans une campagne; ensuite trans-
» plantant la plus grande partie de la lumière qu'il
» tira de son nébuleux tabernacle, il la plaça dans
» l'orbe du soleil, qui spongieux pour attirer et
» recevoir dans ses pores ce brillant fluide, et
» capable par sa fermeté d'en retenir les rayons
» innombrables, est maintenant le grand palais de
» la lumière; c'est là, comme à leur source, que
» tous les autres astres accourent; c'est là qu'ils
» puisent la lumière dans leurs urnes d'or; c'est là
» que la planète du matin dore ses cornes, et que,
» par la teinture ou la réflexion de ses rayons,
» toutes les étoiles augmentent cette petite clarté
» qui leur est propre, et qui frappe toujours nos
» yeux, malgré le grand éloignement qui nous la
» fait paroître encore plus petite. Pour la première
» fois, fut vu dans son orient le glorieux flambeau,
» roi du jour. Il couvrit tout l'horizon de ses écla-
» tans rayons, et il s'avança avec joie dans sa vaste
» et sublime carrière. La pâle Aurore et les Pléiades

» formant une danse devant ses pas, versèrent leurs
» douces influences. Moins brillante que lui, mais
» placée vis-à-vis lui à l'occident, la lune, comme
» son miroir, recevoit de lui sur toute sa face la
» lumière, et ainsi placée n'avoit pas besoin d'une
» autre lumière. Elle resta à cette distance jusqu'à
» la nuit. Alors, du côté du levant, elle brilla à son
» tour, en roulant sur le grand axe des Cieux, et
» partageant l'empire, elle tint le sien avec mille
» flambeaux moins grands qu'elle; avec mille et
» mille étoiles qui rendirent tout l'hémisphère
» brillant. Alors, ornés pour la première fois de
» ces mobiles clartés qui montent et qui descendent,
» le matin et le soir dans une joie égale couron-
» nèrent le quatrième jour.

» Et Dieu dit : « Que les eaux produisent la
» féconde multitude des reptiles, et tous les vivans
» animaux qui en doivent fendre le sein; que les
» oiseaux s'élèvent sur la terre, et déploient leurs
» ailes dans les vastes régions de l'air. » Dieu créa
» les grandes baleines, et tous les animaux qui ont
» vie et mouvement. Ils furent abondamment pro-
» duits par les eaux, chacun suivant son espèce. Il
» créa aussi les oiseaux pourvus de leurs ailes,
» chacun suivant son espèce, et il vit que cela étoit
» bon, et il les bénit, et leur dit : « Croissez et
» multipliez-vous, remplissez les eaux de la mer,
» celles des lacs, et les eaux courantes des rivières,
» et que les oiseaux se multiplient sur la terre. »

» Aussitôt les détroits, les mers, les golfes,

» les baies se remplissent d'un peuple innombra-
» ble, d'une multitude de poissons, qui avec leurs
» nageoires et leurs luisantes écailles, fendent les
» vastes ondes, et paroissent quand ils vont en troupe,
» des bancs de sable au milieu de la mer. Les uns
» en solitude, les autres avec leurs compagnons,
» vont chercher leur nourriture dans les joncs de
» la mer, ou s'égarent dans des berceaux de corail ;
» ou en se jouant s'élancent agilement hors des
» eaux, et étalent un moment aux yeux du soleil,
» la richesse de leurs robes parsemées de taches
» d'or. D'autres renfermés dans leurs écailles où
» naissent les perles, y attendent tranquillement
» leur liquide nourriture. D'autres au pied des
» rochers, sous une armure qui les couvre tout en-
» tiers, vivent de proie. Les veaux marins, et les
» dauphins au dos voûté, folâtrent sur la surface
» d'une mer calme; et d'autres, par les violens mou-
» vemens dont ils agitent la masse pesante de leurs
» corps énormes, soulèvent les flots, comme la
» tempête les soulève. Léviathan, la plus énorme
» des vivantes créatures, ou dort étendu sur les
» eaux et paroît un promontoire, ou nage et paroît
» une île flottante, et en même temps attire par ses
» ouies, une mer qu'elle rejette par ses profondes
» narines.

» Cependant d'innombrables couvées sont prêtes
» à éclore dans les tièdes antres, dans les marais,
» sur les rivages. L'œuf est percé, et d'une heureuse
» ouverture sort une jeunesse nue, qui bientôt

» couverte de plumes et se confiant à ses ailes, ose
» en poussant des cris, prendre l'essor vers la région
» sublime, et regarde en bas avec mépris la terre
» qu'elle couvre de sa nuée. Les Aigles bâtissent
» leurs aires sur les rochers, et les cigognes élèvent
» leurs nids sur le sommet des cèdres. Les uns se
» dispersent sans ordre ; d'autres, amoureux d'une
» sage union, s'avancent en formant un corps trian-
» gulaire, troupe intelligente des saisons. Dans le
» haut des airs, cette légère caravane vole au-dessus
» des mers et des terres ; et pour soulager les ailes
» fatiguées, on change de place tour-à-tour. Ainsi
» portées par les vents, les prudentes grues dirigent
» tous les ans leur voyage, et les flots de l'air
» qu'elles fendent, cèdent aux coups des plumes
» innombrables qui les repoussent. De plus petits
» oiseaux volant de branche en branche, et éten-
» dant leurs ailes peintes, égaient par leurs chants
» la solitude des bois jusqu'à la nuit, qui n'impose
» pas silence au mélodieux rossignol, dont les
» douces plaintes, tant que les ténèbres durent, se
» font toujours entendre. D'autres sur les lacs argen-
» tins, ou sur les rivières, baignent le duvet dont
» leur estomac est couvert. Le col du cygne forme
» un grand arc, au milieu de ses blanches ailes qui
» s'élèvent sur lui comme un superbe manteau ; ses
» pieds comme deux rames font avancer son corps
» majestueux ; souvent il quitte l'humide séjour, et
» s'élevant soutenu par ses fortes ailes, il règne au
» haut des airs. D'autres posent leurs pieds fermes

» sur la terre, comme cet oiseau à la crête superbe,
» le coq dont la perçante voix fait retentir les heures
» du silence, et celui que rend si fier sa magnifique
» parure, où éclatent de tous côtés les couleurs de
» l'arc-en-ciel, et où brillent, comme des étoiles,
» les yeux dont elle est parsemée. L'empire des
» eaux étant ainsi rempli de poissons, et celui des
» airs peuplé d'oiseaux, le soir et le matin solen-
» nisèrent le cinquième jour.

» Le sixième et dernier jour de la création se
» levoit au son des harpes matineuses, quand Dieu
» dit : « Que la terre produise des animaux vivans,
» chacun selon son espèce; qu'elle produise les ani-
» maux domestiques, les reptiles, et les bêtes sau-
» vages de la terre, selon leur espèce. » La terre
» obéit, et ouvrant tout-à-coup son sein fécond,
» donne naissance dans un même instant à une mul-
» titude innombrable de créatures vivantes, toutes
» parfaites dans leur forme et dans leurs membres.
» De dessous terre, comme du lieu de son repos,
» se leva toute bête destinée à faire son séjour dans
» les forêts, dans les déserts, dans les antres, dans
» les solitudes. Elles s'élevèrent en paires, et s'avan-
» cèrent au milieu des arbres. Les animaux do-
» mestiques restèrent dans les campagnes et dans
» les vertes prairies. Les premiers animaux sont
» moins nombreux et vont seuls; les autres se
» rassemblent dans de communs pâturages, et mar-
» chent en troupeaux : alors toute motte de terre
» enfante. Ici paroît la moitié d'un lion aux crins

» blonds, qui agite ses pieds pour mettre en liberté
» le reste de son corps ; il brise ses liens, s'échappe
» de sa prison, et rampe sur la terre en secouant sa
» crinière hérissée. Sur le loup-cervier, le léopard,
» le tigre, s'élèvent des montagnes pareilles à celles
» qu'on voit sur les taupes cachées dans leurs
» retraites. Ces montagnes se fendent et s'écroulent
» autour de ces animaux qui sortent de leur sein.
» Le cerf aux pieds légers, élève en haut son front
» rameux, et Béhémoth, la plus énorme production
» de la terre, se dégage avec peine du moule qui
» renferme son vaste corps. Comme des plantes
» qui s'éleveroient de la terre, en sortent en bêlant
» les animaux que couvre la laine. Le cheval marin
» et le crocodile couvert d'écailles, se lèvent indé-
» cis entre la mer et la terre. Au même instant
» paroît à la fois, tout ce qui doit ramper sur la
» terre, insecte ou vermisseau. Les uns rafraîchis-
» sent leur petit corps avec des éventails qui leur
» servent d'ailes; et leurs membres si parfaitement
» réguliers dans leur petitesse, sont couverts des
» plus superbes livrées, riche pompe de l'été, toute
» parsemée de taches d'or, de pourpre, d'azur et
» de sinople. D'autres qui ressemblent à des lignes
» mobiles, traînent leurs longues dimensions, et
» tracent sur la terre des sillons sinueux. Tous ne
» sont pas les plus petits ouvrages de la nature.
» Dans l'espèce des serpens, quelques-uns étonnans
» par leur longueur et leur grosseur, ajoutent des
» ailes à un corps qu'ils savent aussi ramasser sur

» lui-même en différens replis. La fourmi s'avance
» d'abord, sage économe, qui toujours attentive à
» l'avenir, renferme un grand cœur dans un petit
» corps, et qui destinée à être un jour peut-être le
» modèle de la parfaite égalité, met en commun
» les biens de sa république réunie en tribus popu-
» laires. Elle est suivie de nombreux essaims d'a-
» beilles, femelles qui nourrissent si délicieusement
» leur tranquille mari, et qui bâtissent avec la cire
» leurs cellules qu'elles remplissent de miel.

» Le reste est innombrable ; leur nature t'est
» connue. C'est de toi qu'ils ont tous reçu leurs
» noms, qu'il est inutile de te répéter. Le serpent
» ne t'est pas inconnu. C'est le plus fin de tous les
» animaux que porte la terre. Quelquefois s'éten-
» dant prodigieusement, il se rend terrible par ses
» yeux d'airain et ses crins hérissés; mais ce n'est
» point pour toi qu'il est terrible, puisque loin
» d'avoir le pouvoir de te nuire, il doit obéir à ta
» voix.

» Les Cieux brillent maintenant dans toute leur
» gloire, et suivent en roulant les premiers mou-
» vemens que leur imprima la main du grand mo-
» teur. La terre parfaite sourit agréablement dans
» son riche appareil. L'air, l'eau, la terre, tout est
» peuplé. Les poissons nagent dans leur empire, les
» oiseaux volent dans le leur, et la terre porte ses
» habitans ; mais tout ce qui devoit être fait dans le
» sixième jour n'étoit point fait encore.

» A tant d'ouvrages manquoit le principal ou-

» vrage, la fin de tout ce qui avoit été fait, une
» créature non stupide, non courbée vers la terre
» comme les autres, mais douée d'une sainte raison,
» qui propre à tout gouverner, d'une stature droite
» et haute, élevant son front serein vers le Ciel,
» se connoissant soi-même, et se trouvant par la
» connoissance de sa dignité, capable de corres-
» pondre avec le Ciel, mais toujours prête à con-
» fesser avec reconnoissance, que dans le Ciel est
» la source de tout son bien, et qui n'ayant un
» cœur, une voix, des yeux que pour le Ciel, con-
» sacrât toutes ses pensées et tous ses hommages au
» Dieu qui lui a donné l'empire sur tous ses ouvrages.
» C'est pourquoi le Père Eternel et tout-puissant
» (car où n'est-il pas présent?) adressa à son
» Fils ces paroles qui furent entendues de tous
» les Anges :

« Faisons maintenant l'homme à notre image,
» oui, l'homme à notre ressemblance; qu'il domine
» sur les poissons de la mer, sur les oiseaux du
» Ciel, sur tous les animaux qui marchent dans les
» campagnes, et sur tout ce qui se meut sur toute
» la terre. »

» Il dit, et il te forma, toi, Adam, ô homme,
» poussière de la terre; et il répandit sur ton visage
» un souffle de vie. Il te créa à sa propre image, à
» l'image expresse de Dieu, et tu devins une âme
» vivante. Il te créa mâle, afin que tu sois le père
» du genre humain, et il te donna une compagne,
» afin qu'elle en soit la mère; et bénissant en vous

» deux votre race, il dit : « Croissez, multipliez,
» remplissez la terre. Qu'elle vous soit soumise, et
» que votre empire s'étende sur les habitans des
» mers, sur ceux de l'air, et sur tout vivant animal
» qui se meut sur la terre, en quelque lieu qu'il soit :
» ces lieux sur la terre n'ont point encore de noms
» qui les distinguent). » Ensuite, comme tu le sais,
» il te porta dans ce délicieux séjour, dans son
» jardin planté des arbres de Dieu, aussi agréables
» au goût qu'à la vue, qui t'offrent si libéralement
» pour ta nourriture leurs charmans fruits. Ici se
» trouve l'infinie variété de tous ceux que produit
» la terre; mais il en est un dont tu ne dois pas
» goûter. Il donne à celui qui le goûte la connois-
» sance du bien et du mal; le jour que tu en man-
» gerois, tu mourrois. La mort est la peine imposée.
» Sois attentif, et règle prudemment tes desirs, afin
» que tu ne sois point surpris par le péché, et par
» sa noire compagne, la mort.

» Dieu finit son ouvrage; et jetant les yeux sur
» tout ce qu'il avoit fait, il contempla et vit que
» tout étoit parfaitement bon. Ainsi, le soir et le
» matin accomplirent le sixième jour; et le Créa-
» teur, quoique non fatigué, cessant de travailler,
» retourna dans sa sublime demeure, et remonta
» vers le Ciel des Cieux. De là il considéra tout cet
» univers nouvellement créé, accroissement de son
» empire. Du haut de son trône il l'eut pour point
» de vue, et il contempla quelle en étoit la bonté,
» la beauté, et comment tout y répondoit à sa
» grande idée.

» Il s'avança en triomphe, suivi des acclamations
» et de la symphonie de dix mille harpes, dont les
» sons harmonieux firent retentir l'air et la terre.
» Tu les entendis. Les Cieux et leurs constellations
» s'abaissèrent, les planètes attentives s'abaissèrent,
» tandis que montoit en haut la pompe brillante de
» ce triomphe éclatant. « Ouvrez - vous portes
» éternelles (ces chants se firent entendre), ou-
» vrez, ô Cieux, vos portes vivantes ! Ouvrez-vous
» pour recevoir le grand Créateur qui revient dans
» sa gloire, après avoir fait son ouvrage, l'ou-
» vrage de six jours, l'univers. Ouvrez-vous,
» portes, qui désormais serez toujours ouvertes.
» Le Seigneur daignera souvent visiter un lieu
» agréable à ses yeux, séjour des hommes justes.
» Les messagers ailés qu'il y enverra pour y ré-
» pandre ses grâces suprêmes, passeront souvent. »

» Ainsi chantoit en s'élevant en haut, la glorieuse
» cour. Au milieu du Ciel qui ouvrit ses brillantes
» portes dans toute leur grandeur, le Créateur
» établit le chemin qui conduit directement jusqu'à
» la céleste demeure de Dieu : large et ample che-
» min dont la poussière est d'or, et dont le pavé
» est semé d'étoiles aussi nombreuses qu'il en paroît
» à tes yeux en Galaxie, cette voie de lait que tu
» vois la nuit comme une zone qui t'environne,
» et qui est toute semée d'une poussière d'étoiles.

» Le septième soir commençoit sur la terre
» d'Eden, le soleil s'étoit retiré, et le crépuscule
» avant-coureur de la nuit, s'avançoit de l'orient,

» lorsque sur le saint mont élevé sur la plus haute
» cime des Cieux, vers le trône souverain de la
» Divinité, trône à jamais ferme et inébranlable,
» arriva la puissance filiale, qui s'assit à sa place
» près de son auguste Père, toujours assis à la
» sienne, quoiqu'il eût été présent à tout d'une
» manière invisible (telle est la vertu de l'être dont
» la présence remplit tout); auteur et fin de toutes
» choses, il avoit ordonné tout l'ouvrage, et se
» reposant après l'avoir créé, il bénit et sanctifia le
» septième jour, comme un jour de repos après
» tous les ouvrages; jour qui ne fut pas sanctifié
» en gardant le silence, et qui ne fut pas un jour
» de repos pour les harpes, les lyres, les orgues,
» et tous les instrumens que rendent sonores l'air
» qu'on y souffle, ou les cordes et les fils d'or
» qu'on touche. Leur douce symphonie s'accorda
» avec des chœurs entiers, ou des voix qui chan-
» tèrent seules. La fumée qui s'éleva des encensoirs
» d'or, forma un nuage qui couvrit la montagne.
» On chanta l'admirable création, et le grand ou-
» vrage des six jours.

» Tes ouvrages sont grands, ô Jéhova, ton pou-
» voir est infini. Quelle pensée peut te compren-
» dre? Quelle langue peut te décrire? Dans ce
» retour tu parois plus grand encore que tu ne
» l'étois quand tu revins de la défaite d'audacieux
» rebelles. Tes tonnerres firent alors éclater ta
» grandeur; mais il est plus grand de créer que de
» détruire. Quelle puissance égalera la tienne?

» Qui pourra mettre des bornes à ton empire ?
» C'est toi qui sans peine as repoussé l'orgueilleux
» attentat des Esprits infidèles, et as renversé leurs
» vains conseils. Ces impies s'imaginèrent qu'ils
» affoibliroient ton empire, et qu'ils t'enleveroient
» des adorateurs sans nombre. Mais ceux qui
» croient pouvoir diminuer ta grandeur, font le
» contraire de ce qu'ils veulent, et servent eux-
» mêmes à la manifester davantage. Tu sais faire
» usage de leur perversité, et tirer du mal un plus
» grand bien. En est-il un plus grand témoignage
» que ce nouveau monde, cet autre Ciel, non
» loin des portes de notre Ciel, toujours présent à
» nos yeux, et que cet autre mer de cristal, à qui
» le cristal de nos Cieux sert de fondement :
» mer transparente, étendue, immense, couverte
» d'astres sans nombre et d'étoiles qui sont peut-
» être d'autres mondes à qui d'autres habitans sont
» destinés, dans un temps qui n'est connu que de
» toi ? Au milieu de ces merveilles tu vois le séjour
» des hommes, la terre environnée de l'inférieur
» Océan, demeure charmante de ces créatures. O
» trois fois heureux les hommes et les enfans des
» hommes que Dieu a si favorisés, qu'il a créés à
» son image, et qu'il place dans ce séjour où ils
» le doivent adorer, à qui il donne pour récom-
» pense l'empire sur tous ses ouvrages, sur la terre,
» les mers et les airs, et dont il fera sortir une race
» nombreuse d'adorateurs, saints et justes ! O créa-
» tures trois fois heureuses, si elles savent con-

» noître leur bonheur, et persévérer dans le bien
» qu'elles possèdent ! »

» Tel fut le cantique des Anges, et tout l'em-
» pyrée retentit de leurs transports de joie. Ainsi
» fut sanctifié le jour du repos. Tu vois maintenant
» que j'ai satisfait aux demandes que tu m'as faites.
» Je t'ai appris comment le monde avoit com-
» mencé, sous quelle face parurent d'abord toutes
» les choses, et la naissance de toutes les créatures
» qui ont précédé la tienne, afin que ta postérité
» en soit un jour instruite par toi. Si tu veux ap-
» prendre encore des choses qui ne surpassent pas
» l'humaine portée, tu peux parler. »

NOTES

DU LIVRE SEPTIEME.

Pag. 3, lig. 1. *Descend du Ciel*, etc.

Comme Horace dit à sa Muse, *descende Cœlo;* avec cette différence, qu'en l'invitant à descendre du Ciel, il la prie de l'aider à en descendre avec elle, parce qu'elle l'a élevé si haut, qu'il ne peut descendre sans son secours.

Même pag., même lig. *S'il m'est permis*, etc.

C'est-à-dire, « s'il m'est permis de te donner le nom » d'une divinité fabuleuse, mais qui doit être le tien, puis- » qu'il signifie céleste. » C'est pour cela qu'il appelle *Uranie*, celle qu'au liv. I il appelle Muse céleste.

Même pag., lig. 11. *Tu conversois*, etc.

Imité de ce qui est dit de la sagesse. Prov. 8, v. 24.

Même pag., lig. 17. *Tempéré la subtilité*, etc.

Richardson prétend qu'il fait allusion à ces voyageurs, qui, montant sur le Ténérife, portent des éponges mouillées, pour les respirer quand ils arrivent à un air trop subtil.

Pag. 4, lig. 3. *Renversé comme lui*, etc.

Milton dit, *démonté*, comme un cavalier qui tombe de cheval. Si en descendant d'un lieu si haut il n'est pas soutenu, il tombera comme Bellérophon. Ce n'est pas seulement à cause de l'élévation de son vol qu'il se rappelle Bellérophon, c'est aussi à cause de la conformité que ses chagrins lui donnent avec lui. Bellérophon, d'abord si favorisé du Ciel, tomba dans une affreuse mélancolie, nous dit Homère; et, abandonné de tout le monde, se retira dans la solitude. Milton de même, après avoir eu un grand crédit, se vit abandonné de tout le monde, et, dans sa solitude, se consoloit avec sa Muse. Un poète épique ne doit point nous entretenir de ses chagrins particuliers; et dans quel moment Milton nous parle-t-il des siens? Lorsque Raphaël, après avoir raconté la chute des Anges, va faire le récit de la création. Cependant, comme on pardonne à Milton l'exorde du liv. III, parce que la plainte qu'il y fait d'avoir perdu la vue, est amenée naturellement, on lui pardonne encore l'exorde de celui-ci, parce qu'il se trouve comme forcé à se plaindre d'un malheur encore plus grand pour un poète, qui est l'obstacle qu'il trouve à continuer son poëme : obstacle qui le décourageroit, s'il n'étoit soutenu par une Muse divine. Charles II étoit rétabli sur le trône; Milton, qui avoit écrit contre Charles Ier, contre la famille royale, et contre l'autorité des rois, ayant perdu tout crédit à la cour, trop heureux de ce qu'on lui avoit conservé la vie, avoit les ennemis qu'il méritoit. D'ailleurs, la cour de Charles II, qui aimoit les vers, mais les vers libres et enjoués, méprisoit une poésie aussi sérieuse que celle de Milton : c'est de quoi il se plaint, dans cet exorde, d'une manière un peu obscure. Il est remarquable que le Camoëns, à la fin de son 7e chant, se plaint à peu-près de même, d'être méprisé à la cour, et d'être si persécuté, que, prêt à se percer le cœur, il écrit en tenant, comme Canace, d'une main la plume, et de l'autre un poignard. Le Camoëns ne méritoit peut-être pas ses malheurs, et sa plainte nous touche peu; celle de Milton, qui mérite les siens, nous touche.

Pag. 4, lig. 6. *Je n'ai chanté que la moitié, etc.*

Par cette moitié, il n'entend pas celle de son poëme, qui n'étoit d'abord qu'en dix chants, mais la moitié de ce magnifique épisode, du récit de Raphaël, dont la première moitié est la chute des Anges. La moitié qui lui reste sera moins périlleuse à chanter, parce qu'il va se retrouver sur la terre, et il sera secouru par le récit de Moïse ; au lieu que, dans la première moitié, il étoit dans le Ciel, et racontoit ce qui n'a jamais été raconté.

Même pag., lig. 13. *Dans de mauvais jours, etc.*

Il répète ces mots pour y faire faire attention. En descendant du Ciel, il ne trouve sur la terre que de mauvais jours et de mauvaises langues, c'est-à-dire, les ennemis qu'il avoit à la cour de Charles II. Il étoit dans *les dangers* et dans *les ténèbres*, non-seulement parce qu'il avoit perdu la vue, mais parce qu'il n'osoit se montrer. Ses inquiétudes étoient cause qu'il se réveilloit souvent au milieu de la nuit, croyant qu'il alloit être assassiné. Il faisoit alors des vers, et appeloit ou sa femme ou ses filles pour les leur dicter.

Même pag., lig. 22. *Des auditeurs en petit nombre, etc.*

Il sentoit bien qu'une cour aussi licencieuse que celle de Charles II, quoiqu'on y aimât les vers, seroit peu curieuse d'entendre parler d'Adam et du Messie. Il désigne cette cour par Bacchus et son cortège, et il y trouve une *barbare dissonnance* avec la poésie sainte. Ces courtisans sont, selon lui, capables de déchirer, comme les Bacchantes, celui qui entraînoit les rochers : ainsi il craint le sort d'Orphée.

Pag. 6, lig. 1. *Comment cette terre, ce Ciel, etc.*

Et voilà encore ce que tous les jours nous demandons.
Quelque

Quelque progrès que nous prétendions avoir fait dans les connoissances physiques, la génération des animaux est toujours un mystère pour nous. Nous ne pouvons comprendre notre origine, et nous voulons comprendre celle du monde. Nous demandons, comme Adam, comment, quand, de quoi l'univers fut fait? Un Ange n'en apprend à Adam, que ce que Moïse nous en a appris; et nous n'en saurons jamais davantage.

Pag. 7, lig. 1. *Qui donne et remplit, etc.*

L'air dans lequel tous les corps se meuvent, leur donne l'espace pour se mouvoir, et le remplit, parce qu'il n'y a point de vide.

Même pag., lig. 6. *A bâtir si tard, etc.*

Dieu n'a point *bâti dans le chaos;* il est aussi le créateur du chaos. Il n'a point créé *tard,* puisque le temps n'a commencé qu'avec la création. Nous ne pouvons comprendre, à la vérité, le passage de l'être au néant; mais le caractère essentiel de la dépendance est de n'avoir point été. L'être indépendant est seul éternel; ainsi une matière éternelle seroit une émanation de la divinité. Dieu a donc tout fait de rien. Mais a-t-il créé tôt ou tard? Le tôt et le tard sont des propriétés du temps, qui n'ont nul rapport à l'éternité. Qu'on avance ou qu'on recule la création de mille millions de siècles, une éternité l'aura toujours précédée, et en Dieu, rien ne commence. J'ai dit dans mon ode sur la création :

> L'Eternel va sortir d'un éternel silence.
> Il veut créer le monde, il l'a voulu toujours.
> Rien ne commence en Dieu. Hors de lui tout commence,
> Et le temps, et les jours.

Même pag., lig. 8. *Apprenez-nous, etc.*

Adam parle comme si Eve faisoit les mêmes questions;

mais Eve n'en fait aucune à l'Ange, elle écoute toujours en silence. Telle étoit la femme dans l'état d'innocence.

Pag. 7, lig. 16. *Arrêté par ta voix*, etc.

Dans les églogues de Virgile, les fleuves s'arrêtent pour entendre les bergers. Ici, la lune, l'étoile du soir, la nuit, le silence, le sommeil même est attentif, et le soleil s'arrête pour entendre raconter sa naissance.

Même pag., lig. 20. *De l'obscur sein de l'abyme*, etc.

Du chaos. Il falloit dire, du néant.

Même pag., lig. 24. *Veillera lui-même*, etc.

Image poétique et belle. Le sommeil, par le plaisir d'écouter, est forcé à veiller; ou s'il ne veut pas veiller, on l'éloignera.

Même pag., lig. 26. *Et que l'aurore*, etc.

Parce que l'ange qui lutta contre Jacob lui dit : *Dimitte me, jam enim ascendit Aurora*.

Pag. 8, lig. 14. *Pour le Ciel comme pour la terre*, etc.

Ce sera toujours une nuit pour les hommes : mais pourquoi pour les Anges? Ils ne savent, de l'avenir, que ce que Dieu veut leur en apprendre; et Jésus-Christ nous dit qu'ils ignorent quand arrivera le jour du jugement. Milton est donc autorisé à dire que les Anges ne savent pas tous les secrets de Dieu. Cependant ignorent-ils comme nous ceux de la création ? Milton ne pouvant faire dire à Raphaël, plus que l'homme en peut savoir, commence par lui faire dire que ces secrets sont une nuit pour eux comme pour nous.

Même pag., lig. 17. *La tempérance*, etc.

Cette comparaison de la tempérance dans la nourriture

de l'esprit, avec celle qu'on doit avoir dans la nourriture du corps, est très-juste. C'est pour ne point l'avoir, que la science des philosophes a produit tant *de fumées*.

Pag. 9, lig. 5. *Dans son malheur, etc.*

Dans la même punition, Milton emploie le mot *fraud* dans la signification qu'il a quelquefois en latin : *ne ea res mihi sit fraudi*.

Même pag., lig. 6. *Ne se trouve plus, etc.*

Comme l'impie dont il est parlé dans le Ps. 103, *sa place ne se trouve plus*.

Même pag., lig. 18. *En un moment, etc.*

Quelques auteurs ont écrit que l'univers avoit été créé en un moment, et n'avoit été rendu visible aux Anges, qu'en six jours. Ce n'est pas ce que veut dire Milton : il expliquera bientôt ce qu'il entend par ce moment.

Même pag., même lig. *Créer, etc.*

Milton se sert de ce mot; mais son traducteur Dobson ne s'en sert pas :

> Orbem ocius ipse recentem
> Constituam.

Parce qu'il sait bien que Milton ne donnoit à ce mot que la signification latine, et non celle qu'il a dans les langues modernes. *Créer*, Dict. de l'Acad., *tirer du néant*. Voilà pourquoi *Créateur* n'a point dans notre langue de féminin, comme en latin. *Diva Creatrix*, Virg.; et *rerum natura Creatrix*, Lucr. Par *creare*, les Latins n'entendoient que produire : *fortes creantur fortibus*, Hor.; *cibis, nullo cogente, creatis*, Ovid. Il est vrai que *creare* disoit plus que *producere* ; ce qu'observe Servius sur ce vers de Virgile : *Regina*

Parens creat; et dans Cicéron : *Romæ creator Romulus.* Ainsi le *creavit* de la Vulgate est plus fort que l'ἐποίησι des Septante. Mais Milton, qui se servira souvent de ce mot, ne l'entend point comme nous l'entendons dans notre langue. Son erreur sur la création est trop claire.

Pag. 9, lig. 20. *Ils habiteront ce monde*, etc.

Le Dieu que peint Milton ne se résout à créer l'univers que pour y placer des créatures qu'il y mettra dans la félicité, et qu'il destine à une félicité bien plus grande, si elles s'en rendent dignes par leur obéissance; et Milton nous a fait entendre, liv. III, que depuis la création de l'univers, l'Eternel assis sur son trône, avoit pour point de vue la terre, et sur la terre, le lieu où il avoit placé ces deux créatures qu'il aimoit. Comment peut-on penser avec quelques philosophes modernes, que Dieu ait pu créer l'homme sujet aux douleurs et à la mort? Comment peut-on dire avec Pope : « L'homme qui paroît ici le principal » être, ne joue peut-être que le rôle de second par rap- » port à une sphère inconnue, et n'est que le mobile de » quelque roue, le moyen de quelque fin? » Nos malheurs dont les payens ignoroient la cause, ont pu leur faire penser que la divinité ne nous aimoit pas. Le tout-puissant Jupiter d'Homère protège Troie, où on lui offre beaucoup de sacrifices, et il l'aime ; cependant pour avoir la paix avec Junon qui la veut détruire, il la lui abandonne *avec douleur et à regret*, Iliad. 4, à condition qu'elle ne s'opposera pas à lui, quand il voudra détruire quelqu'une des villes qu'elle protège. Aussitôt Junon lui abandonne les trois qu'elle aime le mieux : proscription plus affreuse que celle du triumvirat. Il n'est pas étonnant qu'on ne trouve chez les poètes de l'antiquité, que contradictions sur Dieu : on en trouve autant chez les philosophes et même chez Platon. « Ils s'évaporèrent dans leurs raisonnemens, dit saint Paul. » De combien de philosophes modernes ne peut-on pas dire aussi, *evanuerunt?*

Pag. 9, lig. 24. *La terre deviendra un Ciel, etc.*

Parce qu'apparemment les Anges allant fréquemment sur la terre, et les hommes étant successivement transportés dans le Ciel, la terre et le Ciel ne feront plus qu'un royaume. Voilà donc les hommes créés pour remplir les places vacantes dans le Ciel ; c'est ce que dit M. Bossuet dans ses Élévations, s'adressant aux Anges rebelles : « Vous
» tombez du Ciel comme un éclair, et votre place qui étoit
» si grande, y demeure vide. O quel ravage y a fait votre
» désertion ! Quels vastes espaces demeurent vacans ! Ils
» ne le seront pas toujours, et Dieu créera l'homme pour
» remplir ces places que votre désertion a laissé vacantes. »

Même pag., lig. 27. *Etendez-vous, etc.*

« Soyez plus au large que vous n'étiez avant la chute
» des rebelles, *ou* que vous ne serez quand les hommes
» seront ici. » Ce dernier sens est le meilleur, si cet endroit en peut recevoir un bon.

Pag. 10, lig. 2. *Et mon esprit, etc.*

J'ai déjà remarqué que Milton dans ce poëme, ne parle jamais du Saint-Esprit, troisième personne de la Trinité. Il fait ici allusion à ce qui est dit dans la Genèse : « L'esprit
» de Dieu étoit porté sur les eaux ; » et il ajoute : « qui
» couvre tout de son ombre ; » parce qu'il entend, comme on va le voir plus bas, le mot de la Genèse comme plusieurs interprètes, qui trouvent ici l'image d'un oiseau qui couve un œuf, et par sa chaleur lui donne la fécondité. De là cette expression, *sub umbrâ alarum tuarum*, et nous disons, *sous l'aile du Seigneur*. Il est dit dans Athalie, que Joas a été

Sous l'aile du Seigneur dans le temple élevé.

Il est remarquable qu'il soit parlé dans le fameux passage de Sanchoniathon, de l'esprit amoureux de ses principes; dans la théologie d'Orphée, de l'œuf primitif et de l'amour; dans le chœur des *oiseaux* d'Aristophane, de l'œuf et de l'amour. On ne peut presque douter, en lisant les anciens systèmes sur la formation de l'univers, que le récit de Moïse, mal entendu, n'ait donné lieu à beaucoup d'erreurs, et que ce qu'il dit de *l'esprit de Dieu, qui répand la fécondité*, n'ait été l'origine de cette opinion si ancienne, si générale, et renouvellée par Spinosa, de cet *esprit* répandu partout, animant tout: *spiritus intus alit*, Virg. Thalès qui avoit dit que l'eau étoit le principe de toutes choses, avoit ajouté que Dieu étoit cet esprit qui formoit les choses. C'est ce que Cicéron rapporte. Il y a grande apparence que les philosophes de l'antiquité ne reconnoissoient d'autre Dieu que ce Νꙋς, cet *esprit universel*. Euripide, l'ami de Socrate, dit dans ses Troades: « O Jupiter, je t'invoque, soit que tu sois la » nécessité de la nature, ou l'esprit des hommes. Tu conduis » tout avec justice par des routes silencieuses, δι ἀψόφυ » βαίνων κελεύθυ. » C'est parce que Dieu marche par ces voies que les hommes les connoissent si peu.

Pag. 10, lig. 3. *La partie de l'abyme*, etc.

Le Verbe ne fit donc qu'y mettre des bornes. Il fut le créateur de l'univers, comme Romulus de Rome, en arrangeant les matériaux qu'il trouva. L'erreur de Milton est celle de toute l'antiquité païenne.

Même pag., lig. 17. *Une narration*, etc.

L'Ange fait entendre que tout ce qu'il va dire, n'est que pour se mettre, par sa narration, à la portée de l'humaine intelligence; mais que sitôt que Dieu eut parlé, tout fut fait. Voilà pourquoi, au vers 154, Dieu a dit qu'il alloit créer le monde en un moment. En lui, vouloir et agir, est la même chose.

Pag. 10, lig. 23. *Gloire au Très-Haut, bonne volonté, etc.*

Au moment de la création, les Anges chantent les mêmes paroles qu'ils chantèrent au moment d'une nouvelle création du même monde, celui de la naissance de Jésus-Christ. Les habitans du Ciel eussent-ils salué ainsi la naissance d'un être qui n'eût été que *le mobile de quelque roue dans l'ouvrage général ?*

Pag. 11, lig. 3. *Cependant, prêt à exécuter, etc.*

Addisson remarque que quand Raphaël a raconté la chute des Anges, sa narration a été toute pathétique; celle-ci qu'il va faire dans une majesté tranquille, est le modèle d'un sublime dénué de passions. La première, comme une mer agitée, a fait voir la grandeur au milieu de la confusion; celle-ci est une mer calme, et admirable dans son repos. Milton ne va rien chercher dans les auteurs profanes; il prend tout son merveilleux dans le récit simple de Moïse, et ce livre est plus agréable que le très-long poëme du Tasse, partagé en sept chants, et intitulé : *Le sette Giornate del mundo creato.* Milton a eu la sagesse de ne prendre pour modèle ni le Tasse, ni du Bartas, dont la *Semaine* étoit de son temps encore si vantée par les savans.

Même pag., lig. 12. *Entre deux montagnes d'airain, etc.*

Milton, en parlant de ces deux montagnes, est autorisé par ce verset de Zacharie, chap. 6 : « Je voyois quatre cha-
» riots qui sortoient d'entre deux montagnes, et ces mon-
» tagnes étoient des montagnes d'airain. » Ces chars étoient réservés pour des jours de fêtes (et l'on a vu plus haut qu'il y a dans le Ciel des jours de fêtes.) Ils attendent ordinairement qu'on ait besoin d'eux; mais pour une fête aussi

grande que celle de la création, ils viennent sans être appelés, parce que l'esprit de vie est en eux. Le poète, dans cette fiction, est autorisé par la vision d'Ezéchiel. Addisson admire, avec raison, tout cet endroit. « Le Messie, dit-il, » par qui le monde fut créé avec la puissance de son père, » s'avance entouré d'une armée d'Anges, et revêtu de toute » la majesté qui lui convient, en commençant un ouvrage » qui, suivant nos idées, est l'effort de la toute-puissance. » Le poète qui raconte en poète, a eu raison de dépeindre le Créateur allant dans cet appareil pompeux, produire cet effort de la toute-puissance. Dans le récit de Moïse, nul appareil, nul effort, *Dieu dit.*

Pag. 11, lig. 18. *Au roi de gloire*, etc.

Quoique Milton fasse entendre que le Père Eternel, qui reste toujours sur son trône, ne va point à la création, il dira, à la formation de l'homme, qu'il y étoit présent, et il le fait déjà entendre, quand il dit que les portes du Ciel ouvrent passage au roi de gloire, qui s'avance dans son Verbe et son Esprit : en donnant au Fils la puissance, la sagesse et l'amour, il représente la Trinité ; mais ce n'étoit pas son intention, comme je l'ai observé.

Même pag., lig. 20. *Ils s'arrêtèrent, et contemplèrent*, etc.

Cette image du Messie et des Anges qui, arrivés sur les limites des Cieux, s'arrêtent et contemplent l'abyme épouvantable du chaos, est sublime, mais d'un sublime poétique. La vérité exacte (c'est celle de Moïse) ne s'y trouve pas. Quel est cet abyme que considèrent Dieu et les Anges ? Celui du chaos, celui où les principes des choses sont pêle-mêle et confondus. Le Verbe vient donc seulement mettre l'ordre :

> Hanc Deus, et melior litem natura diremit......
> Sic ubi dispositam, quisquis fuit ille Deorum,
> Congeriem secuit, etc.

Il n'a fait, comme ce Dieu qu'Ovide ne connoît pas, et qui même lui paroît douteux, que débrouiller ce chaos qu'on doit pardonner aux anciens, qui persuadés que rien ne se faisoit de rien, imaginèrent une matière préexistante, mais confuse et informe. Milton a-t-il pu, je ne dis pas comme homme qui respecte l'Ecriture-Sainte, mais comme philosophe, admettre cette matière primitive et informe, dont il a déjà parlé, liv. I; dans la description du chaos, liv. III, v. 708, et liv. V, v. 472? Il faut s'écrier avec M. Bossuet, dans ses Elévations : « O chaos et confusion » dans les esprits, plus encore que dans cette matière? » Et en effet, comme il l'observe, qu'entend-on par une matière informe? Etre capable de recevoir une forme, c'est déjà quelque forme ; être capable de perfection, c'est déjà quelque perfection; et comment une matière auroit-elle pu avoir d'elle-même un commencement de forme, sans avoir encore la forme? Il est vrai que Moïse dit que la terre étoit d'abord informe, confuse, vide, mais c'est après avoir dit : « Au commencement, Dieu créa le Ciel » et la terre. » Il est donc aussi le créateur de cette masse informe, l'ébauche de son ouvrage.

Pag. 11, lig. 26. *S'élèvent comme des montagnes, etc.*

Adam, qui n'a jamais vu la mer, peut-il entendre cette comparaison? Comme Dieu lui avoit donné la connoissance des qualités des animaux qu'il fit venir devant lui, il lui avoit peut-être donné la connoissance de tout son empire.

Même pag., lig. 29. *Silence..... Tais-toi, etc.*

On admire l'harmonie de ce vers que terminent deux spondées. Il est sublime; mais les premiers mots de la Genèse le sont davantage.

Pag. 12, lig. 2. *Il s'avança dans la gloire paternelle, etc.*

Addisson dit qu'il ne connoît rien de plus sublime que

le Messie à la tête de ses Anges s'avançant dans le sein du chaos, et traçant la circonférence de l'univers avec ce compas d'or, instrument très-naturel dans la main de celui que Platon appelle le divin géomètre. Il est certain que le sublime poétique y est.

Pag. 12, lig. 8. *Le compas d'or, etc.*

Fiction admirable que Milton n'a pas imaginée, à ce que je crois, parce que Platon appelle Dieu un géomètre; mais de ces mots des Proverbes 27, *gyro vallabat abyssos*, qui dans l'Hébreu offrent l'image d'un cercle qu'on trace, et sont traduits ainsi dans la Bible de Ferrare : *En su descrivir circulo sobre faces de abysmo.* La forme de l'univers inspire cette image; et Boileau a dit :

Que l'homme audacieux
Dans le tour d'un compas a mesuré les Cieux.

Même pag., lig. 13. *Etends-toi jusque-là, etc.*

Quand Dieu commença à créer, Moïse ne dit pas qu'il ait parlé. C'est la réflexion de M. Bossuet dans ses Elévations. Il fit d'abord le fonds de son ouvrage, c'est-à-dire, le Ciel, la terre, l'air et les eaux; il fit ensuite la lumière, et ce fut alors, suivant Moïse, qu'il parla. Quoi qu'il en soit, la manière dont Milton le fait parler d'abord, est très-grande. J'ai autrefois imité cet endroit. *Voyez les Réflexions sur la Poésie, tom.* 2, *pag.* 435.

Même pag., lig. 15. *Il créa la terre, etc.*

Voici la terre qui existe avant la lumière et avant le soleil. Elle ne doit donc pas sa naissance, comme l'a dit un de nos philosophes, au coup d'une comète, qui tombant sur le soleil, en fit sortir la terre et les autres planètes. Que d'extravagances débitent nos grands esprits, quand ils veulent expliquer la naissance du monde et la leur! Ils auroient dû, pour se conserver notre estime, ne jamais parler de la création, ni de la génération des êtres. Sur les autres matières, ils peuvent nous faire accroire que la nature les a admis dans le cabinet de ses secrets. Sur celles-ci, dont ils veulent toujours parler, ils parlent comme n'étant point encore dans l'antichambre.

Pag. 12, lig. 18. *Etendant ses ailes, etc.*

Image d'un oiseau qui couve, comme je l'ai déjà remarqué. Au lieu du *ferebatur* de la Vulgate, saint Jérôme a mis *incubabat*.

Même pag., lig. 24. *Les parties homogènes, etc.*

C'est à-peu-près ce que dit Lucrèce :

> Diffugere inde loci partes cœpere, paresque
> Cùm paribus jungi res.

Par les autres parties qui vont en différens lieux, Milton entend apparemment, que celles qui n'étoient pas propres à la terre, furent employées à former les corps célestes.

Même pag., lig. 28. *Aussitôt la lumière, etc.*

Le sublime de Moïse n'est rendu ni par Milton ni par le Tasse.

> E disse, fatta sia la luce, et opra
> Fu' l detto, al commandar del Padre Eterno.

Personne n'admirera ces deux vers du Tasse. Pourquoi donc les quatre mots de Moïse frappèrent-ils Longin ? A-t-on pu mettre en question si le sublime s'y trouvoit ? M. Huet a étalé son érudition, pour prouver qu'il n'y en avoit point. Il vouloit contredire Boileau dont il n'étoit point ami.

Pag. 13, lig. 2. *Dans un nuage brillant, etc.*

Le soleil n'ayant été créé que le troisième jour, le poète

suppose qu'en l'attendant, la lumière fut portée dans un nuage, qu'il appelle un *nébuleux tabernacle.* La tardive naissance du soleil doit humilier ce grand nombre d'adorateurs qu'il a eu, parce qu'ils l'ont cru le père de la lumière et de la vie. « Dieu, dit M. Bossuet, a fait la lumière
» avant les luminaires où il a voulu la ramasser; la dis-
» tinction des jours, le soir et le matin, avant que d'avoir
» créé les astres qui font parfaitement cette distinction. Il
» a détaché les effets des causes naturelles, pour montrer
» que naturellement tout ne tient qu'à lui seul. »

Pag. 13, lig. 15. *Leurs harpes d'or, etc.*

Ce concert des Anges est autorisé par le passage de Job, c. 38. *cùm laudarent simul astra matutina, et jubilarent omnes filii Dei.*

Même pag., lig. 19. *Que le firmament soit, etc.*

Dans les ordres que pour chaque jour Milton fait prononcer à Dieu, il ne fait que rapporter les paroles de la Genèse, autant que la versification le lui permet.

Même pag., lig. 28. *Un océan de cristal, etc.*

A cause des eaux supérieures dont parle Moïse.

Même pag., lig. 29. *Du chaos, etc.*

Milton fait subsister, après la création, l'empire du chaos, qui s'est plaint à Satan, quand il l'a traversé, du tort que lui avoit fait la création de l'univers. Il faut croire que Milton n'a si souvent parlé de ce chaos, que parce qu'il lui fournissoit des images poétiques.

Pag. 14, lig. 5. *Enveloppée dans le sein des eaux, etc.*

Elle le fut encore dans le temps du déluge. La révélation nous l'apprend. Pourquoi donc les ennemis de la révélation, les Teliamed, veulent-ils établir pour fondement de leur système, que la terre sort des eaux ? C'est ce que nous leur avouons ; elle a été deux fois enveloppée des eaux.

Pag. 15, lig. 9. *Les fleuves qui doivent, etc.*

Mot à mot, *les rivières qui entraînent avec elles perpétuellement leur humide cortège*. On remarque dans ce vers le choix et l'arrangement des mots. Leur prononciation fait une harmonie qui imite une marche tranquille et majestueuse. Le poète a mis sur sept pieds deux trochées et deux spondées.

here | ri | vers | now |
Stream, and | per pe | tual | draw | their hu | mid | train. |

Même pag., lig. 12. *Il vit que cela étoit bon, etc.*

Savoir ce que Platon a pensé sur la création, c'est à quoi il ne faut pas prétendre ; mais il est remarquable qu'il représente, comme Moïse, Dieu approuvant son ouvrage : « quand » il lui eut imprimé le mouvement convenable, il fut ravi » de le voir se mouvoir. » *Voyez le Timée.*

Même pag., lig. 27. *Ces fruits au ventre large, etc.*

Le nom de la citrouille n'est pas noble dans notre langue ; d'ailleurs Milton veut parler en général de ces fruits, qui à cause de leur dure écorce, servoient de vases à Adam.

Pag. 16, lig. 2. *S'élèvent majestueusement, etc.*

Milton dit, *en dansant, en cadence.*

Même pag., lig. 10. *Ou à les recevoir, etc.*

Compliment de Raphaël à Adam, qui le reçoit dans ses sacrés ombrages.

Pag. 16, lig. 13. *Une vapeur*, etc.

Dans la Vulgate, il est dit une *fontaine*, mais la version anglaise, conforme à celle des Septantes, dit une vapeur.

Même pag., lig. 27. *Grands par l'utilité*, etc.

Milton veut dire qu'ils ne sont pas les plus grands des corps célestes, mais que nous les appelons grands à cause de leur utilité.

Pag. 17, lig. 1. *Il fit aussi les étoiles*, etc.

Ce sont les propres paroles de Moïse, et il n'y ajoute rien. Cette indifférence avec laquelle Moïse en parle, a quelque chose de sublime.

Même pag., lig. 10. *Sema dans le Ciel*, etc.

Je n'avois point encore lu Milton, lorsque je disois dans le poëme de la Religion, en m'adressant aux Cieux :

Dans vos vastes déserts, il sème la lumière,
Ainsi que dans nos champs, il sème la poussière.

Même pag., lig. 14. *Spongieux*, etc.

Richardson croit que Milton a pris cette idée de la pierre de Boulogne, qui semble s'imbiber de la lumière.

Même pag., lig. 23. *Cette petite clarté*, etc.

Suivant cette opinion de Milton, les astres ont une lumière à eux, mais petite, parce que Dieu en retirant la lumière de son tabernacle, en donna la plus grande partie au soleil, et c'est au soleil que les autres astres vont augmenter la petite partie qu'ils ont reçue. Il appelle *Palais de la Lumière*, cet astre que notre du Bartas appelle *Duc des Chandelles*. Nous le regardons comme le père de la lumière et des plantes. La lumière existoit, la terre étoit couverte de plantes et d'arbres avant qu'il parut. La terre a précédé le soleil, suivant le Silène de Virgile :

Jamque novum ut terræ stupeant lucescere solem.

Pag. 17, lig. 30. *Les Pléiades, etc.*

Pour marquer que la création est arrivée dans le printemps. Un commentateur compare cette peinture de Milton à celle d'un plafond peint en Italie par le Guide ; l'Aurore qui précède le Soleil est précédée par les Heures qui répandent des fleurs.

Pag. 18, lig. 17. *Des reptiles, etc.*

Milton rapporte les propres paroles de la Vulgate ; mais, par ces *reptiles*, il faut entendre les poissons, les animaux qui s'avancent, non en marchant, mais en nageant.

Même pag., lig. 26. *Il les bénit, et leur dit, etc.*

Dieu, quand il ordonne aux animaux et aux hommes de multiplier, les *bénit* ; il n'est pas dit de même qu'il ait béni les plantes et les arbres, en leur ordonnant de multiplier, parce qu'il les fit produire par la terre avec leurs graines, que la terre feroit encore reproduire. Les corps non organisés n'ont pas besoin les uns des autres pour multiplier ; leur fécondité vient de la terre : ce que la Genèse fait entendre par ces paroles : *cujus semen in semetipso sit, super terram.*

Pag. 19, lig. 8. *Des berceaux de corail, etc.*

Il imagine ces berceaux, parce que les anciens ont regardé le corail comme une plante marine, qui ne devenoit dure que quand elle paroissoit à l'air.

Même pag., lig. 12. *Leurs écailles, etc.*

Il parle d'abord des huîtres qui attendent la marée. Il

parle ensuite des écrevisses qui vont chercher leur proie, et il fait allusion à un régiment de cavalerie, qui, dans les guerres civiles de son temps, fut appelé des *Ecrevisses*, à cause de l'espèce d'armure qui couvroit les cavaliers.

Pag. 19, lig. 17. *Le dauphin, etc.*

Comme dit Ovide, *tergo delphina recurvo.* Le Leviathan est le poisson monstrueux dont la description est dans Job.

Même pag., lig. 25. *Une mer qu'elle rejette, etc.*

Dans Ovide, *acceptum patulis mare naribus efflant.*

Même pag., lig. 29. *L'œuf est percé, etc.*

Milton ne prétend pas que le premier jour de la naissance des oiseaux, les uns faisoient déjà leurs nids, d'autres couvoient, ni que les oiseaux que nous nommons de *passage,* connussent la différence des saisons, puisque le printemps régnoit partout; il décrit ce que feront dans la suite les oiseaux. Il avoit pu remarquer qu'étant sortis des eaux comme les poissons, ils ont comme eux des rames naturelles. « Le vol » des oiseaux, dit M. Bossuet, semble une faculté de nager » dans une liqueur plus subtile, comme la faculté de nager » dans les poissons est une espèce de vol dans une liqueur » plus épaisse. » Ce qui m'a fait dire :

> Tandis qu'enfans des eaux, les poissons en silence
> Vont partager entr'eux les fleuves et les mers,
> Enfant des eaux comme eux, l'oiseau chante et s'élance
>   Dans l'empire des airs.
>
> D'une vitesse égale, à l'instant se répandent
> Des liquides Etats les citoyens nouveaux,
> Egalement conduits par des rames qui fendent
>   Ou les airs ou les eaux.

Les uns et les autres sortent des eaux ; mais les uns chantent sans cesse, les autres sont toujours muets.

Pag. 20,

Pag. 20, lig. 20. *Mélodieux rossignol*, etc.

Milton avoit une affection particulière pour le rossignol, dont il parle plusieurs fois dans ce poëme.

Pag. 21, lig. 14. *Les reptiles*, etc.

Ceux de ce jour sont les insectes et tous les animaux rampans sur la terre.

Même pag., lig. 27. *Moins nombreux*, etc.

par une attention de la Providence pour les hommes.

Même pag., lig. 30. *La moitié d'un lion*, etc.

Cette image est prise des peintures de Raphaël dans les loges du Vatican. On y voit un lion dont la moitié du corps sort de terre, et la terre qu'il soulève s'écroule.

Pag. 22, lig. 10. *Béhémoth*, etc.

Il appelle ainsi l'éléphant, parce qu'on croit que c'est l'animal qui est désigné dans Job par ce nom. On remarque dans ce vers trois mots qui commencent par un B, dureté affectée. Milton, dans ce récit, est concis, et cependant rapporte les principales particularités; il va depuis le reptile jusqu'à l'éléphant.

Pag. 23, lig. 1. *La fourmi*, etc.

Milton fait son éloge avec satisfaction, parce qu'il espère qu'elle sera un jour le modèle de l'état républicain. Ce n'est qu'après elle qu'il parle des abeilles, le modèle de l'état monarchique.

Même pag., lig. 9. *Leur mari*, etc.

Changé en épouse et en reine par les nouveaux observateurs.

Pag. 23, lig. 25. *L'air, l'eau, etc.*

Milton affecte dans ce vers un arrangement puéril de mots, qui pouvoit plaire de son temps : « L'air, la terre, » l'eau, voit les oiseaux, les animaux, les poissons, voler, » marcher, nager. »

Même pag., lig. 30. *A tant d'ouvrages, manquoit, etc.*

Ce que les païens ont su :

Sanctius h's animal, mentisque capacius altæ
Deerat adhuc, et quod dominari in cætera posset.   Ovid.

Comment cette vérité est-elle parvenue chez des peuples où l'on faisoit naître aussi les hommes, tantôt de la terre échauffée des rayons du soleil, tantôt des troncs des arbres, et tantôt des pierres jetées par Pyrrha ?

Pag. 24, lig. 3. *Doué d'une sainte raison, etc.*

parce que l'image divine ne brille dans l'homme que quand la sainteté est en lui unie à la raison.

Même pag., lig. 15. *Pourquoi ne seroit-il pas ici présent ? etc.*

Cette parenthèse dans laquelle Raphaël s'interroge lui-même, est admirable. Il a dépeint le Fils, partant pour aller créer, après la mission du Père qui est resté dans sa gloire, comme un monarque qui ordonne et reste sur son trône. Il a dit seulement que les portes du Ciel s'ouvrirent au roi de gloire, *qui s'avançoit dans son Verbe et son Esprit*; ce qu'il a dit pour se préparer à l'explication de ce pluriel si étonnant qui se trouve dans le récit de Moïse : « Faisons » l'homme. » Ce n'est point le Messie qui s'adresse ici aux Anges, ils ne sont que spectateurs ; c'est le Père, qui tout-à-coup se trouve présent, et adresse à son Fils ces paroles, « qui furent entendues de tous les Anges » ajoute Raphaël. Ils sont donc tous témoins qu'au moment de la création de

l'homme, ce ne fut plus cette voix impérieuse, « que la
» lumière soit..... que la terre produise, etc. » qu'ils entendirent, mais une voix douce : « Faisons l'homme. » J'ai
dit autrefois, dans le poëme de la Grâce :

>Mais il manquoit encore un maître à tout l'ouvrage.
>« Faisons l'homme, dit Dieu, faisons-le à notre image.»
>Soudain, pétri de boue, et d'un souffle animé, etc.

Pag. 24, lig. 16. *Qui furent entendues, etc.*

Raphaël ne dit pas, « que nous entendîmes, » parce qu'il ne fut pas présent à la création des ouvrages du sixième jour, par la raison qu'il dira dans le livre suivant. C'est pour cela qu'il ne dit qu'un mot de la création de l'homme, dont Adam lui-même lui apprendra l'histoire.

Même pag., lig. 24. *Il te forma, etc.*

Dieu a ordonné à la mer et à la terre de produire les autres créatures. Il semble qu'il se donne la peine de former lui-même l'homme.

Même pag., lig. 25. *Poussière de la terre, etc.*

Ce que les païens n'ont pas ignoré. Ovide dit que l'homme fut fait de la terre pétrie avec de l'eau; et Juvénal, *meliore luto finxit*, etc. Aristophane nous appelle πλάσματα πηλȣ. Dans Ovide, qui a dit sur la création ce qu'il avait appris dans la philosophie des Grecs, il est remarquable que l'homme est, comme dans le récit de Moïse, la dernière des productions. Mais ce n'est plus celui qui a arrangé l'univers, *ille Opifex rerum, mundi Fabricator*, qui forme l'homme, c'est un Prométhée dont Ovide n'a point encore parlé, et il n'explique pas qui est ce Prométhée.

Pag. 24, lig. 26. *A sa propre image*, etc.

Ovide dit que les hommes ont été faits à l'image des Dieux :

Finxit in effigiem moderantum cuncta Deorum.

Et Horace appelle notre âme, une portion du souffle de la divinité : *divinæ particulam auræ*.

Pag. 25, lig. 8. *Il te porta dans ce jardin*, etc.

« Nos premiers parens, dit M. Bossuet, Hist. Univ., sont » mis dans ce jardin délicieux, qui s'appelle Paradis. Dieu » se devoit à lui-même de rendre son image heureuse. » J'ai dit aussi :

L'être toujours heureux, rend heureux ses ouvrages,
Et sa bonté l'oblige à chérir ses images.

Même pag., lig. 25. *Remonta vers le Ciel*, etc.

Ce n'est pas encore le Messie qui remonte, c'est le Père. J'en dirai plus bas la raison.

Même pag., lig. 31. *A sa grande idée*, etc.

Je crois que Milton veut faire allusion à ce qu'a dit Platon, que Dieu avoit créé le monde suivant l'exemplaire éternel qu'il en avoit conçu.

Pag. 26, lig. 7. *Ouvrez-vous, portes éternelles*, etc.

Ce cantique est une imitation du Ps. 24. prophétique du triomphe de Jésus-Christ montant au Ciel, après avoir vaincu Satan et la Mort. Il peut également s'appliquer au Verbe, créateur du monde, et à Jésus-Christ, réparateur du monde ; mais Milton paroît ne l'appliquer ici qu'au Père, par la raison que je vais dire.

Même pag., lig. 28. *Le septième soir commençoit*, etc.

C'est donc à la fin du septième jour que la *Puissance filiale* va reprendre sa place près de son père ; et Milton vient de dire plus haut, que « le soir et le matin ayant accompli le » sixième jour, le Créateur remonta au Ciel. » Les Anges chantèrent alors un cantique, et ils en vont chanter un autre, dans lequel ils relèvent surtout le triomphe du Fils sur les Anges rebelles. Le premier s'adressoit donc au Père. C'est le Père qu'ils ont appelé *le grand Créateur*, devant qui *les constellations se sont abaissées*, et pour qui ils ont chanté, *ouvrez-vous, portes*. Il revient en triomphe ; au lieu que ces paroles, *arriva la Puissance Filiale qui s'assit*, n'annoncent point un retour triomphant. Quand on examine avec attention cet endroit, on y remarque une obscurité que le poète a eu (je crois) dessein d'y mettre et de faire remarquer. On a vu assez de preuves de son erreur sur le Fils, qu'il ne fait point Dieu, comme le Père. Il l'a représenté partant au milieu d'un grand cortége, pour la création, c'est-à-dire, pour aller arranger la matière déjà existante ; mais ce *souffle de vie* qui rend l'homme l'image de la divinité, ce n'est pas lui qui l'a inspiré à l'homme : c'est le Père, qui, quoique toujours assis sur son trône éternel, a fait connoître, au moment de la création de l'homme, qu'il y étoit présent ; et le poète représente les Anges chantant le *grand Créateur* remontant aux Cieux avant que le Fils revienne au Ciel s'asseoir à sa place.

Pag. 27, lig. 10. *Sanctifie le septième jour*, etc.

La coutume, si ancienne et presque générale sur la terre, de compter les jours par le nombre de sept, est extrêmement remarquable. Pourquoi presque tous les peuples ont-ils eu le même usage ? On dira peut-être que le nombre des planètes en a été la cause. Mais pourquoi le septième jour est-il appelé *sacré* dans Homère ?

Même pag., lig. 23. *Jéhova*, etc.

Les Anges se servent de ce nom, parce qu'ils chantent en même temps le Père et le Fils, tous deux créateurs.

Pag. 28, lig. 16. *Une mer transparente, etc.*

A cause de ce qui est dit dans le ch. 4 de l'Apoc. : « Vis-
» à-vis du trône, il y avoit une mer transparente comme le
» verre, et semblable à du cristal. »

Même pag., lig. 18. *Peut-être d'autres mondes, etc.*

Destinés à d'autres créatures ; mais dans cet instant où l'on fait dans le Ciel la fête de la création, on n'y est occupé que de l'homme.

Pag. 29, lig. 10. *Afin que ta postérité, etc.*

Et comment les hommes auroient-ils pu soupçonner cette création ? Comment Adam lui-même l'auroit-il pu soupçonner, sans une révélation ? Une matière éternelle, et l'arrangement d'un chaos, révoltent notre raison; cette vérité, *tout a été fait de rien*, la révolte aussi. C'est pour cela que saint Paul, aux Hébreux, ch. 11, v. 3, dit que « c'est par la foi que nous savons, que tout ce qui est
» visible, a été formé par la parole de Dieu, tout aupa-
» ravant ayant été invisible. » Nous ne pouvons comprendre l'éternité d'un être. Mais pouvons-nous comprendre le passage du non être à l'être. De là toutes les erreurs de l'antiquité sur l'origine du monde, au travers desquelles cependant j'ai fait voir quelque rayon de lumière qui avoit percé. D'où a-t-il pu venir jusqu'aux hommes, si ce n'est par le ministère d'Adam ou de Moïse, qui n'ont pu le recevoir que du Ciel ?

Addisson termine le jugement qu'il porte sur le récit de la création dans ce poëme, par un très-grand éloge du poëme de Blakmore sur la création, poëme qui étoit nouveau alors. Dans cet ouvrage qu'il appelle une des plus belles productions de la poésie anglaise, les plus grands mystères de la philosophie sont animés, selon lui, de tous les charmes de la poésie ; et de la connoissance de la nature, on est conduit à celle d'un premier principe. Ce grand éloge annonçoit à ce poëme une fortune qu'il n'a point faite ; et l'on peut assurer que Milton est jusqu'à présent celui des poètes qui a parlé le plus dignement de la création, parce que sans entrer dans des détails trop longs, et d'inutiles réflexions, il s'est contenté d'ajouter au texte de la Genèse quelques descriptions agréables. C'est par des réflexions étrangères au sujet, que le poëme du Tasse, dont j'ai parlé, est ennuyeux, quoique bien plus raisonnable que la Semaine de notre du Bartas. Mais dans quel rang mettre ce poëme en vingt chants, composé par un auteur italien, et intitulé : *Adamo, overo, il mundo creato* ? C'est un entretien sur toutes les matières de physique, entre Adam et Raphaël, qui lui explique toutes les propriétés de la matière, et les différens systèmes que soutiendront un jour Aristote, Gassendi, Descartes, etc. Il lui développe en très-habile anatomiste toutes les parties du corps humain, lui fait voir avec un microscope, ce que ses descendans ne pourront voir que quand ils auront trouvé un pareil secours. Il tâche de lui faire comprendre comment l'imagination des mères agira sur le fœtus. Il annonce à Eve toutes les infirmités auxquelles son sexe sera sujet ; il lui apprend pourquoi les femmes auront les pâles couleurs, et il entre avec elle dans des détails de la nature, qui font rougir l'homme, depuis la perte de son innocence ; et Eve a déjà perdu la sienne, lorsque l'Ange lui explique de pareilles choses. Au milieu de la savante conversation de Raphaël, elle étoit allée seule faire une promenade, et avoit trouvé Satan qui l'avoit séduite, ayant pris le corps d'un serpent, auquel il avoit ajouté la tête d'une femme. Lorsqu'Adam s'est à son tour laissé séduire par Eve, Raphaël revient leur achever son discours de philosophie. Il prouve à Adam l'immortalité de l'âme, malgré ce que dira un jour l'impie, qui mettra en vers latins le système d'Epicure : poëme qui, pour comble de malheur, sera transporté par un Chrétien dans la langue des Muses italiennes. C'est ainsi que Raphaël annonce à Adam le Poëme de Lucrèce, et la traduction de Marchetti. Mais c'est assez parler de cet ouvrage singulier.

Pag. 29, lig. 13. *Tu peux parler, etc.*

Voilà un Ange qui met avec lui l'homme fort à son aise; et cette permission qu'il lui donne, rend le lecteur curieux du livre suivant, où Adam va faire les questions. Il en a beaucoup à faire, puisqu'il ne sait rien. Le poëte italien dont je viens de parler, a voulu faire de lui le philosophe universel. Le poëte anglais, au contraire, nous représente notre premier père comme simple et ignorant. Il admire l'univers sans y rien comprendre. Mais plein de reconnoissance pour Dieu, plein d'amour pour sa femme, il est très-content de son sort, et par conséquent très-heureux.

SOMMAIRE

DU LIVRE HUITIÈME.

Adam, après avoir fait à Raphaël quelques questions sur les mouvemens célestes, lui raconte sa propre histoire; ses premières idées au commencement de sa création; comment il fut enlevé dans le Paradis terrestre; son entretien avec Dieu, à qui il demanda de n'être point seul, et qui lui donna une compagne; ses transports, quand il la vit; son amour et sa foiblesse pour elle. L'Ange lui donne quelques avis, et le quitte.

LE PARADIS PERDU.

LIVRE HUITIEME.

L'ANGE cessa de parler, et laissa dans les oreilles d'Adam le son d'une si douce voix, qu'Adam, s'imaginant toujours qu'il parloit encore, les yeux attachés sur lui, resta attentif. Enfin revenant à soi, comme un homme qui s'éveille, il lui dit, pénétré de reconnoissance :

« Quel remerciment peut égaler votre bienfait,
» et quelle récompense suis-je capable de vous
» rendre? O historien divin, qui avez si pleinement
» assouvi ma soif de savoir, et qui avez daigné,
» avec tant de bonté, me raconter des choses
» dont, sans votre secours, j'aurois en vain cherché
» la connoissance; des choses que je viens d'en-
» tendre avec autant d'étonnement que de plaisir,
» et dont, comme je l'ai dû, j'ai rapporté toute la
» gloire au puissant Créateur! Mais il me reste
» encore quelque doute, et c'est de vous que j'en
» attends l'éclaircissement.

» Lorsque je contemple tout cet admirable édi-

» fice, cet univers composé d'un ciel et d'une terre,
» et que j'en considère la grandeur, la terre ne me
» paroît plus qu'une tache ; elle n'est plus qu'un
» grain de sable, un atôme, quand je la compare
» au firmament, et à ces étoiles dont le nombre est
» si étonnant, et qui me paroissent parcourir des
» espaces incompréhensibles ; leur distance et la
» promptitude de leur retour journalier ne me
» permettent pas d'en douter. Eh quoi, uniquement
» pour apporter la lumière autour de cette terre
» opaque, de cette tache qui ne paroît qu'un point
» inutile à tout autre service, elles mesurent jour et
» nuit une si vaste étendue! Quand je m'abandonne
» à cette réflexion, je suis souvent étonné de ce
» que la nature économe et sage a fait des choses
» qui ont entre elles si peu de proportion, de ce
» qu'avec une main trop libérale, elle a créé les
» corps les plus nobles et les plus grands, pour ce
» seul usage, à ce qui paroît, et a imposé à leurs
» orbes ces révolutions qu'ils répètent chaque jour
» sans se reposer jamais ; tandis que la terre immo-
» bile, la terre qui auroit à faire un tour bien moins
» considérable, servie par ce qui est plus noble
» qu'elle-même, obtient ce dont elle a besoin, sans
» se donner la moindre agitation, recevant la cha-
» leur et la lumière comme un tribut qui coûte
» pour lui être apporté un voyage incompréhen-
» sible, que des corps ne semblent pas capables de
» faire si promptement, et dont on ne peut, par des
» nombres, exprimer la rapidité. »

Notre premier père, par ces paroles, et par sa contenance, fit connoître qu'il alloit se livrer à des questions difficiles et abstraites. Eve qui, un peu à l'écart, étoit assise vis-à-vis de lui, le remarqua, et se levant avec une modestie majestueuse et une grâce qui faisoit souhaiter qu'elle restât, se leva et alla retrouver les fleurs et les fruits, les doux objets de ses soins, pour examiner comment ils y répondoient. Tous reprirent la vie, sitôt qu'elle parut, et tous reçurent une beauté nouvelle de la main qui les cultiva.

Elle ne se retira point par indifférence pour les questions qu'elle venoit d'entendre proposer, ni comme incapable d'atteindre à des choses si sublimes ; mais elle vouloit se réserver le plaisir de les entendre répéter à son cher Adam, lorsqu'elle seroit seule avec lui. Elle ne veut être instruite que par son époux ; et préférant ses leçons à celles de l'Ange, c'est à lui qu'elle veut faire toutes ses questions, parce qu'elle sait bien qu'il assaisonnera ses réponses de digressions agréables ; que toutes les disputes sur les choses les plus élevées, seront terminées par de tendres caresses, plus agréables encore pour elle que toutes les paroles. O couple qu'unissoit également l'amour et la dignité ! Quand pourra-t-il s'en trouver un pareil ?

Avec une démarche toute divine, Eve se retira seule, et non sans cortége : les grâces attirantes formèrent sa pompeuse cour, et l'environnent comme leur reine. L'éclat dont elle brille, lance des traits dans les yeux, qui leur font desirer de la pouvoir contempler sans cesse.

Raphaël, toujours plein de douceur et de complaisance, répondit en ces termes, aux doutes qu'Adam lui avoit proposés :

« J'approuve tes demandes et ta curiosité, puis-
» que le Ciel est le livre divin toujours placé
» devant toi, afin que tu y lises ses merveilles, et
» que tu y puisses apprendre à compter les saisons,
» les heures, les jours, les mois et les années. Pour
» parvenir à cette connoissance, il t'importe peu
» de savoir si c'est le Ciel ou la terre qui se meut.
» Que ton calcul soit juste, voilà qui te suffit. Le
» suprême architecte cache sagement bien des choses
» aux Anges comme aux hommes. Il ne manifeste
» point des secrets qui doivent être plus admirés
» qu'examinés; et prévoyant la folie de ceux qui
» voudront risquer leurs conjectures, il a aban-
» donné l'édifice du Ciel à leurs disputes, pour se
» jouer peut-être de toutes les vaines imaginations
» de ces hommes qui voudront dresser le plan des
» Cieux, et faire tant de calculs sur les étoiles. Ah,
» que de formes différentes ils donneront à la
» structure de l'univers ! Ils bâtiront, ils détruiront.
» Que n'inventeront-ils pas, pour expliquer les
» choses suivant qu'ils les imagineront ? Ils cein-
» dront la sphère de concentriques, d'excentriques,
» de cycles, d'épicycles, d'orbes embarrassés dans
» des orbes. Tes raisonnemens me font prévoir
» ceux de tes descendans, puisqu'ils te prendront

» pour exemple. Tu t'imagines que les corps les
» plus grands et qui sont lumineux, ne devroient
» pas servir ceux qui sont petits et sans lumière;
» tu t'imagines que les Cieux ne doivent point par-
» courir tant de chemin, tandis que la terre, qui
» seule en reçoit tout l'avantage, est toujours en repos.

» Considère d'abord que ce n'est ni la grandeur
» ni la lumière qui fait l'excellence. La terre qui,
» comparée au Ciel, est si petite, et qui ne brille
» point, peut posséder quelque chose de plus riche
» et de plus parfait que le soleil qui brille stérile-
» ment, et dont la vertu inutile à soi-même, n'o-
» père que sur la terre qu'elle rend fertile. C'est la
» terre qui, la première, reçoit ses rayons, qui
» sans elle seroient oisifs. C'est la terre qui leur
» donne matière à exercer leur vigueur, et ce n'est
» point la terre que servent ces feux brillans. C'est
» toi qu'ils servent, ô habitant de la terre ! Cette
» circonférence des Cieux qui te surprend par sa
» grandeur, publie la magnificence de l'ouvrier
» qui bâtit de si immenses édifices, en étendant si
» loin son cordeau; afin que l'homme connoisse
» que ce n'est pas à lui qu'appartient sa demeure,
» puisqu'il n'occupe qu'une très-petite partie d'un
» édifice trop spacieux pour qu'il puisse le remplir.
» Le reste est réservé à des usages qui ne sont
» connus que du souverain maître. C'est à sa toute-
» puissance que tu dois attribuer la rapidité de tous
» ces cercles innombrables. C'est lui qui donne à
» des substances corporelles une activité presque

» spirituelle. Et que diras-tu de la mienne ? Parti
» le matin de l'endroit du Ciel où Dieu réside, et
» arrivé à Eden avant midi, j'ai parcouru une
» distance qu'on ne peut exprimer par tous les
» nombres connus. C'est pour te montrer combien
» sont foibles les difficultés que forment tes doutes,
» que dans tout ce que je t'ai dit, j'ai supposé dans
» les Cieux un mouvement, que cependant je
» n'affirme point, quoique de la terre où tu fais
» ta demeure, tes yeux te persuadent de ce mou-
» vement. Dieu, afin que l'humaine intelligence
» ne puisse atteindre jusqu'à ses voies, a placé le
» Ciel si élevé au-dessus de la terre. Si la vue hu-
» maine ose tenter des efforts ambitieux, elle se
» perdra et s'égarera, voulant s'élever si haut, et
» ne retirera aucun fruit de sa curiosité. Quel seroit
» ton étonnement, si le soleil étoit le centre de
» l'univers, et si ce branle continuel qu'avec tant
» de mesures font autour de lui les autres astres,
» étoit causé par sa vertu attractive et la leur qui
» les met en mouvement? Six de ces astres dans
» leurs mouvemens incertains, te paroissent tantôt
» élevés, tantôt bas, tantôt cachés, ils s'avancent,
» ils rétrogradent, et ils semblent s'arrêter ; mais
» que dirois-tu, si la septième des planètes, la terre
» que tu vois immobile, étoit emportée par trois
» mouvemens différens, qui te sont insensibles? Tu
» ne serois plus obligé de faire tourner en sens
» contraires, différentes sphères qui se croisent
» obliquement. Tu épargnerois un grand travail
» au

» au soleil, et à cette rapide roue, que sans la voir
» tu supposes tourner rapidement jour et nuit au-
» dessus des étoiles, et qui est, selon toi, la roue
» du jour et de la nuit. Tu n'as plus besoin de la
» supposer, si la terre industrieuse s'avançant vers
» l'orient, va elle-même y chercher le jour, et
» éloigne de l'aspect du soleil un de ses hémisphè-
» res, qui livré alors aux ténèbres est encore illu-
» miné des rayons du grand flambeau de la nuit. Et
» pourquoi la terre ne pourroit-elle pas renvoyer
» aussi la lumière, au milieu de la transparente
» campagne des airs, à la lune, corps terrestre
» comme elle? Pourquoi ne seroit-elle pas pendant
» le jour son flambeau, comme la lune est le sien
» pendant la nuit? Ainsi la lune recevroit de la
» terre un service réciproque pour ses campagnes
» et ses habitans, si elle en a. Ses taches te paroissent
» des nuages; ces nuages peuvent se fondre en
» pluie, produire des fruits dans son sein amolli,
» et ces fruits servir de nourriture à ceux qui ont
» eu cette demeure en partage. Peut-être décou-
» vriras-tu un jour d'autres soleils, qui ayant aussi
» à leur suite leurs lunes, se communiqueront leurs
» lumières, mâles et femelles, ces deux sexes
» animant tout l'univers, et peut-être dans chaque
» orbe peuplé par eux, donnant la vie à tout ce
» qui est vivant. Car enfin, tous ces corps répan-
» dus dans l'immense sein de la nature, privés
» d'habitans, sont-ils entièrement déserts, désolés,
» et faits seulement pour briller, tandis que chacun

TOME IV.

» d'eux transporté si loin de cette partie des-
» tinée à être habitée, y transmet à peine un
» foible rayon de lumière, qui leur est renvoyée
» par elle? Voilà une éternelle matière de dispute ;
» mais que ces choses soient ainsi ou non, que le
» soleil prédominant au haut des Cieux, marche
» pour la terre, ou la terre pour le soleil; qu'il
» commence sa carrière ardente en partant de
» l'orient; ou que de l'occident commençant la
» sienne sans bruit, la terre comme dormante sur
» son axe, en même temps qu'elle avance d'un
» pas tranquille et réglé, t'emporte doucement
» avec elle, ainsi que l'air tranquille qui l'envi-
» ronne, ne va point jeter le trouble dans tes
» pensées, en voulant découvrir ces choses qui te
» sont cachées. Laisse à Dieu son secret, songe
» seulement à le servir et à le craindre. Qu'il dis-
» pose à son gré de toutes les autres créatures,
» qui, en quelque lieu qu'elles soient, sont où il a
» voulu les placer. Jouis de ce qu'il t'a donné, de
» ce Paradis et de ton Eve charmante. Le Ciel est
» trop élevé au-dessus de toi pour que tu puisses
» savoir ce qui s'y passe. Que ta sagesse soit hum-
» ble. Ne t'occupe que de toi et de ce qui te con-
» vient. Ne va point rêvant à ces autres mondes
» chercher quelles créatures s'y trouvent, quel est
» leur état, leur condition, leur degré. Sois content
» de ce que je t'ai révélé tant de choses, non-
» seulement de la terre, mais même du Ciel,
» quelqu'élevé qu'il soit. »

Adam éclairci sur ses doutes, lui répondit :

« Vous m'avez satisfait, Ange serein, pure et
» céleste intelligence. Vous m'avez montré un
» chemin qui, libre des embarras que cause la
» curiosité, est celui de la vie tranquille. Vous
» m'apprenez à ne point interrompre par l'inquié-
» tude des pensées, la douceur d'une vie dont
» l'ordre de Dieu écarte au loin les soucis impor-
» tuns qui ne nous troubleront jamais, à moins que
» nous ne les cherchions nous-mêmes dans l'égare-
» ment de notre âme, par le desir des vaines con-
» noissances. Notre esprit et notre imagination, si
» nous n'y mettons un frein, sont toujours prêts à
» s'emporter, et s'égarent sans fin; à moins qu'un
» bon conseiller ne nous instruise, ou que l'expé-
» rience ne nous enseigne que la première sagesse
» n'est pas une connoissance savante des choses
» abstraites, obscures et inutiles à notre usage,
» mais la connoissance de celles qui sont mises
» devant nous, pour que nous en fassions usage
» tous les jours de notre vie. Tout le reste n'est que
» fumée, vanité, folle extravagance, et ne sert
» qu'à nous rendre inhabiles et ignorans dans les
» choses qui nous concernent le plus, parce que
» nous ne voulons jamais que chercher. Ainsi, abais-
» sons notre vol, descendons de cette hauteur où
» nous étions. Parlons des choses qui sont près de
» nous. Elles me procureront peut-être l'heureuse
» occasion de vous faire des questions qui vous
» paroîtront raisonnables, et que vous recevrez

» avec la même bonté et la même complaisance.

» Je vous ai jusqu'à présent entendu raconter
» ce qui s'est passé lorsque je n'existois pas encore :
» je ne pouvois le savoir que par vous; daignez
» maintenant entendre mon histoire, dont peut-être
» vous n'avez point encore entendu faire le récit.
» Le jour n'est point prêt à finir. Vous voyez que
» je cherche habilement des prétextes à parler,
» pour vous retenir. Quand je vous invite à m'en-
» tendre raconter, ma témérité seroit grande, si je
» n'espérois vous engager à me répondre. Assis
» près de vous, je me crois dans les Cieux, et vos
» discours sont plus doux à mon oreille que ne le
» sont à notre faim et à notre soif les fruits du
» palmier, à l'heure agréable du repas après le
» travail : quelque doux qu'ils soient, ils rassasient,
» on s'en lasse à la fin ; mais vos discours qu'assai-
» sonne une grâce divine, ne causent que douceur,
» et jamais de satiété. »

« Père des hommes, lui répondit l'Ange, avec
» une douceur toute céleste, les grâces résident
» sur tes lèvres, et l'éloquence sur ta langue. Car
» Dieu a bien voulu prodiguer pour toi sa brillante
» image, ses dons extérieurs et intérieurs. La grâce
» t'accompagne dans tes discours, et même dans ton
» silence; et dans ta conversation, comme dans ton
» maintien, on reconnoît la noblesse de ton ori-
» gine : ainsi, quoique tu ne sois qu'un habitant de
» la terre, et que nous soyons les citoyens du Ciel,
» nous te regardons comme avec nous serviteur du

» même maître, et nous aimons à considérer dans
» l'homme les voies de Dieu, parce que nous
» voyons qu'il te comble d'honneur, et qu'il t'aime
» autant qu'il nous aime. Apprends-moi donc ce
» que j'ignore, parce que j'étois absent le jour de
» ta création. Je fus obligé de faire un voyage
» difficile, et dans des lieux ténébreux; je fis une
» incursion jusqu'aux portes de l'Enfer. Ma légion,
» suivant l'ordre qu'elle avoit reçu, s'étoit rassem-
» blée pour y faire la garde, et empêcher que
» quelqu'espion, quelqu'ennemi, tandis que Dieu
» étoit occupé de son grand ouvrage, ne parût,
» de peur qu'irrité de cette insolente éruption, le
» Tout-Puissant n'eût tout à-la-fois détruit et créé.
» Les Esprits rebelles n'eussent pu sans sa permis-
» sion tenter cette entreprise; mais notre souverain
» monarque, pour faire connoître sa grandeur et
» expérimenter notre prompte obéissance, nous
» chargea d'exécuter ses ordres divins. Nous trou-
» vâmes les effroyables portes : portes effroyables,
» épaisses et fortement barricadées. Lorsque nous
» en approchâmes, nous entendîmes au dedans,
» un bruit bien différent de celui qu'on entend
» dans le Ciel. Ici ce sont des danses et des chants;
» là, des tourmens, des plaintes, des lamentations,
» la rage et la fureur. Quelle fut notre joie de pou-
» voir (tel étoit notre ordre) retourner avant le
» soir du sabbat, sur les côtes des régions de la
» lumière ! Mais commence ton récit : me voici
» prêt à t'écouter ; et j'y trouverai autant de

» plaisir que tu en as trouvé à m'entendre. »

A ce discours du céleste ambassadeur, notre premier père fit cette réponse :

« Il est difficile à l'homme de dire comment la
» vie humaine a commencé. Quel être eut jamais
» connoissance de son commencement? Je ne songe
» à parler du mien, que par le desir de prolonger
» mon entretien avec vous.

» Comme sortant du sommeil le plus profond,
» et m'éveillant tout-à-coup, je me trouvai molle-
» ment étendu sur un gazon fleuri, et je me sentis
» dans une sueur embaumée, que séchèrent bientôt
» les rayons du soleil qui s'abreuva de l'humide
» vapeur qui s'exhaloit de moi. Je tourne d'abord
» vers le Ciel mes yeux étonnés. Je contemple,
» en extase, l'immensité du firmament; et tout-à-
» coup, par une vivacité et un instinct qui m'y
» faisoit tendre, je me lève, et sur mes pieds je
» reste debout. Je vois de tous côtés, autour de
» moi, des montagnes, des vallées, des bois épais,
» des plaines vastes, des ruisseaux qui tombent
» avec un doux murmure, des créatures qui
» vivent, qui se remuent, qui marchent, ou
» qui volent. Des oiseaux sur les branches des
» arbres faisoient entendre leur ramage ; toute la
» face de la terre étoit riante; l'air étoit parfumé,
» et mon cœur s'épanouissoit dans la joie. Je me
» regarde enfin moi-même. J'examine mes mem-
» bres les uns après les autres. Tantôt je marche,
» tantôt je cours, et je trouve flexibles les jointures

» de ces membres pleins de force et de vie. Mais
» qui suis-je ? Où suis-je ? Pourquoi y suis-je ? Je
» l'ignorois. J'essaye de parler : aussi-tôt je parle,
» ma langue m'obéit, et peut tout-à-coup nommer
» tout ce que je vois. Je m'écrie, ô toi soleil, belle
» lumière, et toi qu'elle éclaire, ô terre si fraîche
» et si riante, vous montagnes et vallées, vous
» rivières, forêts, plaines, et vous belles créatures
» en qui je vois la vie et le mouvement, dites-moi
» (si vous en avez été témoins) comment j'ai reçu
» l'être ? Dites-moi comment je suis venu ici ? Je ne me
» suis point fait moi-même. Je suis donc l'ouvrage
» d'un grand maître qui excelle autant en puis-
» sance qu'en bonté ? Dites-moi donc comment je
» puis connoître, comment je dois adorer celui de
» qui je tiens la vie, le mouvement, et une félicité
» que je sens être en moi plus grande que dans
» tous les objets présens à mes yeux ?

» En appelant ainsi tous les êtres qui m'envi-
» ronnent, je m'éloigne, sans savoir où je vais,
» du lieu où, pour la première fois, j'ai respiré
» l'air, et où j'ai été, pour la première fois, frappé
» de cette brillante lumière ; et ne recevant aucune
» réponse, je m'assieds tout rêveur sur un banc de
» verdure parsemé de fleurs, et couvert d'un om-
» brage. Ce fut là que, pour la première fois, me
» saisit le doux sommeil, dont l'agréable empire
» s'empara de mes sens assoupis, et non troublés,
» quoiqu'il me parût que, retournant à mon pre-
» mier état, et perdant le sentiment, je m'anéan-

» tissois. Mais un songe qui se plaça sur ma tête,
» me remplit intérieurement d'une vision agréable,
» qui rassurant mon imagination, me persuada
» que j'existois, que je vivois encore. Je vis un
» objet d'une forme divine, qui s'approcha de moi,
» et me dit : « Lève-toi. Le séjour que tu dois habiter
» t'attend, ô Adam, le premier de tous les hommes,
» père dont doit sortir une suite d'hommes innom-
» brables. Appelé par toi, je viens pour te conduire
» au jardin des délices, la demeure qui t'est desti-
» née. » En disant ces mots, il me prit par la main,
» m'éleva; et me transportant sur les campagnes
» et les rivières, comme s'il eût fendu l'air, glissant
» rapidement sur la terre sans y laisser de trace, il
» me mit à la fin sur le haut sommet d'une monta-
» gne couverte de forêts. Sur ce sommet étoit une
» plaine d'une vaste étendue, environnée d'arbres
» qui paroissoient plantés par une main divine.
» Elle étoit ornée de promenades et de bosquets;
» et sa beauté me fit presque oublier tout ce qu'au-
» paravant j'avois vu de beau sur la terre. Chaque
» arbre étoit chargé de fruits merveilleux, suspen-
» dus à ses branches; et leur éclat, qui tentoit les
» yeux, excita en moi un desir soudain de cueillir
» et de manger. Je m'éveillai, et je trouvai devant
» moi, très-réel, tout ce que mon songe m'avoit si
» vivement présenté. J'allois recommencer ma
» course errante, lorsque j'aperçus entre les arbres,
» la présence divine du guide qui m'avoit conduit
» sur cette hauteur.

» Transporté de joie, et en même temps pénétré
» de crainte, je me prosternai humblement à ses
» pieds, et je l'adorai. Ce guide me releva, en me
» disant avec douceur : « Je suis celui que tu cher-
» ches, l'auteur de tout ce que tu vois en haut et
» en bas, et autour de toi. Je te donne ce Paradis.
» Sois assuré qu'il est à toi pour le cultiver, le
» garder et en manger les fruits. Cueille librement
» et mange dans la joie de ton cœur, tous les fruits
» que les arbres de ce jardin produisent, et ne
» crains point qu'ils te manquent; mais quant à
» l'arbre dont le fruit opère la connoissance du
» bien et du mal; arbre que, pour éprouver ton
» obéissance et ta fidélité, j'ai placé au milieu du
» jardin, près de l'arbre de vie (que ce que je
» t'ordonne en ce moment ne sorte jamais de ta
» mémoire), garde-toi d'y toucher, la suite en
» seroit funeste pour toi. Apprends que le jour que
» tu en mangeras, et que tu transgresseras ce
» commandement, le seul que je te donne, tu ne
» pourras éviter la mort. Dès ce jour tu deviendras
» mortel ; et perdant cet état de félicité, tu seras
» chassé dans un monde de maux et de douleurs. »

» En prononçant cette rigoureuse défense, il prit
» un ton de sévérité ; et le son de sa voix, qui re-
» tentit toujours à mes oreilles, m'effraie encore. Il
» reprit bientôt son air serein, et poursuivit ainsi
» son aimable discours :

« Je te donne, à toi et à ta race, non-seulement
» cette belle enceinte, mais toute la terre. Soyez

» en les maîtres. Possédez-la avec tout ce qui res-
» pire, ou sur elle, ou dans la mer, ou dans les
» airs, animaux, poissons, oiseaux. Pour te donner
» l'assurance de mon présent, voici les animaux et
» les oiseaux, chacun dans son espèce, que j'amène
» devant toi, pour qu'ils reçoivent de toi leurs
» noms, et te rendent par leurs hommages, la
» preuve de leur soumission. Ton empire s'étend
» également sur les poissons qui habitent leur hu-
» mide séjour. Il ne leur sera point ordonné de
» comparoître ici, parce que s'ils sortoient de leur
» liquide élément, l'air qu'ils trouveroient, seroit
» trop subtil pour eux. Ils ne le pourroient res-
» pirer. »

» A peine eut-il parlé, je vis s'approcher deux
» à deux les animaux et les oiseaux, ceux-ci se
» baissant humblement vers la terre d'une manière
» caressante, et ceux-là avec un doux battement
» de leurs ailes. En passant devant moi, ils reçurent
» de moi leurs noms, qui tous faisoient connoître
» leur nature. Je les connoissois par la facilité que
» Dieu me donna de tout pénétrer promptement;
» mais ne trouvant point parmi ces créatures celle
» qui me paroissoit me manquer, j'osai adresser
» ces paroles à la céleste vision : « O de quel nom
» vous puis-je appeler, vous qui au-dessus de tous
» ces objets, au-dessus de l'homme, au-dessus de
» tout ce qui est plus grand que l'homme, êtes si
» fort au-dessus de tout ce que je puis nommer ?
» Comment dois-je vous adorer, auteur de cet

» univers, auteur de tous les biens que l'homme
» y trouve? C'est pour son bonheur, que d'une
» main prodigue vous avez préparé une si grande
» abondance de biens; mais je ne vois aucune créa-
» ture qui les puisse partager avec moi. Est-il une
» félicité dans la solitude? De quoi jouit celui qui
» est seul? Et quand il jouiroit de tout, quelle
» seroit sa satisfaction? » J'eus la témérité de par-
» ler ainsi; et la vision brillante, répandant encore
» un plus grand éclat, me répondit en souriant :

« Qu'appelles-tu solitude? La terre n'est-elle pas
» couverte d'une infinité de créatures vivantes?
» L'air n'en est-il pas rempli? Toutes ne viennent-
» elles pas à ton ordre, toujours prêtes à jouer
» devant toi? N'entends-tu pas leur langage et
» leurs façons d'agir? Elles ont aussi une connois-
» sance, et une raison qui n'est pas méprisable.
» Tu peux les employer à ton amusement, et
» t'occuper à les gouverner. Tu règnes sur des
» sujets nombreux. »

» Ainsi parla le maître universel : ses paroles
» paroissoient être des ordres. Cependant j'implorai
» la permission de lui parler encore, et je lui
» adressai cette humble prière : « Que mes discours,
» ô céleste pouvoir, ne vous offensent point!
» Agréez, ô mon Créateur, que je parle encore!
» Ne m'avez-vous pas accordé l'honneur de tenir
» ici votre place, et n'avez-vous pas voulu que
» ces créatures fussent très-inférieures à moi?
» Quelle société peut-il y avoir entre inégaux?

» Quelle harmonie, quel vrai plaisir peut s'y trou-
» ver? Le plaisir de la société doit être récipro-
» que, donné et reçu dans une égale proportion.
» Comme entre inégaux il est plus vif dans l'un,
» et plus foible dans l'autre, il ne peut durer, et
» il cause bientôt à tous un égal ennui. Je parle
» d'une société telle que je la desire, avec laquelle
» je puisse partager tous les plaisirs que la raison
» accompagne. Elle ne se peut trouver entre
» l'homme et les brutes. Chacun d'eux cherche
» son plaisir avec son semblable, le lion avec le
» lion, et c'est vous-même qui avez établi entr'eux
» cette union. Le singe ne cherche point de société
» avec le bœuf, les oiseaux en cherchent encore
» moins avec les animaux terrestres; l'homme con-
» versera donc encore bien moins avec les ani-
» maux. »

» Le Tout-Puissant ne parut pas me désapprouver,
» et me répondit :

« Je vois bien, Adam, que dans le choix que
» tu ferois d'une créature pour ta société, tu te
» proposerois un bonheur délicat et fin; et quoique
» tu sois au milieu des plaisirs, tu n'en trouves
» point, parce qu'un plaisir solitaire n'en est point
» un pour toi. Que penses-tu donc de moi? Que
» dis-tu de mon état? Crois-tu que je jouisse
» d'un bonheur parfait, ou crois-tu qu'il me
» manque quelque chose? Je suis seul de toute
» éternité. Je ne connois ni second ni semblable,
» encore moins d'égal. Si je veux converser, je ne

» le puis donc qu'avec des créatures qui sont mes
» ouvrages, et qui, fort inférieures à moi, en sont
» infiniment plus éloignées qu'elles ne le sont de toi. »

» Ne l'entendant plus parler, je fis cette humble
» réponse :

« L'humaine pensée, roi suprême des êtres,
» est trop foible pour pouvoir atteindre à la
» hauteur de vos voies éternelles, et en pénétrer la
» profondeur. Vous possédez la perfection. Elle
» est en vous tout entière. Il n'en est pas de même
» de l'homme. Il n'en peut approcher que par
» degrés ; et voilà pourquoi, desirant s'associer à
» son semblable, il cherche un appui et une conso-
» lation à ses imperfections. Vous n'avez pas besoin
» de vous multiplier vous-même, puisque vous
» êtes déjà infini et parfait en nombre, quoique
» vous soyez un. Mais le nombre apprend à
» l'homme qu'il est imparfait quand il est un,
» parce qu'il doit produire le semblable de son
» semblable, multipliant son image, qui, impar-
» faite dans l'unité, a besoin d'un mutuel amour,
» d'une tendre amitié. Dans le secret de votre
» grandeur, toujours seul, parce que vous ne pou-
» vez avoir avec vous rien de meilleur que vous-
» même, vous n'avez pas besoin de société. Vous ne
» cherchez point à vous communiquer ; ou si vous le
» voulez, vous pouvez élever une de vos créatures
» à une grandeur qui la rende capable de soutenir
» une pareille société, vous la pouvez diviniser.
» Mais moi, pour converser avec ces créatures

» que je vois, je ne les puis délivrer du poids qui
» les abaisse vers la terre; et quelles que soient leurs
» manières d'agir, je n'y puis trouver ma satis-
» faction. »

» J'eus la hardiesse de lui tenir ce discours,
» en usant de la liberté qui m'avoit été accordée.
» Mes discours ne déplurent pas, et même ils me
» procurèrent cette réponse que me fit la voix divine:
« Jusqu'ici, Adam, il m'a plu de t'éprouver; et
» après que, par les noms convenables que tu as
» donnés aux animaux, tu m'as fait voir que tu les
» connoissois, tu m'as fait voir encore que tu te
» connoissois toi-même. Je retrouve en tes discours
» cet esprit libre que j'ai mis en toi, et tu fais
» briller mon image, présent que je n'ai point fait
» aux bêtes. Leur société te paroît indigne de toi;
» tu ne veux pas t'en contenter. Tu as raison:
» pense toujours de même. Je savois, avant que de
» t'entendre, qu'il n'est pas bon que l'homme soit
» seul. Cette compagnie que tu as vue n'est pas non
» plus celle que je t'ai destinée. Je n'ai voulu, en
» te la montrant, que t'éprouver. J'ai voulu voir
» si tu jugerois bien de ce qui peut te convenir.

» Ainsi, sois assuré que celle que je te donnerai
» te sera agréable. Tu y trouveras ta ressemblance,
» ton véritable soutien, un autre toi-même, exacte-
» ment conforme à tout ce que ton cœur desire. »

» Il cessa de parler, ou plutôt je cessai de l'en-
» tendre, n'ayant plus la force de soutenir, terres-
» tre comme je le suis, le poids d'une divine

» Puissance, devant laquelle, depuis si long-temps,
» j'étois élevé si haut dans ce céleste et sublime
» entretien. Ebloui et opprimé comme par un objet
» qui surmonte les sens, la langueur me saisit, je
» cherchai du repos dans le sein du sommeil, qui,
» appelé par moi, et venant au secours de la nature,
» s'empara de moi tout-à-coup, et ferma mes yeux ;
» mais dans mon imagination, qui est ma vue inté-
» rieure, il laissa l'entrée ouverte aux objets : ce
» qui fut cause que, transporté comme dans une
» extase, je crus voir, quoiqu'endormi, le même
» lieu où j'avois été mis, et y voir encore cette
» même glorieuse figure devant laquelle j'étois
» avant mon sommeil. Je vis qu'en se baissant,
» elle m'ouvrit le côté gauche, et en tiroit une côte
» toute fumante des esprits vitaux, et de ce sang
» frais, l'âme de la vie. Ma plaie étoit large, mais
» remplie de chair : au même instant elle fut guérie.
» L'Etre divin donna une nouvelle figure à cette
» côte; et sous ses mains qui la formèrent, s'éleva
» une créature semblable à l'homme, mais d'un
» sexe différent et d'une beauté si aimable, que
» tout ce qui, dans l'univers, m'avoit semblé beau,
» ou ne me parut plus rien, ou me parut rassemblé
» en elle, et réuni dans ses regards, qui firent
» entrer dans mon cœur une douceur jusqu'alors
» inconnue pour moi. Sa présence répandit dans
» tout le monde un esprit d'amour, une amou-
» reuse volupté. Elle disparut, et me laissa dans
» les ténèbres. Je me réveillai, résolu de la re-

» trouver ou de pleurer à jamais sa perte, en
» renonçant à tous les autres plaisirs.

» Lorsque j'espérois le moins, je l'aperçus non
» loin de moi, telle que je l'avois vue dans mon
» songe, ornée de tous les dons que la terre et le
» Ciel ont pu verser sur elle pour la rendre aima-
» ble. Elle s'avançoit, conduite par son céleste
» Créateur, quoiqu'invisible. Sa voix qui la gui-
» doit, l'avoit déjà instruite des cérémonies nup-
» tiales. La grâce suivoit tous ses pas. Le Ciel étoit
» dans ses yeux, la dignité et l'amour dans toute
» sa démarche. Je ne pus m'empêcher, dans le
» transport de ma joie, de m'écrier à haute
» voix :

« Et voilà ce qui remplit tous mes desirs! Tu
» m'as bien tenu parole, Créateur plein de bonté
» et de complaisance, ô Donateur de tant de biens
» précieux. Voici le plus beau de tous tes présens,
» et tu ne m'en as pas jugé indigne. Maintenant,
» je vois l'os de mes os, la chair de ma chair.
» C'est moi-même que je vois devant moi. Femme
» tirée de l'homme, son nom sera aussi tiré de
» celui de l'homme. Et voilà pourquoi l'homme
» abandonnera son père et sa mère pour s'attacher
» à sa femme. Ils ne feront plus qu'une chair, un
» cœur, une âme. »

» Elle m'entendit ; et quoique poussée vers moi
» par une main divine, cependant l'innocence et
» la modestie, compagnes de la virginité, sa vertu
» et le sentiment intérieur de son prix (prix qui
» veut

» veut être recherché, qui ne se donne point s'il
» n'est demandé, qui ne se présente point, qui ne
» s'offre point; et qui en se retirant, enflamme davan-
» tage le desir,) où pour tout dire, la nature même,
» quoique pure et exempte de toute pensée cou-
» pable, produisit en elle un tel effet, qu'en m'a-
» percevant, elle se détourna. Je la suivis : elle fut
» sensible à l'honneur que je lui rendois; et avec
» une complaisance majestueuse, elle approuva
» l'ardeur que je lui témoignois. Je la conduisis
» au berceau nuptial, où elle me suivit, couverte
» d'une rougeur pareille à celle de l'aurore. Tous
» les Cieux, toutes les constellations favorables,
» répandirent en cet instant leurs plus douces in-
» fluences. La terre donna un signe de congratu-
» lation, les collines tressaillirent, les oiseaux firent
» entendre leur joie; celle des vents frais et des
» doux zéphirs remplit les bois de doux mur-
» mures; leurs ailes, en s'agitant, firent tomber
» des roses, et semèrent les parfums enlevés aux
» arbrisseaux odoriférans. Enfin l'amoureux oiseau
» de la nuit chanta le cantique de l'hymenée, or-
» donnant à l'étoile du soir de se rendre prompte-
» ment sur le sommet de la montagne, pour y faire
» briller le nuptial flambeau.

» Je vous ai dit tout ce que j'étois; et par le
» récit de mon histoire, je vous ai fait connoître
» toute la terrestre félicité dont je jouis. Je dois
» avouer que dans toutes les autres choses je trouve
» aussi un plaisir; mais ce plaisir est d'une nature,

» que soit que je m'y livre, ou que je ne m'y livre
» pas, ces choses n'apportent dans mon âme, ni
» changement, ni desir violent. Je parle de ces
» sensations délicates qui flattent le goût, la vue,
» l'odorat. Je parle des plantes, des fruits, des
» fleurs, de ces promenades, de ces chants harmo-
» nieux des oiseaux. Cet autre objet fait sur moi
» une impression bien différente : c'est avec trans-
» port que je le regarde; c'est avec transport que
» j'en approche. Il m'a fait sentir la première pas-
» sion. Il a causé en moi une agitation extraordi-
» naire. Dans tous les autres plaisirs, je conserve
» ma tranquillité et ma supériorité, et je ne me
» sens de foiblesse que devant les charmes d'une
» beauté dont les regards ont un si grand pouvoir.
» Ou la nature a été défectueuse en moi, et m'a
» laissé une partie foible qui ne peut résister à un
» pareil objet; ou par la plaie faite à mon côté, j'ai
» trop perdu peut-être de ma substance; il est
» certain du moins que trop d'ornemens ont été
» prodigués à cette créature, qui dans l'extérieur
» a été plus travaillée que moi, et intérieurement
» est moins accomplie. Car je m'aperçois bien
» que dans ce qui est l'objet principal de la nature,
» dans l'esprit et dans ces facultés internes qui font
» notre excellence, elle m'est inférieure, et que
» même dans l'extérieur elle ressemble moins à
» l'image de celui qui nous a faits tous deux. Elle
» exprime moins ce caractère d'empire qui nous a
» été donné sur toutes les autres créatures. Cepen-

» dant, sitôt que je m'approche de cette aimable
» beauté, elle me paroît en elle-même si parfaite,
» si accomplie en tout point, si bien instruite de
» ses droits, que tout ce qu'il lui plaît de dire ou de
» faire, me paroît aussi le plus sage, le plus ver-
» tueux, le plus discret, le meilleur. La science
» la plus élevée s'abaisse et tombe à sa présence.
» En s'entretenant avec elle, la sagesse se décon-
» certe, s'oublie, et ressemble à la folie. L'autorité
» et la raison marchent à sa suite, comme si elle
» avoit été créée la première; cependant elle n'a
» été créée que la seconde, et par rapport à moi.
» Enfin, pour mettre le comble à ses perfections,
» la grandeur d'âme et la noblesse ont établi en
» elle leur demeure la plus chérie, et ont placé à
» ses côtés le respect, qui est comme sa garde
» angélique. »

» L'Ange fronçant le sourcil, lui répondit :
« N'accuse point la nature; elle a fait son devoir.
» Songe seulement à faire le tien, et ne sois pas
» inquiet de la sagesse; elle ne t'abandonnera point,
» à moins que tu ne l'éloignes de toi-même lorsque
» tu as le plus besoin d'elle; comme lorsque tu
» relèves trop les choses les moins excellentes, ainsi
» que tu dois t'en apercevoir. Qu'est-ce donc qui
» excite en toi toute cette admiration, tous ces
» transports? Un extérieur? Il est beau sans doute,
» il mérite bien ta tendresse, ton hommage, ton
» amour, mais non pas ton esclavage. Mets dans
» la balance son mérite et le tien, et reconnois le

» poids du tien. Rien n'est souvent si avantageux
» que l'estime de soi-même, quand elle est fondée
» sur la vérité, sur la raison, et qu'elle est bien
» ménagée. Plus tu apprendras à te connoître toi-
» même, et plus de son côté elle apprendra à te
» reconnoître pour son chef; et alors toutes les
» belles apparences dont elle est ornée céderont
» aux réalités. Formée si belle pour ton plus grand
» plaisir, elle est en même temps si respectable,
» afin que tu puisses avec honneur aimer ta com-
» pagne, qui s'aperçoit bien de ta foiblesse, quand
» tu ne conserves pas toute la sagesse que tu dois
» avoir lorsque tu l'approches. Si ce plaisir, que
» doit suivre la propagation de l'espèce humaine,
» te paroît le plus grand de tous les plaisirs, fais
» attention qu'il a été également accordé à tout
» animal, à toute brute, et qu'il n'eût point été
» ainsi prodigué et avili, si sa jouissance méritoit
» d'exciter tous les transports de l'homme, et de
» subjuguer son âme. Continue à aimer ce que
» dans sa société tu trouves de plus relevé, ce qui
» te charme le plus, cette douceur et cette raison.
» Contente-toi de l'amour, mais ne vas point jusqu'à
» la passion. Le véritable amour n'est point la pas-
» sion. Il raffine les pensées, il agrandit le cœur,
» il a son siége dans la raison, il est judicieux; il
» te servira d'échelle pour t'élever jusqu'à l'amour
» céleste, si tu ne restes pas plongé dans les char-
» nelles voluptés : et c'est afin que tu ne t'y attaches
» pas, que la créature qui doit faire ta société

» n'a point été prise parmi celles qui n'ont point
» de raison. »

» Adam, à demi honteux, lui répondit :

« Non, non, ce qui me charme le plus en elle, ce
» n'est point un extérieur, quelque beau qu'il soit,
» ce n'est pas non plus cette espérance de nous mul-
» tiplier par notre union, avantage qui nous est
» commun avec les animaux (quoique je sois
» bien éloigné de comparer leurs plaisirs grossiers
» avec ceux du lit nuptial, que j'honore avec un
» respect religieux); ce qui me charme le plus en
» elle, est cette décence, compagne de toutes ses
» manières, cette foule de graces qui suivent toutes
» ses paroles et toutes ses actions, où l'on voit
» briller l'amour et une douce complaisance, signes
» certains de cette parfaite union qui de nous
» deux ne fait qu'une âme. Harmonie entre deux
» époux inséparables, qui donne un spectacle plus
» agréable aux yeux que ne l'est aux oreilles un
» mélodieux concert. Je n'en suis pas cependant
» l'esclave (je vous découvre ici tout l'intérieur
» de mon âme), elle ne m'occupe pas si entière-
» ment que j'oublie tant d'autres objets qui font
» faire diversion à mes sens. Je conserve toujours
» une liberté qui me fait approuver le meilleur,
» et suivre ce que j'approuve. Vous ne condamnez
» pas en moi l'amour, puisqu'au contraire vous
» me dites que l'amour doit m'élever aux Cieux,
» qu'il est le guide et le chemin qui y conduit.
» Satisfaites donc à la demande que je vais vous

» faire, s'il m'est permis de le faire. Les esprits
» célestes aiment-ils ? Comment expriment-ils leur
» amour ? Est-ce seulement par des regards ? Est-ce
» en confondant ensemble leurs rayons par une
» union virtuelle ou immédiate ? »

» L'ange sourit, et enflammé de la rougeur des
» roses du ciel, véritable coloris de l'amour, lui
» répondit :

« Qu'il te suffise de savoir que nous sommes
» heureux, et que, sans amour, il n'est point de
» bonheur. Ce plaisir dont tu jouis, quoiqu'avec un
» corps (plaisir pur, puisque tu as été créé pur),
» nous en jouissons aussi, mais dans un degré émi-
» nent, et sans trouver les obstacles qu'apportent les
» parties matérielles d'une substance composée de
» chair et de sang. L'union entre les esprits (si les
» esprits s'embrassent) est plus prompte que celle
» de l'air qui se mêle avec l'air. Elle est entière, l'a-
» mour unissant ce qui est pur à ce qui est pur, sans
» qu'il soit besoin de s'approcher, comme dans l'u-
» nion des corps, et des âmes attachées à des corps.

» Mais je ne puis rester plus long-temps avec
» toi. Le soleil, qui a passé au-delà du Cap-Vert et
» des îles Hespérides, m'annonce l'heure de mon
» départ. Persévère, vis heureux et aime ; mais
» aime surtout celui qui t'a fait. L'aimer, c'est lui
» obéir. Observe son grand commandement, et
» prends garde que la passion n'égare ton jugement,
» jusqu'à te faire faire ce que, tranquille et libre,
» tu ne voudrois pas faire. C'est en tes mains qu'est

» maintenant ou la félicité ou le malheur de toi et
» de toute ta race. Sois sur tes gardes. Ta persévé-
» rance fera ma joie et celle de tous les Esprits
» bien heureux. Tiens-toi donc toujours ferme.
» Rester debout ou tomber est au pouvoir de ton
» libre arbitre. Tu as en toi tout ce qu'il te faut.
» Ne cherche point des soutiens hors de toi, et
» repousse loin de toi toute tentation de déso-
» béissance. »

» A ces mots, il se leva, et Adam le suivit en
» le comblant de bénédictions :

« Puisqu'il vous faut partir, partez donc, hôte
» céleste, divin ambassadeur qu'a envoyé vers
» nous la souveraine bonté que j'adore. Que votre
» complaisance pour moi a été aimable ! Et jusqu'où
» vous l'avez portée ! La reconnoissance en con-
» servera à jamais en moi une mémoire honorable.
» Soyez toujours le protecteur et l'ami de l'homme.
» Revenez souvent nous voir. »

Lorsqu'ils furent dans l'épaisseur des ondes, ils
se séparèrent. L'ange retourna aux Cieux, et Adam
à son berceau.

NOTES

DU LIVRE HUITIÈME.

Les deux personnages humains qui sont l'objet de ce poëme, doivent être connus des lecteurs. Il faut leur en apprendre l'histoire. Elle n'est pas longue. Ils n'existent que depuis peu de jours. Elle consiste à savoir ce qu'ils ont pensé lorsqu'ils se sont trouvés sur la terre. Eve a raconté à son époux ses premiers mouvemens. Adam, à qui l'Ange vient d'apprendre la guerre des Anges et la création du monde, va lui raconter à son tour sa propre histoire. Milton n'en pouvoit instruire le lecteur d'une manière plus naturelle. Ainsi il prolonge cet agréable épisode, où rien n'est inutile, que quelque réflexions philosophiques.

Pag. 59, lig. 1. *Laissa dans les oreilles*, etc.

Imité de ce qui est dans l'Iliad. 2, θειη δε μιν αμφεχοτ ομφη, et de ces paroles de Socrate, dans le Criton, εν εμοιη ηχη τυτων των λογων Βομβει. La situation d'Adam attentif, est parfaitement dépeinte.

Même pag., lig, 4. *Resta*, etc.

Le mot de l'original, *stood*, ne signifie pas *debout*. L'Ange et Adam s'entretiennent assis.

Même pag., lig. 19. *Lorsque je contemple*, etc.

Adam, qui n'a d'autre occupation que de contempler l'univers, a dû faire toutes ces réflexions; et il est naturel qu'il en fasse part à un Ange.

Pag. 60, lig. 5. *Dont le nombre, etc.*

Au lieu de dire que les étoiles sont innombrables, Milton dit, *qui sont comptées.* Elles sont innombrables pour l'homme, mais Dieu en sait le compte, *qui numerat multitudinem stellarum*, Ps. 147. C'est à ce passage que Milton fait allusion.

Même pag., lig. 16. *Qui ont si peu de proportion, etc.*

Adam commence à faire ce que ses enfans feront souvent; ils critiqueront les ouvrages de Dieu, et ils diront comme le *Garo* de la Fontaine :

> Combien ce fruit est gros, et sa tige menue !
> A quoi songeoit l'auteur de tout cela ?

Le roi Alphonse prétendoit qu'il auroit donné de bons conseils à Dieu, s'il se fût trouvé à la création.

Pag. 61, lig. 3. *Eve qui, un peu à l'écart, etc.*

Quelle modestie! Eve ne s'est point mise à table avec l'Ange et Adam. Elle les a servis. Elle a été ensuite s'asseoir à l'écart, vis-à-vis son époux. Elle a écouté les deux grands événemens que l'Ange a racontés. Elle n'a plus d'histoire à entendre. La conversation va rouler sur des questions abstraites; elle se retire, et le poëte ménage habilement cette retraite. Il ne convenoit pas qu'elle fût présente à tout ce qu'Adam dira d'elle à l'Ange. Il avouera sa grande foiblesse pour elle.

Même pag., lig. 19. *C'est à lui qu'elle veut, etc.*

Elle ne veut recevoir sa science que de son époux:

> O fortunés époux, ô couple incomparable !
> Ah, quand pourra la terre en revoir un semblable ?

Pag. 61, lig. 29. *Sa pompeuse cour, etc.*

M. Fléchier dit de M. de Turenne : « Il marchoit seul, » mais on croyoit voir autour de lui ses vertus et ses vic- » toires. » Les grâces font le cortége d'Eve. Milton dit tout en un mot, et n'imite pas le Marini qui croit donner une grande idée d'une belle personne, en disant que sa présence rendroit l'Enfer heureux, et rempliroit le Paradis de peines.

Pag. 62, lig. 13. *Que ton calcul soit juste, etc.*

C'est-à-dire, apprends à compter par eux exactement, les heures, les jours, les années : *voilà ce qui te suffit*. Les calculs des astronomes sont très-justes. Veulent-ils faire plus que calculer? Ils s'égarent.

Même pag., lig. 19. *A leur dispute, etc.*

« Dispute qui durera depuis le commencement du monde » jusqu'à la fin, sans que l'homme puisse connoître les » ouvrages que Dieu a créés, dit l'Eccl. 3. » Que les hommes étudient la nature tant qu'ils voudront :

Ils en verront les jeux, et jamais les ressorts.

Même pag., lig. 22. *Tant de calculs, etc.*

Milton veut parler de ceux des astrologues.

Même pag., lig. 24. *Ils bâtiront, ils détruiront, etc.*

On peut dire du philosophe, en comparant les différens systèmes, ce qu'Horace a dit de l'homme en général : *Diruit, ædificat.*

Pag. 63, lig. 8. *Qui fait l'excellence, etc.*

C'est la pensée. Ainsi l'homme a une excellence que n'ont point les corps lumineux. L'Ange fait entendre à Adam quelle est sa grandeur.

Pag. 63, lig. 22. *Etend si loin son cordeau, etc.*

Métaphore tirée d'un architecte, et imitée de Job, 5 : *Qui tendit super eam lineam.*

Pag. 64, lig. 9. *Que je n'affirme point, etc.*

Bien loin d'affirmer quelque chose en physique, cet Ange ne propose que des doutes. Que nos philosophes l'imitent.

Même pag., lig. 20. *Sa vertu attractive, etc.*

Voici Milton qui, long-temps avant Newton, parle de l'attraction. La danse des astres autour du Soleil, est une opinion des anciens. Dans un hymne grec rapporté dans le vol. 5, des Mém. de l'Acad. des Belles-Lettres, on dit à Apollon : « C'est pour vous que le chœur charmant des » astres danse dans l'Olympe. »

Même pag., lig. 27. *Qui te sont insensibles, etc.*

L'homme voit le mouvement des astres, et ne voit pas celui de la terre. C'est pourquoi Milton appelle *insensibles* les trois mouvemens, suivant le système de Copernic : le journalier, l'annuel, et celui de libration.

Pag. 65, lig. 1. *Cette rapide roue, etc.*

Il entend le premier mobile, placé par les anciens astronomes au-dessus des étoiles fixes. Ils ont supposé cette roue, sans la voir, et peut-être, comme dit Milton, ils auroient pu l'épargner.

Même pag., lig. 21. *Peut-être découvriras-tu, etc.*

Lorsque les télescopes auront été inventés.

Même pag., lig. 24. *Lumière, mâle et femelle, etc.*

Opinion des anciens, Pline, liv. 2. : *Hoc esse masculum*

sydus accepimus. E contrario lunæ fœmineum ac molle sydus. Nos astronomes divisent encore les planètes en masculines, féminines, et hermaphrodites.

Pag. 66, lig. 10. *Comme dormante*, etc.

Le mot dont se sert Milton est d'usage, lorsqu'on dit qu'une toupie dort, quoiqu'elle avance. Le traducteur italien s'est servi du mot *sdruccioli*.

Même pag., lig. 16. *Laisse à Dieu son secret*, etc.

Grande leçon! On la peut rendre ainsi :

> Jouis paisiblement de la clarté du jour.
> Que la terre emportée en un rapide tour,
> Aille la demander au soleil immobile,
> Ou que l'astre pompeux, à la terre tranquille
> Lui-même l'apportant, marche pour t'éclairer,
> Laisse à Dieu son secret, et songe à l'adorer.

Pag. 67, lig. 1. *Adam éclairci*, etc.

Il s'en faut beaucoup qu'il soit éclairci sur ses doutes, s'il est encore curieux. Les réponses de l'Ange, qui n'a rien décidé, ne doivent que les augmenter. Mais il est assez éclairci, puisqu'il a appris qu'il ne doit songer qu'à aimer et à servir Dieu, qui a créé les hommes, comme dit Rousseau,

> Pour profiter de ses ouvrages,
> Et non pour les examiner.

Même pag., lig. 10. *Dans l'égarement de notre âme*, etc.

C'est pour cela que Rousseau, dans son allégorie intitulée *Morosophie*, qui est la folle curiosité, représente les hommes

> De l'univers épluchant le système.
> Comment s'est fait tout ce que nous voyons?
> Pourquoi ce Ciel, ces astres, ces rayons?....
> Folle raison ! Lumière déplorable,

> Qui n'insinue à l'homme misérable,
> Que le mépris d'une simplicité
> Si nécessaire à sa félicité !

Pag. 67, lig. 21. *Tout le reste n'est que fumée*, etc.

Si dans l'état d'innocence, quand l'homme avoit tant de siècles à passer sur la terre, il n'a pas dû en savoir davantage, pourquoi depuis sa chute, lorsqu'il a si peu de temps à vivre, si peu de loisir pour examiner, est-il si curieux ? Réprimons, dit encore Rousseau, cette folle curiosité,

> Et ne perdons point à connoître,
> Des jours destinés à jouir.

Même pag., lig. 26. *Descendons de cette hauteur*, etc.

Heureuse transition, qui le conduit à raconter son histoire.

Pag. 68, lig. 2. *Je vous ai entendu*, etc.

Quelle modestie dans les complimens que fait Adam ! Il ne se croit pas une créature assez importante, pour que son histoire soit connue des habitans du Ciel. Assis près de l'Ange, il se croit dans les Cieux.

Même pag., lig. 16. *Après le travail*, etc.

Un berger dit dans Virgile :

> Tale tuum carmen nobis divine poëta
> Quale sopor fessis in gramine, quale per æstum
> Dulcis aquæ saliente sitim restinguere rivo.

Adam n'étoit pas sujet au tourment de la soif et de la faim ; mais il a été dit que son travail lui rendoit plus agréable le plaisir de boire et de manger : ainsi il peut faire une comparaison semblable.

Même pag., lig. 21. *La grâce réside sur tes lèvres*, etc.

Aux complimens d'Adam, l'Ange répond par d'autres, mais ce sont les complimens d'un Ange. Tout y est vrai, et ils ne peuvent inspirer de l'orgueil à Adam : c'est à Dieu qu'est rapportée la gloire de tout ce qu'il y a d'admirable en lui.

Pag. 68, lig. 19. *Ses dons intérieurs et extérieurs*, etc.

Dans ces deux créatures formées de la main de Dieu, tout devoit être parfait dans l'âme et dans le corps. Dans l'âme devoit régner la sagesse; dans le corps, la beauté et la majesté. Les peintres leur donnent souvent une figure très-commune.

Même pag., lig. 30. *Serviteur du même maître*, etc.

L'Ange, dans l'Apocalypse, dit à l'Apôtre qui veut l'adorer : *conservus tuus sum*. Nous sommes comme égaux, puisque nous servons le même maître.

Pag. 69, lig. 7. *J'étois absent*, etc.

Cette absence est heureusement imaginée par le poète. Adam n'eût pu raconter sa naissance à l'Ange s'il y eût été présent.

Même pag., lig. 11. *De peur que quelqu'espion*, etc.

Au moment que Dieu va créer le plus parfait de ses ouvrages, il envoie garder les portes de l'Enfer, de peur que Satan ne vienne causer du trouble. Ce qui est imité de ces vers de Virgile :

> Ne qua inter sanctos ignes, in honore Deorum
> Hostilis facies occurrat, et omina turbet;

Mais, dira-t-on, les portes de l'Enfer étoient fermées. Satan n'en sortira que par la permission de Dieu. Pourquoi donc envoyer les Anges y faire la garde ? Raphaël va répondre à cette objection, en disant que « Dieu voulut » expérimenter leur prompte obéissance, et faire connoître » sa grandeur. » Dieu fait connoître aussi la grandeur de l'homme. Lorsqu'il envoie cette légion pour cette commission, il reveille l'attention des autres légions sur l'ouvrage qu'il va faire. Ce sera donc un ouvrage bien supérieur à tous ceux qu'il a déjà faits.

Pag. 69, lig. 13. *De peur qu'irrité*, etc.

Dieu va faire un ouvrage où éclatera son amour et sa bonté; il ne veut pas dans ce moment être exposé à s'irriter: il eût en même temps créé et détruit, créé l'homme et foudroyé Satan. Cette idée poétique est fort-belle.

Même pag., lig. 24. *Ici les danses*, etc.

Voici donc comme l'empire de l'être suprême est partagé : *Ici, des danses et des chants; là, des tourmens, des lamentations, la rage et la fureur.* Et pourquoi cet étonnant partage? Ceux qui sont dans les lamentations ont été dans les danses. Ils avoient été créés pour y rester. L'orgueil les a révoltés contre celui qui les avoit placés dans le lieu *des danses et des chants;* celui *des tourmens, des lamentations*, s'est ouvert pour les recevoir. Pour les remplacer, Dieu a fait d'autres créatures, qu'il n'a point placées d'abord dans les fêtes célestes, mais dans un état heureux sur la terre, pour y mériter, par une obéissance très-facile, d'être admises dans les fêtes du Ciel. Ce sera donc leur obéissance qui décidera du lieu où elles iront pour toujours, ou *ici*, où sont *les danses et les chants*, ou *là*, où sont *les lamentations*. Dieu ne les a point faites pour y être. A ces vérités que nous apprend notre religion, le système de la religion païenne avoit quelque rapport. Ici le Tartare, où l'on entend, comme dit Virgile, les gémissemens et les tourmens :

Hinc exaudiri gemitus, et sæva sonare
Verbera, etc.

Là, les Champs-Elysées, où sont, comme dit Tibulle, les danses et les chants :

<blockquote>Hic choreæ, cantusque vigent, etc.</blockquote>

Les Dieux d'Homère ne sont pas occupés à danser et à chanter ; ils sont presque toujours à table. *Ils vivent aisément*, ρεῖα ζώ τις. Comme ils recevoient les hommages des mortels, c'étoit avec eux, plutôt que dans les Champs-Elysées, que les empereurs romains devoient aller ; et le sénat, fort content d'être délivré d'eux sur la terre, leur accordoit fort aisément l'honneur de l'apothéose, et même à leurs femmes. Nous avons dans les monumens antiques, l'apothéose de Faustine. Quelle divinité ! Dans ce délire de la raison, on reconnoît du moins cette antique vérité, de deux séjours pour les hommes, après leur mort : l'un de félicité, l'autre de douleur. Ils vont dans l'un ou dans l'autre ; mais ce n'est pas le sénat qui en décide.

<blockquote>Pag. 69, lig. 26. *La rage et la fureur*, etc.</blockquote>

L'Ange arriva donc à ces portes à l'heure marquée pour les tourmens : s'il y fût arrivé à une heure de récréation, il eût entendu de la musique, suivant la fiction du poète, dans le livre II.

<blockquote>Pag. 70, lig. 1. *Autant de plaisir*, etc.</blockquote>

Quel compliment flatteur ! Un Ange qui vient causer tant de plaisir à Adam, en lui racontant de si grandes choses, aura autant de plaisir en lui entendant raconter sa propre histoire ; et Adam dit avec modestie, que s'il la lui raconte, c'est uniquement pour prolonger le bonheur qu'il a de l'entretenir.

<blockquote>Même pag., lig. 12. *Une sueur embaumée*, etc.</blockquote>

Il est couvert de rosée, comme une fleur que l'aurore fait éclore.

Pag. 14.

Pag. 70, lig. 14. *Je tourne d'abord, etc.*

On a vu le récit des premières pensées d'Eve, au premier moment de son existence : tout y a paru gracieux et convenable à la femme ; dans celui-ci, tout est grave et convenable à la dignité de l'homme. Avons-nous, dans les poëtes de l'antiquité, un morceau comparable à celui-ci ? Quelle poésie et quelle profonde métaphysique ! L'éclat du soleil frappe d'abord Adam, il admire l'immensité du firmament, il se lève : son premier mouvement le fait tendre vers le Ciel. Ensuite il contemple la terre, où il voit tant d'animaux vivans ; il se contemple lui-même : ce n'est pas (comme la femme) sa beauté qu'il admire d'abord, mais cet empire qu'il a sur son corps, qui avance ou recule suivant ses désirs. Sa langue forme des sons ; il s'en sert pour faire des questions aux êtres qui l'environnent : tous sont muets ; et ces oiseaux qui chantent ne peuvent l'entendre ni lui répondre. Il est fait cependant pour communiquer ses pensées à des êtres capables de lui communiquer aussi les leurs. Il va s'asseoir ; et plongé dans ses réflexions, il s'endort.

Même pag., lig. 19. *Je reste debout, etc.*

La structure du corps de l'homme prouve qu'il est fait pour être debout, et regarder le Ciel. La structure du corps de tous les animaux, quels qu'ils soient, prouve le contraire.

Même pag., lig. 22. *Des créatures qui vivent, etc.*

Après le firmament et les richesses de la terre, Adam dut admirer encore davantage ce grand nombre d'animaux si différens, toujours en mouvement, dont les uns marchent, les autres rampent, d'autres volent, d'autres nagent, et d'autres peuvent également marcher, voler, nager.

Pag. 70, lig. 30. *Se trouvent flexibles, etc.*

Adam est surpris de ce que, lorsqu'il veut marcher, son pied s'avance. Il l'eût été bien davantage, s'il eût su combien, pour que ce pied s'avance, de ressorts jouent dans l'intérieur de notre corps, combien de nerfs et de muscles mis en mouvement.

Pag. 71, lig. 4. *Ma langue m'obéit, etc.*

Non pas comme le pied, pour se mouvoir seulement, mais pour articuler des sons qui expriment nos idées. Nul animal ne fait un pareil usage de sa langue.

Même pag., lig. 11. *Comment je suis venu ici, etc.*

Cette demande est la même que fait un homme, qui après avoir vécu long-temps, comme presque tous les hommes, sans réfléchir sur soi-même, veut enfin se connoître; et c'est l'image que j'ai trouvée dans les Pensées de M. Pascal, et que j'ai mise dans le poëme de la Religion:

> Je me regardai seul, sans appui, sans défense,
> Egaré dans un coin de cette terre immense.

Cet homme interrogeant ses semblables, les trouve presque tous aussi muets que ces êtres qu'Adam interroge:

> A mon secours enfin, j'appelle tous les hommes:
> Je demande où l'on va, d'où l'on vient, qui nous sommes;
> Et je les vois courir, peu touchés de mes maux,
> A des amusemens qu'ils nomment leurs travaux.

Même pag., lig. 11. *Je ne me suis pas fait moi-même, etc.*

Le voilà certain de son existence; il peut dire: « Je pense, donc je suis. Je ne suis pas par moi. Par qui suis-je? Celui qui m'a fait, doit être puissant et bon. Je dois donc le craindre, et l'aimer. » Voilà la religion naturelle.

Pag. 71, lig. 29. *Retournant à mon premier état, etc.*

Comme il est dit dans la Genèse, que « Dieu prit » l'homme et le mit dans un jardin de délices, » Milton peut supposer l'homme créé sur la terre, et pendant un sommeil, transporté dans le Paradis terrestre. La pensée d'Adam, qui au moment que le sommeil s'empare de lui, croit retomber dans l'état qui a précédé sa naissance, est très-naturelle.

Ce beau morceau de Milton n'est qu'imparfaitement rendu dans les *Réflexions sur la Poésie, tom.* 2, *pag.* 427 *et suivantes.*

Pag. 72, lig. 29. *La présence divine, etc.*

Adam, dans tout ce récit de son entretien avec Dieu, ne dira jamais qu'il ait vu une forme humaine ; il dira : « La présence divine, la céleste vision, la voix divine, le » maître universel. »

Pag. 73, lig. 11. *Mais quant à l'arbre, etc.*

Le sens reste suspendu jusqu'au 7ᵉ vers, qui contient la défense, afin que l'attention d'Adam reste aussi suspendue.

Même pag., lig. 30. *Soyez-en les maîtres, etc.*

Dieu lui parle au pluriel, parce qu'il voit en lui tous les hommes.

Pag. 74, lig. 10. *Il ne leur sera point ordonné, etc.*

Les poissons ne comparoîtront point devant Adam, et la raison que Dieu lui en donne, est pour lui une leçon. Ils sont faits pour rester dans leur élément. Qu'Adam soit content de son état. S'il veut s'élever plus haut, il trouvera un air qu'il ne pourra respirer.

Pág. 74, lig. 21. *Par la facilité que Dieu, etc.*

Ce fut de Dieu même qu'Adam apprit à donner aux animaux les noms qui leur convenoient. Dans le Paradis terrestre, suivant notre ancien poète, les noms seuls des animaux nous eussent appris toutes leurs qualités :

> Les noms des oiseaux,
> Des hôtes de la terre, et des bourgeois des eaux,
> Sont des livres ouverts où chacun eût pu lire
> Leur naturelle histoire, avant que par son ire,
> Le Père Roule-Ciel, d'un flambant coutelas,
> Eût coupé le chemin de l'Eden deçà bas.

Même pag., lig. 23. *Celle qui paroissoit me manquer, etc.*

Voilà un grand souverain : toute la terre est son empire, et tous les animaux paroissent humblement devant lui. Il leur donne des noms comme à ses domestiques. Cependant il va se plaindre, parce qu'il ne trouve pas une seule créature qui puisse faire société avec lui.

Pag. 75, lig. 5. *Est-il une félicité, etc.*

Cicéron, qui ignoroit que l'homme a été d'abord placé seul dans un jardin de délices, a dit, dans son Traité sur l'Amitié : « S'il étoit possible qu'un Dieu nous transportât
» dans un désert, où tout ce qui peut flatter les sens seroit
» en abondance, mais sans espérance d'y voir jamais per-
» sonne, quel seroit le cœur d'airain qui pourroit sup-
» porter cette vie, et à qui la solitude n'ôteroit pas le goût
» de tous les plaisirs ? » Parce que, comme il ajoute : *Natura solitarium nihil amat.*

Même pag., lig. 15. *Leur langage, etc.*

Les animaux ont une espèce de langage qui pouvoit être intelligible à l'homme innocent. Ils ont une image de raison, que Dieu va appeler *une raison qui n'est pas méprisable.*

Pag. 75, lig. 21. *Ses paroles paroissoient des ordres, etc.*

Adam devoit donc se croire destiné à n'avoir d'autre compagnie que celle des animaux. Cependant, malgré son respect pour des paroles qui lui paroissent des ordres, il fait une seconde prière ; mais avec quelle humilité ! *Agréez que je parle encore.* Paroles imitées de celles d'Abraham, Gen. 18. *v.* 30. Addisson dit que ce dialogue, sans aucun ornement poétique, est, par la seule beauté des pensées, par la justesse et la délicatesse, un des plus beaux endroits du poëme. Milton conserve dans le Créateur la majesté et la complaisance ; dans la créature, l'humilité et la soumission. Addisson remarque encore que, dans cet entretien, le Créateur fait un essai de son propre ouvrage, et met à l'épreuve la raison qu'il a mise dans l'homme. Adam en fait usage pour insister sur l'impossibilité d'être heureux avec l'empire sur toute la terre et au milieu d'un jardin de délices, sans une société capable de partager avec lui ses biens ; et Dieu ne désapprouvera pas sa manière de penser, puisque lui-même a dit, après l'avoir créé : *il n'est pas bon que l'homme soit seul.* Gen. 2. Cette espèce de dispute entre Dieu et l'homme, est très-heureusement imaginée par le poète.

Pag. 76, lig. 3. *Dans une égale proportion, etc.*

Métaphore des cordes d'un instrument, dont les unes sont plus tendues que les autres.

Même pag., lig. 14. *Les oiseaux, etc.*

Non-seulement il n'y a pas de société entre les oiseaux et les poissons, mais le rossignol ne fait pas société avec le corbeau. C'est donc entre semblables que doit être la société. Le raisonnement d'Adam est juste.

Même pag., lig. 30. *Encore moins d'égal, etc.*

Milton qui paroît, comme je l'ai déjà observé, n'avoir

pas cru la Trinité, n'avoit garde de la faire ici révéler à Adam. Il pouvoit s'en dispenser ; mais il ne devoit pas faire dire à Dieu qu'il n'a ni semblable ni égal. Il a aussi sa société, et ne peut en avoir une autre, suivant ces paroles que lui adresse M. Bossuet dans ses Élévations : « Vous » n'avez pas besoin de société, vous en avez une en vous » même, éternelle et inséparable de vous. Content de » cette infinie et éternelle communication de votre parfaite » et bienheureuse essence, à ces deux personnes qui vous » sont égales, qui ne sont point votre ouvrage, mais vos » coopérateurs, toute autre communication est incapable » de rien ajouter à votre grandeur, à votre perfection, » à votre félicité. » La société de Dieu n'est point avec les anges, qui, toujours debout devant lui, couvrent leurs yeux de leurs ailes; elle est, suivant Milton, avec son Fils, qui est assis auprès de lui. Milton en doit donc conclure que ce Fils est son égal, puisqu'il n'y a de société qu'entre égaux, et non point une créature divinisée, comme il va donner à l'entendre.

Pag. 77, lig. 16. *Parfait en nombre, quoique vous soyez un, etc.*

Idée prise des anciens, qui disoient qu'une chose étoit parfaite, quand elle étoit complète en tous ses nombres. *Expletum omnibus suis numeris, et partibus.* Cicer.

Même pag., lig. 20. *Imparfaite dans l'unité, etc.*

Pourquoi disons-nous que l'homme est imparfait dans l'unité, et que l'unité est la perfection de Dieu ? C'est que nous avons l'idée de deux unités. Notre âme, quoiqu'une, a une composition successive de pensées différentes les unes des autres, et nous concevons un être en qui on ne trouve aucune composition successive. C'est Dieu. C'est de cette unité parfaite dont je cherche en moi la ressemblance, et dont je ne trouve qu'une image imparfaite.

Pag. 77, lig. 27. *Une de vos créatures, etc.*

De quelque manière que Dieu l'élève, elle ne sera jamais, étant sa créature, éternelle comme lui. Il faut donc que Dieu, pour avoir une société, produise son égal, et le produise en lui-même de toute éternité. Rien de ce qui est hors de Dieu, n'est Dieu.

Même pag., lig. 29. *Vous la pouvez diviniser, etc.*

Comment Adam, qui ne peut avoir aucune connoissance du Fils de Dieu, peut-il ainsi parler? On voit assez que c'est Milton qui parle. Il ne regardoit le Fils que comme une créature divinisée.

Pag. 79, lig. 3. *Ebloui et opprimé, etc.*

L'Ecriture-Sainte dit, que *celui qui veut sonder la majesté de Dieu, sera opprimé par sa gloire.* Adam n'a pas voulu la sonder; il a eu un entretien avec la divine puissance, qui a daigné lui répondre; par ce sublime entretien, il est *opprimé*; c'est ce qui le fait tomber dans ce sommeil mystérieux dont la nature n'avoit pas besoin, puisqu'il est sorti, il y a peu de temps, du sommeil pendant lequel il a été transporté dans ce Paradis.

Même pag., lig. 9. *Il laissa l'entrée ouverte, etc.*

Mot à mot, *il laissa ouverte la cellule de son imagination.*

Même pag., lig. 15. *Et en tiroit une côte, etc.*

Vatable et Grotius ont entendu par le mot original, un morceau de chair d'un des côtés. Un écrivain très-catholique a entendu ce récit allégoriquement; mais le sentiment le plus général est que la femme fut formée d'une des côtes d'Adam, et c'est peut-être dans cette tradition qu'a pris son origine, la fable des Androgynes, qu'on lit dans Platon.

Pag. 79, lig. 28. *Un esprit d'amour, etc.*

Comme dit Lucrèce :

Mulier toto jactans è pectore amorem.

Même pag., lig. 29. *Et me laissa dans les ténèbres, etc.*

Comme si sa lumière eût disparu. Le poète semble dire que la femme, dès le premier moment de la création, savoit paroître et disparoître pour se faire chercher.

Pag. 80, lig. 19. *Et tu ne m'en as pas jugé indigne, etc.*

Mot à mot, *présent que tu ne m'as pas envié*, tu ne l'as pas jugé trop beau pour moi.

Même pag., lig. 22. *Son nom, etc.*

Ce qui est vrai dans le mot latin que la vulgate a employé, *virago*, et dans le mot anglais, *woman*, mais non pas dans notre langue.

Même pag., lig. 27. *Quoique poussée, etc.*

On l'a déjà vue paroître et disparoître, et elle se détourne encore, quand elle aperçoit l'homme, quoiqu'elle soit conduite vers lui par la main divine. Dans ce morceau, tout est sage, mais non pas de la sagesse du Paradis terrestre.

Même pag., lig. 30. *Prix qui veut être recherché, etc.*

Il est nécessaire de marquer ici la parenthèse, parce que ces mots, *innocence, modestie, vertu, sentiment de son prix, nature*, se rapportent au même verbe, *produisit*. Cet endroit a été mal entendu par Bentley et plusieurs autres.

Pag. 81, lig. 12. *Pareille à celle de l'aurore, etc.*

Cette rougeur, *pareille à celle de l'aurore*, qui étoit celle de la femme dans le Paradis terrestre, n'est plus connue : et le rouge affreux dont les femmes couvrent aujourd'hui leurs joues, ne leur donne pas la couleur de l'aurore.

Pag. 81, lig. 15. *La terre donna un signe, etc.*

Milton qui imite ici Homère, dans le livre 14 de l'Iliade, est fort au-dessus de lui. Cette description du premier hymen célébré sur la terre, est admirable. Il y fut célébré par l'ordre de Dieu. Un Ange invisible unit les époux, et le chœur des Anges chanta l'épithalame, comme le poète l'a dit, liv. IV, v. 712, où il a si bien relevé la dignité et la sainteté du mariage. Elle a été reconnue des Païens même, qui ignoroient que Dieu avoit amené la femme à l'homme. Le lit nuptial leur paroissoit sacré : *sacri genium comtemnere fulcri*, dit Juvénal. Adam qui raconte ici son histoire, ignore que les Anges chantèrent son épithalame ; mais il rapporte ce qu'il a vu, et il a vu les vents secouer les roses, semer les parfums ; il a entendu le rossignol chanter. Pope fait une remarque sur les descriptions de Milton : dans celles des choses merveilleuses et extraordinaires, comme du Ciel, de l'Enfer, du chaos, il fait usage de vieux mots, de mots extraordinaires, qu'il n'emploie jamais dans les peintures du Paradis terrestre, ou de l'amour de nos premiers pères. Addisson fait sur cette description, une remarque d'une autre nature : « Dans un sujet si délicat, il a évité, dit-il, » toutes les pensées qui pouvoient offenser la religion ou la » pudeur. Les sentimens sont chastes, mais ils ne sont pas » froids ; et ils offrent à l'esprit des idées de la passion la » plus vive et de la plus grande pureté. » La passion d'Adam y paroît si vive, qu'elle est presque semblable à celle qui fait parler les hommes, depuis qu'ils ont été chassés du Paradis terrestre.

Même pag., lig. 24. *De la montagne, etc.*

Milton s'exprime ainsi, parce que les poètes anciens ont

coutume de faire, ou lever ou descendre d'une montagne cette étoile :

> Jamque jugis summæ surgebat Lucifer Idæ   Virg.
> Tibi deserit Hesperus OEtan.   Catul.

Milton l'appelle un flambeau, faisant allusion au flambeau nuptial des anciens.

> Pag. 82, lig. 13. *Je ne me sens de foiblesse, etc.*

Adam va tenir à l'Ange un discours auquel Eve ne devoit pas être présente : c'est pourquoi le poète a fait très-sagement, lorsqu'au commencement de ce livre, il a trouvé un prétexte de l'écarter. Mais va-t-il faire parler sagement Adam? Comme sa complaisance pour Eve sera la cause de sa chute, et que sa première faute sera la complaisance qu'il aura pour elle, en lui permettant d'aller seule travailler dans le jardin, le poète a cru devoir nous annoncer la foiblesse d'Adam pour une femme qu'il aime avec trop de passion, et n'a pas fait réflexion que cet amour n'a pu être passion lorsque la raison étoit souveraine. Du reste, il est remarquable que les hommes sont instruits depuis très-long-temps, que la première des femmes a causé leur perte, puisqu'Hésiode le leur a appris. Quoique, suivant Eschyle, Prométhée ne soit pas le créateur des hommes, mais seulement leur bienfaiteur, il passe chez presque tous les poètes pour être leur père :

> O prima infelix fingenti terra Prometheo!   Prop.

Il avoue dans Lucien, qu'il les a pétris d'eau et de terre, et les a formés avec l'aide de Minerve : et c'est pour cela qu'il est attaché à une croix. Mercure lui fait un crime de la création des hommes, et surtout de celle des femmes. Le voilà donc père des femmes comme des hommes. Cependant Pausanias dit, que suivant la tradition commune des poètes, Pandore fut la première femme, et qu'avant elle l'espèce n'en existoit pas sur la terre. Or cette Pandore ne fut point fabriquée par Prométhée, mais par Vulcain, avec de la terre et de l'eau, par l'ordre de Jupiter, qui vouloit punir Prométhée du vol du feu, en lui envoyant un présent fatal, non-seulement à lui, mais *à tous les hommes à venir*, dit Hésiode. Tous les Dieux, toutes les Déesses, les Grâces et la Persuasion ornèrent de leurs présens cette femme, qui pour cela fut nommée *Pandore;* mais elle reçut de Mercure un caractère caché et trompeur, επικλοπον ηθος. Quand cet ouvrage des Dieux, qu'Hésiode appelle *un piége inévitable*, eut été achevé, il fut envoyé à Prométhée, qui ayant la science de l'avenir, le refusa, et qui avoit prévenu son frère Epiméthée, de ne recevoir de la part de Jupiter aucun présent, parce qu'*il seroit fatal aux hommes*. Malgré cet avis, Epiméthée reçut Pandore; et *sitôt*, dit Hésiode, *qu'il posséda ce mal*, il connut combien il étoit funeste. Pandore ouvrit sa boîte, et depuis ce moment la terre fut remplie de maux. Il est étonnant que Pandore n'ait pas été plus célébrée par les poètes. Quoi qu'il en soit, cette fable, dont l'origine est si claire, est de la plus grande antiquité.

Pag. 82, lig. 27. *Ressemble moins à l'image*, etc.

Adam parle ainsi, parce qu'il reconnoit en lui un air de majesté et de commandement qu'il ne trouve point dans celle dont il admire tant la beauté.

Pag. 83, lig. 8. *La sagesse se déconcerte*, etc.

C'est ce qui n'arrive que trop souvent, depuis que le péché a fait perdre à l'homme l'empire qu'il avoit sur lui-même; mais c'est ce qui n'a pu arriver dans l'état d'innocence. C'est ici le poète qui se peint lui-même. J'avoue que ce discours d'Adam prépare à la catastrophe, en faisant connoître sa foiblesse; mais cette foiblesse ne s'accorde pas avec l'état où Dieu l'a placé.

Pag. 84, lig. 2. *L'estime de soi-même, etc.*

Ce n'est plus orgueil, quand cette estime de soi-même est fondée sur une connoissance éclairée de ce qu'on vaut:

Sume superbiam
Quæsitam meritis.   Hor.

Même pag., lig. 8. *Formée si belle, etc.*

Elle est belle pour attirer l'amour de l'homme, et elle est respectable pour attirer son estime. Elle doit être la digne compagne d'un être raisonnable.

Même pag., lig. 26. *L'amour est judicieux, etc.*

Voici un Ange platonicien. L'amour platonique ne contemple que les qualités intérieures, ne s'attache qu'aux perfections de l'âme, d'où il s'élève à l'amour céleste. Telle est l'échelle célébrée par tant de sonnets italiens, ordinairement fort ennuyeux. Je réserve ce que j'ai à dire sur cette fameuse échelle, pour la note suivante. Je me contente de dire ici, que lorsqu'un Ange avertit Adam qu'il doit se contenter de l'Amour, et éviter la passion, il donne un conseil utile à l'homme, depuis le règne de la concupiscence. Tibulle le donnoit:

Ah! miseri, quos hic graviter Deus angit; at ille
Felix cui placidus leniter afflat amor.

Mais l'homme avoit-il besoin de ce conseil dans le Paradis terrestre? Quand l'âme avoit l'empire, pouvoit-elle s'attacher *aux charnelles voluptés?* Tout étoit si pur alors, que l'homme ignoroit qu'il étoit nu. Comme nous n'avons plus d'idée de cette pureté, la poésie la plus sage n'en peut faire une peinture, sans employer des couleurs qui ne sont pas assez pures.

Pag. 84, lig. 27. *Servira d'échelle, etc.*

Il n'est pas étonnant que Milton qui avoit lu les poëtes italiens, qui parlent depuis si long-temps de cette échelle, *lectoris ad fastidium*, en ait eu connoissance. Pétrarque qui aimoit Laure, parce que les choses mortelles servent d'échelle pour monter jusqu'au créateur,

> Per le cose mortali
> Che son scala al factor, etc.

mit à la mode cette poésie platonicienne, galante et chrétienne ; elle avoit cependant été traitée avant lui. Le Dante avoit donné tout crédit dans le Paradis et le Purgatoire à cette Béatrix, fille d'un Florentin, qu'il avoit aimée dans sa jeunesse ; et Guido Cavalcanti, l'un des premiers auteurs des *Canzone*, en avoit fait une sur l'amour terrestre, dont Marcile Ficin avoit expliqué la doctrine dans son commentaire sur le Banquet de Platon ; d'autres que lui voulurent aussi être les commentateurs de cette chanson ; tous étoient de savans philosophes, et l'on vit parmi eux un général des Augustins, archevêque et grand scholastique. On ne parla plus d'amour en Italie, qu'en style de Platon, et cette fureur dure encore. Un poète moderne dit à sa maîtresse, que, « dans un rayon de ses yeux, Dieu lui a offert une » échelle pour s'élever jusqu'à lui. » Un autre dit que quand la sienne sera morte, il l'aimera bien davantage, parce que « la terre ayant englouti ses froides dépouilles, » ce qu'il aime en elle sera devenu plus beau. » Un autre dit à la sienne, qu'il a bien des grâces à rendre à Dieu de ce qu'elle est si belle, « c'est sa bonté pour moi, qui dans » un pur rayon de vos yeux saints, m'offrit une échelle » pour monter jusqu'à lui. »

> Fu sua pietà, che di tue luci sante
> Nel puro raggio à me la scala offri
> Per cui salire, etc.

Un autre se dépeint montant à cette échelle; et quand il est au haut, comme il voit Dieu, il dit adieu à sa maîtresse, par ces mots : « Adieu beauté; maintenant le beau qui » excelle sur tout autre beau, brille à mes yeux. »

> Bellezza addio,
> Bello sopra ogni bello à me riluce.

Menzini dans son Art Poétique, postérieur à celui de Boileau, conseille aux poètes la lecture de Platon, pour y connoître les deux amours, celui qui s'attache à la beauté du corps, et celui qui s'attache à la beauté de l'âme. Ce langage est inépuisable en Italie. Dans les ouvrages de M. Maffei, on trouve une thèse lue par lui dans une académie en 1702, qui contient cent conclusions sur cet amour, qui « fait qu'en contemplant la beauté sur un visage, on se » sent enflammé pour la beauté infinie. » Voici quelques-unes de ces conclusions.

« La vertu appétitive ne peut être sans opérer; ainsi » on ne peut vivre sans aimer : sans cette opération point » de félicité. »

« L'amour pur est le desir d'une union spirituelle à » cause de la beauté. Il ne cherche à satisfaire que deux » sens, la vue et l'ouïe. »

« L'amour vulgaire est contraire à cette crainte respec-» tueuse, qui fait que l'amant regarde sa dame comme » une chose divine. »

« En contemplant le rayon de beauté qui reluit sur un » visage, on se sent enflammé pour la beauté infinie. »

« Le contentement du pur amant est plus parfait dans » l'absence de l'objet aimé, qu'en sa présence. »

Cette conclusion paroît contredire la précédente, puisqu'il

ne voit plus ce *rayon de beauté qui enflamme pour la beauté infinie.* Il est certainement moins dangereux de parler de l'amour sur le ton de Platon, que sur celui de Tibulle; cependant il y a grande apparence que quand on est toujours occupé à contempler la beauté corporelle, on reste toujours aux pieds de cette échelle si vantée par les poètes italiens, qu'il faut rappeler à ce passage de Saint Augustin, Confes., sur la manière de s'élever à Dieu, en voyant la beauté corporelle : *Si placent corpora, Deum ex illis lauda, et in artificem eorum retorque amorem, ne in his quæ tibi placent, tu displiceas.* Ne pourroit-on pas dire de cette échelle, ce que Juvénal a dit de l'apothéose d'un empereur romain, qu'elle fait descendre dans le Ciel, *descendere jussit in Cœlum?*

Pag. 85, lig. 3. *Adam à demi honteux, etc.*

Il ne devoit pas connoître le moindre sujet de honte. Addisson dit que la réponse à la remontrance de l'ange, fait voir « que son amour, quoique violent, étoit fondé sur » la raison, et que par conséquent il n'étoit point indigne » du Paradis. » Il en étoit indigne, s'il se laissoit emporter par les charmes de l'extérieur, et Adam a avoué cette foiblesse. Milton a voulu dans tout cet endroit, nous instruire du danger d'une foiblesse qui paroît d'abord innocente, et des malheurs qu'elle peut causer, lorsqu'au lieu de ne s'attacher qu'à la beauté de l'âme, on fait trop d'attention à la beauté extérieure. La leçon est excellente ; mais Adam innocent n'en doit pas être l'exemple.

Même pag., lig. 7. *Avantage commun avec les animaux, etc.*

Milton, liv. IV, en saluant l'amour conjugal, l'a appelé, « une loi mystérieuse, le seul bien de la nature qui ne » peut appartenir qu'à l'homme, et qui ne fut point par— » tagé dans ce Paradis, où tous les biens étoient communs. »

Il fait dire ici la même chose à Adam ; les animaux connoissent comme l'homme les plaisirs grossiers, mais ils ne connoissent point « ce lit nuptial qui doit être honoré avec » un respect religieux. » Parler ainsi du mariage, c'est en connoître la dignité et la sainteté. Mais que penser d'un de nos poètes, c'est Marot, qui dit tout le contraire, et se plaint de ce que Dieu, en imposant la loi du mariage aux hommes, leur a donné un joug qu'il n'a point donné aux animaux ? Et à qui s'en plaint-il ? A Dieu même, dans son oraison devant le Crucifix, qu'il a peine à prononcer, « parce que, dit-il, la quantité de ses vieux péchés étouffe » sa voix. » C'est dans cette prière qu'il ose dire :

> Ce nonobstant tu as créé les femmes,
> Et nous défends d'amour suivre les flammes,
> Si l'on ne prend marital sacrement
> Avec l'amour d'une tant seulement.
> Certes, plus doux tu es aux bêtes toutes,
> Quand sous tes lois ne les contraints et boutes.

Belle réflexion pour un pénitent ! Combien Milton est-il plus sage !

Pag. 85, lig. 24. *Je conserve toujours une liberté, etc.*

Il va bientôt la perdre. Il cessera de suivre le meilleur.

Pag. 86, lig. 5. *Virtuelle ou immédiate, etc.*

C'est-à-dire, ou telle que la nôtre, ou telle que celle des rayons de lumière.

Même pag., lig. 6. *L'ange enflammé d'un rouge, etc.*

On a vu Eve rougir, mais de la rougeur de l'aurore ; voici un Ange qui rougit, mais de la rougeur des roses du Ciel, dont le coloris nous est inconnu. Dobson a ainsi rendu ces vers :

Tum

Tum roseo ardescens risu, celeste rubenti,
(Lumine quo lætatur amor) sic æthere missus
Respondit Juvenis ; penitus nos esse beatos
Sufficiat tibi nosse, et nil sine amore beatum.

Pag. 86, lig. 18. *L'amour unissant, etc.*

Ces vers paroissent intelligibles à Bentley, et très-clairs à Pearce, qui cependant ne les explique pas. Il est certain que *notre cœur n'est qu'amour*. Ainsi le séjour de la félicité est tout amour ; et Santeuil dit avec raison, en s'adressant aux habitans du Ciel, *jam vos pascit amor*. Un même amour les unit entre eux ; mais comme une union toute spirituelle ne peut être exprimée par des images sensibles, l'Ange a raison de ne pas vouloir s'expliquer davantage, et de prendre pour prétexte, en se levant, que l'heure de son départ est arrivée. Il ne devoit pas songer au Cap-Vert.

Pag. 87, lig. 11. *Le comblant de bénédictions, etc.*

Et non pas lui donnant des bénédictions, suivant le sens que Bentley donne à ce vers, qu'il condamne par cette raison.

Même pag., lig. 22. *Et Adam à son berceau, etc.*

« Comment, dit Bentley, Adam peut-il retourner à son
» berceau, puisque la conversation s'est passée dans son
» berceau ? » Ce docteur est toujours malheureux en critiques. Une allée d'arbres conduisoit à ce berceau, comme on a vu, liv. IV, v. 738. L'Ange sort du berceau, Adam le reconduit dans cette allée au bout de laquelle l'Ange s'élève vers le Ciel ; Adam retourne au berceau.

SOMMAIRE

DU LIVRE NEUVIÈME.

Satan, après avoir parcouru la terre, revient au Paradis terrestre, et s'insinue dans le corps du serpent. Adam et Eve, au lever de l'aurore, sortent pour aller à leurs occupations ordinaires. Eve qui veut y aller seule, en obtient la permission d'Adam, qui ne la lui donne qu'avec peine. Séparée de lui, elle est abordée par le serpent, qui par ses louanges et ses mensonges, l'engage à goûter du fruit de l'arbre de la science. Adam arrive au même instant, et consterné d'abord de l'action de son épouse, prend enfin le parti de l'imiter, pour périr avec elle. Les premières suites de leur péché sont des transports d'un amour lascif, auxquels succèdent les querelles et les remords.

LE
PARADIS PERDU.

LIVRE NEUVIÈME.

On ne verra plus désormais Dieu s'entretenir avec l'homme comme avec un ami. On ne verra plus l'Ange reçu par l'homme comme son hôte, s'asseoir à sa table avec complaisance, agréer son repas champêtre, et lui permettre de lui faire des questions toujours favorablement écoutées. Il me faut maintenant changer de ton, il me faut prendre le ton tragique, pour chanter l'indigne défiance, la honteuse infidélité, la désobéissance, la révolte de la part de l'homme; et, de la part du Ciel offensé, le mépris, l'indignation, le courroux, et une juste sévérité qui l'oblige à retirer ses faveurs, et à prononcer un arrêt qui fit entrer dans le monde une foule de malheurs, châtimens du péché que suivit aussitôt son inséparable escorte, la mort, et tous nos maux avant-coureurs de la mort.

Sujet triste à chanter, mais non moins élevé; que dis-je? bien plus convenable à la poésie héroïque, que la colère du fougueux Achille, faisant trois fois le tour des murailles de Troie pour atteindre l'ennemi qui fuit devant lui, ou que la rage de Turnus perdant l'espérance d'épouser Lavinie; sujet plus grand que la colère de Neptune, qui retarda si long-temps le retour du fameux Grec, ou que celle de Junon, si fatale au fils de Cythérée. Quelque grandes que soient les choses que j'entreprends de chanter, je les chanterai si j'ai le bonheur d'obtenir un style qui y réponde, et que j'attends de ma divine protectrice, qui, toutes les nuits, sans que je l'appelle, daigne m'honorer de sa visite, et pendant que je sommeille, me dicte ou m'inspire des vers qui ne sont point le fruit du travail et de la méditation : faveur qu'elle me fait depuis qu'elle connoît mon amour pour ce sujet, qui me parut toujours digne des héroïques chants, et qui a été par moi choisi depuis si long-temps, et commencé si tard.

Je ne me sentis jamais d'attraits pour chanter les combats, matière cependant qui a paru jusqu'ici seule digne des muses héroïques. Que d'autres que moi mettent toute la gloire de leur travail à faire un détail exact d'un long et ennuyeux carnage que dans les batailles qu'ils inventent ils font faire à leurs héros fabuleux, tandis que le véritable courage, la patience dans les malheurs, la constance à souffrir n'est point chantée. Qu'ils s'amusent à décrire les courses, les jeux, l'appareil pompeux des joûtes, les boucliers chargés d'armoiries, les admirables emblêmes, les coursiers, les caparaçons, les housses brodées, les brillans harnois, et toute la pompe des champions dans les joûtes et les tournois; qu'ils célèbrent ensuite l'ordre superbe des banquets dans des salles magnifiques, et des tables servies par d'éclatans officiers : de telles merveilles ne procurent ni l'immortalité à l'ouvrage, ni un nom respectable à l'auteur.

Pour moi, peu instruit de toutes ces choses, et peu curieux de les apprendre, je me suis réservé pour un sujet bien plus noble; sujet qui seul suffit pour rendre un nom à jamais fameux, pourvu que, malgré la froideur de ce climat, la vieillesse du monde, et la mienne, je puisse soutenir le vol que j'ai pris. Mes foibles ailes m'abandonneroient bientôt si tout cet ouvrage n'étoit que le mien, et s'il n'étoit pas celui de la Divinité, qui toutes les nuits vient chanter à mon oreille attentive.

Le soleil s'étoit précipité, et bientôt comme lui alloit disparoître Hesperus, astre dont l'office est d'amener à la terre le crépuscule, conciliateur entre le jour et la nuit, qu'il réunit pour un moment. Déjà la nuit étendoit ses voiles sur l'horizon d'un bout de l'hémisphère à l'autre, lorsque Satan, que les menaces de Gabriel avoient déjà fait fuir du séjour d'Eden, entreprit d'y retourner. Son audace intrépide est toujours la même; et devenu, par ses réflexions, plus habile encore en fraude et en malice, il est plus rempli que jamais du dessein de détruire le genre humain, quelque funeste que ce dessein puisse devenir à lui-même. Sitôt que les ténèbres commencèrent, il prit son vol, et la nuit étoit à peine au milieu de sa carrière, qu'il étoit déjà arrivé. Il ne vouloit pas se laisser surprendre par le jour; il avoit soin de l'éviter, depuis qu'à sa première entrée dans le Paradis terrestre il avoit été aperçu par Uriel, le conducteur du soleil, qui en avoit aussitôt averti la céleste garde des Chérubins. Chassé par eux, plein de dépit et de honte, il roula dans les ténèbres pendant l'espace de sept nuits continues. Trois fois il tourna autour de la ligne équinoxiale, et quatre fois allant d'un pole à l'autre, il croisa le char de la nuit, traversant chaque colure. La huitième nuit le ramena au Paradis, où il sut trouver une furtive entrée que ne soupçonnoit point la garde des Chérubins, qui étoit placée du côté opposé.

Au pied du Paradis étoit alors un gouffre. (Il n'est plus; le péché, et non pas le temps, a fait ces changemens.) Le Tigre qui se précipitoit dans ce gouffre, faisoit remonter une partie de ses eaux, qui sortoient en fontaine près de l'arbre de vie. Satan se plongea dans ce gouffre avec le fleuve, remonta avec lui dans le jardin, et, caché dans un brouillard dont il s'enveloppa, chercha quelqu'endroit où il pût rester sans être découvert. Il avoit parcouru la mer et la terre, depuis Eden jusqu'au Pont-Euxin, les Palus Méotides, jusque par-delà le fleuve Oby, d'où il étoit descendu vers le pole du Midi. Il avoit aussi tout parcouru de l'orient au couchant, depuis l'Oronte jusqu'à Daries, où l'Océan trouve une barrière qui le partage, et il avoit été jusqu'aux pays arrosés par l'Inde et le Gange. En parcourant ainsi toute la terre, il avoit fait une recherche exacte, et considérant avec un examen attentif toutes les créatures, avoit cherché la plus capable à le servir dans ses fourberies, et il avoit enfin trouvé que le serpent étoit le plus fin de tous les animaux qui ont été formés sur la terre. Long-temps incertain et irrésolu, enfin après une mûre délibération, il arrêta son choix sur le serpent, qu'il jugea un admirable instrument de fraude, un animal en qui il pourroit faire entrer toutes ses noires malices, qui y resteroient cachées aux yeux les plus perçans, puisque tout ce que feroit le plus fin des animaux, loin d'être soupçonné de malice, ne seroit regardé que comme l'effet de sa finesse et de sa subtilité naturelle; au lieu que les mêmes actions remarquées dans les autres bêtes, feroient soupçonner la puissance du Démon qui y seroit renfermé, parce qu'elles paroîtroient surpasser leur capacité ordinaire.

Il prit cette résolution; mais ne pouvant plus retenir la douleur qui le déchiroit intérieurement, il commença par l'exhaler dans ces plaintes :

« O terre, que tu es semblable au Ciel, si même
» tu n'es pas préférable, et une habitation bien plus
» digne des Dieux, puisque tu es le chef-d'œuvre
» des secondes pensées d'un architecte, qui dans ses
» nouveaux ouvrages, meilleurs que ses premiers,
» a dû se réformer : car quel Dieu voudroit, après

» avoir construit de beaux édifices, en construire
» de moins parfaits ? Terrestre Ciel, d'autres Cieux
» brillans t'environnent, t'apportent leurs officieux
» flambeaux, et semblent pour toi seul multiplier
» lumières sur lumières. C'est en toi que leurs pré-
» cieux rayons concentrent toutes leurs sacrées
» influences. De même qu'au milieu du Ciel Dieu
» est un centre où tout se rapporte, tu es au milieu
» de ces orbes un centre où ils portent tous leur
» tribut. Leurs vertus fécondes, non pour eux-
» mêmes, mais pour toi, font briller leurs produc-
» tions sur ton sein, la verdure, les plantes, et la
» plus noble partie de ces créatures possédant une
» vie, qui partagée en différens degrés, la végé-
» tation, le sentiment, la raison, est tout entière
» en l'homme, qui réunit en lui tous ces degrés.
» Quel plaisir j'aurois eu (si je pouvois en quelque
» chose goûter le plaisir), lorsque parcourant ton
» étendue, j'ai vu cet agréable mélange de mon-
» tagnes, de vallées, de fleuves, de forêts, de
» plaines ? Ici des continens, là des mers et des
» rivages couronnés de bois, des rochers, des
» cavernes, des antres ; et parmi tant d'objets, je
» ne puis trouver, hélas, ni asile, ni refuge ; et plus
» je vois autour de moi des sujets de plaisir, plus
» je sens croître en moi la tristesse ! Mon cœur ne
» reçoit dans son triste fonds que ce qui est contraire
» au plaisir. En moi, tout bien se tourne en poison,
» et je serois encore plus misérable dans le Ciel
» qu'ici. Mais ce n'est point ici que je veux

LIVRE IX.

» demeurer, ni dans le Ciel, où je ne puis être,
» si je n'y domine celui qui en est le souverain. Ce
» n'est pas non plus un adoucissement à mes mal-
» heurs, que je viens chercher ici, mais des com-
» pagnons que j'espère associer à mes malheurs,
» dussé-je par les leurs augmenter les miens. Ce n'est
» que dans la destruction que mon esprit que tour-
» mentent toujours de nouvelles inquiétudes, peut
» trouver quelque repos. Si celui pour qui tout a
» été fait, est détruit par moi, ou engagé à faire
» ce qui causera sa perte entière, la ruine de tout
» suivra la sienne, puisque tout doit suivre son
» sort dans le bonheur comme dans le malheur.
» Que ce soit donc dans le malheur, et que l'em-
» pire de la destruction soit l'empire universel. Moi
» seul, parmi les infernales puissances, moi seul,
» j'aurai la gloire d'avoir en un seul jour renversé
» ce que celui qui se nomme le Tout-Puissant,
» avoit élevé par un travail continué pendant six
» jours et six nuits. Qui sait même si auparavant il
» n'avoit pas été un temps très-long à le méditer ?
» Peut-être cependant n'y a-t-il pensé que depuis
» que j'ai su en une seule nuit, affranchissant d'une
» honteuse servitude presque la moitié de ceux
» qui portent le nom d'Ange, lui faire perdre une
» partie de cette multitude d'adorateurs. Ce fut
» pour se venger, et retrouver après cette perte le
» même nombre de sujets, soit qu'il ait perdu cette
» antique puissance, qui lui fit autrefois créer les
» Anges (si pourtant ils sont son ouvrage), soit

» pour nous témoigner un plus grand mépris, qu'il
» se détermina à mettre à notre place une créa-
» ture tirée de la terre, et que l'élevant si haut,
» malgré sa basse origine, il voulut la revêtir de
» nos dépouilles, célestes dépouilles. Ce qu'il avoit
» projeté, il l'a exécuté. Il a fait l'homme. Il a
» fabriqué pour lui ce magnifique monde, et cette
» terre, lieu de sa demeure. Il l'en a appelé le sou-
» verain, et (ô indignité!) il a voulu que les
» ailes des Anges fussent soumises à son service ;
» il lui a donné pour gardes, des ministres enflam-
» més, qu'il a abaissés à ce terrestre emploi. Je
» crains leur vigilance, et, pour la tromper, je me
» suis enveloppé de cet épais brouillard, et je
» m'avance dans les ténèbres, cherchant dans tous
» les buissons, dans tous les recoins, le serpent
» endormi, pour pouvoir cacher dans le sein de ses
» replis, et moi, et tous les noirs desseins que j'ap-
» porte avec moi. O honteux abaissement ! Moi qui
» ai combattu pour être assis à la tête de tous les
» Dieux, je suis réduit à entrer dans un animal ;
» je vais m'unir à cette fange méprisable, et avec
» elle incorporer et abrutir cette essence qui aspi-
» roit au plus haut degré de la divinité. Mais jus-
» qu'où ne doit point s'abaisser l'ambition, unie à
» l'ardeur de la vengeance ! Qui veut monter, doit
» pour pouvoir arriver au lieu où il aspire, savoir
» descendre aussi bas qu'est élevé l'objet de ses
» desirs, savoir être indifféremment ou le premier
» ou le dernier, et se réduire aux plus vils emplois.

» Hélas, que la vengeance qui est si douce d'abord,
» devient bientôt amère ! J'éprouve qu'elle est
» elle-même son supplice. Eh bien, qu'elle le soit,
» je m'en soucie peu, pourvu que je porte mes
» coups (que je n'ai pas la force de porter plus
» haut) sur celui qui devient le second objet de
» ma jalousie, ce nouveau favori des Cieux, cet
» homme ouvrage de boue, enfant du dépit, que
» par un excès de dépit contre nous, son créateur
» a fait sortir de la poussière. Opposer dépit à dépit
» est donc notre meilleur parti. »

Il dit, et se coulant terre à terre, comme un noir brouillard, il poursuit sa recherche nocturne dans les buissons, dans tous les lieux arides ou aquatiques, ne croyant pouvoir trouver assez tôt le serpent, qu'il aperçoit enfin endormi, reposant cette tête pleine de ruses subtiles, au milieu du labyrinthe que formoit son corps plié en plusieurs cercles. Cet animal qui n'étoit point encore nuisible, ne faisoit point alors sa retraite sous des ombres horribles, dans des cavernes affreuses. Il dormoit sur l'herbe tendre, n'ayant rien à craindre, et n'étant point à craindre. Satan entre dans son corps avec l'air qu'il respire, s'empare de son stupide sentiment, de son cœur et de sa tête, où il répand une intelligence active, et sans en interrompre le sommeil, il attend le retour de l'aurore.

Lorsque les rayons de la lumière sacrée, tombant sur les humides fleurs d'Eden, firent exhaler à toutes leur matinal encens, à ce moment où du grand autel de la terre, tout ce qui vit sur elle, élève en haut vers le Créateur, une louange tacite et une odeur qui lui est agréable, l'heureux couple de nos auteurs sortit et joignit son adoration vocale aux chœurs des créatures sans voix. Leur prière faite, ils goûtent un moment cette heure si douce, où tant d'odeurs qui s'élèvent parfument l'air. Ensuite ils délibèrent sur l'endroit où ils porteront pendant cette journée leur travail, dont la nécessité augmente, parce que dans un jardin si vaste, ce que peuvent faire les mains de deux personnes ne suffit pas. Ce qui engagea Eve à parler ainsi la première à son époux:

« Cher Adam, nous donnons tous nos soins à
» mettre en ordre ce jardin, à y cultiver les plantes,
» les herbes et les fleurs, et ce travail qui nous est
» ordonné n'a rien que d'agréable ; mais à moins
» que nous n'ayons plus de mains que nous n'en
» avons, plus nous travaillons, plus nous trouvons
» d'ouvrage à faire. Ce qui a été taillé par nous,
» redevient par nos soins plus abondant. Ce que
» pendant la journée nous avons élagué, émondé,
» appuyé, ou lié, repoussant en une nuit ou deux
» avec promptitude et avec un accroissement sauvage, semble se moquer de notre travail. Dis-
» moi ton sentiment, ou écoute le premier que
» mon esprit me présente. Partageons entre nous
» l'ouvrage. Va du côté qui te plaît davantage,
» ou qui a le plus besoin de tes soins, va tourner
» ce chèvrefeuille autour de cet arbre, ou dirige

» ce lierre qui y est attaché vers l'endroit où il
» doit monter. Pour moi, je vais de ce côté, où
» parmi ces roses entremêlées de myrtes, je trou-
» verai à m'occuper jusqu'à midi. Lorsque nous
» nous occupons ainsi tout un jour des mêmes ou-
» vrages, sans nous quitter, il n'est pas étonnant
» qu'étant toujours à côté l'un de l'autre, un tra-
» vail qu'interrompent des sourires, des regards,
» des entretiens imprévus causés par de nouveaux
» objets, n'avance pas ; quoique commencé le
» matin, il dure jusqu'à la fin du jour. Alors
» l'heure du repas arrive, et nous ne l'avons pas
» gagné. »

Adam lui fit cette réponse pleine de douceur :

« Mère des vivans, qui, dans ce séjour, fais
» seule encore mon unique société, ô compagne
» qui m'es plus chère que toutes les vivantes
» créatures, tu as raison, et tu penses juste sur la
» manière de remplir le travail qui nous est or-
» donné. Je ne puis que louer une pareille atten-
» tion, puisque rien n'est plus aimable dans une
» femme que de s'occuper de ses devoirs domes-
» tiques, et d'animer aussi son époux à un travail
» utile. Mais notre Maître ne nous a pas imposé si
» étroitement la loi du travail, qu'il ne nous soit pas
» permis de goûter le repos, lorsque nous en avons
» besoin. Nous pouvons prendre un temps pour
» donner à notre corps sa nourriture, et pour nous
» livrer à ces entretiens qui sont la nourriture de
» l'âme, ou à l'aimable délassement des regards et

» des sourires. La faculté de sourire, apanage de
» la raison, a été refusée aux animaux stupides :
» nous la devons à la raison. Ces sourires sont la
» nourriture de l'amour ; et parmi toutes les choses
» qui peuvent occuper la vie humaine, on ne
» mettra jamais au dernier rang l'amour. Dieu ne
» nous a point condamnés à un travail pénible, il
» nous a destinés à goûter le plaisir, et un plaisir
» toujours uni à la raison. Pour empêcher ces ber-
» ceaux de croître avec une abondance sauvage,
» et pour nous procurer dans ces routes les prome-
» nades dont nous avons besoin, nos mains, en
» travaillant de concert, nous suffisent, et bientôt
» de plus jeunes mains viendront nous soulager.
» Si cependant une plus longue conversation avec
» moi te devenoit fatigante, je pourrois consentir
» à une courte absence. Etre seul, est quelquefois
» être mieux en société avec soi-même ; et après
» quelques momens de séparation, on est empressé
» du plaisir de se rejoindre. Mais une inquiétude
» m'agite. Je crains qu'il ne t'arrive quelque
» malheur, si tu t'éloignes de moi. Tu sais l'aver-
» tissement qu'on t'a donné. Tu sais qu'un ennemi
» plein de malice, envieux de notre bonheur,
» ayant perdu toute espérance de bonheur pour
» lui, médite de nous attaquer. Il veut notre perte
» et notre honte, et sans doute il a les yeux tou-
» jours ouverts sur nous. Pour parvenir à contenter
» ses avides espérances, il cherche son avantage,
» et ce qu'il desire de nous est de nous voir séparés.

» Il n'osera nous attaquer tant que nous serons
» unis, parce que nous serons prêts à nous donner
» l'un à l'autre un prompt secours. Son principal
» objet est de corrompre notre fidélité envers
» Dieu, ou de troubler notre conjugal amour :
» volupté qui, de toutes celles dont nous jouissons,
» est celle peut-être qui excite le plus son envie !
» Que ce soient là ses desseins, ou qu'il en ait de
» plus pernicieux encore, ne quitte point ce côté
» fidèle qui t'a donné l'être. C'est sous son ombre
» encore que tu trouveras un asile sûr. La femme
» qui a sujet de craindre quelque danger ou
» quelque affront, trouve sa sûreté et sa plus
» grande gloire en restant auprès d'un époux prêt
» à la défendre, ou à partager avec elle les plus
» cruels malheurs. »

Alors la modeste et majestueuse Eve, telle qu'une personne qui aime, mais que chagrine quelque contradiction, lui répondit, en faisant éclater sur son visage une douceur austère :

« Vous qui tirez votre origine du Ciel et de la
» terre, souverain de la terre entière, je n'ignore
» pas que nous avons un ennemi qui médite notre
» perte. Vous m'en avez déjà vous-même instruite ;
» et j'entendis les dernières paroles de l'Ange,
» quand il se sépara de vous. J'avois quitté les
» fleurs qui, aux approches de la nuit, fermoient
» leurs calices, je revenois, et je restai cachée
» derrière quelques arbres. Mais vous voir craindre
» pour ma fidélité envers Dieu et envers vous,

» parce que nous avons un ennemi qui la peut ten-
» ter, c'est à quoi je ne devois pas m'attendre.
» Ce n'est pas la violence que vous pouvez crain-
» dre, puisque n'étant sujets ni à la mort ni à la
» douleur, cet ennemi ne peut nous faire aucun
» mal, et que nous avons la force de le repousser.
» Il ne pourroit nous nuire que par la fraude; et
» c'est le prétexte que vous prenez pour me té-
» moigner une égale crainte pour ma fidélité et
» mon amour, comme si la fraude pouvoit cor-
» rompre et changer mon cœur! De pareils sentimens
» peuvent-ils trouver place dans le vôtre? O Adam,
» pouvez-vous estimer si peu celle qui vous est si
» chère? »

Adam voulut la consoler par ces paroles :

« Fille de Dieu et de l'homme, immortelle Eve,
» immortelle, parce que tu es encore pure et
» innocente, lorsque je te conseille de ne te point
» éloigner de ma vue, ce n'est point que j'aie
» quelque méfiance de toi : ce n'est que pour nous
» mettre à couvert des attaques de notre vigilant
» ennemi. Un tentateur, même quand il échoue
» dans son dessein, jette toujours un déshonneur
» fâcheux sur la personne qu'il tente, puisqu'il la
» suppose d'une fidélité qui n'est pas incorruptible,
» et qu'il la croit capable de succomber à la ten-
» tation. Tu serois toi-même indignée et honteuse
» de l'affront qu'il t'auroit fait, quoique sans succès.
» Ne prends donc point en mauvaise part mon zèle
» à te sauver cet affront que tu pourrois recevoir

étant

» étant seule. Car quelle que soit la hardiesse de
» cet ennemi, elle n'ira pas jusqu'à nous attaquer
» tous deux ensemble ; ou si elle y va, ce sera moi
» qui en essuierai le premier assaut. Ne crois pas
» que sa malice et son adroite ruse ne soit point à
» craindre : celui qui a su séduire les Anges, doit
» être habile en artifices. Ne t'imagine pas non plus
» que nous n'ayons pas besoin de nous donner un
» secours mutuel. Par l'influence de tes regards, je
» me trouve mieux disposé à toutes les vertus. Je
» sens en moi, quand je te vois, plus de sagesse,
» plus d'activité, plus de force (si la force exté-
» rieure m'est nécessaire). Que dis-je ? La honte
» de me laisser vaincre ou surprendre en ta pré-
» sence, cette honte seule donneroit une nouvelle
» vigueur à toutes mes vertus réunies ensemble.
» Ma présence ne doit-elle pas produire le même
» effet sur toi ? Et ta vertu, en combattant sous
» mes yeux, peut-elle avoir un meilleur témoin de
» son triomphe ? »

La force de l'amour conjugal, et le tendre intérêt qu'Adam prend à sa compagne, lui fait tenir
ce langage ; mais Eve s'imagine qu'il ne rend pas
assez de justice à la sincérité de sa foi. Cependant,
avec un ton toujours plein de douceur, elle lui
répond :

« Si telle est notre condition, que nous soyons
» obligés de rester l'un près de l'autre, renfermés
» dans un étroit espace de la terre, dans la crainte
» d'un ennemi qui peut nous attaquer par la

» violence ou par la ruse, et si la même force
» pour lui résister ne nous a point été donnée,
» quand il nous trouvera séparés l'un de l'autre,
» quel est donc notre bonheur, qu'accompagne
» toujours la crainte de tomber dans le malheur?
» Mais non ; le malheur n'est point le précurseur
» du péché, et quand notre ennemi ose nous tenter,
» il nous outrage à la vérité par l'indigne mépris
» qu'il a de notre intégrité, mais nos fronts n'ont
» point à rougir d'un pareil outrage, dont la honte
» retombe sur lui-même. Pourquoi donc le craindre
» et l'éviter? Ce sera au contraire un double hon-
» neur pour nous, lorsqu'il aura été trompé dans
» ses projets : nous y gagnerons la paix intérieure
» et la faveur du Ciel témoin de notre victoire.
» Et quel est le mérite de la fidélité, de l'amour,
» de la vertu, lorsqu'on n'a jamais été attaqué
» seul ; lorsqu'on n'a jamais eu occasion de se
» défendre, sans un secours extérieur ? Non,
» ne soupçonnons point notre sage Créateur de
» nous avoir donné une félicité assez imparfaite,
» pour que nous ne soyons pas également en sûreté,
» séparés ou unis. Si tel étoit notre état, notre
» bonheur seroit un fragile bonheur, et un Paradis
» si facile à perdre, ne seroit plus un Paradis. »

Adam lui répondit avec vivacité :

« Femme, toutes les choses sont dans l'état le
» plus parfait, parce qu'elles sont toutes dans l'état
» que Dieu a ordonné. Le grand ouvrier, dont la
» main n'a rien laissé d'imparfait ni de défectueux

» dans ses moindres ouvrages, a surtout été attentif
» à l'homme. Il l'a placé dans un état heureux,
» qu'aucune violence extérieure ne peut troubler.
» C'est au-dedans de lui-même qu'est le danger,
» mais c'est aussi au-dedans de lui-même qu'est le
» pouvoir de s'en garantir. Ce ne sera jamais contre
» sa volonté, qu'il sera atteint du mal. Mais Dieu
» lui a laissé libre cette volonté : car ce qui obéit
» à la raison, est libre. Dieu a fait la raison pleine
» de droiture ; mais il ordonne à cette raison d'être
» toujours attentive et sur ses gardes, de peur que
» se laissant surprendre par quelque lueur trom-
» peuse du bien, elle ne donne de faux conseils,
» et n'égare la volonté, jusqu'à lui faire faire ce
» que Dieu a expressément défendu. Ce n'est donc
» point la méfiance, c'est au contraire le tendre
» amour qui nous ordonne également, à moi de
» veiller sur toi, à toi de veiller sur moi. Nous
» sommes bien affermis, mais nous pouvons nous
» égarer, parce qu'il n'est pas impossible que la
» raison se laisse entraîner à quelque spécieuse
» apparence, et que trompée par l'ennemi, elle
» ne tombe dans un piége imprévu, faute d'avoir
» toujours conservé cette exacte vigilance qui lui
» a été recommandée. Ne cherche donc point la
» tentation. Il est plus sage de l'éviter, ce qui te
» sera facile en ne me quittant point. L'épreuve
» viendra sans que tu la cherches. Tu veux que je
» sois convaincu de ta fermeté, fais que je le sois
» d'abord de ton obéissance. Qui pourra connoître

» ta fermeté ? Qui pourra en rendre témoignage,
» si tu es tentée, sans avoir un témoin ? Cependant
» si tu crois qu'une attaque non recherchée, nous
» trouveroit tous deux, quoiqu'unis, moins pré-
» parés à nous défendre, que tu ne le seras seule
» après avoir été préparée par cet avis, pars donc,
» puisque restant contre ton gré, tu n'en serois que
» plus absente. Pars, avec cette innocence qui t'a
» été donnée avec la vie. Rappelle et réveille tout
» ce que tu as reçu de vertu. Dieu a fait pour toi
» tout ce qu'il devoit, c'est à toi à faire tout ce
» que tu dois. »

Ainsi parla le patriarche du genre humain. Eve persista, quoique soumise, et ne voulant pas rester sans réponse, lui dit :

« C'est donc avec ta permission, et surtout à cause
» de la sage réflexion que tu n'as fait que toucher
» dans tes dernières paroles : l'épreuve n'étant point
» cherchée, seroit peut-être plus difficile à soutenir,
» nous n'y serions pas préparés ; c'est donc avec
» plus d'assurance que je pars. Je ne dois pas m'at-
» tendre qu'un ennemi si fier commence son attaque
» par moi. Iroit-il attaquer d'abord le parti le plus
» foible ? Sa honte n'en seroit que plus grande,
» lorsqu'il se verroit repoussé. »

Tandis qu'elle parle encore, elle dégage doucement sa main de celle de son époux, et pareille à une Nymphe légère des bois, ou des montagnes, ou de la cour de la déesse de Délos, elle s'avance vers les bocages; mais par sa démarche et son port majestueux ; elle est bien supérieure à cette déesse même, quoiqu'elle ne soit pas comme elle armée d'un arc et d'un carquois, mais seulement d'un de ces instrumens de jardinage, apportés par un Ange ou fabriqués par un art simple, à qui le secours du feu n'a point fait inventer de coupables ouvrages. Avec un pareil ornement, elle ressembloit à Palès ou à Pomone fuyant devant Vertumne, ou à Cérès, vierge encore, avant que Jupiter l'eût rendue mère de Proserpine. Adam la suit long-temps avec des yeux enflammés d'amour. C'est avec plaisir qu'il la regarde marcher. Il en auroit bien plus si elle restoit auprès de lui. Il lui répète plusieurs fois l'ordre de retourner promptement, et elle lui promet autant de fois qu'elle retournera au berceau à midi, pour y arranger tous les fruits propres à les inviter au repas de la moitié du jour, et pour y goûter ensuite le repos pendant la chaleur.

O que tu te trompes, et que ton espérance est vaine, malheureuse Eve ! Tu te flattes d'un agréable retour ! O fatal changement ! Cette heure approche, après laquelle tu ne trouveras plus dans le Paradis, ni doux repas ni tranquille repos. Sous ces ombrages, au milieu de ces charmantes fleurs, un ennemi, plein d'une rage infernale, veille en embuscade pour t'arrêter dans ton chemin, ou pour te renvoyer dépouillée de fidélité, d'innocence et de bonheur.

Déjà, en effet, et même depuis les premiers rayons de l'Aurore, l'ennemi, caché sous l'apparence du serpent, étoit sorti de sa retraite, dans l'espérance qu'un heureux hasard lui feroit rencontrer ce qu'il cherche. Il ne cherche que deux créatures ; mais en elles, il trouvera renfermée toute cette race dont il espère faire sa proie. Il visite les bosquets, les prairies, tous les endroits où les arbrisseaux sont les plus épais, où les berceaux les plus beaux offrent les plus agréables retraites. Il les cherche près les fontaines et les ruisseaux qui coulent sous les ombrages ; il les cherche tous deux, mais il aimeroit mieux trouver Eve séparée de son époux ; il le souhaite, n'osant espérer ce qui ne peut arriver que si difficilement, lorsque, suivant ses desirs et contre ses espérances, il aperçoit Eve seule, au milieu d'un nuage de parfums : ce nuage lui servoit de voile. Elle ne paroissoit qu'à demi au milieu des roses épaisses qui l'environnoient. Elle se baissoit pour relever les fleurs d'une foible tige, fleurs non soutenues, dont les têtes colorées de belles nuances enrichies de pourpre et d'azur, marquetées d'or, pendoient languissamment. Elle les relevoit, et les retenoit par des liens de myrte qu'elle attachoit avec grâce. Elle ignoroit qu'elle-même, fleur, hélas, bien plus belle, manquoit de soutien, et que son appui le meilleur étoit si éloigné, tandis que l'orage étoit si proche ! Le serpent s'avance vers le lieu où elle étoit, en traversant plusieurs allées qu'ombrageoient les cèdres, les pins, les palmiers. Il se roule avec hardiesse, tantôt se cachant, tantôt se découvrant au milieu des arbres entrelacés, et des fleurs dont étoient bordées les allées, ouvrages de la main d'Eve. A ce lieu si délicieux, on ne peut comparer les fabuleux jardins d'un Adonis ressuscité, ni ceux du fameux Alcinoüs, qui reçut dans son palais le fils du vieux Laerte, ni ce jardin non fabuleux, où le plus sage des rois passoit de doux momens avec la belle Egyptienne son épouse.

Satan contempla avec une grande admiration le lieu, et avec une admiration bien plus grande encore, la personne. C'est ainsi qu'un homme qui après avoir été long-temps renfermé dans une ville très-peuplée, où l'air est corrompu par la fumée qui sort des maisons, et par l'odeur des égouts, lorsque dans un des matins du printemps, il va chercher l'air qu'on respire dans les maisons de campagne, ne rencontre en son chemin qu'objets qui le charment; il aime l'odeur des moissons et celle du foin qui sèche sur la terre; il aime à entendre mugir un troupeau, et à voir une laiterie : tout objet et tout bruit champêtre lui est agréable. Mais si par hasard une jeune beauté, dont la démarche est pareille à celle d'une Nymphe, vient à passer, aussitôt ce qui lui avoit paru beau, lui paroît recevoir d'elle une nouvelle beauté; mais elle est le plus beau de tous les objets, et il trouve réunies dans ses yeux toutes les autres différentes beautés. Tel fut le plaisir du serpent, en contemplant ce bosquet fleuri, douce retraite d'Eve si matineuse et solitaire. Son air tout céleste est celui d'un Ange; le sexe dont elle est y ajoute quelque chose de plus doux et de plus tendre. Son aimable innocence, et la grâce qui accompagne sa démarche et ses moindres gestes, enchaînèrent tout-à-coup sa malice et sa cruauté, qui oubliant en ce moment le barbare dessein qui l'a conduit, devient une cruauté douce. Le roi du mal est emporté un instant par une extase hors du mal de son empire; et cet instant qui lui donne une bonté stupide, désarme en lui l'inimitié, la fourberie, la haine, l'envie, la vengeance. Mais le feu infernal qui toujours allumé en lui, y brûle encore au moment qu'il se retrouve dans le Ciel, met bientôt fin à son mécontentement, et reprend une nouvelle force pour le tourmenter. A l'aspect de ces plaisirs qui n'étoient plus faits pour lui, il rappelle toute la fureur de sa haine, et ranime en lui toutes ses premières et funestes pensées, en se congratulant ainsi de sa méchanceté :

« Noires pensées, n'est-ce pas vous qui m'avez
» amené ici? Quel est ce doux saisissement qui
» vous enchaîne, et vous fait oublier pourquoi
» vous m'avez amené ici? C'est la haine que j'y ai
» apportée, et non pas l'amour. Espérerois-je chan-
» ger mon Enfer en Paradis? Espérerois-je goûter
» quelqu'un des plaisirs de ce Paradis, moi le des-
» tructeur de tous les plaisirs, excepté de celui de
» destruction ? Toute autre joie est perdue pour
» moi. Gardons-nous donc de laisser échapper une
» occasion qui nous rit. Voici la femme seule, et
» exposée à toutes les attaques. Son mari est loin

» d'elle, puisque mes yeux qui découvrent de si
» loin, ne l'aperçoivent pas. C'est lui que je dois
» craindre le plus, parce que son intelligence est
» plus élevée. Il est rempli de vigueur et d'un
» courage altier; quoiqu'ouvrage de la terre, il est
» un ouvrage d'une forme héroïque. Un tel ennemi
» n'est point à mépriser. Il n'a point encore essuyé
» de blessures, et je n'ai pas le même avantage.
» Hélas, que l'Enfer m'a avili, et que la douleur
» m'a fait perdre de cette vigueur que j'avois dans
» les Cieux! Sa compagne que je vois, est belle;
» et sa beauté céleste, capable d'exciter l'amour des
» Dieux, n'a rien qui puisse m'intimider, quoique
» la beauté et l'amour intimident quiconque ne
» s'approche pas comme moi, poussé par la vio-
» lence de la haine : haine d'autant plus forte, que
» je la vais déguiser sous une apparence d'amour.
» C'est le piége que je vais lui préparer pour la
» perdre. »

A ces mots, l'ennemi du genre humain, hôte terrible du serpent qui le renferme, prend sa route vers Eve, non pas en rampant sur la terre en replis tortueux, comme il a fait depuis; mais posé sur sa croupe, base circulaire sur laquelle s'élèvent plusieurs autres cercles, il est comme une tour que forme le labyrinthe de tous ses différens contours. Sa tête haute est ornée d'un crête superbe. Ses yeux brillans semblent deux escarboucles, et son col, que colore un or verdâtre, s'élève du centre de tous ces contours que forme son corps qui monte en une ligne spirale, dont l'extrémité flotte sur l'herbe. Sa figure charmoit la vue. Il étoit beau, et jamais serpent n'eut tant de beauté, ni celui dans lequel furent changés, en Illyrie, Hermione et Cadmus, ni celui dont le Dieu d'Epidaure prit la figure, ni ceux sous la forme desquels se fit voir Jupiter Ammon, près d'Olympias, et Jupiter Capitolin, près de celle qui fut la mère de ce Scipion, la gloire de Rome.

Il s'avance d'abord en tournoyant, comme lorsqu'on veut aborder une personne qu'on craint d'interrompre, on n'ose aller directement vers elle, on fait quelque circuit. Pareil au pilote expérimenté, qui tourne souvent gouvernail et voiles quand son vaisseau fend l'onde près de l'embouchure d'un fleuve, ou près d'un promontoire, où le vent tourne sans cesse, le serpent varie ses mouvemens; et, comme par un badinage agréable, replie en plusieurs cercles son corps tortueux, toujours en présence d'Eve, dont il veut attirer les regards. Elle, tout occupée de son ouvrage, quoiqu'elle entende le bruit des feuilles agitées, n'y fait pas attention. Elle est accoutumée à de pareils jeux, qu'ont coutume de faire devant elle, dans la campagne, les animaux de toute espèce, plus dociles à sa voix que ne le fut à la voix de Circé son troupeau transformé. Le serpent devenu plus hardi, se présente devant elle sans être appelé; mais il y reste saisi d'admiration. Il baisse, en signe de caresse, sa crête superbe, son col poli et émaillé, et il lèche sur la terre la trace de ses pas. Ses muettes et gracieuses expressions, attirent enfin les regards d'Eve, qui considère son badinage. Satan satisfait de cette attention qu'il a gagnée, avec la langue du serpent qui lui sert d'organe, ou de sa propre voix frappant l'air, commença son attaque par ces trompeuses paroles :

« Que la manière dont je vous aborde, maîtresse
» souveraine, n'ait rien pour vous de merveilleux,
» si toutefois quelqu'objet peut être merveilleux
» pour vous, qui êtes ici la seule merveille. Surtout
» n'armez pas d'un air sévère ce visage, Ciel où
» réside la douceur, quand même vous désapprou-
» veriez la hardiesse que j'ai eue de vous appro-
» cher, et cette ardeur insatiable avec laquelle je
» vous contemple, moi qui ainsi seul, ai dû crain-
» dre une majesté si respectable, que sa solitude
» doit faire respecter encore davantage. Vous êtes
» la plus belle image de votre beau créateur, et
» l'objet de l'amour de toutes les choses vivantes,
» qui sont toutes à vous par le don qui vous en a
» été fait, et qui toutes ravies en extase en vous
» regardant, adorent votre céleste beauté. La
» beauté est faite pour recevoir le tribut d'une ad-
» miration universelle ; cependant lorsqu'elle est
» renfermée dans une retraite déserte au milieu de
» ces animaux, spectateurs stupides, capables à
» peine de discerner ce qui en vous est beau (ex-
» cepté l'homme seul), qui vous y voit ? Et qu'est-
» ce qu'un seul spectateur ? Déesse comme vous

» l'êtes, c'est parmi des Dieux et des Anges que
» vous devriez être vue, adorée, servie. Voilà
» quelle doit être votre continuelle et innombrable
» cour. »

Ainsi la flatta le tentateur. Tel fut le ton de son prélude. Ces paroles se firent un chemin dans le cœur d'Eve, malgré la surprise où elle étoit d'entendre parler un serpent. Enfin, au milieu de son étonnement, elle fit cette réponse :

« Qu'entends-je, le langage de l'homme articulé
» par la langue d'une brute? Elle parle, elle pense
» ainsi que l'homme! Je croyois que du moins le
» premier présent avoit été refusé aux animaux.
» Au jour de la création, Dieu les fit muets et
» incapables d'articuler les sons de leur voix.
» Quant au second présent, j'étois dans le doute,
» parce que dans leurs regards et dans leurs actions
» paroît souvent beaucoup de raison. Je savois
» bien, serpent, que de toutes les bêtes que sou-
» tient la terre, tu étois la plus subtile ; mais j'igno-
» rois que la voix humaine t'eût été donnée. Re-
» double donc ce miracle. Dis-moi comment de
» muet que tu étois, tu es devenu créature par-
» lante; et pourquoi de toute l'espèce brute qui est
» sans cesse devant moi, c'est toi qui as conçu la
» plus grande amitié pour moi? Parle : une pareille
» merveille demande de moi toute l'attention qui
» lui est due. »

Le tentateur, rempli de fourberies, lui fait cette réponse :

« Impératrice de ce beau monde, ô brillante Eve,
» il m'est facile de vous raconter ce que vous
» me commandez de vous dire ; et quand vous
» commandez, vous devez être obéie. J'ai été d'a-
» bord tel que ces autres animaux qui se nourrissent
» de l'herbe sur laquelle ils marchent ; mes pensées
» étoient alors viles et terrestres comme ma nourri-
» ture, et je ne discernois encore que ce qui étoit
» propre à ma subsistance, ou à la multiplication
» de mon espèce ; ma connoissance ne pouvoit
» atteindre à rien de plus élevé. Etant un jour dans
» la campagne, j'aperçus par hasard loin de moi un
» très-bel arbre chargé de fruits, dont l'admirable
» coloris faisoit briller la pourpre et l'or. Je m'ap-
» prochai pour le contempler. Une délicieuse odeur
» que ses branches répandoient, excita mon appétit,
» et flatta mes sens plus agréablement que l'odeur
» du fenouil le plus doux, et que le lait dont les
» chèvres et les brebis sont remplies à la fin du jour,
» lorsqu'elles ne l'ont point donné à leurs petits qui
» s'amusent à folâtrer. Je pris la résolution de sa-
» tisfaire sur-le-champ l'ardent desir que j'avois de
» goûter de ces belles pommes. En même temps la
» faim et la soif, deux aiguillons puissans, que l'o-
» deur de ce fruit attrayant réveilla, ne me per-
» mirent plus de différer. Je m'entortillai autour du
» tronc couvert de mousse : car pour pouvoir at-
» teindre à ses branches élevées, il faut avoir votre
» taille majestueuse ou celle de votre époux. D'autres
» animaux qui étoient auprès de l'arbre le contem-
» ploient avec le même desir, et jetoient des yeux

» ardens sur ces fruits où ils ne pouvoient atteindre.
» Arrivé au milieu de l'arbre à l'endroit où pendoit
» l'abondance des biens qui me tentoient, j'arra-
» chai, je mangeai, j'assouvis mes besoins avec un
» plaisir que jusqu'à ce moment ne m'avoient pro-
» curé ni le suc des plantes, ni l'eau des fontaines.
» J'étois à peine rassasié que je sentis en moi un
» changement étrange. La raison établit son em-
» pire dans mes facultés antérieures, et même j'eus
» bientôt la faculté du parler, quoique conservant
» toujours la même forme. Depuis ce temps, j'ap-
» plique toutes mes pensées à de profondes médi-
» tations, à des spéculations sublimes. J'emploie
» toute ma capacité de connoître, à considérer
» tout ce qui est visible dans les Cieux, dans les
» airs et sur la terre, tout ce qui est beau, tout
» ce qui est bon ; mais tout ce qu'il y a de beau
» et de bon dans les créatures, je le trouve réuni
» dans votre divine image, dans cette beauté d'où
» partent tant de célestes rayons. Nulle beauté
» n'est égale à la vôtre, nulle beauté n'en appro-
» che. C'est elle qui m'a obligé de venir ici,
» quoique peut-être spectateur qui vous importune,
» pour admirer et adorer en vous celle qui, à juste
» titre, a été déclarée la dominatrice des créatures,
» la souveraine de l'univers. »

Ainsi parla l'Esprit rusé que renfermoit le serpent ; et Eve, dont la surprise augmentoit toujours, et qui étoit plus que jamais éloignée de la méfiance, lui répondit :

« L'excès de tes louanges me fait douter de la

» vertu, dont le premier tu as fait l'épreuve. Mais
» apprends-moi dans quel endroit est cet arbre.
» Est-il éloigné d'ici ? Dieu a mis dans ce Paradis
» des arbres en si grand nombre et d'espèces si
» différentes, que nous ne les connoissons pas tous.
» Dans une si grande abondance, où notre choix
» s'égare, nous ne pouvons toucher qu'à une petite
» partie des fruits. Tous les autres suspendus aux
» branches, y restent incorruptibles : provision
» destinée aux hommes qui doivent naître, et dont
» les mains viendront aider les nôtres à soulager la
» nature que charge la quantité des biens qu'elle a
» produits. »

L'artificieux serpent se hâta de lui répondre :

« Impératrice, le chemin n'est ni long ni difficile.
» C'est au-delà d'une allée de myrtes, dans une
» plaine, au bord d'une fontaine, que nous le trou-
» verons, après avoir passé un petit bois tout par-
» semé de myrte et de baume. Si vous daignez
» m'accepter pour guide, je vous y aurai bientôt
» conduite. »

« Mène-moi donc, reprit Eve. »

Aussitôt, prompt à conduire au crime, tantôt il
tourne en cercle, et tantôt il paroît tout droit. L'espérance l'élève, et la joie rend sa crête toute brillante. Comme un feu follet qui composé d'onc-
tueuses vapeurs que le froid de la nuit a condensées,
et que l'agitation de l'air enflamme, tournoie
en répandant une lueur trompeuse, qu'on croit
conduite par quelqu'Esprit malin, elle étonne le

voyageur nocturne, le trompe, l'égare dans les marais, dans les forêts, et souvent dans les lacs et les étangs profonds, où il tombe, et, loin de tout secours, reste englouti. Tel étoit le fatal éclat du perfide serpent, qui conduisit notre crédule mère à l'arbre défendu, à la racine de tous nos malheurs. Sitôt qu'elle l'aperçut, elle dit à son guide :

« O serpent, nous pouvions bien nous épargner
» ce voyage très-infructueux pour moi, quoique je
» trouve ici une si grande abondance de fruits! Que
» leur vertu, toute admirable qu'elle est, puis-
» qu'elle a produit en toi de si grands effets, soit
» tout entière pour toi seul. Pour nous, nous ne
» pouvons y toucher, ni en goûter. Tel est le com-
» mandement de Dieu, le seul commandement
» qu'il ait prononcé. Pour tout le reste, nous vivons,
» ne recevant de loi que de nous-mêmes, et notre
» raison est notre loi. »

« Est-il vrai, reprit le perfide tentateur? Quoi,
» Dieu qui vous a déclarés les souverains de tout sur
» la terre et dans les airs, vous a dit cependant
» que vous ne mangeriez pas des fruits de tous les
» arbres de ce jardin? »

Eve, encore innocente, lui répondit :

« Nous pouvons manger des fruits de tous les
» arbres de ce Paradis, excepté qu'en nous mon-
» trant ceux de ce bel arbre placé au milieu du
» jardin, Dieu nous a dit : « Vous n'en mangerez
» point, et vous n'y toucherez point, de peur
» que vous ne mouriez. »

Elle

Elle eut à peine fait cette courte réponse, que le tentateur devenu plus hardi, paroissant plein de zèle et d'amour pour l'homme, et d'indignation du tort qu'on lui faisoit, fit un nouveau personnage. Il est d'abord agité et troublé par la compassion dont il semble pénétré; puis il prend un air doux et se lève avec grâce, comme prêt à traiter une matière importante. Ainsi autrefois dans Athènes ou dans Rome, lorsqu'au temps de sa liberté, fleurissoit cette éloquence qui fut depuis condamnée au silence, on voyoit un fameux orateur chargé de quelque grand intérêt, rester debout, recueilli en soi-même, tandis qu'en lui, l'air, le maintien, chaque geste demandoit audience, avant qu'il prît la parole; et quelquefois il entroit tout d'un coup en matière, comme emporté par un zèle pour la justice, qui ne lui permettoit pas la lenteur d'un exorde. Ainsi le tentateur se remuant, s'élevant, et se dressant dans toute sa hauteur, s'écria dans l'ardeur de sa passion :

« O plante sacrée et sage, ô source de la sagesse,
» ô mère de la science, je sens que ta puissance
» agit en ce moment en moi, et me donne une
» lumière qui me fait discerner non-seulement la
» cause des choses, mais qui me montre les voies
» de leurs agens suprêmes, quelque profonde que
» soit leur sagesse. Reine de cet univers, n'ajoutez
» point foi à ces rigoureuses menaces de mort:
» vous ne mourrez point. Eh, de quoi pourriez-

» vous mourir ? De ce fruit ? Il vous donne la vie
» de la science. De cette menace ? Contemplez-
» moi ; oui, moi. J'ai touché, j'ai mangé. Non-
» seulement je vis, j'ai gagné une vie plus parfaite
» que celle que m'avoit accordée le Destin. C'est
» ce que m'a valu mon courage à m'élever au-
» dessus de ma condition. L'homme trouveroit-il
» fermée pour lui, cette voie ouverte à tous les
» animaux ? Ou la colère d'un Dieu s'allumeroit-
» elle pour une si légère offense ? Ne louera-t-il pas
» plutôt lui-même votre intrépide courage, quand
» il verra que la crainte d'une mort annoncée
» (si la mort est quelque chose) ne vous a point
» détournée d'une action capable de vous élever
» à une vie plus heureuse, à la connoissance du
» bien et du mal ? Du bien ? Eh, n'est-il pas juste
» de le connoître ? Du mal ? Eh, s'il existe, pour-
» quoi ne le pas connoître ? On en devient plus
» habile à l'éviter. Dieu ne peut vous faire tort et
» être juste. S'il n'est point juste, il n'est point
» Dieu. S'il ne l'est point, il ne faut ni le crain-
» dre, ni lui obéir. Cette crainte même de la mort
» doit vous apprendre à n'avoir aucune crainte.
» Pourquoi donc a-t-il fait un pareil commande-
» ment ? Pour asservir ses adorateurs, et se les
» conserver par leur bassesse et leur ignorance. Il
» sait que le jour que vous mangerez de ce fruit,
» vos yeux s'ouvriront ; et de ténébreux qu'ils sont
» maintenant, ils seront éclairés, et deviendront
» des yeux excellens. Vous serez comme des Dieux,

» Vous aurez comme eux la connoissance du bien
» et du mal. Il faut, par une juste proportion, que
» vous deveniez comme des Dieux, puisque je
» suis devenu comme un homme. Je suis homme
» intérieurement. Si de brute je suis devenu homme,
» d'hommes vous deviendrez Dieux. Mais peut-
» être dépouiller l'humaine nature, pour être re-
» vêtu de la divinité, c'est mourir. O mort desi-
» rable, quoiqu'annoncée avec menace, si elle
» n'apporte pas d'autre malheur! Eh, les Dieux
» sont-ils d'un rang où l'homme ne puisse attein-
» dre, quand il participera à une nourriture égale-
» ment divine? Les Dieux existèrent les premiers.
» Ils se prévalent de cet avantage, pour nous faire
» accroire que tout émane d'eux. Mais la question
» me paroît douteuse. Pourquoi vois-je cette belle
» terre échauffée par le soleil, produire tant de
» choses, tandis que ces Dieux ne produisent rien?
» S'ils ont tout fait, qui donc a renfermé la con-
» noissance du bien et du mal dans cet arbre, qui
» tout-à-coup élève à leur sagesse, sans leur per-
» mission, quiconque mange de ses fruits? Et en
» quoi l'homme les offense-t-il, quand il s'élève
» ainsi à la connoissance? Quel tort votre connois-
» sance peut-elle faire à la sienne? Et si tout est à
» lui, qu'est-ce que cet arbre peut vous donner
» qui soit contraire à sa volonté? Ce seroit donc
» en lui une jalousie. La jalousie peut-elle habiter
» dans les cœurs célestes? Voilà, voilà les raisons,
» sans parler de beaucoup d'autres, qui vous con-

» vainquent du besoin que vous avez de ce beau
» fruit. O divinité humaine, faites usage de votre
» liberté, cueillez et goûtez. »

Il dit, et ces paroles pleines d'artifice trouvèrent un cœur trop facile à leur ouvrir l'entrée. Eve, les yeux attachés sur l'arbre, contemple un fruit dont la vue seule étoit capable de tenter; et des paroles qui lui paroissent si persuasives, si pleines de raison et de vérité, retentissent toujours dans ses oreilles. Cependant, l'heure de midi qui s'approchoit, excite en elle un ardent appétit, que réveille un fruit savoureux par son odeur, en même temps qu'il sollicite ses regards enflammés. Tout anime en elle le desir de toucher et de goûter ; toutefois elle s'arrête un instant, et fait en elle-même ces réflexions :

« Tes vertus sont grandes sans doute, ô fruit,
» qui, quoique défendu à l'homme, es le meilleur
» des fruits, et bien digne d'admiration, puisque
» ton suc, trop long-temps interdit, la première
» fois qu'il a été goûté, a fait parler qui étoit
» muet, et a enseigné à une langue qui n'étoit
» point faite pour publier quelque chose, à publier
» tes merveilles. Et ce sont ces merveilles que nous
» fait entendre celui même qui nous défend ton
» usage, quand il te nomme l'arbre de la connois-
» sance, c'est-à-dire, de la connoissance du bien
» et du mal. Il nous défend de te toucher; mais
» cette défense même te recommande encore da-
» vantage, puisqu'elle nous apprend et le bien

» que tu communiques, et notre besoin. Certaine-
» ment on ne possède pas un bien qu'on ne connoît
» pas; ou si on le possède sans le connoître, le
» posséder ainsi, c'est en être entièrement privé.
» Il est donc indubitable que qui nous interdit la
» connoissance, nous interdit notre bien, nous in-
» terdit la sagesse. Nous ne sommes point liés par
» de pareilles défenses. Mais si la mort nous
» enchaîne dans ses liens, que deviendra cette
» liberté que nous possédons en nous? Le jour
» même que nous mangerons de ce fruit si beau
» (tel est notre arrêt) nous mourrons. Eh quoi,
» le serpent est-il mort? Il en a mangé, il vit, il
» connoît, il parle, il raisonne, il discerne, lui
» qui, jusque-là, avoit été stupide. Ne seroit-ce
» donc que pour nous, que la mort auroit été
» faite? Un fruit qui donne l'intelligence seroit-il
» interdit à nous seuls, et réservé pour les brutes?
» Mais, s'il leur est réservé, pourquoi la première
» d'entr'elles qui en a goûté, loin d'être jalouse
» du bien qui lui est tombé en partage, l'offre-t-elle
» à d'autres avec tant de joie? Le serpent est un
» conseiller non suspect, un ami de l'homme; il
» est très-incapable de tromper et de séduire.
» Qu'est-ce donc que je crains? Sais-je même, dans
» l'ignorance où je suis du bien et du mal, ce qui
» est à craindre davantage, de la mort ou de
» Dieu, de la loi ou de la punition? C'est ici que
» je trouve la guérison de tout. Ce divin fruit si
» beau à voir, si agréable à goûter, a la vertu de

» donner la sagesse. Qui m'empêche donc de le
» cueillir, et de donner une même nourriture et à
» mon corps et à mon esprit? »

Elle dit ; et dans ce fatal instant, elle éleva une main téméraire vers le fruit, le cueillit, en mangea : la terre sentit le coup qui la frappoit, et la nature poussant un gémissement qui, du fond de son sein, se répandit dans tous ses ouvrages, annonça, par des signes funestes, que tout étoit perdu.

Le coupable serpent se déroba dans l'épaisseur des bois. Il lui fut aisé de quitter Eve sans qu'elle s'en aperçût. Le fruit qu'elle goûtoit l'occupoit tout entière. Elle n'étoit attentive qu'à un plaisir, plaisir qu'elle croyoit ne lui avoir été procuré par aucun autre fruit, soit que cette saveur qu'elle y trouvoit fût véritable, soit qu'elle s'imaginât l'y trouver. Dans l'attente où elle étoit d'une sublime connoissance, déjà la Divinité ne lui paroissoit pas éloignée d'elle. Elle le dévora avec avidité, et s'en remplit, ignorant, hélas, que c'étoit la mort qu'elle faisoit entrer dans son sein ! Quand elle fut enfin rassasiée, alors pleine de satisfaction et de joie, dans une ivresse pareille à celle du vin, elle fit éclater son contentement par ces paroles :

« O roi de tous les arbres que renferme ce Pa-
» radis, arbre le plus précieux, arbre rempli de
» la plus grande des vertus, puisque tu fais l'heureux
» présent de la sagesse, on t'avoit déshonoré jusqu'à
» présent ; on t'avoit dépeint comme nuisible ; et ton

» beau fruit pendoit inutilement, comme ne devant
» être d'aucun usage. Mais mon premier soin sera
» désormais de venir à toi au lever de l'aurore,
» non sans faire retentir dans mes chants les louan-
» ges qui te sont dues, et je soulagerai tes branches
» fécondes, qui plient sous un fardeau qu'elles
» offrent à tous si libéralement, jusqu'à ce que
» nourrie par toi, je croisse en connoissance, et
» devienne égale aux Dieux qui ont toutes les con-
» noissances, quoiqu'ils envient aux autres celles
» qu'ils ne peuvent leur donner. Car si les dons que
» tu fais étoient les leurs, tu ne serois pas né ici.
» Que je te suis redevable, ô expérience, admi-
» rable guide! Si je ne t'avois suivie, je serois restée
» dans l'ignorance. C'est toi qui m'as ouvert la
» route de la sagesse. Tu m'as procuré un accès
» jusqu'à elle, malgré le secret où elle se retire.
» Ce secret est peut-être cause que ce que j'ai fait
» n'est point su, car le Ciel est élevé; et d'un lieu
» si élevé et si éloigné, on ne voit point distinc-
» tement tout ce qui se passe sur la terre, et peut-
» être d'autres soins ont distrait de sa vigilance
» ordinaire notre grand législateur, qui est tran-
» quille au milieu de tous ses espions rassemblés
» autour de lui. Mais comment dois-je me montrer
» à Adam? Lui ferai-je tout d'un coup connoître
» mon changement? Dois-je partager avec lui toute
» ma félicité, ou ne dois-je pas plutôt garder pour
» moi seule le bien de la connoissance? Oui, sans
» doute: si je ne l'en fais point participant, je ren-

» drai à mon sexe l'avantage qui lui manquoit ;
» j'en deviendrai plus puissante à me faire aimer
» de mon époux, j'en serai plus égale à lui, et
» peut-être (ce qui n'est pas à dédaigner) gagne-
» rai-je la supériorité. Etre inférieure est-ce être
» libre? Voilà ce que je puis gagner. Cependant si
» Dieu m'avoit vue, et si j'allois mourir ! Quoi, je
» ne serois plus ! Quoi, Adam auroit à ma place
» une autre Eve ! Et moi n'étant plus, il vivroit
» content avec une autre que moi ! Le penser, c'est
» mourir. Oui, ma résolution est prise : Adam par-
» tagera avec moi le bonheur ou le malheur. Mon
» amour pour lui me feroit endurer avec lui toutes
» les morts, et une vie sans lui ne seroit pas une
» vie pour moi. »

En disant ces mots, elle s'éloigne de l'arbre, qu'elle ne quitte cependant qu'après avoir fait une inclination profonde, s'imaginant qu'il est habité par une puissance, dont la présence y répand ce suc qui donne la science, liqueur formée du nectar dont s'abreuvent les Dieux.

Cependant son époux, qui attendoit son retour avec impatience, avoit déjà choisi des fleurs, qu'il avoit entrelacées, et dont il avoit formé une guirlande pour orner ses cheveux, et couronner ses travaux champêtres, comme les moissonneurs ont coutume de couronner la reine de leur moisson. Son esprit plein d'elle se promettoit une douce consolation de son absence, et de nouveaux plaisirs, par un retour si long-temps attendu. Cependant il sentoit de temps en temps son cœur agité par des mouvemens inégaux, qui lui annonçoient quelque chose de sinistre. Pour aller au-devant d'elle, il prend la même route qu'elle a prise au matin quand elle est partie. Cette route le conduisit à l'arbre de la connoissance, et il la rencontra, lorsqu'à peine elle s'en éloignoit. Elle tenoit dans sa main une branche chargée de ces beaux fruits que couvroit un charmant coton, et qui nouvellement cueillie, répandoit une douce odeur d'ambroisie. Elle courut à lui. L'envie de s'excuser qui parut sur son visage, fut le prologue de son discours; et trop prompte à faire son apologie, elle adressa à Adam ces paroles que la flatterie lui inspira :

« N'as-tu pas été surpris, Adam de ma longue
» absence ? Je me suis bien aperçue de la tienne,
» et elle m'a paru bien longue. N'ayant jamais été
» séparée de toi, je n'avois pas encore souffert le
» martyre de l'amour, et je ne le souffrirai plus,
» ne voulant plus m'exposer à une peine que j'ai
» été chercher témérairement, parce que je ne la
» connoissois pas, à la peine d'être éloignée de ta
» vue. Mais la raison qui a prolongé mon absence
» est surprenante, et tu ne la pourras entendre sans
» admiration. Cet arbre n'est point, comme on nous
» l'a dit, un arbre dont le fruit dangereux soit à
» celui qui en goûte, une cause de maux inconnus.
» Son effet au contraire est divin, il ouvre les
» yeux, il fait Dieux ceux qui en goûtent, et il a
» déja manifesté son pouvoir. Le sage serpent,

» soit qu'il n'ait pas reçu le même ordre que
» nous, soit qu'il y ait désobéi, a mangé de
» ce fruit, et loin d'y trouver cette mort dont
» nous avons été menacés, les avantages qu'il
» y a trouvés en ont été la voix et l'intelligence
» humaine, et une raison admirable avec laquelle
» il a su aussi me persuader d'en goûter. J'en ai
» mangé aussi, et j'ai aussitôt senti qu'il opéroit en
» moi de semblables effets. J'ai senti s'ouvrir mes
» yeux auparavant fermés, mon esprit s'éclairer,
» mon cœur se dilater ; je m'élève à la Divinité,
» et c'est pour toi principalement que je la desire,
» puisque sans toi je ne puis rien estimer. La
» félicité, quand tu la partageras avec moi, sera
» pour moi la félicité ; mais si je la possédois sans
» toi, elle me seroit odieuse et ennuyeuse. Goûte
» donc aussi, afin que le même sort, la même
» joie nous unisse comme le même amour ; et de
» peur que si tu n'en goûtes pas, il n'y ait entre
» nous quelque inégalité de condition qui nous
» sépare, et que je ne veuille alors renoncer pour
» toi à la divinité, mais trop tard, puisque le
» destin ne le permettroit pas. »

C'est avec ce ton de contentement qu'Eve raconte son histoire, et cependant ses joues sont tout enflammées d'une funeste rougeur. Adam, de son côté, dans le moment qu'il est instruit de la fatale désobéissance de sa compagne, reste étonné, pâle, interdit ; une froide horreur court dans ses veines, tous ses membres sont sans vigueur; de ses foibles mains, la guirlande entrelacée pour Eve, tombe. La terre est couverte de ses roses éparses et flétries. Après avoir été quelque temps sans voix et sans couleur, il rompt enfin son silence par ces paroles qu'il s'adresse à soi-même :

« O le chef-d'œuvre de la création, le dernier
» et le meilleur des ouvrages de Dieu, belle créa-
» ture en qui excelloit tout ce qui, pour la vue
» ou pour la pensée, a pu être formé de saint, de
» divin, de bon, d'aimable et de doux, comment
» t'es-tu perdue ? Te voilà donc en un instant,
» perdue, déshonorée, flétrie, ô victime dévouée
» maintenant à la mort ! Eh comment as-tu pu
» succomber à la tentation de transgresser un ordre
» si sévère ? Comment as-tu pu violer ce fruit sacré
» qui t'étoit interdit ? C'est l'ennemi qui, par quel-
» que maudite adresse que tu ne savois pas soup-
» çonner, t'a trompée, et a causé ma ruine et la
» tienne, puisque ma résolution certaine est de
» mourir avec toi. Hélas, privé de toi, pourrois-je
» vivre ? Pourrois-je, oubliant ces doux entretiens,
» et cet amour qui nous unissoit si tendrement,
» supporter une nouvelle vie, que je traînerois seul
» abandonné dans ces bois ? Eh, quand Dieu
» voudroit me créer une autre Eve, quand je lui
» pourrois fournir une nouvelle côte, mon cœur se
» consoleroit-il de ta perte ? Non, non, je me sens
» entraîné par la chaîne de la nature. Tu es la chair
» de ma chair, l'os de mes os ; et de ton sort,

» heureux ou malheureux, le mien ne peut jamais
» être séparé. »

Tels furent ses premiers transports. Ensuite, pareil à celui qui après un triste accablement rappelle ses forces, et calmant les premiers troubles de son âme, se soumet à ce qui lui paroît sans remède, il se tourna vers Eve, et lui adressa ces mots avec un ton calme :

« Tu as tenté une audacieuse entreprise, ô hardie
» Eve, tu n'as pas craint d'affronter un grand
» danger, lorsque tu as osé élever tes yeux vers
» ce fruit sacré, dont par un sacré respect nous
» devions nous abstenir; que dis-je? quand tu as
» osé en goûter, tandis qu'il nous étoit même dé-
» fendu d'y toucher. Mais qui peut rappeler ce
» qui est passé, et faire que ce qui est arrivé ne
» soit point arrivé? C'est ce qui est impossible
» à ce Dieu tout-puissant et au destin. Mais peut-
» être ne mourras-tu point, peut-être ton action
» n'attirera-t-elle pas tant de haine : ce fruit avoit déjà
» été goûté. Il avoit d'abord été profané par le ser-
» pent ; et cessant d'être sacré avant que l'homme y
» ait touché, il sera devenu une chose commune. Il
» n'a pas même été mortel pour le serpent qui vit
» encore. Tu dis qu'il vit, et qu'il est devenu comme
» l'homme. Quel haut degré de vie il a gagné !
» Sa fortune nous donne une grande espérance de
» la nôtre. En mangeant, nous gagnerons une élé-
» vation proportionnée à notre condition. Nous
» ne pouvons, quand nous serons élevés, que de-

» venir des Dieux, ou des Anges demi-Dieux. Je
» ne puis me persuader que Dieu, sage dans sa
» création, quoique terrible dans sa menace, soit
» véritablement résolu à nous détruire, nous qui
» sommes ses premières créatures, nous qu'il a
» placés dans une si grande dignité, nous qu'il a
» préposés sur tous ses ouvrages, qui ayant été
» faits pour nous, et étant sous notre dépendance,
» si nous tombions, tomberoient nécessairement.
» Quoi ! Dieu de créateur deviendroit destructeur !
» Frustré de son attente, le verra-t-on faire et dé-
» faire? Son travail sera-t-il perdu pour lui? Le
» penser, c'est mal penser d'un Dieu. Quand il
» seroit assez puissant pour recommencer la créa-
» tion, il se sentiroit de la répugnance à nous
» anéantir. Il craindroit d'entendre dire à son
» ennemi triomphant : l'état de ceux que Dieu
» favorise le plus est bien peu stable. Qui peut
» donc avoir long-temps le bonheur de lui plaire ?
» Il m'a ruiné le premier, l'homme ensuite. Qui
» va-t-il encore ruiner ? Sujet de raillerie qu'on ne
» donne point à un ennemi. Mais quoi qu'il arrive,
» mon sort est inséparable du tien. Je suis résolu à
» me soumettre à la même condamnation ; et si
» la mort m'unit à toi, la mort devient pour moi
» la vie. Telle est la force du lien par lequel je
» sens, dans mon cœur, la nature m'attacher à
» moi-même. Car c'est toi, qui est moi-même.
» Tout ce que tu es, je le suis, et notre sort ne
» peut jamais être différent, puisque tous deux

» nous ne faisons qu'un ; nous sommes une seule
» chair. Te perdre, c'est me perdre moi-même. »

Eve lui répliqua :

« O d'un amour qui tout excède glorieux témoi-
» gnage, preuve illustre, exemple admirable ! Tu
» m'engages à t'imiter ; mais toujours inférieure
» à toi dans toutes les perfections, comment puis-
» je t'égaler, ô Adam ! Quelle joie pour moi, qui
» me vante d'être sortie de ton cher côté, de
» t'entendre ainsi parler de notre union ; de cette
» union qui, de nous deux ne fait qu'un cœur
» et qu'une âme ! Et tu en donnes une grande
» preuve en ce jour où tu déclares, que plutôt
» que la mort ou quelque chose de plus affreux
» que la mort, sépare ce que l'amour unit si ten-
» drement, tu es résolu à risquer avec moi la
» même témérité, la même faute, si c'est une faute
» de goûter un fruit si beau, dont la vertu (car
» directement ou indirectement, le bien procède
» toujours du bien) a fait éclater l'heureuse preuve
» de ton amour, qui sans cela n'eût point brillé
» dans un degré si sublime. Si je croyois que cette
» mort dont nous avons été menacés, dût suivre
» mon action hardie, je m'exposerois seule à la
» punition la plus terrible. Je ne voudrois pas te
» persuader de m'imiter. Oui, j'aimerois mieux
» mourir seule, que te dévouer à la punition, par
» une action fatale à ton bonheur ; depuis surtout
» que tu m'as donné une preuve si éclatante, d'un
» amour si tendre, si fidèle, si incomparable. Mais mon

» action a des suites toutes contraires. Loin d'avoir
» lieu de craindre la mort, je sens en moi la vie
» augmentée, les yeux ouverts, des espérances nou-
» velles, un contentement nouveau, un goût si divin,
» que toutes les choses dont auparavant la douceur
» flattoit mes sens, me paroissent fades et insipides.
» Animé par mon expérience, goûte donc hardi-
» ment, cher Adam, et laisse aux vents le soin
» d'emporter loin de nous la crainte de la mort. »

A ces mots elle l'embrasse. Dans son transport de joie, elle verse des larmes de tendresse; elle triomphe en voyant Adam ennoblir son amour, jusqu'au point d'oser affronter par complaisance pour elle, la colère divine et la mort. En récompense (car c'est une telle récompense que mérite une si coupable complaisance) elle lui présente d'une main libérale la branche dont les beaux fruits excitoient l'envie ; et lui, malgré son guide intérieur qui le conseille mieux, n'hésita point de manger. Il ne fut pas séduit : il fut honteusement vaincu par les charmes d'une femme.

La terre fut ébranlée jusqu'au fond de ses entrailles, comme éprouvant de nouvelles douleurs: la nature poussa un second gémissement. Le Ciel en s'obscurcissant fit entendre un murmure pareil à celui d'un tonnerre qui gronde sourdement, et laissa tomber quelques tristes larmes, au moment que s'accomplissoit le crime qui a infecté toute la nature humaine

Adam n'y fit point attention. Il n'étoit occupé

que du fruit dont il se rassasioit. Eve ne craignit point de réitérer sa première faute, pour animer davantage son époux, en lui faisant une agréable compagnie. Enfin tous deux, comme enivrés d'un vin nouveau, nagèrent dans l'allégresse; et s'imaginant que la divinité déployoit en eux ses ailes pour les enlever, regardent déjà la terre avec des yeux de mépris.

Cependant la première opération de ce fruit fatal fut bien différente, il enflamma en eux les desirs de la chair. Adam jeta sur Eve, pour la première fois des regards lascifs ; Eve jeta sur Adam les mêmes regards. L'ardeur de la volupté les embrasa tous deux, et Adam tâcha d'allumer dans Eve, par ces paroles, le même feu qui le dévoroit :

« Je reconnois présentement, chère Eve, la dé-
» licatesse et l'élégance de ton goût, partie de la
» sagesse qui n'est pas la moindre, puisque dans
» chacune de nos pensées nous trouvons une sa-
» veur, et que nous disons que notre palais est un
» fort bon juge. Après le mets que tu m'as fait
» connoître aujourd'hui, je te cède toute la gloire
» du goût. Que de plaisirs nous avons perdus,
» tout le temps que nous nous sommes abstenus de
» ce fruit délicieux : nous n'avions pas même jus-
» qu'à présent connu en mangeant, le plaisir du
» goût ! Si nous trouvons une si grande volupté
» dans les choses défendues, il seroit à souhaiter
» pour nous qu'on nous eût défendu dix arbres, au
» lieu

» lieu d'un seul. Mais allons, et après qu'une nour-
» riture délicieuse nous a si bien réparés, songeons,
» comme il convient, à d'autres plaisirs. Jamais,
» depuis le moment que pour la première fois je
» te vis et je t'épousai, ta beauté qu'ornent toutes
» les perfections, n'enflamma mes sens de tant
» d'ardeur pour m'unir à toi, devenue maintenant
» plus charmante que jamais. O bonté qu'a pour
» moi cet arbre plein de vertu ! »

Tandis qu'il parloit ainsi, il n'épargnoit ni les caresses, ni les regards pleins d'amoureux desirs que sut bien entendre sa compagne, dont les yeux lançoient des feux contagieux. Il la saisit par la main, et elle se laissa conduire sans résistance vers un gazon charmant qu'enveloppoit de son ombre un berceau d'une épaisse verdure. Les fleurs de toute espèce, les pensées, les violettes, l'asphodèle et l'hyacinthe, doux et frais tapis de la terre, leur servirent de lit. Là, pleins d'une égale ardeur, se livrant tout entiers à leurs transports, ils mirent le sceau à la révolte dont ils étoient tous deux également coupables, cherchant à se consoler de leur crime. Assouvis et fatigués de leurs plaisirs, ils tombèrent dans le sommeil qui les soumit à son empire.

Quand ce fruit trompeur, dont l'agréable saveur avoit d'abord répandu la joie dans leurs esprits, et avoit mis en agitation leurs puissances intérieures eut exhalé sa force, et quand un pesant sommeil, causé par d'épaisses fumées, après les avoir tourmentés par ces songes que produit une conscience criminelle, les eut quittés, ils se levèrent comme fatigués d'un pénible travail ; et se regardant l'un l'autre, ils reconnurent aussitôt comment leurs yeux étoient ouverts, et leurs âmes obscurcies. L'innocence qui mettoit son voile entr'eux et la connoissance du mal, les avoit abandonnés, ainsi que la juste confiance, la pureté de la nature, l'honneur ; et la retraite de ces biens les laissoit nus, exposés à la honte, fille du crime. Elle les couvrit ; mais la manière dont elle couvre fait paroître davantage la nudité.

Pareils à cet Hercule de la tribu de Dan, le fort Samson, lorsque se réveillant dépouillé de toute sa force, il se leva d'entre les bras impurs de sa Philistine Dalila ; privés et dépouillés comme lui de toutes leurs vertus, portant la confusion peinte sur leurs visages, tels que ceux à qui l'étonnement étouffe la voix, Adam et Eve restent long-temps assis l'un près de l'autre sans se parler. Enfin Adam, quoique non moins déconcerté qu'Eve, laissa échapper ces plaintes entrecoupées :

« O Eve, qu'elle a été fatale, cette heure dans
» laquelle tu as prêté l'oreille à ce trompeur reptile !
» De qui que ce soit qu'il ait appris à contrefaire
» la voix humaine, il n'a rien dit que de vrai,
» quand il nous a assurés que nous cesserions d'être
» ce que nous étions ; mais quand il nous a promis
» un état plus élevé, il nous a bien trompés. Nos
» yeux à la vérité sont ouverts. Nous nous trou-

» vons la connoissance du bien et du mal, du bien
» perdu, du mal qui nous suit. Triste fruit de la
» connoissance ! Si c'est là en effet une connois-
» sance, de se voir abandonnés, nus, dépouillés
» de l'honneur, de l'innocence, de la fidélité,
» de la pureté, nos premiers vêtemens qui nous
» ornoient, et qui maintenant sont corrompus et
» souillés. Sur nos fronts sont imprimés les signes
» évidens de l'infâme concupiscence, d'où dérivent
» le mal, et cette honte, qui marchant à la suite
» de tous les maux, nous rend certains de la perte
» que nous avons faite du bien.

» Comment pourrai-je soutenir la face de Dieu et
» de ses Anges, si souvent contemplée par moi
» avec joie et transport ? Ces célestes substances
» éblouiront désormais notre terrestre substance,
» qui ne pourra plus supporter les rayons d'une
» lumière si brillante. O puissé-je vivre solitaire et
» sauvage dans quelqu'obscure retraite, où les ar-
» bres que leur hauteur rend impénétrables à tous
» les astres et au soleil, étendent une ombre épaisse
» et aussi sombre que la nuit ! Vous pins, couvrez-
» moi ; vous cèdres, cachez-moi sous vos branches
» innombrables : qu'elles m'empêchent de voir ces
» objets dont je ne puis plus supporter la vue.
» Cependant délibérons d'abord dans le malheur
» qui nous presse, sur les moyens les plus prompts
» de nous cacher mutuellement ce qui nous fait le
» plus rougir, ce qui offense le plus nos regards.
» Quelque arbre nous fournira de larges et de

» molles feuilles, dont nous nous ferons une cein-
» ture pour couvrir notre nudité, et écarter de
» nous cette honte, compagne nouvelle qui marche
» maintenant à notre suite en nous reprochant
» notre impureté. »

Tel fut le conseil qu'il donna à Eve ; et tous deux s'étant enfoncés dans le bois le plus épais, choisirent le figuier, non celui qui est renommé parmi nous pour ses fruits, mais celui que sur la côte de Malabar, et dans le royaume de Décan, connoissent les Indiens. Il étend des branches si larges et si longues, que se courbant en arc, elles rentrent dans la terre, y prennent racine, et poussent des rejetons qui s'élèvent autour de la tige dont ils naissent, comme des filles croissent près de leur mère, et forment des voûtes sous lesquelles on se promène à l'ombre, et où résident des échos. Souvent, pendant l'ardeur du jour, le berger indien y va chercher la fraîcheur, et, caché dans l'ombre la plus épaisse, observe par les ouvertures son troupeau qui pait dans la plaine.

Ce furent ces feuilles, aussi larges qu'un bouclier d'Amazone, qu'ils cueillirent. Ils vinrent à bout, suivant l'art qu'ils avoient, de les entrelacer, et d'en faire une ceinture. Inutile secours ! Rien ne peut couvrir leur crime, ni les délivrer de cette honte qui les tourmente. O quel état différent de ce premier état où ils étoient dans une nudité glorieuse ! Il sont dans le même état où étoient ces hommes que l'admirable pilote qui découvrit l'Amérique, trouva entourés d'une ceinture de plume, du reste nus, et errans dans les forêts, les îles et les bois qui couvrent leurs rivages.

Ainsi enveloppés, ayant à ce qu'ils croyoient couvert en partie leur honte, mais n'ayant dans l'âme ni contentement ni repos, ils s'assirent pour pleurer ; et non-seulement des torrens de larmes tombèrent de leurs yeux, une tempête furieuse commença à s'élever dans leur cœur. Les tumultueuses passions, la colère, la haine, la méfiance, le soupçon, la discorde, par un choc violent, ébranlèrent tout leur intérieur, auparavant la région du calme et de la paix, maintenant celle de l'agitation et du trouble. L'entendement ne gouvernoit plus ; la volonté n'écoutoit plus son commandement ; elle étoit assujétie à l'appétit sensuel, qui, tout vil qu'il est, usurpant l'empire qui appartient à la raison, osoit dominer sur elle. Dans le désordre où étoit son âme, Adam, tout différent de ce qu'il a été jusqu'à présent pour Eve, avec des regards qui ne sont plus les mêmes, et changeant son ton de voix, lui adressa encore ces paroles, qu'il prononça avec peine :

« Ah, si tu avois écouté mes conseils ; si tu étois
» restée près de moi, comme je t'en suppliois,
» lorsque cette étrange envie, que je ne puis com-
» prendre, d'aller errer seule, te saisit au commen-
» cement de ce funeste jour, hélas, nous serions
» encore dans le bonheur ! Nous ne nous verrions
» pas dans l'état où nous sommes, dépouillés de

» tout bien, honteux, nus, misérables. Ah, que
» personne désormais n'allègue cette frivole raison
» d'une fidélité dont on veut donner la preuve !
» Qui cherche avec ardeur l'occasion de donner
» une pareille preuve, est déjà sur le bord du
» précipice. »

« Quels mots, cruel Adam, viennent de sortir
» de ta bouche, s'écria Eve, que toucha vivement
» un reproche qui la condamnoit ! C'est donc à ma
» foiblesse; c'est donc à ce que tu appelles en moi
» une envie d'aller errer seule, que tu imputes
» notre malheur. Qui sait si en ta présence il eût
» été moins grand pour nous ? Il fût peut-être
» tombé d'abord sur toi-même, si tu y eusses été,
» et si tu eusses été attaqué le premier : entendant
» parler le serpent de la manière dont il a parlé,
» tu n'eusses pas sans doute soupçonné de trompeurs
» artifices, puisque nous ne connoissons entre lui
» et nous aucune cause d'inimitié qui l'engage à me
» faire du mal, et à chercher ma perte. Mais quoi,
» ne devois-je donc jamais m'éloigner de ton côté?
» Je devois donc aussi rester toujours dans ton sein,
» côte inanimée. Mais pourquoi, étant ce que je
» suis, puisque tu es mon chef, ne m'as-tu pas
» donné l'ordre absolu de rester, puisque j'allois,
» dis-tu, chercher un pareil danger? Loin de faire
» une grande résistance, tu n'as été que trop com-
» plaisant. Tu m'as accordé ta permission, en
» approuvant mon envie, et en me donnant un
» gracieux congé. Si tu avois su être ferme et

» constant à me le refuser, je ne serois pas crimi-
» nelle, et tu ne le serois pas comme moi. »

Adam, qui éprouva pour la première fois le mouvement de la colère, lui répliqua :

« Voilà donc quel est ton amour, voilà quelle
» est la récompense du mien, Eve ingrate, qui m'as
» entendu protester que mon amour ne changeroit
» jamais, lorsque tu étois déjà perdue, et que j'étois
» encore innocent ! Oui, tandis que je pouvois
» encore conserver la vie et un bonheur immor-
» tel, j'ai préféré volontairement de mourir avec
» toi; et c'est moi maintenant qui suis accusé
» par toi d'être l'auteur de ton infidélité ! Je suis
» donc coupable, à ce qu'il te semble, de n'avoir
» pas eu assez de sévérité pour te retenir près de
» moi ? Et que pouvois-je faire de plus ? Je t'ai pré-
» venue, je t'ai avertie, je t'ai prédit le danger, en
» t'annonçant un cruel ennemi, toujours prêt à
» sortir de son embuscade pour fondre sur nous.
» J'aurois donc dû employer la violence. Mais doit-
» on employer la violence sur une volonté dont la
» nature est d'être libre ? C'est la confiance que tu
» as eue en toi-même qui t'a emportée. Tu t'es per-
» suadée, ou que tu ne trouverois point le danger,
» ou que tu y trouverois l'occasion d'une épreuve
» glorieuse. Si tu as été dans cette erreur, j'y ai été
» peut-être aussi, lorsque par une trop forte admi-
» ration pour ces qualités qui me paroissent en toi si
» parfaites, je me suis imaginé que le mal n'oseroit
» point chercher prise sur toi. Ah, je me repens

» bien de mon erreur ! Elle est devenue mon crime.
» Mais un tel crime, est-ce à toi de me le repro-
» cher ? Et voilà les chagrins qu'éprouvera qui-
» conque ayant une trop haute idée du mérite des
» femmes, laissera la sienne prendre l'empire. La
» femme ne pourra jamais soutenir la moindre
» opposition à ses volontés ; et lorsqu'après avoir
» été abandonnée à sa liberté entière, il en sera
» arrivé quelque malheur, son premier mouve-
» ment sera d'accuser la foiblesse d'un époux trop
» indulgent. »

Ils perdoient ainsi leurs paroles et leur temps. Tous deux s'accusoient mutuellement. Aucun d'eux ne se condamnoit soi-même, et leur inutile dispute sembloit ne devoir point finir.

NOTES

DU LIVRE NEUVIÈME.

Pag. 115, lig. 1. *On ne verra plus Dieu, etc.*

Ces premiers vers, qui sont très-beaux, ont essuyé une critique injuste de Bentley. Milton, dit-il, met ensemble Dieu et l'Ange, et Dieu ne s'est point assis à la table d'Adam. Non, sans doute; mais dans l'espèce de dispute qu'il a permis à Adam de soutenir avec lui, pour prouver le besoin qu'il avoit d'une société, Dieu s'est entretenu avec l'homme, comme avec un ami. On ne verra plus de pareils entretiens. Le fils de Dieu viendra parler à l'homme, mais comme juge, pour lui prononcer son arrêt; un Ange viendra le voir, mais pour le faire sortir du Paradis. Ainsi tout va changer. A l'amitié du Ciel, va succéder la colère. Le poète a raison d'annoncer cette colère, et la tristesse du ton qu'il va prendre; mais il n'est pas excusable lorsqu'il rappelle fort inutilement des sujets fabuleux, pour dire qu'ils sont moins héroïques que le sien.

Même pag., lig. 14. *Une foule de malheurs, etc.*

Mot à mot, *fit entrer dans le monde, un monde de malheurs:* mauvais jeu de mots.

Même pag., lig. 15. *La Mort, etc.*

Milton l'appelle *l'ombre du péché*, c'est-à-dire, qui le suit comme son ombre.

Même pag., lig. 19. *Du violent Achille, etc.*

Il est certain que la colère d'Achille contre Agamemnon,

est un sujet bien moins grand, que la colère de Dieu contre la race humaine. Pourquoi donc parler de cette colère, de celle de Neptune, et de celle de Junon ?

Pag. 116, lig. 9. *Si j'ai le bonheur*, etc.

Il demande ici que sa protectrice qui lui dicte ses vers pendant la nuit, continue ses faveurs. Sur la fin de sa vie il étoit devenu enthousiaste, et il étoit sincèrement persuadé que ses vers, qu'il composoit ordinairement la nuit, lui étoient inspirés.

Même pag., lig. 17. *Choisi depuis si long-temps*, etc.

Dans sa jeunesse, il avoit commencé une tragédie sur ce sujet, et ce fut long-temps après qu'il entreprit de le traiter dans la forme épique.

Même pag., lig. 23. *Un détail exact*, etc.

Il paroît qu'il veut reprocher à Homère son exactitude à décrire les blessures de ses guerriers; à l'Arioste, ses fictions puériles; et au Boyardo, ce catalogue des troupes d'Agramant, où l'on trouve une longue description d'armoiries. Par les *banquets*, il veut parler de ces anciens romans de chevalerie, dont les ridicules merveilles ont si long-temps amusé les peuples de l'Europe.

Même pag., lig. 26. *La patience*, etc.

Je crois que quand il parle ici de la patience dans les malheurs, et de la constance à savoir souffrir, il veut relever ses propres vertus, parce qu'il étoit alors obligé de se cacher, à cause des ennemis qu'il avoit à la cour de Charles II.

Pag. 117, lig. 12. *La froideur du climat*, etc.

Trois obstacles qui s'opposent à son ambition poétique: la vieillesse, il avoit alors soixante ans; celle du monde, les esprits n'ont pas dans un monde devenu vieux, cette vigueur qu'ils auroient eu dans un temps meilleur, *nati melioribus annis;* enfin la froideur du climat. Sa Muse est, comme il le dit dans un poëme latin, *gelidâ enutrita sub arcto*. Buchanam a dit aussi de la sienne, qu'elle étoit née loin du Parnasse :

> Illa quidem Cirrâ procul et Permesside lymphâ
> Pœne sub Arctoi sidere nata poli.

Milton reconnoît que le climat de l'Angleterre n'est pas favorable à la poésie. Bentley désapprouve qu'il accuse aussi *la vieillesse du monde*, et voudroit substituer à ces mots, ceux-ci, *la dureté de mon langage*. Bentley reconnoît donc qu'ainsi que le climat, la langue n'est point en Angleterre favorable à la poésie. *Voyez les Réflexions sur la Poésie, tom. 2, pag.* 411.

Pag. 117, lig. 20. *Le crépuscule, conciliateur, etc.*

Il dépeint le crépuscule comme un arbitre que prennent deux puissances opposées pour juger leur différend. Il les réconcilie, mais la réconciliation ne dure qu'un instant.

Pag. 118, lig. 9. *Il roula dans les ténèbres, etc.*

Voilà un grand voyage que Milton fait faire à Satan, et dont il a pris apparemment l'idée dans la réponse que Satan fait à Dieu, dans Job : « J'ai fait le tour de la terre, et je l'ai » parcourue tout entière. » Son dessein est de chercher l'animal le plus rusé. En même temps il acquiert de l'expérience. Ce voyage le rend plus savant en malice. C'est un Diable qui apprend son métier. On ne voit pas pourquoi le poète lui fait faire un voyage si long. Il dure sept jours, ou plutôt sept nuits, parce qu'il craint d'être vu par les Anges; et c'est pour éviter les endroits éclairés du soleil qu'il ne va jamais en ligne droite. C'est aussi pour n'être point découvert, qu'il n'entre plus dans le Paradis comme la première fois, en escaladant les remparts. C'est pour la seconde fois qu'il y entre en trompant la garde ; mais comme cela arrive par la permission de Dieu, la garde sera justifiée.

Pag. 118, lig. 28. *Le fleuve Oby*, etc.

Ce fleuve est dans la Moscovie, et la ville de Daries dans l'isthme de Panama. Mais il est fort inutile de s'arrêter à la géographie du voyage de Satan.

Pag. 119, lig. 19. *La puissance du Démon*, etc.

Milton appuie ici sur la finesse du serpent, parce que Moïse, qui commence ce récit, en disant que le serpent étoit le plus fin de tous les animaux, ne donne jamais à entendre que ce serpent étoit le Démon. Mais l'arrêt prononcé contre le serpent ne peut être appliqué seulement à un animal. Le Démon, dans l'Apocalypse, est appelé l'ancien serpent.

Même pag., lig. 26. *Si même tu n'es pas préférable*, etc.

Un commentateur anglais trouve ce début extravagant, parce que Satan ayant habité le Ciel, et ayant fait un voyage dans le soleil et au milieu des planètes, ne doit pas tant admirer la terre, ni dire qu'elle est au centre de l'univers. Il est aisé de répondre à cette critique. Le désespoir fait parler Satan, qui, oubliant dans ce moment tout ce qu'il a vu, n'est occupé que de la beauté de l'objet dont il est jaloux. Il s'imagine que les corps célestes n'ont été créés que pour tourner autour de la terre. Il rabaisse la beauté du Ciel ; cependant il appelle la terre un Ciel, et les astres des cieux : il est donc très-persuadé de la beauté du Ciel. Mais il est naturel à ceux qui ont perdu un bien par leur faute, d'en parler avec mépris. Enfin il espère que la terre sera à lui ; il veut se persuader qu'elle est plus belle que le Ciel.

Pag. 119, lig. 30. *Car quel Dieu, etc.*

Il veut dire : « Si nous qui ne sommes que des Anges, » nous bâtissions, nos seconds ouvrages seroient meilleurs » que les premiers. » Par conséquent la terre doit être plus belle que le Ciel, puisqu'elle est l'ouvrage des secondes pensées. Il parle de Dieu comme d'un ouvrier qui se perfectionne ; mais en même temps il en parle comme du créateur du Ciel et de la terre. Un pareil architecte n'a pas de secondes pensées.

Pag. 120, lig. 14. *En différens degrés, etc.*

Les plantes n'ont que la vie de la végétation ; les animaux ont encore celle du sentiment. A ces deux sortes de vie, l'homme réunit celle de la raison.

Même pag., lig. 22. *Des rochers, des cavernes, etc.*

Quelle beauté a-t-il pu trouver en voyant des rochers, des antres, supposé qu'il y en ait eu sur la terre avant le bouleversement causé par le déluge ? Il parle dans la passion, et ne songe qu'à se plaindre de ce que ces cavernes ne sont pas pour lui un asile contre la colère de Dieu.

Même pag., lig. 29. *Plus misérable dans le Ciel, etc.*

La vue de tout ce qui est beau, de tout ce qui est bon, ne fait qu'augmenter sa peine. Il seroit plus malheureux sur la terre que dans l'Enfer, et plus malheureux encore dans le Ciel. L'Enfer est donc son lieu ; et il l'avoue, quand il ajoute qu'il ne veut demeurer ni dans le Ciel, ni sur la terre. Peut-on mieux peindre le désespoir ?

Pag. 121, lig. 19. *Pendant six jours et six nuits, etc.*

Comment l'a-t-il su ? Il étoit alors enfermé dans l'Enfer. Il l'a peut-être appris d'Uriel. En raillant un ouvrier qui a été six jours et six nuits à bâtir l'univers, c'est par un mensonge qu'il ajoute les nuits; et c'est par un autre mensonge qu'il se vante d'avoir entraîné dans son parti la moitié des Anges : il n'en entraîna que la troisième partie. Il s'égare quand il se glorifie de pouvoir renverser en un jour, un ouvrage qui a coûté à bâtir six jours et six nuits, puisqu'il est plus facile de renverser que d'élever. Mais il ne faut attendre de lui ni vérité, ni raisonnement.

Pag. 121, lig. 30. *Si pourtant ils sont son ouvrage, etc.*

Il voudroit pouvoir en douter; mais il a avoué, liv. IV, v. 43, que Dieu l'avoit créé.

Pag. 122, lig. 5. *Nos dépouilles, etc.*

Ces dépouilles sont, le bonheur, la puissance, la beauté, etc., etc.

Même pag., lig. 27. *Savoir descendre, etc.*

On ne fait souvent à la cour des révérences si basses, que pour s'élever bien haut. Satan, victime de l'ambition, reconnoît combien cette passion rend méprisable et malheureux. Il l'a déjà dit, liv. IV, v. 40. Mais il ne fait un pareil aveu que quand il est seul. S'il annonçoit cette vérité aux hommes, que de sujets il perdroit! On l'a vu dans un palais magnifique, assis sur un superbe trône au milieu de ses sujets; le voici qui va se résoudre à entrer dans le corps du serpent, et il s'est déjà métamorphosé en cormoran, en lion, en tigre et en crapaud. Que d'humiliantes métamorphoses cause l'ambition! Satan, dans ce discours, cherche à rabaisser la puissance de Dieu et à relever la sienne, qui consistera à détruire ce que Dieu a fait; et il ne fait pas attention que la ruse dont il va se servir, prouve son extrême foiblesse. Il est obligé de s'en servir pour attaquer deux créatures pétries de terre et de boue;

il n'ose les attaquer à force ouverte ; il n'ose même attaquer celle des deux qui paroît avoir plus de fermeté ; il ira séduire, par les mensonges, celle qu'il croit la plus foible.

Pag. 122, lig. 29. *Ou le premier ou le dernier, etc.*

Satan parle comme Tacite. Milton, qui n'eut jamais d'autre ambition que celle de briller par ses écrits, n'eut point, comme on le voit par l'usage qu'il fit de la faveur de Cromwel, celle de la grandeur. Pour en dégoûter les hommes, il ne pouvoit faire parler un meilleur prédicateur que Satan, qui, après avoir été au premier rang dans le Ciel, va, pour y remonter, ramper sur la terre, et se cacher dans le corps d'un serpent pour séduire une femme.

Pag. 123, lig. 1. *Que la vengeance, etc.*

Les hommes ne trouvent rien de si doux. Le diable ne trouve rien de plus amer ; mais il en va conclure, *qu'elle soit mon supplice.* Tel est toujours le fruit des remords de Satan, se confirmer dans le mal.

Même pag., lig. 5. *De porter plus haut, etc.*

Sur Dieu, Satan avoue son impuissance. Sur qui va-t-il se venger ? Sur ce qu'il appelle *un ouvrage de boue.* Grand sujet de triomphe pour un Archange !

Même pag., lig. 7. *Ce nouveau favori, etc.*

J'ignore pourquoi notre premier traducteur n'a pas rendu exactement cette fin, qui est si vive ; et pourquoi Addisson n'a fait aucune réflexion sur ce monologue, aussi beau que les autres du même Satan. Car Milton est toujours admirable quand il le fait parler ; il lui conserve toujours son même caractère, ambition, fureur, aveu de sa folie et de ses peines, affectation de mépriser Dieu, en reconnoissant à regret sa puissance.

Pag. 123, lig. 8. *Enfant du dépit, etc.*

Quelques critiques croient trouver ici une contradiction. Dans le premier livre, Satan a dit que Dieu avoit prédit la création de l'homme ; pourquoi donc dit-il ici que Dieu ne l'a créé que par vengeance, et appelle-t-il l'homme l'*enfant du dépit ?* Les passions ne raisonnent pas, et n'ont point de mémoire. Satan n'est sorti des enfers que dans l'espérance de trouver l'homme nouvellement créé, pour pouvoir se venger de Dieu sur son ouvrage. Quand il le trouve, il s'écrie : « Quoi, sitôt après ma chute ! C'est donc » pour m'insulter. » Son orgueil, sa fureur, sa haine, lui font oublier que Dieu avoit dès long-temps annoncé, avec un serment, cette création. Il se figure qu'elle n'a été faite que par vengeance.

Même pag., lig. 23. *Satan entre dans son corps, etc.*

Puisqu'il peut se transformer en serpent, pourquoi va-t-il chercher un serpent véritable pour s'insinuer dans son corps ? Milton, dans ses fictions, n'est jamais contraire au récit de l'Ecriture-Sainte, où il est dit que le serpent parla. Il n'eût point mérité l'anathème prononcé contre lui, s'il n'eût point servi d'instrument à la chute de l'homme.

Même pag., lig. 28. *Lorsque les rayons, etc.*

Comme une partie de l'action s'est passée hors de la sphère du jour, on n'en peut compter exactement la durée ; mais depuis l'arrivée de Satan sur la terre, voici le neuvième jour, puisqu'il en a passé sept à la parcourir. Ce jour sera le dernier de l'état d'innocence ; c'est pour cela que Milton fait une charmante description d'une aurore, la dernière des belles aurores. « Il représente la terre, *dit Addisson,* » avant qu'elle soit maudite, comme un grand autel qui » exhale son encens de toutes parts, et qui envoie une » odeur

» odeur agréable vers le trône du Créateur. Adam et Eve » entrent dans ce concert universel. » Et sans eux, le concert seroit muet. Toute la nature offre un sacrifice dont l'homme est le prêtre.

Pag. 123, lig. 28. *La lumière sacrée, etc.*

Epithète qu'Homère donne à la lumière du matin, parce qu'alors, suivant la remarque d'Eustathe, on offroit des sacrifices.

Pag. 124, lig. 3. *Une odeur qui lui est agréable, etc.*

Mot à mot, *qui remplit les narines de Dieu.*

Même pag., lig. 6. *Ils goûtent, etc.*

Telle étoit la vie dans ce Paradis : se lever avec l'aurore, prier Dieu, goûter un moment les parfums de l'air, aller cultiver les arbres et les fleurs !

Même pag., lig. 26. *On écoute, etc.*

Il faut lire, *hear*, comme dans la première édition, et non pas *bear*.

Même pag., lig. 28. *Va du côté, etc.*

C'est par degrés que va arriver la catastrophe. Voici d'abord cette femme si respectueuse qui parle la première, qui dit la première son avis : et cet avis est de se séparer. Quoique son avis soit fondé sur une bonne raison, il paroît dans ses paroles moins d'amour qu'à l'ordinaire.

Pag. 125, lig. 29. *A ces entretiens, etc.*

Eve devoit être empressée de ces entretiens, puisqu'elle ne fut pas présente à une partie de la conversation entre Raphaël et Adam. Elle sortit pour se réserver, a dit Milton, le plaisir d'en entendre le récit de la bouche de son époux, et de lui faire ses questions. C'est ce récit qu'elle a à lui demander ; elle n'y songe plus, et ne lui demande pas même de quoi, depuis son départ, l'Ange lui a parlé. Elle ne songe qu'à se séparer d'Adam.

Pag. 126, lig. 1. *La faculté de sourire*, etc.

Quelques anciens philosophes ont dit que cette faculté prouvoit que l'homme étoit le seul animal raisonnable. Par ce sourire, on entend ce rire agréable dont parle Horace :

Reddes dulce loqui, reddes ridere decorum.

Même pag., lig. 14. *De plus jeunes mains*, etc.

Ils doivent espérer des enfans, puisque Dieu leur a promis une postérité. C'est pourquoi Adam appelle Eve, quoique seule encore, *mère des vivans*.

Même pag., lig. 17. *Etre seul*, etc.

Maxime très-vraie : mais comment peut-elle être connue d'Adam, qui, toujours avec Eve, n'a point encore éprouvé la peine de la séparation, et le plaisir de la réunion ?

Pag. 127, lig. 2. *Nous serons prêts*, etc.

Il ne dit point à Eve qu'il auroit plus de force qu'elle pour résister à cet ennemi, mais qu'ils se prêteront l'un à l'autre du secours.

Même pag., lig. 9. *De ce côté fidèle*, etc.

Quelle tendresse dans les discours d'Adam ! Addisson dit que cette agréable dispute ne vient que d'une différence de jugement, et non pas d'une différence de passion. Il ne s'y mêle aucune aigreur ; chacun oppose ses raisons sans opiniâtreté : on remarque seulement dans les discours d'Adam, plus d'amour que dans ceux d'Eve, qui reste toujours attachée à son premier sentiment.

Pag. 127, lig. 17. *La modeste et majestueuse Eve, etc.*

Milton dit, avec une *majesté virginale*. Peut-être entend-il qu'Eve réunissoit à l'air d'une femme majestueuse, celui d'une vierge pleine de pudeur ; peut-être aussi prend-il le mot *virginale* dans le sens latin, ce qui lui arrive souvent. Pasiphaé est appelée par Virgile, *infelix virgo* ; et Médée, par Ovide, *adultera virgo*.

Même pag., lig. 20. *Une douceur austère, etc.*

Le premier trouble, dans la félicité conjugale, arrive par l'attachement de la femme à son sentiment. Quoi, même dans le Paradis terrestre, elle ne vouloit pas être contredite ! On l'a vue jusqu'ici ne parler à son époux que comme à son souverain. Elle lui disoit :

> C'est à moi d'obéir, c'est à toi d'ordonner.
> Le Seigneur est ta loi, tu dois être la mienne.

Elle commence à changer peu de momens avant sa funeste chute.

Même pag., lig. 22. *Souverain de la terre, etc.*

Dans l'endroit que je viens de citer, elle l'appeloit avec joie son souverain ; elle ne l'appelle ici que souverain de la terre.

Pag. 128, lig. 13. *Qui vous est si chère, etc.*

Elle fait allusion à ce qu'Adam vient de lui dire : « Vous qui m'êtes la plus chère, » et son interrogation renferme un reproche.

Pag. 129, lig. 11. *Je sens en moi, quand, etc.*

C'est ce qu'Eve devoit dire à Adam, et ce qu'elle ne lui dit pas. Elle se croit assez forte pour résister seule à un tentateur qui a *su séduire les Anges*.

Pag. 129, *lig.* 15. *Une nouvelle vigueur, etc.*

C'est le sens qu'un commentateur donne à ces paroles qui sont obscures : « Ta vue ranime en moi la sagesse, la » vigilance, la force ; et la honte de me laisser vaincre » devant toi, donneroit une nouvelle vigueur à ces vertus » que ta vue réunit en moi. »

Même pag., lig. 21. *Le tendre intérêt, etc.*

Mot à mot, *le soin domestique*. Milton entend l'inquiétude d'un père de famille pour ce qui lui appartient.

Pag. 130, *lig.* 4. *Quel est donc notre bonheur, etc.*

Tout bonheur qu'on peut perdre involontairement n'est point un vrai bonheur ; il en peut être un, quand on ne le peut perdre que par sa faute. Ainsi Adam et Eve, dans le Paradis terrestre, étoient véritablement heureux, quoique capables de tomber dans le malheur ; et leur Paradis, quoique facile à perdre, étoit un Paradis, malgré ce que va dire Eve.

Même pag., lig. 9. *Nos fronts, etc.*

Milton fait ici un jeu puéril sur l'étymologie du mot *affront*.

Même pag., lig. 17. *De la vertu, etc.*

C'est ce que dit la Pauline de Corneille :

Ce n'est qu'en ces assauts qu'éclate la vertu,
Et l'on doute d'un cœur qui n'a point combattu.

La véritable sagesse aime mieux n'avoir pas à combattre. L'orgueil fait parler Pauline, et Eve n'en paroît pas exempte dans ce qu'elle dit ici.

Même pag., lig. 24. *Si facile à perdre, etc.*

Mais il est aussi très-facile à conserver. Elle ne peut

être attaquée par la violence; elle ne peut être que séduite, et elle a la force nécessaire pour résister à toute séduction. Pour conserver ce Paradis, il suffit qu'elle ne mange pas d'un fruit; on ne peut la forcer à en manger, on ne peut l'y engager que par ruse.

Pag. 130, lig. 26. *Femme*, etc.

Voici la première fois qu'il ne dit pas, *chère compagne*, et tous ces noms si tendres. Il prend un ton de supériorité, parce que dans ce qu'elle vient de dire, elle semble désapprouver ce que Dieu a fait.

Même pag., lig. 28. *Que Dieu a ordonné*, etc.

Adam est le seul homme qui ait pu dire ce mot de Pope: *Tout est bien*, parce que tout étoit alors dans l'état que Dieu avoit ordonné. Aujourd'hui tout est dérangé.

Pag. 131, lig. 28. *Fais que je le sois*, etc.

Voici l'argument d'Adam : « Si tu veux que je sois con-
» vaincu de ta fermeté, il faut que j'en sois témoin; il faut
» donc que tu restes avec moi; ainsi fais-moi connoître
» d'abord ton obéissance. » Il n'y a point de réponse à cet argument; Eve ne songe pas non plus à y répondre, mais à profiter des mots qu'Adam a la foiblesse d'ajouter : *Pars donc*. Première faute d'Adam; voilà le commencement de cette complaisance de notre père pour notre mère; complaisance qui nous a coûté si cher.

Pag. 132, lig. 7. *Que plus absente*, etc.

Combien de fois sommes-nous absens, et loin des personnes près desquelles nous sommes, et qui souvent sont également absentes, et loin de nous! Ce qui n'arrivoit pas dans le Paradis terrestre.

Pag. 132, lig. 7. *Pars avec cette innocence, etc.*

Puisqu'elle part, elle ne l'a plus cette même innocence, et elle va en faire la perte entière.

Même pag., lig. 10. *C'est à toi à faire ce que tu dois, etc.*

C'est-à-dire, obéir. Eve ne peut l'ignorer, puisqu'elle disoit à son mari, liv. IV : « Quand vous commandez, c'est » Dieu qui me commande, j'obéis. » La voilà qui va faire sa volonté, contraire à celle de son mari, et cependant elle veut paroître lui obéir. J'ai rapporté dans la Vie de Milton, que lorsqu'il se maria pour la première fois, il alla demeurer dans une campagne avec sa femme, qui s'y ennuyant bientôt, lui demanda la permission d'aller revoir sa famille. Après lui avoir dit des choses fort tendres pour la retenir, il lui accorda par complaisance une permission qui fut funeste pour lui. C'est ce qui lui a fait imaginer cette scène, heureusement placée ; puisqu'il étoit nécessaire, pour ménager à Satan l'occasion de trouver Eve seule, de séparer pour un moment deux époux inséparables.

Même pag., lig. 12. *Le patriarche, etc.*

Il semble que Milton, par ce mot, veuille faire entendre que cette foiblesse pour la femme, sera celle de toute sa postérité.

Même pag., lig. 15. *C'est donc avec ta permission, etc.*

Elle appelle *permission*, un consentement donné à regret : au moment qu'elle désobéit, elle veut avoir la gloire de la soumission. Telle fut la première dispute entre mari et femme. D'un côté, la vanité, l'envie d'avoir raison, de faire sa volonté et en même-temps de paroître très-soumise ; de l'autre côté, foible complaisance, oubli de son autorité.

Pag. 132, lig. 15. *Et surtout à cause, etc.*

Elle s'autorise d'une réflexion que son mari n'a fait *que toucher*, et ne songe pas à celle sur laquelle il a appuyé, que si elle étoit attaquée étant seule, elle n'auroit point de témoin de sa fermeté. J'ai autrefois imité cet endroit. *Voyez les Réflexions sur la Poésie*, tom. 2, pag. 427.

Même pag., lig. 22. *Le parti le plus foible, etc.*

Elle a obtenu ce qu'elle vouloit, il ne lui coûte plus rien d'être humble.

Même pag., lig. 25. *Tandis qu'elle parle encore, etc.*

Elle ne se donne pas le temps d'achever son discours, elle part; et Adam, en la retenant, fait bien connoître qu'il ne lui a pas donné une véritable permission. Ce tableau est d'un grand peintre.

Pag. 133, lig. 5. *De coupables ouvrages, etc.*

Mot à mot, *qui ne sont point faits par un art devenu coupable par le feu*, parce que l'art n'avoit point encore inventé les instrumens de fer, et que le feu a rendu l'art coupable des instrumens meurtriers.

Même pag., lig. 6. *Elle ressembloit à Palès, etc.*

Bentley rejette ces quatre vers, comme n'étant pas de Milton : « Comment, dit-il, Eve peut-elle ressembler à la » fois à une nymphe des bois, à Diane, à Palès, à Pomone ? » Voilà bien des ressemblances différentes. » Ces divinités sont ici nommées mal à propos, mais on peut justifier les ressemblances. Eve, dans sa démarche, ressemble aux nymphes; quand elle porte un instrument de jardinage, à Palès; quand elle quitte Adam, à Pomone fuyant Vertumne; à cause de sa jeunesse, à la jeune Cérès. « Mais, ajoute Bent-

» ley, les dieux et les déesses passent donc dans différens
» âges. » Sans doute Cybelle n'avoit pas toujours été vieille.
On raconte la naissance de Diane et d'Apollon. Jupiter n'avoit
pas toujours eu la barbe, *sub Jove nondùm barbato et vir-
guncula Juno;* ce que Bentley devoit avoir lu dans Juvénal. Il trouve monstrueuse l'expression de Milton sur Cérès,
vierge encore de Proserpine, qui n'est point, selon lui, du
langage humain. Warburton l'admire comme imitée de
Théocrite, qui appelle une fille, παρθενον εκ θαλαμω. Il est
certain que l'expression de Milton est extraordinaire.

Pag. 133, lig. 9. *Adam la suit avec des yeux, etc.*

Longin admire l'endroit d'Euripide, qui représente le
soleil suivant de la voix et des yeux son fils Phaéton. Cette
peinture est la même. Adam suit avec des regards d'amour
et de crainte, cette chère épouse; il lui crie plus d'une fois
de revenir promptement, elle le lui promet autant de fois.
Ce n'est pas raconter les choses, c'est les mettre sous les
yeux.

Même pag., lig. 19. *O que tu te trompes! etc.*

On trouve dans Homère et dans Virgile de pareilles
exclamations, qui annoncent ce qui doit arriver.

Pag. 134, lig. 19. *Fleurs non soutenues, etc.*

Telle étoit Eve elle-même, et elle va donner un soutien
à ces fleurs, tandis qu'elle a abandonné le sien.

Pag. 135, lig. 4. *D'un Adonis, etc.*

Quelques-uns ont cru que par les jardins d'Adonis, on
ne devoit entendre que ces corbeilles de fleurs qu'on portoit
à la fête de sa résurrection; ce qui a fait dire au cardinal
de Polignac, Anti-Luc. 4.

Nec deerant, Veneris lectissima turba, puellæ
Quæ Calathis ferrent uvas, et Adonidis hortos.

Pline, liv. 19, nomme les jardins d'Adonis, et ceux d'Alcinoüs. On peut lire ce qu'en a écrit M. Huet, dans sa Démonstration Evangélique.

Pag. 135, lig. 18. *L'odeur des moissons, etc.*

Combien tout est vrai dans cette belle comparaison !

Pag. 136, lig. 1. *Le sexe dont elle est, etc.*

Ce que Dobson rend ainsi :

Forma simillima formis
Æthereis, sed femineo mollita lepore.

Même pag., lig. 4. *Enchaînèrent tout-à-coup, etc.*

Voilà donc l'innocence accompagnée des grâces, dont la seule vue enchaîne d'abord le Diable. Il tombe en extase : il devient doux, il devient bon, mais ce n'est qu'en extase, et sa douceur est une *cruauté douce* ; sa bonté, une *bonté stupide*. Cet extase ne dure pas long-temps ; il en sort en s'adressant à ses noires pensées. Comment un poète qui a su dire des choses si belles, en a-t-il pu dire quelquefois de si puériles ?

Même pag., lig. 12. *Qu'il se retrouve dans le Ciel, etc.*

C'est-à-dire, quoiqu'il soit témoin d'une félicité comparable à celle du Ciel.

Même pag., lig. 19. *Noires pensées, etc.*

Voici le quatrième monologue de Satan. A quelle occasion l'Esprit de fureur, le roi du mal, fait-il quelques réflexions qu'on peut appeler sages ? 1°. en contemplant la beauté du soleil ; 2°. en contemplant la beauté de la terre ; 3°. en contemplant la beauté de deux créatures, qui dans une conversation tranquille, s'assurent mutuellement de leur amour ; 4°. en contemplant une de ces créatures, qui seule dans un bosquet cultivant des fleurs, est l'image de l'innocence et de la tranquillité. Tout ce qui est beau, tout ce qui est bon excite d'abord son admiration; cette admiration produit des remords, par le souvenir de ce qu'il a perdu, et le fruit de ces remords est de s'endurcir toujours. Le roi du mal devient par degrés digne roi de son nouvel empire. Eve cueillant des fleurs, lui paroît heureuse. Sa tranquillité est le plaisir de l'innocence. Il va détruire ce qu'il admire, parce qu'il est le destructeur de tout plaisir. Dans ces quatre monologues, le poète conserve à Satan le même caractère, et ne se copie point. Satan n'est pas le héros de son poëme, mais le chef-d'œuvre de sa poésie.

Pag. 136, lig. 23. *Et non pas l'amour, etc.*

Avoir apporté la haine, et se trouver l'amour, quel étonnement !

Même pag., lig. 26. *Destructeur de tous les plaisirs, etc.*

Il ne peut plus rien aimer, comme il en a gémi dans un autre monologue; il ne peut plus goûter d'autre plaisir, que celui de détruire les plaisirs. Quel être horrible et malheureux !

Pag. 137, lig. 7. *Il n'a point encore essuyé de blessures, etc.*

Il a dit à l'Ange qui le surprit dans le Paradis terrestre, « tu ne connois pas la douleur. » Le roi de l'orgueil est contraint souvent à faire des aveux très-humilians.

Même pag., lig. 17. *Je la vais déguiser, etc.*

Et voilà celle du Diable et de tant d'hommes qu'il inspire. Voilà cette haine dont je voulois parler, lorsque dans ma deuxième Épître sur l'Homme (je ne me cite pas par amour de mes vers), je parlois

> De ces coups médités dans la nuit de l'Enfer,
> Que ne soupçonne point un cœur noble et sincère,
> Et qu'enfonce la main que l'on croit la plus chère....
> Cruel, romps ton nuage, et m'écrase au grand jour.

Le premier de ces coups a écrasé la race humaine. Le serpent a été le nuage dans lequel le Diable enveloppé a séduit notre mère, avec tant de douceur, tant de louanges, tant de promesses.

Pag. 137, lig. 22. *Non pas en rampant, etc.*

Milton adopte le sentiment de ceux qui croient qu'avant le péché, le serpent ne rampoit pas; et ces mots de son arrêt, *tu ramperas sur la terre*, autorisent ce sentiment.

Même pag., lig. 24. *Posé sur sa croupe, etc.*

Cette peinture est imitée de celle faite par Grotius, dans sa tragédie sur Adam :

> Oculi ardent duo
> Carbunculorum luce certantes rubrâ.
> Arrecta cervix surgit, et maculis nitet
> Pectus superbis; cærulis picti notis
> Sinuantur orbes. Tortiles spiræ micant
> Auri colore; lubricum longos sinus
> Tendit volumen, terga se in gyros plicant, etc.

Même pag., lig. 27. *Une crête superbe, etc.*

Nous ne connoissons pas de serpent à crêtes. Ovide et Virgile leur en donnent, et les voyageurs disent en avoir vu dans les Indes.

Pag. 138, lig. 3. *Jamais autre serpent, etc.*

Milton nomme ceux dans lesquels des hommes ont été transformés : celui de Cadmus, celui pris à Rome pour Esculape, celui qui passa pour le père d'Alexandre, et celui qui fut trouvé près de la mère des deux Scipions.

Quelque fameux que soient ces serpens, Milton eût mieux fait de n'en point parler.

Pag. 138, lig. 4. Dans lequel furent changés, etc.

Milton s'exprime d'une manière qui donneroit à penser que c'est le serpent qui a été changé en Cadmus, suivant la critique de Bentley, qui auroit dû faire attention que Milton imite ce tour de langue latine par lequel Ovide a dit :

In nova fert animus mutatas dicere formas
Corpora.
Pour *Corpora mutata in novas formas.*

Même pag., lig. 9. Le soutien de Rome, etc.

Milton dit, *la hauteur de Rome*. Expression pareille à celle d'Ovide, *summa Ducum Atrides*. Milton est souvent dans son style, plus latin qu'anglais.

Même pag., lig. 15. De même que quand un vaisseau, etc.

On a reproché à Milton d'avoir pris cette comparaison dans Ramsæus, poète latin fort peu connu. Le vol est véritable et pardonnable :

Ut vento portum qui forte reflante
Non potis est capere, is malos et lintea vela
Carbaseosque sinus obliquat, tendere rectà.
Quà nequit, incurvo radit vada cærula cursu.

Pag. 139, lig. 6. De sa propre voix, etc.

Les uns disent que Satan fit entendre sa propre voix; d'autres, qu'il fit parler le serpent : ce que Milton laisse indécis.

Même pag., lig. 8. Que la manière, etc.

La flatterie la plus outrée obtient de la femme, qui est encore dans l'état d'innocence, une audience favorable.

Pag. 139, lig. 24. *La beauté est faite, etc.*

Combien de fois est-il parlé de la beauté dans ce discours, et combien de fois ce langage du serpent à la première des femmes, a-t-il été répété par les hommes ?

Pag. 140, lig. 1. *C'est parmi les Dieux, etc.*

Ce qui est capable d'inspirer à Eve le degoût de son état. Elle est faite pour être adorée et servie par les Anges; cependant elle n'a qu'un spectateur, qui encore a la supériorité sur elle. Ce discours de Satan est bien rendu par Dobson :

> Ne, late regina potens, mirare videri
> Si mirum tibi quid poterit, mirabilis ipsa
> Unica, neve istos vultus cœleste nitentes,
> Obducas fastûs nebulis irata severis
> Quod te sic adeam, etc.

Notre premier traducteur fait dire au serpent : « Si j'ai fait un crime en vous approchant, c'est le crime de vos charmes. » Ce qui n'est point dans l'original, que je ne connoissois point lorsque je rendis ce discours dans les vers suivans :

> O reine que le Ciel a voulu couronner,
> Vous qui seule en ces lieux devez tout étonner, etc.

Voyez les Réflexions sur la Poésie, tom. 2, pag. 428.

Même pag., lig. 7. *Malgré la surprise, etc.*

Eve dut être extrêmement surprise d'entendre parler un animal ; cependant il ne paroît en elle aucune surprise dans le récit de la Genèse. « Le serpent dit à la femme..... La femme lui répondit. » On la croiroit accoutumée à s'entretenir avec les animaux. Dans une description de l'âge d'or, qui se trouve dans Platon, il est dit que l'homme alors s'entretenoit avec les bêtes. Il n'est pas aisé de découvrir l'origine de cette opinion, qui est peut-être la tradition de cet entretien entre le serpent et la femme.

Pag. 140, lig. 26. *La plus grande amitié pour moi*, etc.

Elle est par cette raison disposée à lui donner la préférence sur tous les autres animaux.

Pag. 141, lig. 3. *Et quand vous commandez*, etc.

Elle n'a connu jusqu'à présent que la dépendance, elle s'entend dire qu'on doit lui obéir sitôt qu'elle commande.

Même pag., lig. 18. *Du fenouil*, etc.

Il est agréable aux serpens, dit Pline, liv. 19.

Même pag., lig. 23. *Ces belles pommes*, etc.

C'est Satan seul qui, dans ce poëme, donne le nom de pomme à ce fruit, comme on le verra, liv. X.

Pag. 142, lig. 21. *Nulle beauté*, etc.

Quoique dans son premier discours, Satan ait tant parlé à Eve de sa beauté, il lui en parle encore. Il sait que de pareilles répétitions ne l'ennuieront point.

Même pag., lig. 27. *Souveraine de l'univers*, etc.

Dans l'original, *Dame*; mot qui maintenant n'est pas noble dans la langue anglaise, et qui doit être ici entendu dans le sens latin, *Domina*.

Pag. 143, lig. 10. *Restent incorruptibles*, etc.

De nouveaux fruits dans le Paradis terrestre, ne naissoient donc que pour remplacer ceux qui avoient été cueillis, ou plutôt Eve n'avoit pas encore eu le temps de voir tomber les fruits mûrs, et d'autres naître à leur place.

Pag. 143, lig. 24. *Tantôt il se tourne, etc.*

Un des endroits les plus vifs de ce poëme, est celui-ci, suivant Addisson. On y voit exprimées la promptitude et la joie du serpent, conduisant Eve à sa ruine. La comparaison de l'éclat de sa crête à celui d'un feu follet, fatal à qui le suit, est très-heureuse.

Pag. 144, lig. 16. *Qu'il ait prononcé, etc.*

Mot à mot, *cette défense est la seule fille de sa voix.*

Pag. 145, lig. 9. *Dans Athènes, etc.*

Dans cette comparaison, on voit avec plaisir la peinture d'un orateur en qui l'air, le maintien, *tout demande audience.* Raphaël, dans un de ses cartons, a donné à saint Paul prêchant dans l'Aréopage, ce maintien qui demande audience. Ce que dit ici Milton est bien dit; mais est-il dit à propos? Doit-on s'attendre à voir un serpent comparé aux orateurs d'Athènes et de Rome? C'est, à la vérité, un serpent orateur, ou plutôt c'est Satan ; et Milton veut faire entendre combien l'éloquence est dangereuse, quand l'orateur n'a pas cette probité que demande Quintilien.

Même pag., lig. 16. *Entrant tout-à-coup en matière, etc.*

Allusion au commencement d'une des Catilinaires.

Même pag., lig. 22. *O plante, etc.*

Eve, dans ses réponses au serpent, a été jusqu'ici innocente. Elle ne l'est plus, dans l'attention qu'elle donne à ce discours. Peut-elle entendre parler contre le précepte et la bonté de Dieu, et être tranquille?

Pag. 146, lig. 23. *A n'avoir aucune crainte, etc.*

« Puisque vous craignez de la part de Dieu, un coup dont

» il ne pourroit vous frapper sans être injuste, et que s'il
» est injuste, il n'est point Dieu, vous n'avez rien à
» craindre. » Il faut donc prouver que Dieu seroit injuste,
s'il punissoit de mort la désobéissance : ce que Satan ne
prouve pas.

Pag. 147, lig. 5. Si de brute, etc.

C'est ce que dit le serpent dans la tragédie de Grotius :

> Rationis enim omnino paritas exigit,
> Ego bruta quondam bestia evasi loquens
> Ex homine, qualis ante, te fieri deam.

Même pag., lig. 7. Peut-être dépouiller, etc.

La même pensée se trouve dans Iphigénie, dont l'auteur
n'avoit jamais lu Milton. Doris dit à Eriphile, à qui on a
prédit la mort, si elle vient à se connoître :

> En perdant un faux nom, vous reprendrez le vôtre;
> Et c'est peut-être ainsi que vous devez périr.

Même pag., lig. 16. Cette belle terre, etc.

Raisonnement digne de Satan. La terre produit, et les
Dieux ne produisent rien. Mais par qui la terre a-t-elle été
faite, et qui lui a donné le pouvoir de produire? Eve, qui
a entendu le récit de la création, peut-elle garder le silence ?

Même pag., lig. 25. A la sienne, etc.

Il parloit des Dieux, et Eve, par ce mot, pouvoit entendre les Anges. Tout à-coup il dit au singulier, *à la sienne*.
C'est toujours de Dieu dont il a voulu parler ; mais il s'est
servi du pluriel, pour jeter de l'obscurité, et ne pas révolter Eve.

Pag. 149, lig. 6. Nous interdit notre bien, etc.

Quoi, le Dieu qui l'a placée dans un état si heureux, lui
interdit

interdit son bien. Peut-elle le penser? Il ne s'agit pas ici d'examiner si ses raisonnemens sont justes. Dès qu'elle raisonne, elle est coupable. « Voilà, dit M. Bossuet, par où » commence l'esprit de révolte, on raisonne sur le précepte. »

Pag. 149, lig. 23. *Un ami de l'homme, etc.*

Elle a eu la veille la visite de Raphaël, qui a reçu son repas avec tant d'amitié. Elle oublie Raphaël, et Dieu même. Elle se persuade que le serpent est le véritable ami de l'homme. Il l'a appelée tant de fois une divinité; il a tant loué sa beauté. Raphaël ne lui avoit pas fait de pareils complimens.

Même pag., lig. 26. *Dans l'ignorance où je suis, etc.*

Que craint-elle, puisqu'elle est dans l'état où Dieu veut qu'elle soit? Elle disoit à son mari, liv. IV: « Dieu est votre » loi, vous êtes la mienne. Ne rien connoître davantage est » la plus heureuse connoissance d'une femme. » Les flatteries du serpent l'ont bientôt changée.

Pag. 150, lig. 6. *La terre, etc.*

Quelle consternation dans la nature! Dobson a traduit:

Vulnere contremuit tellus, et sedibus altis
Perque omnes natura sinus horrenda dolorum
Signa dedit gemitu, mundi testata ruinam.

Même pag., lig. 11. *Le serpent se déroba, etc.*

Il n'a point attaqué Adam; mais quand il est vainqueur d'Eve, il compte Adam vaincu : il regarde son triomphe comme complet, et ne paroît plus.

Même pag., lig. 26. *O roi de tous les arbres, etc.*

Milton, dans ce discours, dépeint admirablement à quel point le péché a changé tout-à-coup le cœur humain. Eve ne songe, ni à remercier Dieu qui a créé cet arbre, ni le serpent qui le lui a fait connoître. Elle ne parle qu'à l'arbre auquel elle croit devoir son bonheur, ainsi qu'au courage qu'elle a eu. Elle blasphème la divinité, qu'elle craint cependant, puisqu'elle se flatte de n'en être point vue. Son premier dessein est de ne pas faire part à son mari d'un bonheur qui lui donnera sur lui la supériorité. Mais si elle vient à mourir, il pourra avoir une autre épouse. La jalousie la fait changer de résolution. Elle fera manger de ce fruit à son mari, non pour l'associer à sa gloire, mais au contraire à ses périls. Voilà cette femme si innocente, si parfaite, devenue en un moment ingrate, impie, inquiète, orgueilleuse, jalouse, cruelle.

Pag. 150, lig. 29. *On t'avoit déshonoré, etc.*

Qui accuse-t-elle? Dieu même !

Pag. 151, lig. 12. *Tu ne serois pas né ici, etc.*

Ce n'est donc pas Dieu qui l'y a fait naître. Elle dit *les Dieux*, pour adoucir son blasphème.

Même pag., lig. 13. *O expérience, etc.*

C'est le serpent qui l'a conduite à l'arbre, mais elle ne veut être redevable de sa félicité qu'à elle-même.

Même pag., lig. 19. *Le Ciel est élevé, etc.*

La crainte du Ciel la vient troubler, et elle ne parle point de Dieu comme d'un objet d'amour, mais d'un objet de crainte. « C'est le grand législateur qui a des espions. »

Pag. 152, lig. 2. *A me faire aimer, etc.*

Et peut-elle l'être davantage? Mais c'est moins à l'amour qu'elle songe, qu'à gagner la supériorité. Et comment s'est-elle aperçue qu'elle étoit inférieure, avec un époux si complaisant?

Pag. 152, lig. 14. *Une vie sans lui, etc.*

Ce sentiment paroît le même que celui d'Horace :

Tecum vivere amem, tecum obeam libens.

Mais il ne part pas de tendresse ; c'est la jalousie qui l'inspire, c'est cette pensée, *une autre Eve !*

Même pag., lig. 18. *Une inclination profonde, etc.*

Elle croit que cet arbre renferme une vertu secrète, elle l'adore, et ce premier acte d'idolâtrie arrive aussitôt après la désobéissance.

Même pag., lig. 24. *Avoit déjà entrelacées, etc.*

Milton imite Homère, lorsqu'on s'y attend le moins. Il a pris l'idée de cette occupation d'Adam, de celle d'Andromaque attendant le retour d'Hector.

Pag. 153, lig. 2. *Des mouvemens inégaux, etc.*

Et qu'il n'avoit point encore connus, puisqu'il n'avoit point encore été séparé de cette chère épouse. Son âme n'avoit jamais été *præsaga mali mens*.

Même pag., lig. 7. *Elle tenoit dans sa main une branche, etc.*

Adam cherche son épouse pour lui présenter une guirlande que lui-même vient de faire pour elle, et il la voit venir à lui avec une branche de l'arbre défendu qu'elle lui présente. Quels présens différens ! L'un celui de l'innocence et de l'amour, l'autre celui de la désobéissance à Dieu, et de la trahison envers son mari, puisqu'elle le lui présente pour le perdre avec elle.

Même pag., lig. 13. *Trop prompte à faire son apologie, etc.*

On ne songe pas à la faire, quand on n'a pas besoin

d'apologie. Qui est toujours prompt à parler de sa probité, est très-suspect.

Pag. 153, lig. 17. *Elle m'a paru bien longue*, etc.

La voilà donc aussi devenue menteuse. Elle n'a pas songé à se plaindre de l'absence d'Adam; cependant elle va lui dire que cette absence lui a fait sentir le martyre, mot à mot, l'*agonie* de l'amour.

Pag. 154, lig. 1. *Soit qu'il y ait désobéi*, etc.

Avec quelle indifférence elle parle de la désobéissance !

Même pag., lig. 12. *Et c'est pour toi principalement*, etc.

Avec quelle douceur une femme coupable parle à son mari ! Avant qu'il fût arrivé, elle disoit le contraire. Elle a délibéré si elle garderoit pour elle seule sa félicité, afin de gagner la supériorité sur son époux.

Même pag., lig. 15. *Sera pour moi la félicité*, etc.

On a admiré dans le liv. IV, les discours tendres qu'elle tenoit à son mari, comme quand elle lui disoit : « Nous » devons tous deux à toute heure nos actions de grâces à » Dieu, moi surtout qui jouis de la plus grande partie du » bonheur, puisque je vous possède. » Elle va maintenant lui parler de sa divinité, à laquelle elle renonceroit, si elle ne la partageoit pas avec lui. Pourquoi ce discours n'a-t-il pas les grâces de ceux qu'elle tenoit dans l'état d'innocence ? C'est que ces tendresses ne sont pas sincères. Elle veut avoir un complice de sa faute. Le langage tendre a bien changé depuis le péché, parce que nous n'aimons plus rien que par rapport à nous.

Même pag., lig. 26. *Une funeste rougeur*, etc.

Ce n'est plus cette *rougeur de l'aurore*, qu'elle avoit en allant au berceau nuptial, comme on a vu, liv. VIII.

Pag. 155, lig. 2. *Tombe, etc.*

Quelle admirable peinture! A ces mots du discours d'Eve, *j'en ai mangé aussi*, Adam pâlit, frémit d'horreur, et suivant la traduction de Dobson, *pallidus, horrescens, mutusque metu stat*, ses membres s'affoiblissent, enfin la guirlande tombe. Milton rejette ce *tombe* au commencement du vers suivant, comme Virgile :

> Ut tandem ante oculos evasit et ora parentum,
> Concidit.

Même pag., lig. 7. *O le chef-d'œuvre, etc.*

Ce n'est point à elle qu'il parle, comme la suite le fait voir ; il n'ose même la regarder d'abord. C'est après ces premiers transports de douleur, qu'il se tourne vers elle, et lui adresse la parole.

Même pag., lig. 21. *De mourir avec toi, etc.*

Après ses vives exclamations, on ne s'attend pas qu'il va prendre ce parti. Voilà cette foiblesse dont il a fait l'aveu à l'Ange. Quand il est devant elle, *il oublie le meilleur*. Elle vient de lui dire, qu'*elle lui sacrifieroit sa félicité ;* ce n'étoit qu'un compliment. Le voici qui va lui sacrifier tout d'un coup la sienne, et celle de tous ses enfans. Que le poëte dépeint bien cette funeste complaisance!

Même pag., lig. 29. *La chaine de la nature, etc.*

Il va tomber : aussitôt pour s'excuser, il s'imagine n'être pas libre. Langage devenu bien commun depuis le péché.

Pag. 156, lig. 17. *C'est ce qui est impossible, etc.*

Sans doute, mais on peut réparer par le repentir une faute commise. Ainsi Adam se console par une mauvaise raison.

Pag. 157, lig. 2. *Je ne puis me persuader, etc.*

Il a commencé par dire à Eve : « Comment t'es-tu perdue ? » Il a avoué qu'il alloit se perdre avec elle. Maintenant il va faire des raisonnemens, pour s'éblouir, et se persuader le contraire.

Même pag., lig. 20. *Il m'a ruiné le premier, etc.*

Dieu n'a point anéanti Satan, mais il l'a rendu éternellement malheureux. Adam le sait, ainsi il cherche de fausses raisons.

Pag. 158, lig. 11. *Qu'un cœur et qu'une âme, etc.*

Voilà ce qu'ils étoient, quand Dieu qui avoit fait cette union, y présidoit encore ; et l'on va voir dans un instant une horrible querelle entre ces deux cœurs, *que l'amour unit si tendrement.*

Même pag., lig. 19. *Le bien procède du bien, etc.*

Excellence de l'arbre, remarquée par une femme, qui croit qu'être enflammée d'amour pour elle, est la plus grande des perfections. L'arbre a donné occasion à Adam de lui prouver cet étonnant amour. Un arbre qui procure un si grand bien a donc une vertu divine, puisque le bien ne peut procéder que du bien. C'est le raisonnement que Milton fait faire à Eve.

Même pag., lig. 22. *D'un degré si sublime, etc.*

Et quel est ce dégré sublime ? *Mourir pour ce qu'on aime.* Langage devenu bien commun depuis ce jour qu'il parut si sublime à Eve. Que de poètes ont fait dire aux amans qu'ils étoient trop heureux de mourir, mais cependant

Malheureux de n'avoir à donner qu'une vie !

Pag. 158, lig. 27. *Te dévouer, etc.*

Milton emploie le mot *oblige* dans le sens latin.

> Simul obligasti
> Perfidum votis caput.

Pag. 159, lig. 8. *Laisse les vents, etc.*

Expression comme la précédente prise d'Horace.

> Tristitiam et metus
> Tradam protervis in mare Creticum
> Portare ventis.

Mais cette expression dans cette circonstance, témoigne un grand mépris pour la crainte de la mort. Eve la regarde comme si puérile, que c'est aux vents à l'emporter.

Même pag., lig. 11. *Elle verse des larmes, etc.*

A-t-elle déjà donné à ses yeux cette science dont parle Ovide,

> Ut flerent oculos erudire suos?

Dans l'état d'innocence elle expliquoit à Adam, tout son amour sans pleurer. Elle laissa une fois, liv. V, tomber deux larmes, mais c'étoit après avoir raconté son songe, et ces larmes étoient, « les signes des pieuses frayeurs d'une » âme qui craint d'avoir commis une faute. »

Même pag., lig. 12. *Ennoblir son amour,*

Qu'est-ce donc qui peut *ennoblir* cet amour si parfait jusqu'à présent? Suivant Eve, c'est vouloir pour elle affronter la mort; je voudrois que Milton n'y eût pas joint la *colère divine;* c'est faire de notre mère une peinture trop odieuse.

Même pag., lig. 20. *Il ne fut pas séduit, etc.*

Ce qui est conforme à ce que dit Saint Paul, 1, Tim. 2,

v. 14. Adam ne fut pas séduit par le serpent qui ne lui parla pas, ni par les raisons d'Eve, mais par sa complaisance pour elle. C'est donc une femme qui a fait entrer dans le monde tous les maux, et la Pandore de la fable est véritable. Epimethée la reçut malgré l'avis de Prométhée. Adam se laisse vaincre *malgré son guide intérieur*, ce que Dobson a rendu ainsi :

> Ille accepta cito consumere morsu
> Nil dubitat, meliora videns, muliebribus ictus
> Fortius illecebris, mollique abreptus amore.

Pag. 159, lig. 22. *La terre fut ébranlée, etc.*

Puisque la nature gémit encore maintenant, comme dit Saint Paul, et souffre les douleurs de l'enfantement, quelles douleurs, quelles convulsions souffrit-elle dans ce moment qui l'a assujétie à des maîtres criminels ? Lorsqu'Adam goûta du fruit, elle sentit de *nouvelles douleurs*, Eve lui avoit fait éprouver les premières :

> A peine elle eut touché ce fruit fatal au monde,
> Que la terre sentit sa blessure profonde,
> Et par un long soupir jusqu'au Ciel entendu,
> La nature annonça que tout étoit perdu.

La consternation redouble à la chute d'Adam. Le Ciel pleure :

> Aux nouvelles douleurs qui la viennent saisir,
> La terre qui s'émeut, pousse un second soupir,
> Le Ciel même s'attriste, et versant quelques larmes
> Par un murmure sourd répond à ses alarmes.

J'ai dit *un murmure sourd*, parce que les mots de Milton *muttering thunder* ne signifient pas un coup de tonnerre. Il ne s'élevoit point encore de vapeurs propres à former le tonnerre, et un coup de tonnerre eût extrêmement surpris Adam ; au lieu que Milton dit « qu'il ne fit point attention

DU LIVRE IX.

» à ce bruit, » qui ne fut qu'un bruit sourd, un murmure pareil à celui qu'on entend, quand le tonnerre gronde sourdement.

Pag. 160, lig. 9. *Cependant la première opération, etc.*

Admirable transition. Au moment qu'ils se croient élevés jusqu'au Ciel, ils sont plongés dans la fange ; et quand ils s'imaginent qu'ils deviennent tout divins, tout célestes, l'ivresse des voluptés charnelles les saisit. Leurs regards deviennent lascifs. Ils s'aimoient bien mieux dans l'état d'innocence, et au milieu de leurs caresses, leurs regards n'avoient rien de lascif. Qu'on se rappelle ce que Milton a dit, liv. IV, pag. 293. « Adam que charment à la fois ses attraits » et ses caresses soumises, la regarde avec amour et digni- » té... et avec de chastes baisers, presse des lèvres si pures. » Satan, dévoré d'envie, détourna la vue, » et il s'écria : « Quoi, ils sont encore l'un pour l'autre un Paradis! » Il dit alors que le plus grand de ses tourmens étoit de ne pouvoir plus rien aimer. Il ne sera plus jaloux des caresses de ces deux époux, qui ne seront plus l'un pour l'autre un Paradis. Pourquoi leurs transports et leurs regards sont-ils si changés ? Parce que le corps a pris l'empire. « C'est » par là, dit M. Bossuet, qu'ils commencèrent à connoître » le mal. Leur esprit qui s'est soulevé contre Dieu, ne » peut plus contenir le corps auquel il doit commander. » Ainsi Adam ne regarde plus l'objet qui le transporte, *avec dignité.*

Même pag., lig. 21. *Notre palais est un bon juge, etc.*

C'est-à-dire, pour exprimer le goût des choses dont juge l'esprit, et le goût de celles dont le palais juge, nous nous servons des mêmes termes, comme dit Cicéron : *Nec sequitur, ut cui cor sapiat, ei non sapiat palatum.* D'où Adam conclut, que savoir choisir les fruits les plus agréables au goût, est une partie de la sagesse. Adam n'est plus occupé que de la volupté des sens, et la défense l'augmente. Il voudroit qu'il y eût dix arbres défendus. Quel changement, sitôt que son âme a perdu l'empire sur son corps ! A peine a-t-il désobéi, qu'il voudroit trouver de nouvelles occasions de désobéir. Dans ce premier moment du crime, il est *comme enivré d'un vin nouveau*, et c'est dans cette ivresse qu'il parle.

Pag. 161, lig. 2. *Songeons à d'autres plaisirs, etc.*

Milton emploie le mot qui se trouve dans la Vulgate, Genèse 26, que Dobson a rendu :

Ergo age, jucundis dapibus jam membra refecti
Ludamus.

Même pag., lig. 4. *Jamais depuis ce moment, etc.*

Imité de ce que Pâris dit à Hélène, Il. 3, et de ce que Jupiter dit à Junon, 14. Mais ce qui dans Homère est une fiction dangereuse, est ici une instruction qui nous apprend que ces transports sont les suites du péché, et de la révolte des sens.

Même pag., lig. 8. *O bonté, etc.*

La femme a admiré *la vertu divine* de cet arbre qui rend son mari si épris d'elle ; et le mari admire *la bonté* de cet arbre qui lui fait paroître sa femme *plus charmante que jamais*. Cependant tous les malheurs arrivés depuis dans les mariages, prennent leur origine dans cet arbre : *Hoc fonte derivata clades.*

Même pag., lig. 24. *Les soumit à son empire, etc.*

Mot à mot *les opprima* Ce n'est plus cet agréable sommeil dans lequel ils se laissoient tomber avec plaisir. Milton va l'appeler un *pesant sommeil*, et auparavant il étoit si léger, liv. V, qu'il étoit *dissipé par le murmure des feuilles*, à la naissance de l'aurore.

Pag. 162, lig. 11. *La manière dont elle couvre, etc.*

Mot à mot, *la robe de la honte, en couvrant découvre davantage*, parce qu'elle nous apprend pourquoi nous avons honte de nous-mêmes. Ces deux créatures, qui dans *une nudité glorieuse* que couvroit, comme l'a dit Milton, la *majesté de la nature*, ignoroient leur nudité; tout-à-coup en se regardant rougissent. Pourquoi l'ouvrage de Dieu rougit-il de soi-même? Parce qu'il n'est plus dans l'ordre. « La re-
» bellion des sens, dit M. Bossuet, leur fait remarquer en
» eux, je ne sais quoi de honteux; » ce qui prouve leur dégradation, et par conséquent leur première noblesse.
« Dieu, par ce sentiment, dit le P. Malebranche, qu'il
» excita dans les premiers hommes d'abord après le péché,
» et qu'il produit encore en nous, malgré nous, marque
» aux esprits attentifs à sa conduite, la vérité fondamentale
» de notre religion. » Cette honte est inconnue aux animaux, parce qu'ils n'ont point en eux un être plus noble que le corps, et qu'ils ne sont point tombés d'un état plus élevé.

Même pag., lig. 13. *Pareils à cet Hercule, etc.*

Cet endroit doit être, dans l'original, ponctué suivant ce sens. « De même que Samson se réveilla dépouillé de toute
» sa force, ils se réveillèrent dépouillés de toutes leurs
» vertus. »

Même pag., lig. 20. *Sans se parler, etc.*

Quelle peinture! En commettant le crime de la désobéissance, ils ont nagé dans la joie, les transports de la concupiscence les ont saisis, et les ont fait tomber dans une ivresse qu'un pesant sommeil a dissipée. A leur réveil, ils se regardent, ils rougissent, ils restent assis à terre sans se parler, et ce silence est enfin rompu par des gémissemens et des reproches pleins d'aigreur.

Pag. 162, lig. 28. *D'être ce que nous étions*, etc.

Quelle vérité dans cette peinture du premier moment où la concupiscence s'empare des hommes ! L'orgueil leur a fait croire d'abord que *la divinité déployoit en eux ses ailes*, et ils méprisoient la terre. En même temps, ils se sont livrés aux plaisirs charnels, comme les animaux ; mais comme l'homme ne peut s'y livrer, sans reconnoître qu'il s'avilit, Adam avoue qu'il a cessé d'être ce qu'il étoit.

Pag. 163, lig. 25. *Ces objets*, etc.

Il veut parler de Dieu et des Anges. Sa plus grande crainte est de paroître en cette présence. Il prie tous les arbres de le cacher.

Pag. 164, lig. 1. *Dont nous nous ferons une ceinture*, etc.

Ce n'est point contre les injures de l'air qu'ils songent à se couvrir ; « ce n'est que des yeux, dit M. Bossuet, et de » leurs propres yeux qu'ils songent à se défendre, et ils » n'ont besoin que de feuilles. Ils choisissent seulement les » plus larges. » De larges feuilles, ensuite les peaux de bête que Dieu leur donnera, voilà nos premiers vêtemens ; et dans la suite nous mettrons notre vanité dans ces vêtemens, que malgré leur magnificence, nous portons comme les premiers, pour écarter de nous cette honte, notre compagne, qui nous fait toujours les mêmes reproches. Dans mes Réflexions sur la Poésie, j'ai imité quelques endroits de ce discours. *Voyez tom. 2, pag.* 429.

Pag. 164, lig. 10. *Sur la côte de Malabar, etc.*

Milton pouvoit s'épargner la description de ce figuier; mais il veut montrer son érudition, et tout ce qu'il en dit est pris mot à mot de Pline, liv. 16, c. 26. Les fruits de ce figuier sont étouffés par la largeur des feuilles. L'image des rejetons qui s'élèvent près de leur mère, est aussi dans Pline, *novam propaginem faciunt circa parentem*. Pline parle aussi de ces arcades, de ces voûtes qui servent de retraite, et il compare ces feuilles à un bouclier d'amazone.

Même pag., lig. 24. *De les entrelacer, etc.*

Milton se sert d'un mot qui signifie coudre : ce qui a fait demander à un critique, où ils avoient trouvé une aiguille et du fil. Le mot de la Genèse est rendu dans la Bible de Ferrare par *cosieron*; dans la Vulgate, par *consuerunt*, et M. de Sacy a mis *entrelacèrent*.

Pag. 165, lig. 6. *Ils s'assirent pour pleurer, etc.*

Peinture touchante, que Dobson rend ainsi :

> Tum sedere solo, lacrymarumque imbribus ora
> Humectant; quin ima agitant immane procellæ
> Pectora, vesanis diffracta affectibus. Intus
> Ira, odiumque ferox, et vani plena timoris
> Suspicio, miserasque quatit discordia mentes,
> Tranquillas nuper sedes, nunc turbine versas
> Præcipiti.

Même pag., lig. 19. *Tout différent de ce qu'il a été, etc.*

Jusque-là il n'y avoit eu que tendresse dans ses regards, et dans tous ses discours, il vantoit les perfections d'Eve.

Pag. 166, lig. 23. *Côte inanimée, etc.*

On a vu Eve dans les larmes comme Adam, elle a paru pénétrée de douleur ; cependant son premier discours, depuis son repentir, n'est pas celui d'une coupable humiliée.

Pag. 160, lig. 28. *Ta permission*, etc.

On a vu de quelle nature étoit cette permission, arrachée plutôt qu'accordée, et jamais Adam n'approuva son envie. Elle fait ici un mensonge. Quelle aigreur contre un mari qu'elle a perdu, et qui lui a fait un reproche sans aigreur ! Milton, sans tomber dans aucune puérilité indigne du poëme épique, dépeint une femme qui fait un crime à son mari de la complaisance qu'il a eu pour elle, et qui loin d'avouer qu'elle a tort, rejette tout le tort sur lui :

« Quand pour te retenir, je te faisois entendre,
» Qu'un ennemi caché cherchoit à nous surprendre,
» Quand je te conjurois de ne me point quitter
» Un seul moment, hélas, devois-tu t'écarter ? »
　　Eve rougit alors, ce reproche la touche :
« Quel mot, cruel Adam, est sorti de ta bouche ?
» Qu'eût produit ta présence ? En nous trouvant tous deux,
» Crois-tu que le serpent eût été moins heureux ?
» Il t'eût séduit toi-même, et le premier peut-être.
» Mais tu me connoissois, n'étois-tu pas le maître ?
» Que ne m'ordonnois-tu de rester près de toi ?
» N'avois-tu pas, cruel, tout empire sur moi ?
» Oui, sans ta malheureuse et lâche complaisance,
» Nous nous verrions encor tous deux dans l'innocence. »
　　« Quels mots ? Qui les prononce ? Ingrate, est-ce ta voix ?
» Dit Adam, courroucé pour la première fois.
» Voilà donc ton amour et ta reconnoissance !
» Et voilà donc du mien quelle est la récompense !
» Je te trouvai coupable, et j'étois innocent ;
» Je l'étois, tu le sais ; mon cœur compatissant
» Me dit que si tu meurs, Adam ne peut plus vivre :
» Je me rends aussitôt coupable pour te suivre.
» Oui, pour toi je renonce à l'immortalité,
» Et tu te plains à moi de ma fidélité,
» A moi, de mon amour victime volontaire !
» Ah, pour te le prouver, de plus qu'ai-je dû faire ?
» Je te devois parler avec sévérité :
» N'avois-je pas, dis-tu, sur toi l'autorité ?
» Eh, l'a-t-on quand on aime, et lorsque ce qu'on aime,
» A nos yeux éblouis paroît la raison même ?
» Je croyois la trouver dans tes moindres discours.
» Tout ce que tu pensois, je l'approuvois toujours.

» Hélas, quand je me suis trompé par trop d'estime,
» Cette erreur, est-ce toi qui dois m'en faire un crime ? »

Pag. 167, lig. 3. *Pour la première fois*, etc.

Voilà donc le premier mouvement de colère d'un mari contre sa femme. Que cette colère est douce ! Cependant que la femme est injuste et ingrate !

Même pag., lig. 8. *Lorsque tu étois déjà perdue*, etc.

Quel plus grand sacrifice a-t-il pu faire ? Et cependant il est l'accusé et le coupable; et où cette scène se passe-t-elle ? Dans le Paradis terrestre. Quelles seront celles qui se passeront dans la suite sur la terre ? Il faut avouer, à ce qu'il me semble, qu'il est étonnant que le poète ait su nous exposer une scène, où l'on sent bien que règne la vérité, mais non pas la majesté du poëme épique, sans pourtant que cette majesté soit en rien avilie.

Même pag., lig. 20. *J'aurois dû*, etc.

Eve lui a dit qu'il auroit dû ordonner puisqu'il avoit l'autorité. Adam lui fait entendre que la supériorité d'un mari ne s'exerce pas en donnant des ordres, mais des avis, parce qu'il commande à une compagne raisonnable et libre.

Pag. 168, lig. 9. *Son premier mouvement*, etc.

Quoiqu'Adam fasse ici une prédiction, qui, suivant un commentateur, s'accomplit tous les jours, elle n'est point assez grave pour terminer un si bel endroit.

Même pag., lig. 13. *Aucun d'eux ne se condamne*, etc.

Peinture du cœur humain livré à l'amour propre. Ils viennent de se perdre, et avec eux toute leur race. Leur faute ne les occupe point, ils n'y cherchent aucun remède, ils ne songent pas même au Dieu qu'ils ont offensé. Aucun d'eux ne se croit coupable, tous deux s'accusent mutuellement, et très-inutilement; ce qui fait dire à Milton, « qu'ils » perdent leurs paroles et leur temps. »

SOMMAIRE

DU LIVRE DIXIEME.

Les Anges qui gardoient le Paradis terrestre, remontent au Ciel. Le Père Eternel qui justifie leur vigilance, envoie son Fils sur la terre juger les coupables. Le Péché et la Mort construisent un pont sur le chaos, et prêts à descendre sur la terre, rencontrent Satan qui en arrive, et va faire à ses sujets le récit de sa victoire. Dans le moment qu'il attend des applaudissemens, il n'entend que sifflemens; tous les Démons changés en serpens, sont trompés par un arbre dont les fruits ne sont que de la cendre. Le Péché et la Mort infectent la nature. Les Anges dérangent, par l'ordre de Dieu, toute la machine de l'univers. Adam repousse Eve qui veut le consoler, et la console à son tour, en lui rappelant la promesse qui leur a été faite. Tous deux dans les larmes, et prosternés, implorent la miséricorde de Dieu.

LE PARADIS PERDU.

LIVRE DIXIÈME.

Cependant l'action de haine et de vengeance que Satan venoit de consommer dans le Paradis, n'étoit pas ignorée dans le Ciel. On y savoit de quelle manière, caché dans le serpent, il avoit perverti Eve, qui pervertissant son époux, l'avoit engagé à manger de ce fruit fatal dont elle avoit goûté. Qui peut se soustraire aux regards d'un Dieu qui voit tout ? Qui peut tromper l'être à qui tout est connu ? Toujours sage, toujours juste, il n'avoit point empêché Satan de séduire les hommes, qui ayant pour se défendre, une force entière, et une volonté libre, avoient été en état de repousser les attaques de tout ennemi déclaré, ou de découvrir les ruses de tout faux ami. Ils avoient su, et n'avoient jamais dû oublier l'ordre donné d'en-haut de ne jamais, de quelque manière qu'ils fussent tentés, toucher à ce fruit. Par leur désobéissance, ils avoient encouru la peine prononcée, et devoient-ils s'attendre à une moindre peine ? Ils étoient tombés de l'état du bonheur, par un crime qui étoit une complication de plusieurs crimes.

Les Anges destinés à la garde du Paradis se hâtent de remonter au Ciel. Leur silence annonce l'affliction que leur cause l'état où ils savent que sont tombés les hommes, et combien ils sont étonnés que le subtil ennemi ait pu entrer sans être aperçu, dans le séjour qu'ils gardoient. Sitôt que ces funestes nouvelles arrivèrent aux portes du Ciel, la douleur saisit tous ceux qui les entendirent. En ce moment une sombre tristesse parut obscurcir les fronts célestes; mais une tristesse que cause une tendre compassion, n'altère point leur béatitude. Tout le peuple céleste accourt en foule, et environne les nouveaux venus, pour apprendre d'eux comment est arrivée une chute si terrible. Ils s'avancent vers le trône suprême, où ils ont à en rendre compte, et à justifier leur exacte vigilance, qu'ils n'avoient pas de peine à faire connoître. Alors le Père Eternel, élevé dans le secret de sa gloire, fit sortir le tonnerre de sa voix, du nuage qui l'environnoit.

« Anges qui tous êtes ici rassemblés, et vous
» Puissances qui revenez d'une commission dont
» le succès a été malheureux, ne vous affligez point.
» Que ce qui vient d'arriver sur la terre cesse de
» vous troubler. Vous ne l'avez pu empêcher, quel-
» que attentifs qu'aient été vos soins, et je vous
» avois prédit ce qui arriveroit, lorsque le tenta-
» teur traversa pour la première fois les gouffres

» de l'Enfer. Je vous ai annoncé qu'il réussiroit
» dans le dessein qui faisoit l'objet de son fatal
» voyage, et qu'il séduiroit l'homme, qui perdroit
» tout pour avoir prêté l'oreille à la flatterie, pour
» avoir écouté l'esprit de mensonge plutôt que son
» Créateur. Mes décrets n'ont en rien concouru à
» nécessiter sa chute, ni à donner l'impulsion la plus
» légère à sa volonté que j'ai toujours laissée dans un
» parfait équilibre. C'est lui-même qui a rompu cet
» équilibre, dans lequel j'avois mis la juste balance;
» mais enfin il est tombé. Que reste-t-il donc? De
» lui prononcer cette sentence de mort, dont il fut
» menacé, s'il désobéissoit. Cette mort lui doit être
» annoncée le jour même de son crime. Parce qu'a-
» près l'avoir commis, il n'a point été frappé tout
» d'un coup, comme il le craignoit, il espère déjà
» que la menace sera vaine et nulle; mais avant la
» fin du jour, il connoîtra que le coup suspendu,
» n'est point évité. Ma justice ne reviendra point de
» la terre ici méprisée, comme y revient ma bonté.
» Mais qui enverrai-je pour les juger? Enverrois-je
» un autre que toi, ô mon fils, toi qui partages mon
» pouvoir, toi à qui j'ai transféré tout jugement dans
» les Cieux et sur la terre, dans les Enfers. On re-
» connoîtra sans peine que mon intention est d'unir
» la miséricorde et la justice, lorsque celui que j'en-
» voie, est toi-même, mon fils, l'ami de l'homme,
» son médiateur, et sa rançon volontaire; oui, toi
» désigné pour être homme toi-même, tu seras le
» juge de l'homme tombé. »

Le Père en prononçant ces mots, étendit du côté de sa droite sa brillante gloire, et toute sa divinité dévoilée rayonna sur son Fils, qui fut la vive expression de tout son Père, et qui lui fit cette réponse pleine d'une douceur divine:

« Père Eternel, c'est à vous d'ordonner, c'est
» à moi d'exécuter, soit dans le Ciel, soit sur la
» terre, les volontés suprêmes d'un Père qui se re-
» pose avec tant de complaisance sur le Fils qu'il
» aime. Je vais sur la terre juger ceux qui vous
» ont offensé; mais vous savez que quel que soit
» leur jugement, c'est sur moi que retombera,
» quand les temps seront accomplis, la peine la
» plus grande. Je m'y suis engagé en votre pré-
» sence, et je ne m'en repens point, puisque j'es-
» père obtenir de mon innocence l'adoucissement
» du châtiment, quand il sera exercé sur moi.
» Ainsi la justice et la miséricorde, par moi réunies
» et mises dans un plus grand éclat, seront entiè-
» rement satisfaites, et vous appaisé. Je veux aller
» sans suite où je vais. Je n'ai pas besoin de cor-
» tége. Au jugement que je vais prononcer, ne
» doivent assister que ceux qui seront jugés, les
» deux coupables. Le troisième est absent, et n'en
» est que mieux condamné, par cette absence qui
» le déclare fugitif et rebelle à toute loi. Sa con-
» viction est certaine, celle du serpent est inutile. »

Il dit, et se lève de son brillant trône, placé dans la hauteur d'une gloire collatérale. Les Puissances, les Principautés, les Trônes, les Dominations, ministres de sa cour, l'accompagnent jusqu'aux portes du Ciel, d'où l'on découvre Eden et tous les environs. Tout-à-coup il y est descendu. Le temps, quoique porté sur les ailes des plus rapides minutes, ne peut mesurer la rapidité d'un Dieu.

Le soleil loin de son midi, commençoit à se baisser vers son couchant; les vents doux se levoient à l'heure ordinaire, pour répandre leurs haleines sur la terre, et ramener la fraîcheur dans l'air tranquille, lorsque dans une colère encore plus tranquille, s'avança, pour prononcer aux hommes leur sentence, celui qui est à la fois leur juge et leur intercesseur. La voix de Dieu qui se promenoit dans le jardin, fut portée à leurs oreilles par les zéphirs, lorsque le jour tomboit. L'homme et la femme l'entendirent, et tous deux se cachant de sa présence, s'enfoncèrent au milieu des arbres les plus épais; mais Dieu s'approchant, appela Adam à haute voix.

« Adam, où es-tu? Tu avois coutume de me
» découvrir de loin, quand j'arrivois, et d'accourir
» avec joie au-devant de moi. Je ne te trouve pas
» ici. Eh quoi, l'amour de la solitude est-il cause
» que tu ne te plais plus dans un lieu où un devoir
» empressé t'amenoit sans te faire chercher? Mon
» arrivée est-elle aujourd'hui moins éclatante qu'à
» l'ordinaire? Quel changement cause ton absence?
» Quelle raison te retient? Sors de ta retraite et
» parois. »

Il parut, et avec lui parut Eve, marchant la dernière ; elle avoit marché la première vers le crime. Tous deux arrivent interdits et déconcertés. Leur amour pour leur Dieu, leur amour l'un pour l'autre ne se manifestoit plus dans leurs regards. Ce qui s'y manifestoit, c'étoit le crime, la honte, le trouble, le désespoir, le chagrin, l'obstination, la haine, la tromperie. Adam après avoir long-temps hésité, répondit en peu de mots :

« Je vous ai entendu dans le jardin, et effrayé
» de votre voix, je me suis caché, parce que
» j'étois nu. »

Son juge sans lui faire de reproche, lui répondit avec douceur :

« Tu as souvent entendu ma voix, qui loin de
» te causer de la frayeur, te remplissoit de joie.
» Pourquoi est-elle devenue pour toi si terrible ? Tu
» dis que tu es nu ; qui te l'a appris ? Aurois-tu
» mangé du fruit de cet arbre que mon comman-
» dement t'avoit interdit ? »

Dans l'embarras où se trouvoit Adam il ne sut que répondre :

« O Ciel, je me trouve aujourd'hui devant mon
» juge dans une cruelle situation. Ou il faut que je
» prenne sur moi seul tout le crime, ou il faut que
» je sois l'accusateur d'un autre moi-même, de
» celle qui est la moitié de ma vie. Je devrois,
» puisque c'est à moi qu'elle reste fidelle, ne point
» révéler sa faute, ne point l'exposer à la punition
» par ma plainte ; mais une dure nécessité, une

» déplorable contrainte me soumet. Je ne dois
» point attirer tout le poids entier du crime et de
» la punition sur ma tête incapable de porter seule
» deux fardeaux pareils. Et quand je garderois le
» silence, il vous seroit facile de découvrir ce que
» je voudrois cacher. Cette femme que vous aviez
» faite pour être mon soutien, que vous m'aviez
» donnée comme votre parfait présent, cette femme
» si bonne, si convenable, si agréable, si divine
» que je n'ai pu soupçonner qu'aucun mal pût partir
» de sa main, puisque toutes ses actions par la ma-
» nière dont elle les faisoit sembloient justifiées;
» c'est cette femme qui m'a donné de cet arbre.
» J'en ai mangé. »

« Etoit-elle ton Dieu, répondit la Souveraine Puis-
» sance? N'étoit-ce pas à cette voix que tu devois
» obéir, avant que d'obéir à la sienne? Avoit-elle
» été faite pour être ton guide, ton supérieur et
» même ton égal, et même pour que tu lui rési-
» gnasses ton privilége d'être homme, ce noble rang
» par lequel Dieu t'éleva au-dessus d'elle? Elle étoit
» faite de toi et pour toi, qui par la royale dignité
» de toutes tes perfections, excellois si fort au-
» dessus d'elle. Ornée à la vérité de plusieurs belles
» qualités, ses charmes devoient attirer ton amour,
» mais non pas jusqu'à te rendre son esclave. Les
» présens qui lui avoient été faits, convenoient à
» ce qui devoit être dans la subordination, et n'eus-
» sent pas été convenables à qui eût été fait pour
» avoir l'autorité; c'étoit à toi qu'elle appartenoit,

» et si tu eusses su te connoître, tu eusses senti que
» c'etoit à toi à gouverner. »

Après ces paroles dites à Adam, il n'adressa que celles-ci à Eve :

« Dis-moi, femme, qu'as-tu fait ? »

Pleine de tristesse et de confusion, prompte à avouer sa faute, et n'étant devant son juge ni hardie ni féconde en paroles, Eve interdite répondit :

« Le serpent m'a trompée. J'ai mangé. »

Le Seigneur l'ayant entendue, ne différa point de prononcer son jugement sur le serpent qu'elle accusoit, quoique brute et incapable de rejeter son crime sur celui qui l'ayant rendu un instrument de méchanceté, l'avoit dégradé, en le faisant servir à un ministère si contraire à la fin pour laquelle il avoit été créé. Il fut donc justement maudit, comme étant d'une nature corrompue. Adam qui entendit cette condamnation, ne pénétra pas plus loin : une connoissance plus étendue lui étoit inutile dans ce moment, et n'eût rien diminué de son crime. Dieu à la vérité appliqua la sentence à Satan le premier criminel; mais il lui plut de la prononcer en termes mystérieux, en faisant tomber la malédiction sur le serpent :

« Parce que tu as fait cela, tu es maudit entre
» tous les animaux et toutes les bêtes de la terre :
» tu ramperas sur le ventre, et tu mangeras la
» terre tous les jours de ta vie. Je mettrai une
» inimitié entre toi et la femme, entre sa race et

» la tienne. Elle te brisera la tête, et tu dresseras
» tes piéges à son talon. »

Ainsi parla l'oracle, et sa vérité fut manifestée, quand Jésus, fils de Marie, la seconde Eve, vit tomber du haut du Ciel comme un éclair, le prince de l'air. Ce fut alors que celui qui sortit de son tombeau, vainqueur des Principautés et des Puissances, et chargé de leurs dépouilles, les mena hautement en triomphe, à la face de tout le monde, et dans une ascension brillante, conduisit sa captivité captive, au milieu de l'air, ce royaume même usurpé si long-temps par Satan, que brisa enfin sous nos pieds celui qui ne fit en ce jour, que prédire cette déroute terrible. Il adressa ensuite sa sentence à la femme :

« Je multiplierai les maux sur vous, pendant tout
» le temps de votre grossesse. Vous enfanterez
» dans la douleur. Vous serez soumise à la volonté
» de votre mari, et il vous dominera. »

Adam fut jugé le dernier, et sa sentence fut ainsi prononcée :

« Parce que vous avez écouté la voix de votre
» femme, et que vous avez mangé du fruit de
» l'arbre que je vous avois interdit, en vous disant,
» vous n'en mangerez point, la terre sera maudite
» à cause de ce que vous avez fait. Ce sera dans
» les peines, que tous les jours de votre vie, vous
» en mangerez les fruits; elle vous produira des
» épines et des ronces, et vous vous nourrirez de
» l'herbe de la terre. Vous mangerez votre pain à

» la sueur de votre visage, jusqu'à ce que vous
» retourniez dans la terre, parce que c'est de la
» terre que vous avez été tiré. Connoissez votre
» naissance : vous êtes poudre, et vous retournerez
» en poudre. »

Ainsi jugea l'homme, celui qui par sa mission étoit à la fois son juge et son sauveur. En ce jour, il leur annonça le coup de la mort comme prêt à tomber, quoiqu'encore éloigné. Ensuite, voyant en sa présence ces deux criminels debout et nus, au milieu d'un air qui alloit souffrir de grandes altérations, il en eut compassion, et ne dédaigna pas de prendre dès ce moment la forme de serviteur, qu'il eut lorsqu'il lava les pieds de ses serviteurs. Avec l'attention d'un père de famille, il couvrit leur nudité, prenant des peaux de bêtes tuées, ou de bêtes qui, comme les serpens, avoient quitté leurs premières peaux, pour en prendre de nouvelles. Couvrir ses ennemis, fut un soin qu'il ne dédaigna pas; et même, non content de couvrir leur nudité extérieure avec des peaux de bêtes, il eut pitié de leur nudité la plus ignominieuse, et il couvrit cette nudité intérieure de sa robe de justice, l'étendant entr'eux et les regards de son père, vers lequel il retourna aussitôt après. Il rentra dans sa gloire, reprit sa place dans son sein bienheureux; et en lui racontant ce qu'il venoit de faire, quoique son père à qui tout étoit connu, fût entièrement calme, à son récit sa bonté lui fit joindre des prières en faveur de l'homme.

Cependant, avant même que sur la terre il y eut des créatures coupables et jugées, la Mort et le Péché étoient assis en présence l'un de l'autre au-dedans des portes de l'Enfer, qui restèrent entièrement ouvertes, vomissant au loin dans le chaos des flammes avides de tout dévorer, depuis que l'ennemi eut passé par ces portes à lui ouvertes par le Péché, qui adressa maintenant ce discours à la Mort :

« O ma production, pourquoi sommes-nous ici
» assis les bras croisés, nous regardant l'un l'autre,
» tandis que Satan, notre grand auteur, fait des
» conquêtes dans d'autres mondes, et gagne pour
» nous, sa chère engeance, un séjour plus heureux?
» Son retour n'est sans doute retardé que par la
» suite de ses succès. Sans cela, si je ne me trompe,
» nous l'eussions vu revenir, chassé par la furie
» de ses persécuteurs, puisqu'il n'est point de lieu
» plus propre à son châtiment, ni plus agréable à
» leur vengeance. Je sens en ce moment une nou-
» velle vigueur qui m'anime. Je sens sur moi croî-
» tre des ailes. Je me crois souverain d'un empire
» qui m'est donné au-delà de cet abyme, soit que
» la sympathie en soit la cause, soit que je sois
» entraîné par cette force puissante, qui sait attirer
» par des routes cachées les choses qui se ressem-
» blent, à quelque distance qu'elles soient les unes
» des autres, pour les unir ensemble dans une se-
» crète amitié. O toi qui dois me suivre partout,
» comme mon ombre, viens avec moi, la Mort et

» le Péché sont inséparables, et nul pouvoir n'est
» capable de les désunir. Et comme la difficulté
» du passage sur ce gouffre impraticable, inacces-
» sible, pourroit peut-être empêcher son retour,
» osons tenter un ouvrage hardi, mais que peut
» entreprendre un pouvoir tel que le tien uni avec
» le mien. Essayons d'affermir sur cet océan, un
» chemin qui s'étende depuis l'Enfer jusqu'à ce
» nouveau monde, où Satan triomphe maintenant.
» Notre ouvrage sera un monument d'un admira-
» ble avantage pour toute l'armée infernale, qui
» trouvera un passage facile pour faire des courses,
» ou pour s'aller transplanter tout entière où son
» sort la conduira. Je ne puis manquer le chemin,
» guidé merveilleusement comme je le suis, par
» cet instinct, cette nouvelle attraction que je
» sens. »

Le spectre décharné lui repondit :

« Va où ton destin, et ta violente inclination te
» conduira. Je ne resterai pas en arrière. Je suis
» assuré, marchant à ta suite, de ne pas m'écarter
» du chemin. Eh, quelle odeur de carnage, et de
» proie immense, je sens déja! Quelle saveur de
» mort me font goûter toutes les choses vivantes!
» Loin de refuser d'avoir part à cette grande en-
» treprise, j'y travaillerai avec autant d'ardeur que
» toi. »

En parlant ainsi, il respira avec délices l'odeur
qu'apportoit le mortel changement arrivé sur la
terre. Comme plusieurs troupes d'oiseaux carnas-

siers, que des régions éloignées séparent, se rassemblent d'un vol rapide avant le jour d'un combat, dans la même campagne où les armées sont campées, y étant attirées par l'odeur des vivans cadavres dévoués à la mort, dans le sanglant combat qui se livrera le lendemain ; ainsi le monstre hideux renversant en-haut dans l'air empesté ses larges narines, respiroit l'odeur de sa proie, quoique si éloignée.

Alors les deux monstres quittant les portes de l'Enfer, entrent dans l'anarchie vaste, déserte, fangeuse et ténébreuse du chaos. Ils se séparent dans leur vol, et employant toute leur puissance qui est très-grande, pour se soutenir en rasant la superficie des ondes, ils rassemblent toutes les matières visqueuses ou solides qu'ils y trouvent emportées haut et bas, comme dans une mer furieuse, et chacun de son côté les pousse vers la bouche de l'Enfer. Ainsi les vents du nord et du midi balayant avec leurs souffles opposés la mer Cronienne, poussent tous deux des monts de glace qui bouchent vers l'orient ce passage au-delà de la Petzora, qu'on a imaginé conduire à la riche côte du Cathai. La Mort avec sa massue qui pétrifie par le froid et la sécheresse qu'elle répand, frappa comme avec un trident, tout cet amas de matières amoncelées, et le rendit aussi stable que l'île de Délos qui autrefois étoit flottante ; et son regard donna aux parties visqueuses, cette même dureté que prenoient tous les hommes frappés d'un regard de la Gorgone. Tous deux consolidèrent avec un bitume asphaltique, une digue qu'ils firent aussi large que les portes de l'Enfer, et aussi profonde que ses fondemens. Elevant ensuite un édifice immense de hautes arcades, ils construisirent sur l'écumant abyme, un pont dont la prodigieuse longueur s'étendoit jusqu'au mur immobile de ce monde, maintenant exposé sans défense aux fureurs de la Mort. Alors, de la terre à l'Enfer, fut établi un passage large, uni, ferme et facile. Ainsi, plein du projet d'asservir la liberté de la Grèce (si ces petites choses peuvent être comparées à de si grandes), Xercès sortit du palais qu'avoit habité Memnon, quitta Suze, arriva jusqu'à la mer; et se faisant par un pont un chemin sur l'Hélespont, joignit l'Europe à l'Asie, après avoir fait sentir les coups de ses verges aux vagues indignées.

Par la puissance de leur art merveilleux, l'ouvrage fut achevé. Une chaîne de rochers suspendue sur l'abyme qu'elle captiva, s'étendit, en suivant la trace de Satan, jusqu'au lieu même où cessant de voler, il s'abattit, lorsqu'échappé impunément du chaos, il se posa sur l'aride surface de cette ronde machine. Là, avec des clous et des liens aussi durs que le diamant, les deux monstres affermirent leur ouvrage, qu'ils ne rendirent, hélas, que trop durable !

De là, ils découvrent les limites du Ciel empyrée et celles de ce monde, peu distantes les unes des autres. L'Enfer qui en est séparé par un grand éloignement, est sur la gauche. Devant leurs yeux, sont les trois chemins qui conduisent à ces trois empires; ils prennent celui qui conduit à la terre, et qui mène droit au Paradis terrestre.

Dans ce même moment, Satan sous la figure d'un Ange de lumière, s'élevoit vers son zénith, en passant vers le Centaure et le Scorpion, pendant que le soleil se levoit dans le Bélier.

Il s'étoit déguisé; mais aucun déguisement ne pouvoit l'empêcher d'être reconnu tout d'un coup par ses chers enfans. Aussitôt qu'il eut séduit Eve, il s'étoit enfoncé furtivement dans le bois voisin; et ayant changé de forme, pour pouvoir considérer quelle seroit la suite de ce qu'il venoit de faire, il avoit vu que sa criminelle action avoit été répétée par Eve, qui quoiqu'éloignée de toute intention mauvaise, avoit engagé son époux à faire comme elle, et il avoit été témoin de cette honte qui leur avoit fait chercher ces inutiles feuilles dont ils se couvrirent. Mais quand il avoit vu descendre le Fils de Dieu pour les juger, il s'étoit enfui avec frayeur, non qu'il eût quelque espérance d'éviter sa punition : il ne la vouloit éviter que dans le moment présent. Il se sentoit si coupable, qu'il craignoit d'être frappé dans les premiers mouvemens de la colère. Après que les deux coupables eurent été jugés, il étoit revenu pendant la nuit. Il avoit prêté une oreille attentive aux tristes discours qu'étant assis, ils tenoient entr'eux, et dans les diverses plaintes de ce couple infortuné, il avoit appris son propre arrêt; mais ayant compris que son exécution loin d'être prompte, étoit réservée à un temps éloigné, plein de joie et chargé d'heureuses nouvelles, il avoit repris la route de l'Enfer.

Sur le bord du chaos, au bout de ce pont, nouvel ouvrage d'un art admirable, il rencontra, lorsqu'il n'osoit se flatter d'une telle espérance, ses enfans bien-aimés, qui venoient au-devant de lui. De part et d'autre la joie fut grande, et la sienne augmenta à la vue de ce pont merveilleux. Il resta long-temps immobile, en le contemplant. Enfin cette fille dont la beauté l'enchante, Até rompit le silence :

« Mon père, ce sont là vos magnifiques ouvrages,
» voilà vos trophées, et vous les regardez comme
» n'étant pas les vôtres. C'est vous-même qui en êtes
» l'auteur et le premier architecte. Car à peine mon
» cœur (ce cœur que dans tous ses mouvemens une
» si secrète et si douce harmonie unit avec le vôtre)
» m'eut annoncé par ses pressentimens les heureux
» succès, qu'il m'est aisé de lire maintenant dans vos
» yeux, que je sentis que je devois malgré l'intervalle
» de ces mondes qui nous séparent, vous aller joindre avec cet autre enfant sorti de vous, pour obéir
» à ce rapport par lequel le destin nous a unis tous
» trois. Ni l'Enfer ne pouvoit plus nous captiver
» dans ses barrières, ni ce gouffre obscur et impraticable nous empêcher de suivre vos traces illustres. Notre liberté est votre grand ouvrage.
» Nous avons été jusqu'à présent relégués aux portes
» des

» des Enfers. C'est vous qui nous avez procuré cette
» force nouvelle. C'est vous qui nous avez rendus
» capables de couvrir de cet énorme et horrible pont
» l'obscur abyme. Tout ce monde est maintenant
» à vous. Votre valeur vous a acquis ce que n'ont
» point bâti vos mains. Votre prudence a regagné
» avec usure tout ce que la guerre avoit fait perdre.
» Notre chute du Ciel est par vous pleinement ven-
» gée. Ici, vous êtes monarque. Là, vous ne l'étiez
» point. Qu'il domine donc là, celui que le combat
» a déclaré le vainqueur. Qu'il s'y retire, loin de
» ce monde nouveau, que par sa propre sentence
» il vient d'aliéner, et que dorénavant soit entre
» vous deux divisée la monarchie universelle. Les
» bornes de l'empyrée en feront le partage. L'em-
» pire dont la forme est carrée sera le sien, et
» celui dont la forme est ronde sera le vôtre. Ose-
» roit-il essayer encore ses forces avec les vôtres,
» lorsqu'il voit combien le rival de son trône est
» devenu plus redoutable ? »

Le prince des ténèbres lui répondit avec joie :

« O ma fille charmante, et toi Ades, en qui je
» vois tout à-la-fois, et mon fils, et mon petit-fils,
» vous avez bien prouvé tous deux que vous êtes
» la famille de Satan (c'est le nom dont je fais
» gloire, il annonce l'antagoniste du monarque
» tout-puissant des Cieux); vous avez mérité une
» ample récompense et de moi, et de tout l'infer-
» nal empire, vous qui si près de la porte du Ciel,
» avez avec des mains triomphantes élevé ce monu-

» ment de victoire. Votre ouvrage devient le mien.
» Par lui, de l'Enfer et de ce monde, vous n'avez
» fait qu'un royaume, et notre royaume, notre
» continent est devenu tout entier d'une communi-
» cation facile. Ainsi donc, tandis qu'à la faveur de
» la route commode que je trouve, je vais descen-
» dre à travers les ténèbres, pour rejoindre les
» compagnons de ma puissance, leur raconter mes
» succès, et m'en réjouir avec eux, vous, au milieu
» de ces orbes nombreux tous à vous, choisissez un
» chemin qui vous conduise directement au terres-
» tre Paradis. Là, établissez votre séjour et votre
» heureux règne. De là, exercez votre empire
» sur la terre, dans les airs, et principalement sur
» l'homme, qui avoit été seul déclaré maitre de tout.
» Commencez par vous assurer de lui; commencez
» par en faire votre esclave. Qu'ensuite il expire sous
» vos coups. Vous êtes mes substituts. Je vous envoie.
» Je vous établis vice-rois sur la terre, pour y exercer
» une autorité sans bornes, qui tout entière émane de
» moi. Tout dépend de la réunion de vos deux
» forces. Elles me conserveront ce nouvel Empire
» que j'ai su, par mes exploits, livrer au péché,
» qui le livre à la mort. Tant que vos forces réunies
» seront victorieuses, je n'ai rien à craindre qui
» soit préjudiciable aux intérêts de l'Enfer. Allez,
» soyez fermes et courageux. »

Il dit, et les congédie.

Aussitôt les deux monstres traversant d'une course rapide l'amas des constellations, y répandent leurs poisons. Les étoiles infectées pâlissent, et les planètes frappées elles-mêmes d'une maligne influence, sont entièrement éclipsées. D'un autre côté, Satan s'avance vers la digue fondée aux portes de l'Enfer. Le chaos frémissant sous l'usurpation d'un édifice qui le partage, attaque de l'un et de l'autre côté avec ses vagues mugissantes, des barrières qui méprisent sa fureur. Satan trouve les portes ouvertes et sans défense. Il entre, et ne trouve partout que désolation. Les deux gardes de ces portes ayant abandonné leur poste, avoient pris leur vol vers le monde supérieur. Le reste s'étoit retiré dans le cœur du royaume, sous les murs de Pandæmonium, ville et siége superbe de Lucifer, nom qu'a fait donner à Satan l'allusion à cette brillante étoile qui tombe à l'aspect du soleil. Les légions sous les armes faisoient des gardes exactes, tandis que les grands, assis dans un conseil, cherchoient avec inquiétude les raisons qui pouvoient retenir si long-temps leur prince qu'ils avoient député. Ils exécutoient les ordres qu'il leur avoit donnés en partant. Comme loin d'Astracan, le Tartare qui craint le Moscovite ennemi, se retire dans des plaines couvertes de neige, ou comme le Sophi Bactrien fuyant l'éclat du croissant que le Turc fait briller, et laissant tout ravagé au-delà du royaume d'Aladule, se retire à Tauris ou à Casbin; ainsi l'armée nouvellement bannie du Ciel, laissant vers les frontières de l'Enfer d'immenses contrées désertes, s'étoit retirée pour faire des gardes exactes autour de la métropole; et inquiète à la fin de ce hardi aventurier qui étoit allé à la recherche des mondes éloignés, elle l'attendoit à toute heure. Il passa au milieu d'elle, sans être reconnu. Il avoit pris la figure d'un Ange de milice, l'un des plus vils fantassins du dernier ordre. Il alla d'une manière invisible, de la porte de la grande salle Plutonienne, jusqu'au haut trône qui s'élevoit à l'autre bout dans une magnificence royale, sous un dais orné d'une riche broderie. Il y monta, s'y assit, tourna un moment les yeux de tous côtés, et vit tout sans être vu. Enfin, ainsi que d'un nuage sortit tout-à-coup sa tête brillante comme un astre, et même plus brillante. Sa forme éclatante parut. Il étoit couvert de cette gloire, de ce reste de rayons que par la permission divine, il avoit conservés après sa chute, c'est-à-dire, d'une fausse gloire.

Toute la troupe stygienne, frappée d'un éclat si subit, tourne ses yeux vers le même objet, et reconnoît celui qu'elle attend avec tant d'ardeur. Son grand général est de retour, une vive acclamation se fait entendre. Tous les pairs, tous les grands qui délibéroient assis dans l'obscur divan, se hâtent de se lever, et pleins de joie l'approchent pour le congratuler. Sa main leur impose silence, et ces mots attirent leur attention :

« Trônes, Dominations, Principautés, Vertus,
» Puissances; c'est ainsi que je vous nomme, ce
» sont vos dignités que je déclare, non-seulement

» parce que vous avez droit de les posséder, mais
» parce que maintenant elles vous sont acquises.
» Après un succès qui a passé mes espérances, je
» reviens pour vous faire sortir en triomphe de ce
» gouffre infernal, abominable, maudit, de ce sé-
» jour de misère dont notre tyran avoit fait notre pri-
» son. Allez prendre possession, comme seigneurs,
» d'un monde spacieux, peu inférieur à ce Ciel, le
» lieu de notre naissance, conquête que mon
» courage vous a gagnée, et que je n'ai achevée
» qu'après bien des périls surmontés. Il seroit
» trop long de vous raconter ce que j'ai fait, ce
» que j'ai souffert, et combien laborieusement j'ai
» voyagé dans cette immense étendue, où rien
» n'est réel, dans cet abyme sans bornes de l'hor-
» rible confusion, sur lequel le Péché et la Mort
» viennent d'affermir un large chemin, pour faci-
» liter votre glorieuse marche. Mais qu'il a été fa-
» tigant pour moi, ce voyage qui n'avoit jamais
» été tenté ! Il m'a fallu fendre l'abyme intraitable.
» Il a fallu me plonger dans le sein de la nuit
» primitive et du sauvage chaos, puissances qui
» jalouses de leurs secrets, se sont fièrement oppo-
» sées à mon étrange passage, portant avec leurs
» furieuses clameurs, leurs protestations contre mon
» entreprise, au trône suprême du destin. Il seroit
» trop long de vous raconter comment j'ai enfin
» pu trouver ce monde nouvellement créé, et dont
» il étoit déja parlé avec admiration dans les Cieux,
» long-temps avant sa création. Je ne vous décrirai

» point l'étonnante perfection de sa merveilleuse
» structure, ni cet homme placé dans un Paradis,
» créature qui devoit son bonheur au malheur qui
» nous a exilés. J'ai su le séduire. Je me suis servi
» d'une pomme; et pour punir une pareille offense
» (pouvez-vous n'en point rire?), le Créateur a
» livré l'homme qu'il aimoit tant, et tout le monde
» entier, en proie au péché et à la mort, et par
» conséquent à nous, qui avons gagné ce bien
» sans travail, sans péril, sans alarmes. Nous pou-
» vons nous y transporter, nous y établir et y ré-
» gner sur l'homme, qui avoit été fait pour régner
» sur toutes les créatures. A la vérité il m'a aussi
» jugé, ou plutôt ce n'est point moi qu'il a jugé,
» mais le brute serpent dont j'avois pris la forme
» pour séduire l'homme. Ce qui me concerne dans
» la sentence est cette inimitié qui régnera entre
» moi et le genre humain. Je dresserai des embûches
» à son talon, et sa race (le temps de cet événement
» n'est point marqué) me meurtrira la tête. Eh,
» qui ne voudroit pour une meurtrissure, ou
» quelqu'autre peine bien plus douloureuse, faire
» la conquête d'un monde ? Voilà le récit de tout
» ce que j'ai fait; et que reste-t-il à faire à vous,
» Dieux ? Vous lever, et aller prendre possession
» du séjour de la béatitude. »

Après avoir ainsi parlé, il resta un moment tranquille, attendant les éclatantes acclamations, les pompeux applaudissemens dont le bruit devoit remplir ses oreilles, lorsqu'au contraire il entendit de tous côtés ce bruit qui anonce le mépris public, un horrible et général sifflement, produit par des langues innombrables. Il fut surpris ; mais, sans avoir le temps de contempler ce qui l'étonnoit, il devint à lui-même son plus grand étonnement. Il sentit son visage s'alonger et s'étendre en pointe, ses bras se coller à ses côtés, ses jambes s'entrelacer l'une dans l'autre, jusqu'à ce que devenu serpent monstrueux, et ne pouvant plus se tenir debout, il tomba étendu sur le ventre : sa résistance est vaine, une puissance suprême fait de lui ce qu'elle veut, et, exécutant son arrêt, le punit dans la forme qu'il a choisie pour commettre son crime. Il veut parler, sa langue fourchue répond en sifflant à toutes les langues fourchues qui l'environnent. Car tous ont pris la même forme : complices de son action audacieuse, tous sont devenus serpens. Toute la salle retentit du bruit terrible de tant de sifflemens, et est couverte de monstres qui confondent entre eux pêle-mêle leurs têtes et leurs queues : scorpions, aspics, cruelles amphibênes, cerastes armés de cornes, hydres, ellopes terribles, et dipsades. Jamais les serpens ne fourmillèrent en si grand nombre sur la terre arrosée du sang de la Gorgone, ni dans l'île d'Ophiuse.

Au milieu d'eux et le plus grand de tous, s'élève Satan, dragon plus monstrueux que ce Python démesuré que dans les champs pythiens le soleil engendra du limon. Dans cette forme, Satan paroît conserver encore la supériorité sur ses sujets. Tous le suivent, tous sortent, et vont dans la plaine où la rebelle armée tombée du Ciel étoit en faction, et rangée en bataille, dans la haute espérance qu'elle alloit voir marcher en triomphe son général, couvert de gloire. Elle voit paroître, quel spectacle différent, un amas de hideux serpens! L'horreur la saisit; et par l'effet d'une affreuse sympathie, elle se sentit changer de même, et devenir ce qu'elle voyoit. Les armes tombent, les lances tombent, les boucliers tombent, les soldats tombent enfin, et répètent les affreux sifflemens. La contagion est générale. Tous prennent la triste forme, tous complices du crime ont part à la punition. Ainsi l'applaudissement qu'on attendoit, se tourna en un insultant sifflement; et au lieu d'un triomphe, leur honte publiée par leur propre bouche, les couvrit tous.

Non loin de là étoit un bois qui s'étoit élevé au même instant que leur métamorphose étoit arrivée. Ainsi l'avoit voulu, pour aggraver leur punition, celui qui règne là-haut. Les arbres étoient chargés d'un beau fruit, semblable à celui qui croissoit dans le Paradis, et que le tentateur voulant tromper Eve, avoit choisi. Ils fixèrent leurs yeux ardens sur cet étrange objet, s'imaginant qu'au lieu d'un arbre défendu, il en naîtroit une forêt pour redoubler leur honte et leur tourment. Mais dévorés par une soif brûlante, et une faim cruelle qui leur fut envoyée pour les conduire au piége, ils ne purent y résister. Ils s'avancèrent en se roulant les uns sur les autres, et ils s'entortillèrent autour des arbres, qui furent remplis de plus de serpens, que la chevelure de Mégère n'étoit hérissée d'anneaux. Ils arrachent avidement un fruit beau à la vue, et semblable à celui qui croît près du lac asphaltique, où Sodome fut embrasée; mais celui-ci plus funeste, au lieu de tromper quand on y touche, trompe quand on en veut goûter. Lorsqu'espérant apaiser leur avide faim ils veulent en manger, ils ne mâchent au lieu d'un fruit, que des cendres amères, qu'avec des contorsions affreuses ils rejettent de leurs bouches offensées. Ils veulent essayer une seconde fois d'en goûter, la faim et la soif les y contraignent; mais la suie et le charbon qui déchirent leur palais, leur causent plus de dégoût que ne nous en causent les drogues médicinales. L'homme ne tomba dans l'erreur qu'une fois; et tandis qu'ils triomphent de l'y avoir fait tomber, eux-mêmes retombent sans cesse dans la même illusion. Ils restèrent ainsi consumés par la faim, et tourmentés par un continuel sifflement, jusqu'à ce qu'ils eussent pu reprendre leur première forme. Ils en eurent la permission; mais il est dit qu'il fut réglé en même temps, que tous les ans ils subiroient la même humiliation, juste peine de la vanité et de la joie qu'ils ressentirent après avoir séduit l'homme. Cependant, au lieu de s'humilier, ils sont parvenus à répandre cette tradition dans le monde idolâtre, et à faire courir cette fable, que celui qu'ils ont nommé Ophion avoit avec Eurinome, dominatrice puissante (peut-être Eve elle-même), possédé l'empire du haut Olympe, dont ils avoient été tous deux chassés par Saturne et par Rhée, avant que l'antre de Dictée eût vu naître Jupiter.

Cependant le couple infernal arriva au Paradis, et n'y arriva que trop tôt. Le péché y avoit d'abord été en puissance, il y avoit ensuite été en action, il y arrive maintenant en personne. Son corps y entre pour y établir un séjour continuel. Derrière lui marchoit pas à pas la Mort, qui n'étoit pas encore montée sur son pâle cheval. Le Péché lui adressa ces mots :

« Second rejeton de Satan, ô Mort dont tout doit
» être la conquête, que penses-tu de notre empire ?
» Ce n'est pas sans de grandes fatigues que nous
» y sommes arrivés. Mais ne vaut-il pas mieux avoir
» fait ce long voyage, que d'être restés au-dedans
» des portes de l'Enfer pour y faire la garde, tous
» deux inconnus et méprisés, et toi te consumant
» toi-même par ta faim ? »

Le monstre, enfant du Péché, lui répondit aussitôt :

« Quant à moi, qu'une éternelle faim dessèche,
» Enfer, Ciel, Paradis, tout m'est égal. Le séjour
» où il y aura le plus à dévorer, est celui où je serai
» le mieux. Ici, quoique j'y trouve l'abondance,
» tout m'y paroît trop peu de chose pour que j'y
» puisse remplir cette peau vuide, et voir mon vaste
» corps s'étendre. »

Il reçut cette réponse du monstre à qui il doit sa naissance incestueuse :

« Commence donc par te repaître de ces herbes,
» de ces fleurs, de ces fruits, de ces quadrupèdes,
» de ces poissons, de ces oiseaux, mets qui ne sont
» point méprisables. N'épargne rien, dévore tout
» ce que moissonnera la faulx du temps, jusqu'à ce
» que par la résidence que je vais établir dans
» l'homme et dans sa race, par la manière dont
» j'infecterai ses pensées, ses regards, ses paroles,
» ses actions, je l'aie assaisonné de façon qu'il
» devienne ton mets le plus doux, et ta dernière
» proie. »

A ces mots, les monstres se séparent, et prennent des routes différentes, tous deux conduits par la même intention de détruire. Ils veulent que rien ne dure éternellement, et ils vont jeter partout des causes de corruption qui produiront leurs effets tôt ou tard. Le Tout-Puissant les voit du haut de son trône, élevé au milieu de ses Saints, et il adresse ces paroles à sa brillante cour :

« Considérez avec quelle ardeur ces dogues de
» l'Enfer vont porter la ruine et la destruction dans
» ce monde que j'avois créé si beau, si parfait, et
» qui conserveroit encore ses perfections, si la folie
» de l'homme n'y avoit pas laissé entrer ces mons-
» tres destructeurs, ces furies qui imputent à ma
» propre folie leurs succès. Telle est la pensée du
» prince de l'Enfer et de tous ses sujets. Parce que je
» leur accorde une entrée si facile dans une demeure
» si céleste, et que je leur permets d'en prendre
» possession, ils croient que je me prête par com-

» plaisance aux desseins de mes insolens ennemis ;
» et ils me méprisent, parce qu'ils s'imaginent que
» la violence de la passion qui me transporte est
» cause que laissant tout à l'abandon, je livre tout à
» leur détestable gouvernement. Ils ignorent que
» c'est moi-même qui ai appelé et qui fais ici ser-
» vir à mes desseins ces monstres de l'Enfer, afin
» qu'ils consument toutes les immondices, toutes
» les souillures que le péché impur de l'homme a
» jetées sur ce qui étoit pur, jusqu'à ce qu'ayant tiré
» tout ce venin, et étant tout remplis de cet affreux
» mets, le Péché et la Mort soient enfin, par un
» seul coup de ton bras victorieux, ô mon Fils bien-
» aimé, précipités à travers le chaos, ainsi que l'in-
» satiable tombeau. La porte de l'Enfer sera fermée,
» la gueule dévorante de l'abyme sera scellée. Alors
» la terre et les Cieux renouvelés, recevront une
» pureté et une sainteté qu'aucune tache ne souil-
» lera plus. Mais il faut que jusqu'à ce moment, la
» malédiction prononcée sur la terre et sur le Ciel
» ait son cours. »

Il dit ; et l'applaudissement pareil au bruit des eaux, qui fit retentir son céleste palais, fut suivi de cet hymne, qu'une multitude de voix chanta :

« Tes voies sont justes, tes décrets sur tous tes
» ouvrages sont pleins d'équité. Eh, quelle puis-
» sance affoibliroit la tienne? » Ils célébrèrent ensuite ce Fils qui destiné à réparer le genre humain, fera qu'une terre nouvelle et des Cieux nouveaux

qui ne périront plus, s'éleveront tout-à-coup, ou descendront du haut séjour de l'Empyrée.

Ils chantoient ainsi, tandis que le Créateur appela par leurs noms les principaux d'entre ses Anges, qui reçurent de lui différentes commissions, dont l'état présent des choses rendoit l'exécution nécessaire. Le soleil reçut le premier leurs ordres. Ils lui prescrivirent de régler son cours, et de dispenser la lumière de façon que la terre fût tourmentée alternativement d'un froid et d'un chaud à peine supportables, d'appeler du nord le décrépit hiver, et d'apporter du midi les ardeurs du solstice. Ils réglèrent les fonctions de l'astre qui éclate par sa blancheur, aussi bien que les mouvemens des cinq autres planètes, et ces aspects qui leur donnent une puissance si nuisible, le sextil, le quadrat, le trine. Elles apprirent à se trouver entr'elles, ou dans une opposition qui a des suites funestes, ou dans une fatale conjonction. Ils enseignèrent aux étoiles fixes, comment par leurs malignes influences, ou en se levant, ou en tombant avec le soleil, elles exciteroient les tempêtes. Ils assignèrent aux vents leurs différens quartiers et les temps où leurs fureurs jeteroient le trouble dans l'air, sur la mer et les rivages, de même que les temps où le tonnerre feroit rouler la terreur dans les célestes régions obscurcies par les nuages. Les uns disent que Dieu ordonna à ses Anges d'éloigner de deux fois dix degrés et de plus, les pôles de la terre, de l'axe du soleil, et qu'aussitôt avec un pénible effort, ils poussèrent obliquement ce globe qui est au centre de l'univers. D'autres prétendent qu'il fut ordonné au soleil de tourner ses rênes dans la même distance de la route équinoxiale, pour passer par le taureau, les sept sœurs atlantiques, les jumeaux de Lacédémone ; et après avoir monté au tropique du cancer, descendre par le lion, la vierge, et la balance, jusqu'au capricorne, afin que dans cette marche il apportât le changement des saisons à chaque climat. Sans cela, la terre toujours riante et couverte de fleurs sans cesse renaissantes, eût joui d'un éternel printemps, et de jours partout égaux aux nuits, excepté au-delà des cercles polaires. Dans ces lieux, le jour n'eût jamais été surpris par la nuit ; le soleil, pour les dédommager de sa longue distance, leur eût, en parcourant toujours l'horizon, accordé une lumière qui ne leur eût fait connoître ni levant ni couchant. La froide neige n'eût point couvert Estotiland, ni les terres australes également éloignées au-dessus de Magellan.

Oui, sans doute, à la vue de nos premiers pères mangeant du fruit fatal, ainsi qu'à la vue du festin de Thyeste, le soleil changea sa route accoutumée ; la terre autrement, avant le péché, n'eût-elle point été comme aujourd'hui exposée, tantôt à un froid cuisant, tantôt à une chaleur dévorante, que n'eussent pu éviter ses habitans, quoiqu'innocens ?

Ces changemens arrivés dans les Cieux, produisirent avec le temps de pareils changemens sur la mer et sur la terre. Les malignes influences des astres y répandirent les vapeurs, les brouillards, les exhalaisons brûlantes, corrompues et empestées. Maintenant du nord de Norumbeca et des rivages des Samoyedes, après avoir forcé leurs prisons d'airain, sortent armés de glace, de neige, de grêle, de pluie, de tempêtes et de tourbillons, les violens Borée, Cæcias, Argeste, Thracias, qui dans leur course fougueuse, arrachent les forêts et bouleversent les mers. Par un souffle contraire, partent de Seralione, Africus et Notus, poussant leurs nuages noirs remplis de tonnerres. Avec non moins de furie, se jettent à la traverse, partant du levant et du couchant, Eurus et Zephyrus, suivis de leurs impétueux collatéraux, Sirocco et Libecchio. Ainsi l'outrage commença par la fureur des êtres inanimés; ensuite la Discorde, fille du Péché, sema parmi les animaux ces violentes antipathies que suit la mort. Quadrupèdes contre quadrupèdes, oiseaux contre oiseaux, poissons contre poissons, commencèrent la guerre. Tous oubliant leur nourriture ordinaire, se dévorèrent les uns les autres. Ils cessèrent de respecter l'homme; mais en le voyant paroître, ou ils prirent la fuite, ou ils le laissèrent passer, en jetant sur lui des regards étincelans de colère.

Tels étoient nos malheurs du dehors qui commençoient à naître, et que vit en partie Adam, quoique caché dans d'épaisses ombres, où il s'abandonnoit à sa douleur; mais il sentoit au-dedans de lui-même des malheurs bien plus grands. Son cœur, dans le trouble des passions, est une mer dans l'horreur d'une tempête. Pour l'alléger, il en fait sortir ces tristes gémissemens :

« O quelle misère ! Et après quelle félicité !
» Voilà donc la fin de ce monde qui étoit si brillant
» de gloire, et de moi qui étois la gloire de sa
» gloire ! De bienheureux que j'étois alors, me
» voici donc maintenant maudit, et contraint de me
» dérober à la présence de ce Dieu, dont la vue
» étoit pour moi le comble du bonheur. Ah, si
» c'étoit là du moins le terme de mon malheur ! Je
» l'ai mérité, et je veux bien souffrir ce que j'ai
» mérité. Mais c'est ce qui ne suffit pas. Tout ce
» que je vais faire, me conserver la vie, et la
» donner à d'autres, ce sera étendre la malédiction.
» O parole entendue une fois avec plaisir, croissez
» et multipliez, et qui maintenant entendue, est la
» mort ! Et que puis-je maintenant faire croître, que
» puis-je multiplier, que les malédictions sur ma
» tête ? Ah, de tout ceux qui d'âge en âge seront
» sortis de moi, quel sera celui qui sentant les maux
» descendus de moi sur lui, ne jettera point sur ma
» tête des malédictions ? Il s'écriera : « Maudit soit
» l'auteur impur de notre naissance ! Voilà, Adam,
» comme nous t'en remercions ! »

» Oui, leurs remercîmens seront des exécrations,
» qui s'unissant à celle dont j'ai d'abord été frappé,
» et qui me restera toujours attachée, prendront
» toutes leur origine en moi ; et par un cruel reflux,
» y revenant comme à leur centre, m'accableront ;
» et

» et de quel poids seront-elles, quoique dans
» leur lieu naturel ! O joies fugitives du Para-
» dis, que je vais vous payer chèrement ! Une
» chaîne éternelle de malheurs va vous suivre.
» C'est donc moi qui t'ai prié, Créateur, de me
» tirer de mon argile pour me faire homme ? C'est
» donc moi qui t'ai sollicité de me tirer du sein
» des ténèbres où j'étois, pour me placer dans ce
» délicieux jardin ? Puisque ma volonté n'a pas
» concouru à mon existence, il seroit de l'équité
» et de la justice de me rendre à ma poussière, moi
» qui suis prêt à tout résigner, moi qui ne desire
» que de rendre tout ce que j'ai reçu, moi qui n'étois
» pas capable d'observer des conditions trop diffi-
» ciles, sans lesquelles je ne pouvois conserver un
» bien que je n'avois pas recherché. Eh, la perte
» de ce bien n'est-elle pas une peine suffisante ?
» Pourquoi y ajouter encore le sentiment d'une
» éternelle misère ? Ta justice me paroît inexplica-
» ble. Cependant, il faut que je l'avoue, je m'y prends
» trop tard pour contester ces conditions, quelles
» qu'elles aient été ; j'ai pu les refuser, quand elles
» m'ont été proposées. Tu les as acceptées. Veux-tu
» jouir d'un bien, après avoir méprisé les conditions
» avec lesquelles il t'avoit été donné ? Dieu t'a fait,
» dis-tu, sans te demander ta permission. Quoi, si
» ton fils, après avoir par une désobéissance mérité
» ta réprobation, te faisoit à son tour ce reproche:
« Eh, pourquoi m'avez-vous donné le jour ? Je ne
» l'ai point cherché. » Recevrois-tu une insolente

« excuse, par laquelle tu te trouverois méprisé ? Ce-
« pendant ce ne seroit point à ton choix qu'il devroit
« la vie : il ne te la devroit que par une suite né-
« cessaire des lois de la nature. C'est par son propre
« choix que Dieu t'a fait. C'est par son propre choix
« qu'il t'a fait pour le servir. Ta récompense eût
« été une grâce qu'il t'eût accordée, parce qu'il
« l'eût voulu. Ta punition est donc une justice qu'il
« exécute comme il lui plaît. Eh bien, soit. Je m'y
« soumets. Son arrêt est équitable. Je suis poudre,
« je retournerai en poudre. O moment fortuné, à
« quelque heure qu'il arrive! Eh, pourquoi son
« bras tarde-t-il à exécuter ce que son décret a fixé
« pour le jour même du crime? Pourquoi faut-il
« que je me survive? Pourquoi la mort se joue-
« t-elle de moi? Pourquoi suis-je prolongé pour un
« tourment qui ne mourra point? Ah, avec quelle
« joie je souffrirois la peine de la mort, mon arrêt!
« Que je serois heureux de redevenir poussière in-
« sensible! Avec quel plaisir je me laisserois retom-
« ber dans le sein de ma mère! Là, je trouverois
« le repos, et un sommeil assuré. Cette terrible voix
« ne tonneroit plus à mes oreilles, et la crainte de
« plus grands maux pour moi et ma postérité, ne
« me tourmenteroit plus par une cruelle attente.
« Mais un doute me poursuit encore. Je crains de
« ne pas mourir tout entier. Je crains que ce souffle
« de vie, ce souffle pur, divine inspiration, esprit
« de l'homme, ne soit incapable de périr, lorsque
« l'édifice de ce corps périt. Ah, que sais-je, si

» dans le tombeau, ou dans quelqu'autre lieu ter-
» rible, je ne mourrai point d'une mort vivante?
» O effroyable pensée! Puisse-t-elle être sans fon-
» dement! Et sur quoi seroit-elle fondée? Ce qui
» a péché en moi, c'est ce souffle de vie. Ce qui
» doit mourir en moi, c'est ce qui a la vie, c'est ce
» qui a péché. Le corps n'est proprement ni vivant
» ni coupable. Oui, tout ce que je suis mourra
» donc. Cette réflexion suffit pour calmer notre
» inquiétude, puisque l'humaine intelligence ne
» peut pénétrer plus loin. Cependant le souverain
» de l'univers est infini, sa colère doit donc aussi
» être infinie. Eh bien, soit! Mais l'homme n'est pas
» infini, et son arrêt est un arrêt de mort. Dieu
» peut-il exercer une colère sans fin sur l'homme
» dont la mort est la fin? Peut-il faire que la
» mort soit immortelle? Ce seroit faire ce qui
» se contredit d'une manière étrange; c'est donc
» ce qui est impossible à Dieu même. Soutenir
» qu'il le peut faire, seroit prouver sa foiblesse,
» et non pas sa puissance. Voudra-t-il, contentant
» sa colère, étendre, dans l'homme qu'il punira,
» le fini jusqu'à l'infini, pour que l'homme satis-
» fasse une vengeance que rien ne peut satis-
» faire? Ce seroit étendre son arrêt plus loin que
» sur une poudre; ce seroit aller contre les lois de
» la nature, par lesquelles toutes les causes agissent,
» non suivant toute l'étendue de leur pouvoir,
» mais suivant la capacité des êtres sur lesquels
» elles agissent. Toutefois, si la mort n'étoit pas,

» comme je le suppose, un coup subit, qui doit
» au même instant nous priver de tout sentiment,
» si elle étoit au contraire le sentiment d'une
» misère immense, qui commencée aujourd'hui
» pour toujours en moi et hors de moi, doit per-
» pétuer une chaîne de douleurs? Hélas, hélas,
» cette pensée qui par un affreux retour me rap-
» porte sa terreur, est comme un tonnerre qui
» roule sans cesse sur ma tête exposée sans défense
» à ses coups! La Mort et moi nous sommes donc
» tous deux éternels, tous deux incorporés ensemble,
» et je ne suis pas dans la malédiction pour ma seule
» part. Elle enveloppe en moi toute ma postérité.
» Beau patrimoine que je suis contraint de vous
» laisser, ô mes enfans! Ah, puissé-je le consumer
» moi seul tout entier! Que je voudrois qu'il n'en
» restât rien pour vous! Ainsi déshérités, vous
» béniriez celui qui va devenir l'objet de vos
» malédictions. Eh pourquoi, pour la faute d'un
» seul, toute l'humaine race innocente sera-t-elle
» condamnée? Mais sera-t-elle innocente? Ah, de
» moi, que peut-il sortir qui ne soit corrompu, et
» qui avec un cœur et un esprit dépravé, ne soit
» porté aux mêmes actions que les miennes, et
» aux mêmes desirs? Comment donc mes enfans
» pourroient-ils paroître en la présence de Dieu,
» comme quittes envers lui? Hélas, après avoir
» tant disputé contre lui, je suis forcé de l'absou-
» dre! Tous mes vains subterfuges, tous mes argu-
» mens, après m'avoir égaré dans un labyrinthe,

» me ramènent toujours à ma propre conviction.
» Tous les reproches, depuis le premier jusqu'au
» dernier, c'est à moi qu'ils sont dus; ils retombent
» tous sur moi, seul auteur de toute corruption,
» source d'iniquité. Puisse aussi sur moi tomber
» toute la colère! O souhait forcené! Pourrois-tu
» soutenir seul un poids plus pesant que la terre,
» un poids, quoique partagé entre toi et cette
» femme criminelle, bien plus pesant à porter que
» celui de l'univers? Ainsi tes desirs comme tes
» craintes détruisent également en toi toute espé-
» rance, t'ôtent toute ressource, et t'apprennent
» que tu es un modèle de malheur plus grand que
» tous ceux qui dans la suite seront misérables, et
» que tous ceux qui l'ont été. Satan seul est, dans
» le crime comme dans le châtiment, ton égal.
» O conscience, dans quel gouffre d'alarmes et
» d'horreurs tu m'as jeté! Je ne trouve point d'issue
» pour en sortir, et je sens que je tombe d'abymes
» en abymes. »

Telles étoient les lamentables plaintes qu'Adam s'adressoit à lui-même à haute voix, dans le silence d'une nuit qui, quoique tranquille, n'avoit plus cette douceur, cette sérénité, cette fraîcheur qu'a-voient les nuits avant sa désobéissance. Il y régnoit un air noir et humide. La tristesse de ces épaisses ténèbres, et les remords d'une conscience cou-pable, répandoient sur tous les objets qui se présen-toient à son imagination, une double terreur. Cou-ché sur la terre, tristement étendu sur la froide poussière, souvent il maudissoit l'heure à laquelle il avoit été créé, et autant de fois il accusoit la mort de sa lenteur à exécuter un coup qui, suivant la menace, auroit dû être porté le jour même de l'offense.

« Eh pourquoi, disoit-il, cette mort n'arrive-
» t-elle point pour terminer mes jours par un coup
» trois fois heureux, après lequel je ne serai plus ?
» Eh quoi, la vérité manque-t-elle à sa parole ? La
» divine justice ne se hâtera-t-elle pas de faire voir
» qu'elle est juste ? Mais la mort est sourde à la voix
» qui l'appelle, et ni les cris ni les prières ne peuvent
» changer l'ordre de la divine justice, qui marche
» avec cette extrême lenteur. O bois, ô fontaines,
» forêts, montagnes et vallées, hélas, j'avois appris
» aux échos qui sont dans vos retraites à me répon-
» dre sur un autre ton ; je les faisois retentir de sons
» bien différens ! »

Lorsque la malheureuse Eve, qui étoit assise à l'écart toute désolée, vit qu'il s'abandonnoit à son affliction, elle se leva, s'approcha de lui, et voulut par la douceur de ses paroles, calmer la violence de ses transports :

« Loin de ma vue, s'écria-t-il, en la repoussant
» avec un regard irrité ; retire-toi, serpent : et à quel
» autre ce nom convient-il mieux qu'à toi, qui t'es
» liguée avec lui ; à toi, aussi fausse et aussi odieuse
» que lui ? Il ne te manque que sa figure et sa
» même couleur. Elle déceleroit au dehors ta malice
» cachée. Elle avertiroit toutes les créatures de te

» fuir à jamais. Elles ne seroient plus trompées par
» cette figure, qui n'est que trop céleste, tandis
» qu'elle couvre en toi une noirceur infernale.
» Hélas, mon bonheur eût duré, si je ne t'avois point
» eue, et si lorsque je commençois à craindre le
» péril, ton orgueil et ton extravagante vanité ne
» t'eussent point fait rejeter mes conseils, ni t'irriter
» de ce que je te témoignois de la méfiance ; mais tu
» ne desirois que de t'aller faire voir, même au
» Démon ! Tu avois la présomption de croire que tu
» serois plus habile que lui ; et au même instant que
» tu as trouvé le serpent, sont arrivées la fraude et
» la séduction. Il t'a séduite, et tu m'as séduit, parce
» que j'ai eu en toi une confiance que je ne devois
» plus avoir, puisque tu m'avois quitté. Je m'étois
» imaginé que tu étois sage, ferme, prudente, ca-
» pable de résister à toutes les attaques, et je n'a-
» vois pas remarqué que ce qui paroissoit en toi
» vertu solide, n'en étoit que l'apparence. Je n'avois
» pas fait réflexion que tout en toi n'étoit qu'une
» côte, qui par sa nature est courbée, et celle-ci sur-
» tout étoit pliée vers la partie gauche : côte tirée
» de moi, mais qu'il falloit donc en retirer pour
» n'en rien faire, puisqu'elle étoit de trop. Eh,
» pourquoi Dieu, Créateur sage, lui qui n'a peuplé
» le séjour élevé des Cieux que d'Esprits qui sont
» du noble sexe, a-t-il en finissant ses ouvrages, mis
» sur la terre cette nouveauté, ce brillant défaut de
» la nature ? Pourquoi n'a-t-il pas tout d'un coup
» rempli d'hommes le monde, comme il a rempli

» d'Anges le Ciel? Pourquoi y mettre des femmes?
» Pourquoi ne pas trouver une autre voie pour
» perpétuer le genre humain? Je ne serois pas
» tombé dans un malheur que suivront des malheurs
» encore plus grands, ces troubles innombrables
» dont les artifices des femmes rempliront la terre.
» Que leur commerce sera funeste! L'homme ne
» possédera jamais pour compagne, celle qui lui
» auroit convenu; il aura celle que son aveugle-
» ment ou son malheur lui aura fait trouver. Celle
» qu'il desirera, rarement il l'obtiendra; ou, pour
» lui causer plus de dépit, elle se laissera gagner par
» quelqu'autre qui aura moins de mérite; ou si elle
» veut répondre à son amour, les parens s'oppose-
» ront à cette union; ou enfin elle deviendra maî-
» tresse de disposer d'elle, mais elle n'en pourra
» plus disposer en faveur de celui qui l'avoit recher-
» chée d'abord. Il sera enchaîné dans de durs liens
» avec une cruelle ennemie, qui sera sa honte, et
» l'objet de sa haine. Ainsi des calamités infinies
» affligeront la vie humaine, et la paix domestique
» sera toujours troublée. »

Il se tait, et se détourne d'elle; mais elle ne se rebute point. Les cheveux épars, et baignée dans ses larmes, qui ne cessent de couler, elle se prosterne humblement à ses pieds, les embrasse, lui demande grâce, et lui adresse cette prière plaintive :

« Non, non, Adam, ne m'abandonne pas ainsi:
» le Ciel voit quel amour sincère, quel respect je
» te porte en mon cœur. Je suis ta suppliante. Je te

» demande miséricorde. Je presse tes genoux con-
» tre mon sein ; ne me prive point de la douceur
» de tes regards qui font ma vie ; ne me prive point
» dans mon extrême misère, de ton aide et de ton
» conseil, ma seule force, tout mon soutien. Aban-
» donnée de toi, quel sera mon asile ? Que devien-
» drai-je ? Tandis que nous vivons encore (et peut-
» être nous reste-t-il à peine une heure à vivre), que
» la paix du moins règne entre nous. Réunissons notre
» colère contre celui qui nous a unis dans l'outrage,
» contre celui qui par les termes de l'arrêt nous est
» désigné comme l'objet de notre inimitié, contre le
» cruel serpent. Ah, que la misère dans laquelle tu
» es tombé, ne te fasse pas exercer ta haine sur moi
» qui suis déjà perdue, sur moi qui suis bien plus
» misérable que toi ! Nous sommes tous deux cou-
» pables, mais tu ne l'es qu'envers Dieu. Je le suis
» envers Dieu et envers toi. Ah, je retournerai à cette
» même place où notre arrêt a été prononcé ! Là, par
» mes cris j'importunerai le Ciel, afin que l'arrêt
» écarté de dessus ta tête, tombe entier sur moi,
» l'unique cause de tous tes malheurs, sur moi, sur
» moi seule, le juste objet de ta colère. »

Elle cesse de parler, et s'abandonne aux larmes. La vue d'une femme qui reste immobile dans cette humble posture, jusqu'à ce qu'elle obtienne le pardon d'une faute qu'elle avoue, et qu'elle pleure, excite dans Adam la commisération. Son cœur aussitôt reprend sa tendresse pour celle qui n'aguère étoit sa vie et son seul plaisir, et qu'il voit maintenant à ses pieds dans la douleur et la soumission. Il s'attendrit pour cette créature si belle, qui conjurant celui qu'elle a offensé, de lui accorder son pardon, implore ses conseils et son secours. A la fin désarmé, il oublie toute sa colère, et lui tendant la main pour la relever, il lui adresse ces paroles de paix :

« O imprudente et trop prompte encore, comme
» tu l'as déjà été, à souhaiter ce que tu ne connois
» pas ! Tu souhaites que la punition tombe tout
» entière sur toi seule. Hélas, contente-toi d'en sup-
» porter ta part. Eh, comment pourrois-tu suppor-
» ter le poids tout entier d'une colère dont tu ne
» sens encore que la moindre partie, toi qui as si
» peu de force pour soutenir mon indignation ? Si
» les prières pouvoient adoucir les arrêts du Très-
» Haut, je me hâterois de me rendre avant toi à
» cette place dont tu parles, et par des cris plus
» forts que les tiens, je demanderois que tout le
» fardeau tombât sur ma tête, et que la faute d'un
» sexe foible et fragile, à moi confié, et par moi
» exposé, fût oubliée. Mais lève-toi, plus de dis-
» pute. Ne nous condamnons pas l'un l'autre, nous
» sommes assez condamnés. Ne nous disputons
» plus rien que la tendresse de nos services. Cher-
» chons comment nous pourrons mutuellement
» nous rendre notre fardeau plus léger, et nous
» soulager en portant chacun la portion de nos
» maux, puisque cette mort qui nous avoit été
» annoncée le jour même, ne doit pas, si ma pré-
» voyance est juste, nous frapper d'un coup subit,

» mais sera un mal arrivant à pas lents, une des-
» truction qui ne se fera que peu-à-peu, à la lon-
» gueur du temps, pour augmenter notre supplice,
» supplice qui s'étendra après nous, sur toute notre
» race. O race infortunée ! »

Eve qui reprit courage, lui répondit :

« Je reconnois, Adam, par une triste expérience,
» le foible crédit que doivent avoir sur vous mes
» paroles, après que vous les avez trouvées si
» pleines d'erreurs, après que pour les avoir sui-
» vies, un juste événement vous les a fait payer si
» cher. Cependant, puisque toute indigne que je
» suis, je trouve grâce devant vous, et que je
» reprends ma place dans votre cœur, pleine
» d'espérance de regagner cet amour, le seul
» contentement de mon âme, soit que je meure,
» soit que je vive, je ne veux point vous
» cacher les pensées qui s'élèvent dans mon cœur
» troublé, et qui tendent, ou à apporter quelque
» soulagement à nos maux, ou à les finir tout
» d'un coup. Ces pensées sont à la vérité tristes
» et douloureuses ; mais dans l'état où nous sommes
» on les peut écouter. Dans de pareils malheurs,
» il faut du moins savoir choisir les moindres. Si
» l'inquiétude qui nous tourmente le plus est celle
» qui nous fait songer à une race qui doit naître
» pour souffrir des maux assurés, et être enfin
» dévorée par la mort, si le comble de la misère
» est d'être les auteurs de la misère des autres, et
» de quels autres ? De ceux qui seront sortis de

» nous, de ceux à qui nous aurons donné la nais-
» sance ; si nous ne pouvons soutenir cette pensée,
» que par nous entrera dans le monde maudit une
» race infortunée, qui après une vie remplie de
» misères, sera enfin la proie de ce monstre que
» rien ne rassasie ; cet événement dépend encore
» de vous. Cette malheureuse race n'existe point.
» Elle est encore à naître. Qu'elle ne naisse donc
» point. Vous êtes sans enfans ; restez sans enfans.
» Ainsi la mort affamée sera trompée dans son
» attente. Elle ne trouvera dans son avidité que
» nous deux à dévorer, et elle sera forcée de s'en
» contenter. Mais si vous croyez qu'il soit trop
» cruel et trop difficile à deux personnes qui s'en-
» tretiennent, qui se regardent, qui s'aiment, de
» se priver de ces plaisirs qui sont les devoirs de
» l'amour, de ces doux embrassemens, qui sont
» les liens de l'hymen (et comment en effet lan-
» guir dans le desir sans espérance, lorsqu'on a
» devant ses yeux l'objet qu'on aime et qui languit
» dans le même desir?), il faut prendre un autre
» parti ; car sans doute des malheurs et des tour-
» mens que nous craignons, celui-ci ne seroit pas
» le moindre. Pour délivrer donc tout d'un coup
» et nous et notre race de ce que nous avons à
» craindre pour elle et pour nous, prenons la voie
» la plus courte, cherchons la mort ; ou si nous ne
» la trouvons pas, exerçons son ministère, et que
» nos mains fassent sur nous-mêmes l'office des
» siennes. Pourquoi rester plus long-temps dans ces

» frissons causés par des craintes qui ne nous an-
» noncent d'autre fin que la mort, quand il est
» en notre pouvoir (si de tous les chemins qui
» conduisent vers elle, nous choisissons le plus
» court) de détruire la destruction, en nous dé-
» truisant nous-mêmes. »

A ces mots elle s'arrête, soit qu'elle n'ait plus rien à dire, soit que la violence de son désespoir étouffe dans sa bouche ce qui lui restoit à dire. Elle est toute remplie de la pensée de la mort, dont la pâleur est déjà sur ses joues. Mais un tel conseil ne fait aucune impression sur Adam, dont l'âme plus attentive, rappelle ses forces, et s'élève à de meilleures espérances.

« Eve, lui répondit-il, savoir mépriser la vie et
» les plaisirs, découvre en toi quelque chose de
» plus sublime, de plus admirable que tout ce
» que ton âme méprise; mais desirer sa propre
» destruction, c'est foiblesse. Ce desir que tu té-
» moignes, est contraire à ton excellence. Il ne
» prouve pas en toi un vrai mépris; il prouve ta
» peine et tes regrets d'avoir perdu une vie et des
» plaisirs dont ton cœur étoit trop épris. Si tu de-
» sires la mort comme le dernier terme des misères,
» t'imaginant échapper ainsi à la punition pronon-
» cée contre toi, sois bien convaincue que Dieu a
» trop sagement armé son courroux vengeur, pour
» que sa victime puisse s'échapper. Et en voulant
» ainsi forcer la Mort à nous détruire, pour nous
» délivrer de la dette que notre arrêt nous con-

» damné à payer, je craindrois bien plutôt que la
» colère du Très-Haut, provoquée par cette action
» de contumace, ne rendît la mort vivante en nous.
» Prenons une plus sage résolution, et cherchons
» un meilleur moyen. C'est celui, je crois, qui se
» présente à mon esprit, lorsque je fais attention
» à ces mots de notre arrêt que je me rappelle :
» *Ta race écrasera la tête du serpent.* Misérable
» consolation, si ces mots ne regardoient pas,
» comme je le conjecture, notre grand ennemi, ce
» Satan qui enfermé dans le serpent, a tendu le
» piége dans lequel il nous a fait tomber. Ecraser
» sa tête, sera notre véritable vengeance, et nous
» la perdrions en nous donnant la mort à nous-
» mêmes, ou en prenant ce parti que tu proposes,
» de passer notre vie sans enfans. Par-là, notre
» ennemi éviteroit le supplice prononcé contre lui;
» et nous, loin d'éviter le nôtre, nous le redou-
» blerions contre nous-mêmes. Ne parlons donc
» plus, ni d'une action violente contre nous-
» mêmes, ni d'une stérilité volontaire qui nous
» ôteroit toute espérance. De pareilles résolutions
» n'annoncent que désespoir, orgueil, impatience,
» colère et révolte contre Dieu, et contre son joug
» si juste imposé sur nos têtes. Rappelle-toi avec
» quelle douceur, avec quelle bonté il nous a tous
» deux entendus, et comment il a prononcé notre
» jugement sans colère, sans aucun terme de re-
» proche. Nous nous attendions alors à une des-
» truction soudaine. Ce jour nous sembloit devoir

» être celui de notre mort. Cependant il se contenta
» de t'annoncer les douleurs de l'enfantement,
» douleurs aussitôt récompensées par la joie de
» voir sortir de toi le fruit de tes entrailles ; et la
» malédiction qu'il a prononcée ne faisant que
» m'effleurer, est tombée sur la terre. C'est dans
» la peine que je dois manger mon pain. Eh bien,
» quel malheur ? L'oisivité en auroit été un plus
» grand, mon travail sera mon soutien. Lui-même
» a déjà songé à propos et sans attendre notre
» demande, à pourvoir à nos besoins contre les
» injures d'un air, tantôt chaud, tantôt froid. C'est
» de ses mains que nous sommes vêtus, tout in-
» dignes que nous sommes de ses bontés. Il a eu pitié
» de nous, dans l'instant qu'il nous jugeoit. Que
» n'en devons-nous pas attendre, quand nous serons
» ses supplians ? Son oreille sera attentive à nos
» prières, et son cœur sera toujours porté à la
» compassion. Il nous enseignera même à éviter
» l'inclémence des saisons, les pluies, les neiges,
» les grêles, les frimas, tous ces maux que par ses
» divers changemens le Ciel commence à nous
» annoncer sur cette montagne, tandis que les
» vents par leurs haleines humides et froides,
» agitent et déshonorent les têtes de ces beaux
» arbres qui étendent leurs branches épaisses. C'est
» ce qui nous avertit de chercher quelque meilleur
» asile, quelque chaleur étrangère pour ranimer
» nos membres qui s'engourdissent. Avant que
» l'astre du jour nous abandonne par sa retraite au

» froid de la nuit, voyons comment ses rayons
» rassemblés et réfléchis, pourront être reçus par
» des matières promptes à s'allumer ; ou comment
» par la collision de deux corps, nous pourrons
» agiter l'air avec une telle rapidité, qu'il soit con-
» traint de s'enflammer, comme il a été tout à
» l'heure enflammé, lorsque les vents ont avec
» violence poussé des nuages les uns contre les
» autres. Leur rude choc a fait briller un feu dont
» la flamme descendue en serpentant, a embrasé
» l'écorce résineuse du pin et du sapin, et répand
» au loin une chaleur agréable qui peut suppléer
» à l'absence du soleil. Quel usage nous devons
» faire de ce feu, par quels moyens nous pouvons
» guérir ou adoucir les maux qui ont pris leur ori-
» gine dans notre péché, c'est ce que nous ap-
» prendra notre juge, lorsque nous implorerons sa
» bonté. Ainsi, puisque nous devons nous attendre
» à une vie laborieuse, assurés que lui-même nous
» y soutiendra et nous y procurera plusieurs con-
» solations, jusqu'à ce que nous allions finir dans
» la poudre, demeure où nous avons pris nais-
» sance, et qui sera celle de notre dernier repos,
» que pouvons-nous faire de mieux que de re-
» tourner à la place où il nous a jugés ? Là, sou-
» mis et respectueux, nous nous prosternerons en
» sa présence, nous ferons une humble confession
» de nos fautes, nous en implorerons le pardon.
» La terre sera baignée de nos larmes, l'air sera
» rempli de nos soupirs, qui poussés par un cœur
              » contrit,

» contrit, attesteront un repentir sincère, et une
» profonde humiliation. Sans doute il se laissera
» attendrir, sa colère sera désarmée. Eh, dans le
» moment où il sembloit devoir être le plus irrité
» et le plus sévère, ses regards n'étoient-ils pas
» sereins? N'étoit-ce pas la faveur, la grâce, la mi-
» séricorde qui y brilloient? »

Ainsi parle notre premier père, très-sincère pénitent. Eve ne sent pas de moindres remords. Tous deux retournèrent à la place où il les avoit jugés. Là, soumis et respectueux, ils se prosternèrent en sa présence. Ils firent une humble confession de leurs fautes. Ils en implorèrent le pardon. La terre étoit baignée de leurs larmes. L'air étoit rempli de leurs soupirs, qui poussés par un cœur contrit, attestèrent un repentir sincère, et une profonde humiliation.

NOTES

DU LIVRE DIXIÈME.

Pag. 209, lig. 1. *Cependant, etc.*

C'est la suite du dernier vers du livre précédent, *tandis qu'ils perdent leur temps et leurs paroles.* Ce livre, comme le remarque Addisson, est comme le dernier acte d'une bonne tragédie. Le poète y ramène devant les spectateurs tous les personnages, et, sur le point du dénouement, fait reparoître sur la scène tous ceux qui ont eu part à l'action. Ce livre, qui est tout pathétique, remplit de terreur et de pitié. On y voit les coupables jugés, et leur désolation; le commencement de la terrible punition; le péché et la mort qui s'emparent de la terre, comme de leur royaume; toute la machine de l'univers dérangée par les Anges.

Même pag., même lig. *L'action de haine et de vengeance, etc.*

Non pas contre les hommes. On a vu Satan, avant que de les perdre, avoir pitié d'eux, et se sentir prêt à les aimer. C'est de Dieu dont il s'est vengé sur eux. Dieu doit-il pour cela leur pardonner? Milton va faire voir qu'ils sont coupables, et méritent leur condamnation.

Même pag., lig. 5. *Qui pervertissant son époux, etc.*

La plus parfaite des femmes, donnée des mains de Dieu même au plus parfait des hommes, a donc *perverti son époux;* mais la faute que Dieu a permise, procurera par son réparateur la gloire de l'homme.

Pag. 210, lig. 2. *Complication de plusieurs crimes, etc.*

Satan dira bientôt par raillerie, que tout ce crime est d'avoir mangé une pomme. Milton a raison de faire observer la grandeur de ce crime. Deux créatures tout récemment sorties des mains de Dieu, dans un état de félicité où rien ne leur manque, avec tous les secours intérieurs pour ne point pécher, n'ont à respecter qu'une défense très-facile à respecter, qui n'est qu'une douce épreuve de leur obéissance, pour leur faire apercevoir qu'ils ont un maître; et ce maître a menacé d'une terrible punition une faute qu'il leur est si aisé de ne pas commettre. Qui les rend infidelles? L'orgueil et l'esprit de révolte : ils veulent devenir des dieux. La curiosité de l'esprit : ils veulent connoître plus qu'ils ne doivent connoître. La volupté des sens : le goût du fruit les tente, ils laissent prendre l'empire aux desirs du corps. Ainsi, comme dit fort bien Milton, ce crime est *une complication de plusieurs crimes*.

Même pag., lig. 3. *Les Anges destinés, etc.*

Après la chute de l'homme, ils n'ont plus de garde à faire sur la terre. Satan en est devenu le prince.

Même pag., lig. 8. *Le séjour qu'ils gardoient, etc.*

Il semble qu'il ne leur étoit pas facile de justifier leur vigilance. Satan est entré deux fois dans ce Paradis, et est enfin approché d'Eve, sans être aperçu par eux. A quoi donc a servi leur garde? Le Père Eternel les justifie, en disant : « Vous ne l'avez pu empêcher. » La fiction du poète a un fondement. Dieu, comme il est dit dans les pseaumes, ordonne aux Anges de garder ses Saints; ils campent autour d'eux. Ces deux créatures n'auroient point eu la force de repousser un ennemi tel que Satan, s'il les eût attaquées par violence. Les Anges les gardent contre toute violence;

mais elles ont la force nécessaire pour repousser toute séduction. Les Anges ne les gardent pas contre la séduction.

Pag. 210, lig. 12. *Mais une tristesse, etc.*

Quand la tristesse part d'un cœur miséricordieux, elle n'altère point la béatitude. On trouve du plaisir à s'attendrir sur les malheureux. Les Anges se réjouissent de la conversion d'un pécheur, et s'attristent de la chute d'un juste.

Même pag., lig. 14. *Tout le peuple, etc.*

Ils ne s'arrêtent point pour répondre aux questions de ce *peuple d'Anges*, ils vont droit au trône. Le Dante, dans son Paradis, c. 28, fait aussi comme un *peuple d'Anges* du neuvième cœur, et toute sa doctrine sur les Anges est tirée des écrits qu'on attribuoit de son temps à Saint-Denis l'aréopagite.

Même pag., lig. 29. *Je vous avois prédit, etc.*

S'ils étoient alors occupés à la garde du Paradis terrestre, ils n'avoient pas entendu cette prédiction; mais apparemment on relevoit cette garde.

Pag. 211, lig. 1. *Je vous ai annoncé, etc.*

Liv. III, v. 86, le Père éternel, toujours prompt à se justifier en théologien, assure qu'il n'a pas donné *l'impulsion la plus légère*.

Même pag., lig. 29. *Toi désigné pour être homme, etc.*

Notre premier traducteur trouve ici une allusion à une loi de l'Angleterre, suivant laquelle *nul ne peut être jugé que par ses pairs*. Il paroît que Milton a pensé quelque chose de plus grand, lorsqu'il a imaginé cette commission donnée au fils; ce que n'avoit imaginé avant lui aucun peintre. Ils représentent tous le Père Eternel jugeant les hommes. Le Verbe ne s'est point encore fait homme, mais il s'est offert à l'être un jour par amour pour l'homme. C'est donc unir la miséricorde à la justice, que de le choisir pour juger les coupables, dont il sera le rédempteur.

Pag. 212, lig. 3. *Sa divinité dévoilée, etc.*

Vers sublime. La divinité du Père, toujours voilée pour les Anges même, rayonne sur le Fils, en qui seul le Père est visible.

Même pag., lig. 7. *C'est à moi, etc.*

C'est au Verbe qu'a été donné tout jugement, sur la terre et dans le ciel. Il n'a pas jugé les Anges rebelles, il les a foudroyés, et il ne parlera de Satan qu'allégoriquement, dans l'arrêt contre le serpent. Il va juger les hommes, mais il renouvelle auparavant l'engagement qu'il a pris de payer leur dette.

Même pag., lig. 20. *Et vous appaisé, etc.*

Dans ces deux vers, l'économie du mystère de l'Incarnation est parfaitement expliquée.

Même pag., lig. 21. *Je n'ai pas besoin de cortége, etc.*

Il partit avec un cortége pompeux, pour aller foudroyer Satan, et pour aller créer le monde; il veut aller seul faire l'office de juge, pour épargner aux deux coupables la confusion d'être condamnés devant les témoins. Le Dominiquin et plusieurs autres peintres ont représenté le Père Eternel porté par les Anges, lorsqu'il prononce l'arrêt de notre condamnation. Milton est le seul qui ait imaginé ce juge qui vient comme ami. Combien d'autres endroits, dans ce poëme, font reconnoître son génie créateur!

Pag. 212, lig. 27. *Celle du serpent est inutile, etc.*

Et cependant cet arrêt ne paroîtra tomber que sur le serpent. Ainsi le poète, qui rapportera les mots de la Genèse, prévient du sens dans lequel on doit les entendre.

Même pag., lig. 29. *D'une gloire collatérale, etc.*

Parce que son trône est à côté du trône du père. Expression hardie, comme le mot *Légat à latere*.

Pag. 213, lig. 3. *Il y est descendu, etc.*

Il n'a traversé aucun espace. Il veut être à Eden, *il y est descendu*. Raphaël, liv. VIII, a dit à Adam, que l'activité des subsistances spirituelles est si grande, qu'en partant du ciel après l'aurore levée, il étoit avant midi à Eden. Voici une rapidité bien plus grande. Le Verbe veut être à Eden, *il y est descendu*, et le temps ne peut mesurer la rapidité de son voyage. Sublime inconnu à Homère. Son Jupiter, Iliade 8, monte sur son char, et conduit ses chevaux en sortant du Ciel.

Même pag., lig. 8. *Les vents doux, etc.*

Quand le Verbe est venu foudroyer les Anges rebelles, il étoit armé de gerbes de tonnerres, et monté sur un char terrible, environné de millions d'Anges. Voici un jugement bien différent. Nul appareil de terreur. Il vient seul, lorsque les vents n'ont que de douces haleines, quand l'air est frais et tranquille; il vient dans une colère encore plus tranquille, et sa voix est portée par les zéphirs. Que de douceur! Et cependant, que l'arrêt prononcé avec douceur est terrible!

Même pag., lig. 18. *S'enfoncèrent au milieu des arbres, etc.*

Pourquoi vont-ils s'y enfoncer, lorsqu'au milieu d'un air

tranquille, arrive jusqu'à eux une voix portée par les zéphirs? Quel poète a jamais mieux peint la honte d'un coupable!

Pag. 214, lig. 1. La dernière, etc.

Ce qu'a bien rendu Dobson :

> Prodiit ille repente, comes simul Eva, recedens
> Nunc magis, ad noxam quanto modo pronior; ambo
> Demissi in terram vultus, tremefactaque corda
> Attoniti.

Même pag., lig. 4. Leur amour, etc.

Ces deux créatures auparavant aimoient Dieu, et s'aimoient mutuellement. Maintenant leurs regards n'annoncent ni l'un ni l'autre amour.

Même pag., lig. 18. Qui te l'a appris, etc.

Un enfant contrefait n'est point honteux de paroître devant son père, mais son père le regarde avec honte et compassion. Si Milton eût fait dire ici à Dieu: «Pourquoi crains-» tu de paroître nu devant moi, qui t'ai fait? Trouverai-je » quelque chose de honteux dans mon ouvrage?» Adam ne seroit pas si accablé que par ce mot sublime de la Genèse, *Quis indicavit tibi? Qui te l'a appris?* Puisque tu le sais, tu n'es donc plus tel que tu étois au sortir de mes mains?

Même pag., lig. 23. O Ciel, je me trouve, etc.

Quel discours éloquent! Adam à la fin du livre précédent, étoit irrité contre sa femme qui lui avoit fait les reproches les plus injustes. Il va, en l'accusant, témoigner pour elle la plus grande tendresse, et en faire un portrait admirable. Par-là, il semble adroitement s'excuser, et s'en prendre à Dieu même, *c'est vous qui me l'avez donnée.*

Pag. 215, lig. 8. *Cette femme si bonne*, etc.

Dobson a rendu ainsi cet endroit :

> Fæmina quam comitem mihi, subsidiumque dedisti
> Commendans ultro egregiam, gratamque, bonamque,
> Et divinam adeo, ut rerer nihil inde timendum,
> Cujus in eximio resplendens corpore virtus
> Quidquid agit, decorat, lætumque et amabile reddit,
> Illa dedit, etc.

Même pag., lig. 10. *Soupçonner qu'aucun mal*, etc.

Il a bien su que le mal partoit alors de sa main, mais il a voulu par complaisance s'unir à son crime. Il trahit donc ici la vérité, en voulant s'excuser.

Pag. 216, lig. 8. *Ni féconde en paroles*, etc.

On l'a vue à la fin du livre précédent, hardie et féconde en paroles devant son mari ; la voici muette devant son juge.

Même pag., lig. 16. *A la fin*, etc.

Puisqu'il avoit été créé, comme tous les autres animaux, pour amuser et servir l'homme, et non pour lui nuire.

Même pag., lig. 20. *D'une connoissance plus étendue*, etc.

Quand Adam eût su dans ce moment, ce qu'il sut dans la suite, que ce n'étoit pas le serpent, mais Satan qui avoit séduit Eve, cette connoissance n'eût rien diminué de son crime. C'est le sens que Warburton donne à cet endroit.

Même pag., lig. 24. *Ces termes mystérieux*, etc.

Dont les uns s'appliquent à Satan, les autres au Messie ; et ceux qui pour détourner le sens de la prophétie, ont voulu expliquer ces termes d'une manière littérale, n'ont pu y donner un sens raisonnable, comme l'observe Sherlok dans son Traité sur la Prophétie.

Pag. 217, lig. 1. *Elle te brisera la tête, etc.*

Dans notre traduction française, *elle* se rapporte à *sa race*, et s'y doit rapporter. L'*ipsa* de la Vulgate est une faute dont quelques manuscrits ont été cause. Il faudroit *ipsum* se rapportant à *semen*. On verra aussi dans la suite, que Milton a entendu, non pas la femme, mais quelqu'un de sa race, Jésus-Christ qui écraseroit la tête du serpent. Quand il rapporte ces trois arrêts, il les rapporte, autant qu'il lui est possible, dans les termes de la Genèse, et plutôt que d'y rien changer, il néglige la cadence de ses vers. Il emploie ici le même verbe pour exprimer l'action de Jésus-Christ sur la tête du serpent, et celle du serpent contre le talon de Jésus-Christ, c'est-à-dire, contre son humanité, ayant été la cause de sa mort, parce que c'est le même verbe dans l'hébreu. Dobson emploie aussi le même verbe :

Huic tu adeò calcem, caput hîc tibi conteret ultor.

Par ce verbe, on peut entendre, *briser*, ou *meurtrir*; et au vers 498, Satan parlant à ses sujets, fait voir que par ce mot de son arrêt, il n'a entendu qu'une meurtrissure.

Même pag., lig. 12. *Satan, que brisera, etc.*

Tout cet endroit est rempli des expressions de saint Paul; et celle-ci, *briser Satan*, est de l'Ep. aux Rom. 16, *conteret Satanam*.

Même pag., lig. 29. *Vous vous nourrirez de l'herbe, etc.*

Comme il est dit dans la Genèse; et Ovide a dit, Fastes 4 :

Panis erant primis virides mortalibus herbæ.

Pag. 218, lig. 9. *Quoiqu'encore éloigné, etc.*

Puisqu'Adam vécut 930 ans, et vit la mort frapper ses

enfans avant lui. Qu'a-t-il fait pendant une vie si longue? Son histoire, aussi bien que celle d'Eve, nous est entièrement inconnue; notre premier père est resté comme dans un profond oubli. Il n'est pas même nommé dans la liste que fait saint Paul, Heb. 11, des Saints qui ont vécu de la foi. Cette liste commence par Abel. Quoiqu'Adam soit regardé comme le chef des morts, parce que tous les hommes sont morts en lui, on n'a jamais douté qu'il n'ait, ainsi qu'Eve, obtenu miséricorde. Il fut témoin de tous les crimes qui suivirent le sien, et sa longue vie fut une longue pénitence. Le Dante le trouva, aussi bien qu'Eve, dans le Paradis et après l'avoir ainsi appelé : « O père antique, dont toute » femme est la fille et la brue », il lui demanda quelle langue il parloit dans le Paradis terrestre, et combien de temps il y resta. Adam lui répondit, que la langue qu'il parloit étoit déjà morte quand les hommes élevèrent la tour de Babel; qu'il ne resta qu'environ six heures dans le Paradis terrestre, et qu'il en fut chassé, non pour avoir mangé d'un fruit, mais pour avoir voulu s'élever au-dessus de ce qu'il étoit. *Parad. ch.* 26.

Pag. 218, lig. 16. *De bêtes tuées, etc.*

Notre premier traducteur ajoute, qu'*il égorgea*. Milton a-t-il pu penser que le fils de Dieu égorgea sur le champ et dépouilla des animaux? Il les trouva tués, et le poète fait entendre qu'au moment du péché d'Adam, la paix entre les animaux avoit été rompue. Le loup se jeta sur quelques moutons, et n'en laissa que la peau. Peut-être aussi, dit le poète, quelques bêtes avoient changé de peau. Pline rapporte que quelques bêtes changent de peaux, comme les serpens.

Même pag., lig. 19. *Couvrir ses ennemis, etc.*

Bentley rejette ce vers, parce que le fils de Dieu, qui

vient d'être comparé à un père de famille, ne regarde pas les hommes comme ses ennemis. Milton se sert de l'expression de saint Paul, Rom. 5, v. 10, le péché a rendu les hommes *ennemis* de Dieu, jusqu'au jour de sa réconciliation par Jésus-Christ. Ainsi le mot *ennemis* ne veut dire qu'*enfans du péché*; ce qui n'empêche pas le fils de Dieu de les aimer. Il les couvre tendrement contre les injures de l'air. Milton est toujours attentif à nous instruire du grand amour du fils de Dieu pour les hommes.

Pag. 218, lig. 23. *Une robe de justice, etc.*

Il faudroit dire plutôt de *miséricorde*. Mais Milton fait allusion à un passage d'Isaïe, c. 61, v. 10, *indumento justitiæ circumdedit me*. En attendant que le fils de Dieu, se faisant homme, vienne se mettre entre les hommes et son père irrité, voici donc comme un voile qu'il met entr'eux et les regards de son père.

Pag. 219, lig. 1. *Avant même que sur la terre, etc.*

L'homme n'étoit point encore coupable. Déjà la mort et le péché attendoient leur proie, que Satan étoit allé chercher : tandis qu'ils s'entretiennent, en attendant son retour, l'homme tombe; aussitôt une odeur agréable à de pareils monstres, leur annonce la conquête de Satan. Il est nécessaire de les faire reparoître sur la scène, puisqu'elle est devenue leur séjour.

Même pag., lig. 6. *Avides de tout dévorer, etc.*

Ces flammes devoient rester toujours renfermées dans l'Enfer. Mais ses portes ayant été ouvertes, elles ne cherchent qu'à s'étendre au-dehors.

Même pag., lig. 12. *Notre grand auteur, etc.*

On en a vu la raison dans le liv. II.

Pag. 219, lig. 24. *Soit que la sympathie, etc.*

Soit la sympathie entre le péché et l'envie de la souveraineté, soit cette force qui unit deux choses semblables, quoiqu'éloignées, comme deux cordes qui étant à l'unisson, se répondent, la terre et le péché deviennent à l'unisson.

Pag. 220, lig. 4. *Empêcher son retour, etc.*

C'est pour Satan qu'elles vont faire ce pont, et Satan vient de gagner une victoire qui lui amènera dans la suite tant de sujets, que ce pont ne sera pas assez large.

Même pag., lig. 21. *Marchant à ta suite, etc.*

Quand la mort prend pour son guide le péché, elle ne peut jamais s'écarter de son chemin. Quelle odeur agréable pour elle, tout-à-coup elle sent! Tout ce qui a vie, a déjà une saveur de mort. Dobson traduit :

>   Nam terris omnia mortis
> Suavius exhalant etiamnum viva saporem.

Pag. 221, lig. 2. *Avant le jour d'un combat, etc.*

Pline, liv. 10, c. 6, fait arriver les vautours trois jours avant le combat. Ils accoururent à Pharsale, suivant Lucain :

> Jamque diù volucres civilia castra secutæ
> Conveniunt.

Un poète latin moderne a dit du vautour :

> Hanc volucrem narrant luces tres nosse cadaver
>   Venturum, olfactu tàm viget hæc volucris.

Sur quelle raison a-t-on pu s'imaginer qu'un homme trois jours avant que d'être tué, exhaloit déjà une odeur de mort? On l'a dit, ce qui suffit à un Poète pour appeler cet homme qui se porte très-bien, *un vivant cadavre*, et faire voler les vautours à une armée qui doit combattre dans trois jours, parce qu'elle est déjà remplie de *vivans cadavres*.

Pag. 221, lig. 6. *Le monstre hideux, etc.*

Le mot *feature* dont se sert Milton, vient de l'italien *fattura*, qui se prend quelquefois en mauvaise part. *Fatture impie*, le Dante.

Même pag., lig. 7. *Elevant en haut ses narines, etc.*

Ce que Dobson a traduit :

> Prædæ dulces absentis odores
> Funestâ de sede trahit deformis imago,
> Naribus infectum patulis procul aëra captans.

Même pag., lig. 15. *Sur la surface des eaux, etc.*

Ce ne sont point des eaux, mais des matières qui, toujours en mouvement, sont comme des eaux, et forment comme une mer orageuse.

Même pag., lig. 20. *La mer Cronienne, etc.*

La mer glaciale a été ainsi quelquefois nommée, dit Pline, liv. 4. Un nom si peu connu ne devroit pas se trouver dans un poëme. On a tenté inutilement de découvrir un passage au-delà de Petzora, en Moscovie, pour aller à Cathai.

Même pag., lig. 29. *Aux parties visqueuses, etc.*

Milton dit, *le reste*; et par ce reste, suivant un commentateur sur cet endroit obscur, que Bentley en le réformant n'a point éclairci, il faut entendre les matières visqueuses. La Mort et le Péché commencent par pousser vers les portes de l'Enfer des matériaux composés de parties solides et visqueuses. La Mort avec sa massue, rend stable tout cet amas, et avec son regard endurcit les parties visqueuses.

Le chaos étant une espèce de mer orageuse qui baigne les portes de l'Enfer, ces deux monstres y font une digue, élèvent des arcades, étendent un pont, dont un bout pose sur cette digue à la porte des Enfers, et l'autre pose sur un chemin qui conduit à la terre.

Pag. 222, lig. 4. *Un édifice immense, etc.*

Que Milton appelle *mole*, dans le sens d'Horace, *Jactis in altum molibus*.

Même pag., lig. 11. *Pour asservir la liberté de la Grèce, etc.*

Et c'est pour asservir celle de tout le genre-humain que le Péché et la Mort construisent ce pont.

Même pag., lig. 14. *Memnon.*

Hérodote dit que Suze avoit été appelé Memnonienne, parce que Memnon y avoit régné.

Même pag., lig. 18. *De leur art merveilleux, etc.*

Milton l'appelle *Pontifical*. Misérable jeu de mots, condamné par Warburton.

Même pag., lig. 19. *Cette chaine de rochers, etc.*

Les arches composées de ces matières devenues des pierres très-dures. Ces arches, suivant l'expression de Milton, *tourmentent l'abyme*.

Même pag., lig. 26. *Ne le rendirent, hélas, que trop durable ! etc.*

Ce pont, suivant Addisson, est un ouvrage digne de Milton, une fiction admirable ; et suivant M. de Voltaire, fort ridicule, « parce que les âmes n'ont pas besoin d'un » chemin bien pavé pour aller dans l'Enfer. » Un poète peut-il faire une critique pareille, qui interdiroit toutes les fictions allégoriques ? On n'a point de pont à passer pour aller dans l'Enfer de Virgile, ni dans celui du Dante ; mais on a une grande mer à traverser pour aller dans son Purgatoire, qui est au milieu des mers qui couvrent l'Amérique. Il faut pour y aller, venir de Rome, c'est-à-dire, du centre de l'Eglise. Toutes les âmes qui doivent faire le voyage, se rassemblent à Ostie, où un Ange vient les prendre dans un vaisseau. Il les fait quelquefois long-temps attendre ; mais lorsque le Dante arriva avec Virgile au Purgatoire, depuis trois mois le vaisseau alloit et retournoit sans cesse, parce que c'étoit le temps du Jubilé de 1300. Le Dante en arrivant, trouve le musicien Casella, et le prie de chanter quelque chanson amoureuse, pour « consoler son âme très-fatiguée » d'avoir fait un pareil voyage avec son corps. » Casella chante une chanson galante que le Dante avoit composée dans sa jeunesse. Quel plaisir pour lui d'entendre chanter ses vers dans le Purgatoire ! Voilà des fictions ridicules dans un poète appelé le *divin Dante*. Mais la fiction du pont dans Milton, n'a rien que de grave, renferme une allégorie morale, et offre un merveilleux qui plaît. Il eût pu à la vérité ne pas décrire si en détail le travail de ces deux architectes. Mais Milton, à l'exemple d'Homère, aime ces sortes de descriptions.

Pag. 223, lig. 1. *L'Enfer est sur la gauche, etc.*

Virgile met le Tartare à gauche, *ac læva malorum exercet pœnas*. Les deux monstres ayant passé leur pont, découvrent les trois empires, le Ciel Empyrée, l'Univers et l'Enfer. Les confins des deux premiers ne sont pas éloignés les uns des autres, mais l'Enfer est à une distance prodigieuse des deux, à cause de l'abyme du chaos. Ces deux monstres voient trois chemins, celui qui conduit droit de l'Empyrée aux Enfers, celui qui conduit de l'Empyrée à l'Univers, dont la description a été faite, liv. III, v. 520, et celui qui de la surface de l'Univers, conduit à la terre, et commence à cette ouverture que trouva Satan, livre III, v. 526. C'est celui qu'ils vont prendre, lorsqu'ils trouvent Satan qui en revient, retournant aux Enfers.

Pag. 223, lig. 6. *D'un Ange de lumière, etc.*

Parce qu'il revient triomphant.

Même pag., même lig. *S'élève vers son zénith, etc.*

Par le terme de marine dont se sert Milton, il compare Satan à un pilote qui fait voile entre deux îles. Il s'élève le plus haut qu'il peut, pour s'éloigner du soleil, qui dans le printemps se lève dans le Bélier; il dirige son vol vers le Centaure et le Scorpion, craignant d'être découvert par Uriel qui réside dans le Soleil.

Même pag., lig. 9. *Aucun déguisement, etc.*

Satan est extrêmement déguisé, lorsqu'il prend la figure d'un Ange de lumière; il faut cependant qu'il conserve sur son visage, quelque marque que le Péché sait bien reconnoître.

Même pag., lig. 19. *Ces inutiles feuilles, etc.*

Quel triomphe pour lui! Il a voulu avilir l'ouvrage de Dieu, il voit cet ouvrage qui déjà rougit de soi-même, et cherche des feuilles qui ne couvrent pas une pareille honte.

Même pag., lig. 25. *Dans les premiers mouvemens, etc.*

Dieu n'a pas de premiers mouvemens de colère, et c'est métaphoriquement que nous lui disons, avec l'auteur du Ps. *Domine, ne in furore, etc.*

Même pag., lig. 30. *Ce couple infortuné, etc.*

Dobson dit très-bien:

> Par secum infelix dum murmurat, auribus illa
> Cuncta bibit tacitis.

Pag. 224,

Pag. 224, lig. 12. *Até, etc.*

Je suis obligé de reprendre le nom féminin dont je me suis servi dans le deuxième livre.

Même pag., lig. 25. *A ce rapport, etc.*

Rapport très-exact. Union très-étroite entre le Péché, la Mort et Satan.

Pag. 225, lig. 3. *Énorme et horrible pont, etc.*

Milton ne lui donne que l'épithète *portentous*, qui dit ces deux choses, un ouvrage énorme, et qui annonce des choses horribles. Cicéron appelle deux scélérats, *duo reipublicæ portenta ac pœnè funera.*

Même pag., lig. 6. *Ce que n'ont point bâti, etc.*

Vous n'êtes pas, à la vérité, comme Dieu, le Créateur de l'univers, mais vous en êtes devenu le maître par votre valeur.

Même pag., lig. 16. *Dont la forme est carrée, etc.*

Voilà donc *divisum imperium.* La monarchie universelle a deux maîtres qui la partagent ; les empereurs romains partageoient entr'eux l'empire, par l'orient et l'occident. Dieu et Satan vont, suivant le discours du Péché, tous deux monarques universels, partager l'empire, suivant la forme des lieux. Dieu aura tout ce qui est de forme carrée, et Satan ce qui est de forme ronde. Pour comprendre cette raillerie du Péché, il faut se rappeler ce qui est dit dans l'Apocalypse 21, *civitas Dei in quadro posita;* ce qui ne signifie pas que la Jérusalem céleste est carrée, mais qu'elle est sur les fondemens les plus stables. On a vu, liv. II, v. 1048, que Satan découvrant de loin l'Empyrée, ne put, du lieu d'où il le voyoit, distinguer s'il étoit rond ou carré. Il a vu depuis l'univers qui est de forme ronde. Il va en être le monarque. Il laisse à Dieu tout ce qui sera carré. Ainsi les deux empires n'auront de différence que la forme ; et puisqu'il est devenu le roi de l'empire rond, le Péché en conclut que celui de Dieu est carré.

Pag. 226, lig. 7. *A travers les ténèbres, etc.*

Ce monarque qui va au lieu de sa résidence, *à travers les ténèbres*, ne doit pas être si fier de son empire.

Même pag., lig. 10. *De ces orbes, etc.*

Ils sont donc sur la surface de l'univers ; un des bouts du pont construit par le Péché et la Mort, pose sur la machine ronde, près de l'ouverture où commence le chemin qui conduit à la terre. Ces deux monstres vont le prendre, et traverser l'amas des étoiles, pour aller à la terre.

Même pag., lig. 19. *Vice-rois, etc.*

Dans l'original, *plénipotentiaires*.

Même pag., lig. 26. *Rien de préjudiciable, etc.*

Milton emploie ici le mot *détriment*, faisant allusion à ce que le sénat disoit au dictateur dans les grands dangers, *ne quid respublica detrimenti capiat*. Lorsque Satan a livré le monde au Péché, et qu'il recommande au Péché de le livrer à la Mort, ses ordres seront exécutés. Il ne doit point craindre de n'être pas obéi par ses vice-rois, qui sont ses enfans.

Pag. 227, lig. 1. *Y répandent leurs poisons, etc.*

Comme l'Envie dans les voyages que lui fait faire Ovide :

Afflatuque suo populos, urbesque, domosque
Polluit.

Pag. 227, lig. 2. *Les planètes*, etc.

Celles qui frappent les hommes d'influences malignes, en sont frappées elles-mêmes. Milton se sert d'un mot dont le peuple, qui croit que tout malheur arrive par l'influence des planètes, se sert pour dire qu'un homme est frappé d'un accident subit. Donner ce même nom à la planète elle-même, me paroît un jeu de mots ; cependant un commentateur anglais trouve que ce terme donne une idée sublime du désastre que les deux monstres causent dans leur passage.

Même pag., lig. 9. *Sans défense*, etc.

Pourquoi défendre les portes de l'Enfer ? Qui sera tenté d'y entrer ? Pourquoi faire une garde dans ce royaume ? Craint-on que quelqu'ennemi songe à s'en emparer ? Cette garde ne se fait apparemment que pour la dignité de l'empire ; *tout y est dans la désolation*, à cause de la longue absence du général.

Même pag., lig. 22. *Astracan*, etc.

Province de la Moscovie, qui autrefois appartenoit aux Tartares. L'Arménie a été appelée par les Turcs *Aladule*, du nom d'un de ses rois.

Pag. 228, lig. 1. *Métropole*, etc.

Nom usité chez les Grecs et les Romains. Il se disoit, chez les Grecs, d'une ville d'où étoient sorties des colonies qui l'appeloient leur ville mère ; et chez les Romains, de la capitale où résidoit le proconsul. En ce sens, il est ici très-beau. Pandæmonium est la métropole, le lieu de la résidence de celui qui doit gouverner l'Enfer et la terre.

Même pag., lig. 11. *Il voit tout*, etc.

On reconnoît ici l'imitation de l'arrivée d'Énée au palais

de Didon. Satan tout fier de sa victoire, veut paroître tout-à-coup sur son trône, pour causer une agréable surprise à ses sujets.

Pag. 228, lig. 16. *Par la permission, etc.*

Mot à mot, *gloire permissive*. C'est une gloire de permission.

Même pag., lig. 28. *Trônes, Dominations, etc.*

Ce vers plus d'une fois répété, est toujours mis à propos. Il est d'abord prononcé par le Père Eternel, lorsqu'il a déclaré son Fils Messie et Roi, liv. V, v. 600. Satan, pour l'imiter, l'a répété aux Anges de son parti, v. 772. Le Séraphin Abdiel, au v. 839, le répéta aux Anges fidèles, pour leur faire observer que Dieu les avoit honorés de ces titres. Maintenant Satan les donne à ses sujets, comme devenus les souverains de la terre.

Pag. 229, lig. 2. *Elles vous sont acquises, etc.*

Il parle comme devenu le maître de la terre, par droit de conquête. Il en est en effet le maître; mais de même que l'éclat des rayons qui environnent sa tête a été appelé par Milton, *une gloire de permission*, son empire ne sera jamais qu'un empire de permission; et il l'avoue, lorsqu'il dit à J. C. dans Saint Luc : « Toutes ces choses m'ont été » données, » *mihi tradita sunt*. Il tient d'un autre toute sa puissance, et même il paroît par l'Evangile, qu'il ne peut sans la permission de Dieu, entrer dans des pourceaux.

Même pag., lig. 4. *En triomphe, etc.*

Et il va dans un moment tomber de son trône, et métamorphosé en serpent, comme tous ses sujets, manger avec eux de la cendre.

Pag. 229, lig. 10. *Mon courage, etc.*

Tous ses grands exploits qu'il vante, consistent à la force qu'il a eue de voler dans le chaos. Qu'a-t-il fait de plus? Il a par la flatterie su tromper une femme, et il n'a pas même osé parler à l'homme.

Même pag., lig. 20. *Il m'a fallu fendre, eta.*

Milton se sert d'un mot qui répond à celui d'Horace : *Per Siculas equitavit undas.*

Même pag., lig. 23. *Se sont opposées, etc.*

Il ne trouva de leur part aucune opposition, puisqu'au contraire le Chaos lui dit : « Allez, hâtez-vous. » Mais Satan, qui n'est pas obligé de dire la vérité, fait valoir la grandeur de ses peines.

Pag. 230, lig. 5. *D'une pomme, etc.*

Comme le fruit défendu n'est point nommé dans l'Ecriture-Sainte, il est remarquable que Milton ne l'a jamais nommé, ni dans son récit, ni dans les discours d'Adam et d'Eve; mais il le fait nommer une pomme par Satan, afin de mettre dans sa bouche cette froide raillerie, digne de lui et de nos libertins, qui osent plaisanter sur cette pomme. C'est sans aucune preuve qu'on a dit que le fruit défendu étoit une pomme; cette opinion est cependant fort ancienne et a peut-être donné lieu à la fable de ce dragon, gardien de pommes d'or dans un jardin.

Même pag., lig. 21. *Pour une meurtrissure, etc.*

Il se flatte qu'il en sera quitte à bon marché, et raille sur cette meurtrissure, comme sur la pomme. Tout est permis à Satan dans ses discours contre Dieu. Cependant, depuis le premier moment qu'il a paru sur la scène, jusqu'à celui-ci où il en va disparoître, Milton, loin de lui faire vomir des blasphèmes capables de révolter les oreilles, a trouvé l'art de faire respecter Dieu, par les paroles même que la rage ou l'orgueil dicte à son ennemi. Satan fait toujours connoître combien il est convaincu de la puissance de celui dont il ose se dire le rival.

Pag. 231, lig. 10. *Il tomba, etc.*

Addisson assure qu'il n'y a point d'incident qui frappe davantage dans ce poëme que cette transformation subite des auditeurs de Satan, dans laquelle il est aussi enveloppé; mais la sienne arrive plus lentement, afin qu'il soit plus humilié. Quoiqu'il y ait dans cette fiction quelque chose qui paroisse un peu comique, je suis fort éloigné de la condamner. S. Jean, dans l'Apocalypse, voit des Esprits impurs, sous la forme de grenouilles; le poète a bien pu faire changer tous les Démons en serpens, sur-tout dans un moment qui produit une surprise agréable. Satan qui a réussi dans sa vengeance, qui a outragé le Tout-Puissant dans son image, qui a établi son empire sur la terre, où il vient d'envoyer ses vice-rois, s'est cru en droit de railler Dieu; au moment qu'il dit à ses sujets de se lever pour aller prendre possession de leur royaume, tous tombent, et il tombe avec eux; au lieu d'applaudissemens, il n'entend que sifflemens, et il est obligé de se siffler lui-même; ce qui lui annonce que son prétendu triomphe sera sa honte, et la cause de ses plus grands supplices.

Même pag., lig. 21. *Cerastes, hydres, etc.*

Je suis bien éloigné de justifier cette inutile érudition sur les serpens, dont Milton va chercher les noms, principalement dans le livre 9 de la Pharsale. L'*Amphibène*, d'un mot grec qui signifie qu'il s'avance tantôt du côté de la tête, tantôt du côté de la queue; le Céraste, de κερας, corne ; l'*Hydre*, de υδωρ; la *Dipsade*, de διψα, soif. Bentley prétend que l'Ellope est un poisson. Ce nom se trouve dans Pline et dans Nicandre, parlant des serpens. Milton le nomme *terrible*, parce que, comme il ne siffle pas, on n'est pas averti pour l'éviter.

Pag. 231, lig. 24. *De la Gorgone*, etc.

Ovide fait naître des serpens des gouttes de sang qui tombèrent de cette tête.

Même pag., lig. 25. *Ophiuse*, etc.

Isle ainsi nommée par les Grecs, et *Colubraria* par les Latins, à cause de la quantité de serpens qui en firent sortir les habitans. Rhodes eut autrefois le même nom.

Pag. 232, lig. 21. *D'un beau fruit*, etc.

Milton ne dit pas une pomme.

Pag. 233, lig. 22. *Il est dit que tous les ans*, etc.

J'ignore dans quel auteur est écrit ce que dit ici Milton. Warburton croit qu'il a pris cette idée dans les anciens romans, où la peine d'être de temps en temps changé en bête est assez commune. La Fée Manto éprouvoit ce changement toutes les semaines, au septième jour, suivant l'Arioste.

Même pag., lig. 30. *Possédé l'empire*, etc.

Ophion, qui signifie serpent, et Eurinome, c'est-à-dire, qui gouverne tout, furent tous deux les maîtres de la terre avant Saturne. Milton attribue cette fable qui se trouve dans le premier livre des Argonautes et dans le Scholiaste d'Eschyle, à la tradition du serpent triomphateur d'une femme ambitieuse de devenir une divinité.

Pag. 234, lig. 4. *Le couple infernal*, etc.

Le poète va représenter le Péché et la Mort prenant possession de la terre, et ne parlera plus de Satan ni des Enfers; mais dans quel état laisse-t-il celui qui se vante de sa victoire sur l'homme? Métamorphosé avec tous ses sujets en hideux serpent, et mâchant comme eux des cendres amères, avec des contorsions affreuses. Tel est l'état dans lequel reste, dans ce poëme, ce fier rival de Dieu, plus misérable et plus humilié encore que quand il parut d'abord frappé du tonnerre, et étendu sur le lac brûlant.

Même pag., lig. 6. *En puissance,* etc.

Le Péché a été d'abord dans le Paradis terrestre en puissance, parce qu'Adam avoit le pouvoir de pécher. Il y fut en action lorsqu'Adam pécha. Maintenant il y arrive en corps. Saint Paul a dit, ce *corps de péché*. Le *pâle cheval* de la Mort est dépeint dans l'Apocalypse, 6.

Même pag., lig. 27. *Mon vaste corps s'étendre,* etc.

Ce vers qui a donné beaucoup de peine à Bentley et à d'autres commentateurs, peut aisément s'entendre. La Mort, suivant Milton, n'est pas un squelette, mais un monstre d'une capacité fort vaste, comme devant tout engloutir. Quoique sec et décharné, il peut avoir une capacité vaste, parce que sa peau est très-large; si elle étoit remplie, elle s'étendroit dans toute sa grandeur; mais il ne voit rien qui puisse la remplir assez, parce qu'il est insatiable.

Pag. 235, lig. 1. *Ces herbes,* etc.

Le Péché dit à la Mort : « Tu iras infecter tous les fruits » de la terre, et moi j'infecterai les pensées des hommes. »

Même pag., lig. 15. *Que rien ne dure,* etc.

Milton n'a pas cru que si Adam n'eût point péché, les

fruits et les animaux eussent été immortels. Il entend seulement que la Mort répand son souffle partout, afin que rien ne dure long-temps.

Pag. 235, lig. 20. *Ces dogues de l'Enfer, etc.*

Expression prise dans l'Il. 8. v. 298. Pope, dans sa remarque sur ce vers d'Homère, défend celui de Milton contre les critiques, et soutient que l'expression est belle.

Pag. 236, lig. 8. *Afin qu'ils consument, etc.*

Comment Milton a-t-il pu faire dire des choses si peu majestueuses, avec des expressions si basses, au Père Eternel? Un de ses commentateurs avoue qu'on ne peut ici le justifier.

Même pag., lig. 15. *L'insatiable tombeau, etc.*

Il joint le tombeau à la mort, parce qu'il tire cette image du treizième verset du chapitre 20 de l'Apocalypse, où l'*infernus* de la Vulgate signifie le tombeau.

Même pag., lig. 21. *Ait son cours, etc.*

On lit ordinairement *précèdes*; il faut *procèdes*. La malédiction suivra son cours, jusqu'à la consommation de tout.

Même pag., lig. 22. *Pareil au bruit, etc.*

Imité de ce qui est dit dans l'Apocalypse, où sont aussi les premières paroles de ce cantique. Comme Milton a pour objet, dans tout son poëme, de justifier les voies de Dieu, c'est avec raison qu'au moment que le Péché et la Mort s'emparent de la terre, infectent la nature, et que les Anges vont déranger la machine de l'univers, il fait chanter dans le Ciel, *tes voies sont justes*. Les ouvrages de Dieu vont être dégradés, ce qui est conforme à ses desseins.

Pag. 237, lig. 2. *Ou descendront*, etc.

Quand Milton emploie ces deux expressions, *s'éleveront ou descendront;* par la première, il rend celle de Virgile, *surget gens aurea mundo ;* et par la seconde, celle de l'Apocalypse, *je vis la Jérusalem nouvelle qui descendoit du Ciel*. Il peut encore dire *s'éleveront*, en représentant le nouveau monde comme s'élevant de l'ancien réduit en cendres.

Même pag., lig. 7. *Le soleil reçut le premier leurs ordres*, etc.

Quels ordres terribles vont porter les Anges? Milton dit que « l'état présent des choses en rendoit l'exécution né-
» cessaire. » Ils ne sont point, en les exécutant, des ministres de colère. Il étoit avantageux à l'homme devenu terrestre par le péché, de ne plus trouver tant de délices dans un séjour auquel son cœur n'auroit que trop de pente à s'attacher. Les fruits ont déjà été infectés. Un dérangement dans l'ordre de l'univers va en altérer toute la beauté. Suivant les uns, ce dérangement fut causé par celui du soleil; suivant d'autres, par celui de la terre. Milton ne veut rien assurer, et se contente de dire poétiquement, qu'à la vue du crime d'Adam, le soleil changea de route. Il est certain que la terre, sur laquelle, avant le péché, régnoit le printemps, n'étoit point exposée, comme elle l'a été depuis, aux rigueurs du froid et du chaud. Mais ce fatal changement arriva-t-il aussitôt après le péché? Il n'y a pas d'apparence, puisque jusqu'au déluge, les hommes vécurent plusieurs siècles, et que l'arc-en-ciel fut, après le déluge, donné en signe de réconciliation. S'il n'avoit point paru auparavant, il n'y avoit donc point encore eu d'orages. L'air étoit toujours pur. Mais le déluge changea tout. L'axe de la terre fut incliné, et d'un déplacement d'une ligne, suivit la variété des saisons, la violence des vents, l'inconstance de l'air, la vicissitude du froid et du chaud. Les descendans de Noé conservèrent

quelque temps encore la vigueur de leurs pères, mais ils prirent enfin un tempérament conforme aux impressions de l'air, et vécurent peu. C'est l'opinion que j'ai suivie dans le poëme de la Religion. Je suppose deux coups dont la terre fut frappée; le premier, après le péché d'Adam, lorsqu'elle fut condamnée à produire des ronces et des épines; le second, lorsqu'elle fut bouleversée par le Déluge :

>La terre ne fut plus un jardin de délices.
>Ministre cependant de nos derniers supplices,
>Et maintenant si prompte à les exécuter,
>La mort, sous un Ciel pur, sembloit nous respecter.
>Hélas, cette lenteur à prendre ses victimes,
>Ne fit que redoubler notre ardeur pour les crimes;
>Une seconde fois frappant notre séjour,
>Le Ciel défigura l'objet de notre amour ! etc.

Cette opinion est la plus vraisemblable; cependant Milton a pu adopter l'autre, qui lui donne lieu de représenter un terrible spectacle. Dieu qui veut mettre un rapport entre l'homme pécheur et sa demeure, charge de ces grandes commissions les principaux de ses Anges. Ils vont ordonner au soleil de changer sa route; l'hiver est appelé, ils règlent les quartiers des vents; les troubles des airs et des mers seront la suite des ordres qu'ils vont porter.

Page 237, lig. 12. *Le soleil reçut ordre d'appeler l'hiver, etc.*

Parce que le froid est causé par l'éloignement du soleil, Milton dépeint cet astre comme *apportant* lui-même le chaud, et *appelant* de loin le froid. Il nomme l'hiver décrépit, ainsi qu'il est représenté dans une statue antique.

Même pag., lig. 16. *Le sextil, etc.*

Sextil, regard de deux astres éloignés entr'eux de 60 degrés; *quadrat*, de 90, le quart du cercle; *trine*, de 120, le tiers du cercle. On est fâché de trouver dans un endroit si poétique ces termes, et d'entendre parler des influences des astres.

Pag. 237, lig. 21. *Ou en se levant, etc.*

Comme l'Orion, ou en *tombant avec le soleil*, comme les Hyades.

Pag. 238, lig. 4. *Les sept sœurs Atlantiques, etc.*

Les Pleyades, filles d'Atlas. Les *Jumeaux de Lacédémone*, Castor et Pollux. Le chemin que prit le soleil en suivant l'écliptique, causa le changement des saisons.

Même pag., lig. 9. *Le changement des saisons, etc.*

Ovide fait arriver ce changement avant le déluge; et dans l'âge d'argent, Jupiter qui s'empara de l'empire du monde, à la place de Saturne, abrégea la durée du printemps de l'âge d'or, et partagea l'année en quatre saisons.

> Jupiter antiqui contraxit tempora veris,
> Perque hyemes, æstasque et inæquales autumnos,
> Et breve ver, spatiis exegit quatuor annum.

Ovide ne dit ni pourquoi, ni comment Jupiter fit ce changement, qui n'a pu arriver que par un dérangement dans la machine de l'univers.

Même pag., lig. 14. *Le soleil pour les dédommager, etc.*

Le soleil eût contenté tous les habitans de la terre, ceux même dont il eût été le plus éloigné. Maintenant quel changement ! Il les mécontente tous, surtout ceux qu'il approche de trop près, ces lieux

> Où le Perse est brûlé de l'astre qu'il adore.   BOILEAU.

Dieu, par bonté, a rendu le lieu de notre exil moins agréable, et a abrégé le temps que nous y devons passer;

et cependant nous voulons par nos projets nous y éterniser. *Brevi fortes jaculamur œvo , multa.*

Pag. 238, lig. 23. *Du festin de Thyeste, etc.*

Le soleil recula d'horreur, mais il ne prit pas une autre route pour la suivre toujours. La comparaison n'est pas juste.

Pag. 239, lig. 3. *Norumbeca, etc.*

Province de l'Amérique septentrionale. *Samoyedes*, peuples dans la Tartarie déserte. *Seralione*, montagne d'Afrique, nommée la montagne du Lion, à cause des tempêtes. Cette peinture des vents qui sortent de leurs prisons, est très-poétique; mais quelle inutile érudition, placée mal à propos ! *Cœcias*, vent nommé ainsi dans Aristote; *Argestes*, dans Homère ; *Sirocco*, *Libecchio*, noms italiens connus sur la Méditerranée. Un commentateur applique à cet endroit deux vers anglais dont voici le sens : « Ces riens » si travaillés dans un style si étrange, étonnent un igno-» rant, et font rire un savant. »

Même pag., lig. 17. *Parmi les animaux, etc.*

On est persuadé qu'avant le péché, les animaux carnassiers ne l'étoient point. Ils se nourrissoient d'herbes comme les autres. Le loup paissoit avec l'agneau. Sur une terre heureuse, le sang n'eût point coulé; mais que de sang a inondé une terre maudite ! Les animaux se sont dévorés les uns les autres, les hommes ont imité leur exemple. Dans les premiers temps, on mangeoit avec délices la chair de son ennemi. De là ces anciennes expressions dans Homère, *dévorer le cœur;* dans les Pseaumes *ut edant carnes meas;* et dans Job, *quis det de carnibus ejus, ut saturamini ?* Cette fureur dure encore parmi des sauvages, qui ne peuvent dire, à raison de leur haine, pourquoi des peuples qui ne possèdent rien, se font-ils des guerres où le triomphateur mange son captif? Quand on lit ces récits, les triomphes des Romains ne paroissent plus si cruels.

Pag. 239, lig. 23. *Ou ils prirent la fuite, etc.*

Ce que dit Milton n'est pas sans fondement. Cet animal qui sorti de la forêt pendant le jour, épouvante l'homme qu'il rencontre, en paroît lui-même épouvanté, et rentre dans sa forêt, mais avec des yeux menaçans, comme s'il disoit à l'homme : « J'ai ordre de vous respecter, mais vous » ne méritez plus ce respect. »

Même pag., lig. 27. *Que vit en partie Adam, etc.*

Quel spectacle pour lui! Il voit le soleil déplacé, toute la nature dérangée, les êtres inanimés s'armer pour le punir, les animaux se déchirer; fut il tenté de dire alors, comme nos philosophes modernes, *Tout est bien?* Mais le désordre dont il va gémir davantage, est celui qu'il trouve dans son cœur. C'est là où les tempêtes commencent. Celles que les vents exciteront sur la mer sont encore éloignées.

Pag. 240, lig. 2. *Pour l'alléger, etc.*

L'expression de Milton représente ce qu'on fait dans un orage, lorsque pour sauver son vaisseau, on jette une partie de ce qu'il contient. Tout le reste de ce livre n'est que douleur, et d'une douleur si touchante, que nous la partageons avec le criminel, quoique nous portions la peine de son crime. La remarque d'Addisson sur cette douleur est très-juste. « Quoiqu'Adam enveloppe toute sa race dans sa » misère, son crime procède d'une foiblesse qu'on se sent » porté à excuser. Nous nous sentons disposés à la plaindre, » parce que nous y voyons la fragilité humaine, plutôt » qu'une mauvaise intention; et chacun excuse volontiers » une faute où il auroit pu lui-même tomber...... Quand

« Adam voit les divers changemens de la nature, il
» paroît dans un désordre d'esprit convenable à un homme
» qui a perdu tout à-la-fois son innocence et son bonheur.
» Il se plaint de son Créateur, qui lui a donné une exis-
» tence qu'il ne lui demandoit pas. Il revient à lui-même,
» il avoue que sa condamnation est juste, et il témoigne
» une généreuse compassion pour sa postérité. »

Pag. 240, lig. 8. *Maudit, etc.*

Il n'a point été maudit, mais la terre a été maudite à cause de lui.

Même pag., lig. 14. *Me conserver la vie, etc.*

Mot à mot, *boire, manger, procréer*. Imité de ce vers de la tragédie de Grotius :

Quod comedo, poto, gigno diris subjacet.

Même pag., lig. 19. *Que puis-je multiplier, etc.*

Dieu ne lui a rien dit de ses enfans, mais il juge qu'ils sont nécessairement condamnés avec lui, et que d'une source impure rien ne sortira que d'impur.

Même pag., lig. 25. *Comme nous t'en remercions, etc.*

Il ne s'attendoit pas que, dans la suite des siècles, sa chute seroit chantée dans un poëme épique, et que ce poëme seroit lu par ses enfans, sans colère contre lui ni contre Ève ; que le lecteur ne seroit irrité que contre l'auteur de la séduction. Cependant ce qu'il dit ici est naturel ; c'est ce qu'il a dû penser, avant que d'être instruit de la victime qui satis-feroit pour lui. Il a dû croire que tous ceux qui sortiroient de lui, lui donneroient, pour remercîmens de leur nais-sance, des malédictions : ce qui n'est point arrivé. Job qui maudit le jour de sa naissance, ne parle jamais d'Adam ;

quoique n'ayant commis aucun crime, il ne fut malheureux que comme enfant d'Adam. Le nom d'Adam se trouve rarement dans l'Ecriture-Sainte. « Nous sommes tous morts » en lui, » dit Saint Paul, et Saint Paul le dit sans colère contre Adam. Un crime réparé par un Dieu qui a associé la nature humaine à la nature divine, est devenu un crime heureux.

Pag. 241, lig. 2. *Dans leur lieu naturel*, etc.

Quelle puérilité dans un si bel endroit ! Les Scholastiques du temps de Milton disoient que les corps ne pèsent point dans leur lieu naturel. L'air ne pèse point dans l'air, l'eau ne pèse point dans l'eau.

Même pag., lig. 5. *C'est donc moi qui t'ai prié, Créateur*, etc.

Cette interrogation paroît hardie. Adam va bientôt se condamner. Dans cette première vivacité, le poète imite Job : *Quare misero data est lux?* Et de même que Job dit à Dieu : « O gardien des hommes, pourquoi m'avez-vous mis » dans un état contraire à vous ? » Adam dit à Dieu, *Créateur*, et semble, par ce seul mot, lui reprocher de l'avoir tiré de la poussière. Il va répondre lui-même à ces reproches, et les réfuter.

Même pag., lig. 14. *Des conditions trop difficiles*, etc.

Un seul fruit interdit, tous les autres permis : la condition est-elle difficile ?

Même pag., lig. 23. *Tu les as acceptées*, etc.

Comme s'il se passoit un contrat entre le Créateur et sa créature, au moment de la création. « Je vous donne l'existence à telle condition. L'acceptez-vous ? » C'est un raisonnement d'Adam devenu terrestre. Tantôt il s'adresse à Dieu,

Dieu, tantôt à soi-même, tantôt à ses enfans qu'il fait parler: quelle vivacité !

Pag. 242, lig. 14. *Pour le jour même du crime, etc.*

Dieu avoit dit : « En quelque jour que vous en mangiez, » vous mourrez. » Adam est étonné de n'être pas mort le jour même de sa désobéissance. Ce jour est donc passé. En effet, l'on verra bientôt que c'est pendant la nuit de ce jour, qu'Adam fait cette plainte, et que se passa la dispute entre lui et Eve, qu'entendit Satan, comme il l'a dit, v. 341.

Pag. 243, lig. 2. *D'une mort vivante, etc.*

Pareille à celle des Anges précipités dans les Enfers. Adam qui ignore qu'il y aura un pardon, qu'obtiendra un médiateur, doit souhaiter d'être anéanti, plutôt que d'être éternellement malheureux.

Même pag., lig. 7. *Le corps n'est proprement, etc.*

Ce n'est pas le corps qui a la vie, ce n'est pas le corps qui a péché, ce n'est donc pas contre le corps que l'arrêt est prononcé; ainsi ce sera l'âme qui mourra. En même temps qu'Adam cherche à se consoler par cet argument, il avoue que ces choses passent la portée de son intelligence, et que la colère d'un Être infini doit avoir des suites infinies.

Même pag., lig. 26. *Plus loin que sur une poudre, etc.*

Autre argument par lequel il veut encore s'éblouir. Si après être retourné en poudre, il étoit encore puni, Dieu étendroit donc son arrêt plus loin que sur une poudre.

Même pag., lig. 27. *Toutes les causes, etc.*

Axiome de l'ancienne école: *Omne efficiens agit secundùm*

TOME IV.

vires recipientis, non secundùm suas. Ces puérilités pouvoient être goûtées du temps de Milton.

Pag. 244, lig. 7. *Cette pensée, etc.*

Les esprits forts font souvent ce qu'Adam fait ici. Ils veulent se persuader que la mort finira tout pour eux. Mais malgré tous les argumens dans lesquels ils s'égarent, comme dans un labyrinthe, leur cœur les ramène à la crainte d'une éternité.

Même pag., lig. 8. *Comme un tonnerre, etc.*

Adam n'a encore entendu aucun coup de tonnerre; mais Raphaël, dans son récit du combat des Anges, lui a parlé du tonnerre.

Même pag., lig. 10. *La Mort et moi, etc.*

On lit dans toutes les éditions *am*; il faut lire *ave*. Milton dit incorporés, à cause de l'expression de saint Paul : « ce » corps de mort. »

Même pag., lig. 14. *Beau patrimoine, etc.*

Jamais père n'eut plus de raison de souhaiter pouvoir déshériter ses enfans. Je n'ai imité qu'une partie de ces plaintes dans les vers suivans :

O d'un si beau séjour courtes félicités !
D'un Paradis charmant rapides voluptés ! etc.
Voyez les Réflexions sur la Poésie, tom. 2, pag 430.

Pag. 245, lig. 9. *Cette femme, etc.*

Il n'en parle plus qu'avec mépris, il ne daigne pas lui adresser la parole.

Même pag., lig. 15. *Tous ceux qui l'ont été, etc.*

Il veut parler des Anges précipités du Ciel. Ils ne sont

pas, selon lui, si malheureux que lui, puisqu'ils ne rendront pas une postérité coupable et malheureuse. Satan seul est son égal en malheur, puisqu'il est l'auteur du malheur des Anges qu'il a entraînés dans sa révolte. Voilà ce que se figure Adam, avant que d'avoir fait réflexion sur ces mots mystérieux que son juge avoit prononcés, en condamnant le serpent.

Pag. 245, lig. 17. *O conscience, etc.*

Dans ces lamentations d'Adam, tout est naturel, en le supposant, non pas rempli d'une science infuse, comme on l'a dit dans l'école, mais au contraire comme n'en ayant aucune. C'est ainsi que Milton l'a représenté dans toutes les questions qu'il lui a fait faire à l'Ange. Dans l'état d'innocence, il n'avoit d'autre science que celle de connoître son bonheur, et l'auteur de son bonheur, dont il admiroit les ouvrages sans les entendre. Maintenant il veut raisonner sur son état. Il ignore la distinction de l'âme et du corps : retourner en poudre, lui paroît cesser d'être; cependant il a peine à croire qu'il puisse mourir tout entier. Il trouve injuste que sa race porte la peine de sa faute, en même temps il reconnoit qu'elle ne pourra jamais être innocente, puisqu'elle sortira de lui. Il est d'abord porté à se plaindre de Dieu, ensuite il est forcé de l'absoudre et de se condamner. Il s'égare dans les raisonnemens philosophiques, mais non pas quand il se juge, parce que sa conscience le déclare coupable.

Même pag., lig. 22. *Dans le silence d'une nuit, etc.*

De cette nuit qui suivit le jour de la désobéissance. Satan qui entendit ces plaintes, comme il l'a dit, v. 341, arriva au pont, où il trouva la Mort et le Péché lorsque le soleil se levoit. Ces plaintes d'Adam, et ses discours avec Ève, qui vont suivre, se sont donc passés avant le lever du soleil, avant que la Mort et le Péché fussent arrivés au Paradis terrestre, et que les Anges eussent changé la route du soleil. Ainsi Milton, dans ce récit, n'a pas suivi exactement l'ordre des heures.

Pag. 246, lig. 6. Pourquoi cette Mort, etc.

Un commentateur anglais dit qu'on ne trouve rien dans les tragédies des anciens, qui soit si pathétique que cette plainte contre la Mort. L'Ajax de Sophocle, prêt à se tuer, dit adieu au soleil, à Salamine, à Athènes, etc. et ne dit que ce mot à la Mort : « O Mort, ô Mort, viens me considérer, nous » allons habiter ensemble. » Il ne lui en dit pas davantage, parce qu'il aura bientôt tout le temps de lui parler. Cette apostrophe si vive l'est encore moins que la plainte d'Adam, qui accuse la Mort de manquer à son devoir. La Justice divine lui a ordonné de le frapper dans le même instant qu'il deviendroit coupable :

> Quel désordre en son cœur, quel tumulte terrible!
> Le silence régnoit, la nuit étoit paisible;
> Mais il ne trouve plus dans sa tranquillité,
> Cette douce fraîcheur, cette sérénité
> Que dans toutes les nuits goûtoit son innocence.
> L'obscurité l'effraie, il craint jusqu'au silence.
> A ses emportemens, il donne un libre cours.
> Il déteste, il maudit le premier de ses jours.
> Il appelle la mort. Eh, pourquoi tarde-t-elle?
> « Hélas, que sa lenteur, disoit-il, est cruelle!
> » Au moment de mon crime, elle a dû me frapper.
> » Eh quoi, la vérité m'a-t-elle pu tromper?
> » Vous qui retentissiez de mes chants d'allégresse,
> » Répondez maintenant à mes tons de tristesse,
> » Et ne répétez plus que mes gémissemens,
> » Bois, montagnes, vallons, témoins de mes tourmens. »

Voici donc la première nuit que nos premiers pères passèrent sans dormir. Ils goûtoient, dans l'état d'innocence, un sommeil qu'ils nommoient un présent du Ciel, non qu'il vint assoupir en eux quelques chagrins, mais parce qu'il étoit pour eux un plaisir. Il les saisissoit doucement au coucher du soleil, et étoit légèrement dissipé au lever de l'aurore. Aussitôt après leur crime, ils furent opprimés par un sommeil si pesant, qu'Adam se réveilla tout fatigué. Il ne l'appelle pas maintenant à son secours. Nous ne l'appelons pas dans les violens tourmens de l'âme qu'il ne calme pas, mais dans ceux du corps qu'il calme et guérit souvent. Il ne peut être appellé plus vivement et plus poétiquement que dans un des sonnets de la Caza, bien plus beau que tous les sonnets italiens sur cette échelle platonique dont j'ai parlé, parce que tout y est dit naturellement et harmonieusement :

> O sonno, o de la queta, humida, ombrosa
>   Notte placido figlio, o de mortali
>   Egri conforto, oblio dolce de mali
>   Si gravi, ond' è la vita aspra, et noiosa
> Soccorri al core homai, che langue et posa
>   Non have, e queste membra stanche, et frali
>   Solleva, a me t'en vola, o sonno, et l'ali
>   Tue brune sovra me distendi, et posa.
> Ov' è'l silentio, ch' l di fugge è'l lume?
>   E' lievi sogni, che con non secure
>   Vestigia, di seguirti han per costume?
> Lasso, ch' n van te chiamo, et queste oscure
>   Et gelide ombre in van lusingo; o piume
>   D'asprezza colme! O notti acerbe et dure!

« O sommeil, fils paisible de la sombre et tranquille nuit, toi qui soulages les mortels qui souffrent, et qui fais oublier tant de maux terribles qui rendent notre vie si triste et si ennuyeuse, viens secourir un cœur qui ne peut jouir du repos, viens ranimer ces membres fatigués et languissans, vole à moi, étends et repose sur moi tes ailes ténébreuses. Ah, où est ce silence ennemi du jour et de la lumière? Où sont ces songes légers, qui quoiqu'ils ne marchent jamais d'un pas ferme, vont toujours

» à ta suite ? Malheureux, c'est en vain que je t'appelle,
» c'est en vain que je m'adresse à ces ombres obscures et
» froides. O dur amas de plumes ! O nuits affreuses et
» cruelles ! » C'est ce que peut dire un malade agité sur
son lit, et ce que nous ne disons pas dans les grandes
agitations de l'âme ; nous ne songeons pas alors à *ce doux
oubli des maux*, à ce sommeil appelé par tous les poètes
un présent du Ciel ; nous appelons la mort. Adam nous en
donne ici l'exemple. Sitôt que par le péché il est devenu
l'ennemi de Dieu, c'est un criminel qui demande par grâce
la prompte exécution de son arrêt.

Pag. 246, lig. 25. *Retire-toi, serpent, etc.*

Quelle peinture ! Dans le premier moment du crime, Adam ne voyoit encore rien que de charmant dans Eve ; avec quel ménagement et quelle tendresse il en a parlé devant son juge, quand il a été obligé de l'accuser ! Depuis que l'arrêt a été prononcé, ce n'est plus qu'à lui-même qu'il adresse ses plaintes. Eve qui garde le silence, voit qu'il s'abandonne à sa douleur, et va pour le consoler. Il repousse avec dureté cette femme si adorée, et elle se jette aux pieds de celui qui l'appelle *serpent*.

Pag. 247, lig. 3. *Qui couvre en toi, etc.*

Le mot dont se sert Milton, *pretended*, signifie *ta beauté mise au-devant de ta noirceur pour qu'on ne la voie pas*. En ce sens il est latin. Quintilien dit de quelques hypocrites *vultum, et tristitiam, et dissentientem à cæteris habitum, pessimis moribus prætendebant.*

Même pag., lig. 10. *Même au Démon, etc.*

Sarrasin n'avoit pas lu Milton, quand il disoit de la femme, dans son fameux sonnet :

Elle aima mieux pour s'en faire conter,

Prêter l'oreille aux fleurettes du Diable,
Que d'être femme, et ne pas coqueter.

Pag. 247, lig. 21. *Par sa nature est courbée, etc.*

Comment un si grand génie peut-il de si haut tomber si bas, et s'oublier jusqu'à dire des choses si puériles ? Ce n'est pas assez de trouver dans la forme d'une côte, une raison d'insulter Eve, cette côte étoit du côté gauche, et surnuméraire ; ce qui lui fera dire bientôt, qu'en la perdant il se seroit trouvé juste dans ses nombres. Quelques auteurs se sont imaginé qu'Adam avoit du côté gauche treize côtes ; voilà le fondement de ce bizarre raisonnement.

Même pag., lig. 25. *Eh, pourquoi ? etc.*

Ses enfans diront comme lui bien des *pourquoi* sur la conduite de Dieu.

Même pag., lig. 27. *Du noble sexe, etc.*

Un commentateur anglais voudroit que Milton fût resté à ce vers. Il eût été encore plus sage, s'il fût resté au vers 884. Tout ce qu'il a dit sur la côte, et les Anges mâles, est puérile ; et la douleur lui fait encore perdre la raison, quand il souhaite que la race humaine se multiplie sans les femmes. L'exemple d'Euripide qui a fait dire la même chose à Hippolyte et à Jason, ne l'excuse pas. Pourquoi encore cette longue prophétie sur les malheurs que causeront les femmes ?

Pag. 248, lig. 18. *Il sera enchaîné, etc.*

Milton fit sans doute ces vers, lorsqu'irrité contre sa femme, il se croyoit en droit de la répudier, et d'en prendre une autre.

Même pag., lig. 24. *Les cheveux épars, etc.*

Peinture touchante ! Voilà Milton, qui après s'être égaré un moment, revient à son génie. Le reste du livre est admirable.

Pag. 249, lig. 5. *Ma seule force, etc.*

Imité de la tragédie de Grotius :

> Unicum lapsæ mihi
> Firmamen, unam spem gravi afflictæ malo,
> Te mihi reserva.

Même pag., lig. 17. *Tu ne l'es qu'envers Dieu, etc.*

Imité de la même tragédie :

> Ast ego nocentior
> Deumque læsi scelere, teque vir simul.

Même pag., lig. 22. *Sur moi, sur moi seule, etc.*

Répétition pareille à celle de Virgile, *me, me, adsum.*

Pag. 250, lig. 2. *Son cœur s'attendrit, etc.*

Milton, dans cette scène si belle, a dépeint ce qui lui étoit arrivé à lui-même, lorsque sa femme qu'il vouloit répudier vint se jeter à ses pieds. Il eut cette même commisération, il se laissa attendrir et se réconcilia avec elle, comme je l'ai rapporté dans sa vie. *Voyez les Réflexions sur la Poésie, tom. 2, pag.* 431.

Pag. 251, lig. 20. *Ou à les finir, etc.*

Adam lui a dit que la mort arriveroit lentement, et que leurs enfans seroient les héritiers de leurs malheurs. Elle va lui proposer d'éviter une partie de ces maux, en n'ayant point de postérité, ou à les finir tout d'un coup en se donnant la mort. Et Addisson observe que le dessein de finir ses maux par la mort, ne montrant pas tant de fermeté que la résolution de les supporter, Milton très-judicieusement donne cette pensée à la femme, qu'il fait désapprouver par l'homme.

Pag. 253, lig. 3. *Si de tous les chemins, etc.*

Ce vers doit être en parenthèse. Eve dit qu'ils ont le

pouvoir de détruire la destruction, parce qu'en prenant le chemin le plus court, en se donnant tout d'un coup la mort, avant que d'avoir eu des enfans, ils détruiront le pouvoir qu'auroit eu la Mort de détruire la race humaine.

Pag. 253, lig. 11. *Dont la pâleur, etc.*

Imité de Virgile, *pallidæ morte futurâ.*

Même pag., lig. 20. *Contraire à ton excellence, etc.*

Milton est très-estimable d'avoir fait condamner l'homicide de soi-même par le père du genre humain, et de lui faire dire que le desir de se tuer est une foiblesse indigne de l'excellence de l'homme. Leçon utile que donne Milton à sa nation. Et comment excuser le Dante, qui établit comme gardien du Purgatoire Caton d'Utique? Il a appris aux hommes que la liberté est un si grand bien, qu'on aime mieux perdre la vie, que de la perdre. « C'est, lui dit-on, » ce que vous avez fait voir à Utique, où vous avez laissé » une dépouille qui deviendra si brillante : »

La vesta, ch' al gran dì, sara si chiara.

Que le Dante nous fasse voir des Anges qui n'ont été ni rebelles, ni fidèles, mais tièdes, et qui pour cela sont dans un limbe des Enfers, où l'on ne souffre point; qu'il mette dans ce même limbe tous les poètes et les philosophes de l'antiquité, et même César, quoiqu'un des grands damnés; qu'il mette dans le Paradis Stace et Trajan; il est encore plus excusable que quand il met dans le Purgatoire le héros de ceux qui ont été homicides d'eux-mêmes, et qu'il nous fait entendre qu'au jour du jugement, Caton reprendra ce corps dont il a été le meurtrier, et qui deviendra brillant de gloire. Voilà pourtant ce poète que ses commentateurs regardent comme un admirable théologien. « J'ai » été bien téméraire, dit Velutello en finissant son commen- » taire, dénué de science et d'éloquence comme je le suis, » d'oser éclaircir la profonde doctrine d'un si grand poète.

» Loin d'en avoir pénétré la moelle, je n'en ai pas passé
» l'écorce. Mon ignorance en est la cause. » Je n'ai pas un
si grand respect pour la théologie de Milton, quoique beaucoup plus sage et plus éclairée que celle du Dante.

Pag. 254, lig. 7. *A ces mots, etc.*

Il n'y fit pas attention, lorsque Dieu les prononça. La réflexion lui fait comprendre que ces mots renferment quelque mystère; ce qui fait renaître en lui l'espérance. Il va ranimer celle de son épouse.

Même pag., lig. 26. *Avec quelle douceur, etc.*

Ce n'est plus ce criminel qui interrogeoit Dieu avec colère en lui disant: « Pourquoi m'as-tu donné la vie? Te
» l'avois-je demandée? » Il se rappelle qu'il n'a vu que douceur dans son juge, qui a même eu l'attention de les vêtir. Il va concevoir de grandes espérances.

Pag. 255, lig. 6. *Est tombée sur la terre, etc.*

Warburton trouve ici une pointe ridicule. Je ne suis pas si sévère. C'est un malheureux qui cherche à se consoler. Dieu lui a dit que la terre ne lui produiroit que des ronces et des épines, s'il ne la cultivoit. Il n'est donc qu'effleuré par une malédiction qui n'est pas prononcée contre lui, mais contre la terre, à cause de lui. Il a donc été très-épargné. En effet, Dieu maudit le serpent et la terre, et ne maudit ni Adam ni Eve.

Même Pag., lig. 13. *Que nous sommes vêtus, etc.*

L'homme vêtu des mains de Dieu, n'eut jamais d'habits si simples, ni si humilians. Les animaux fournissent pour lui leur peau. Infirme et nu, il est à l'emprunt. Comme Adam et Eve avoient déjà couvert ce que la honte les avoit obligés de couvrir, les vêtemens que Dieu leur donna, n'étoient que contre les injures de l'air. Ainsi, c'est par bonté qu'il les couvre : « Et voilà, dit M. Bossuet, (Elévations), l'origine » des habits. La honte les a commencés, l'infirmité les a » étendus sur tout le corps, le luxe les a enrichis. »

Pag. 255, lig. 19. *Il nous enseignera même, etc.*

Il conçoit une si grande idée de la bonté de son juge, parce qu'il a découvert en lui un cœur plein de compassion, qu'il s'imagine que puisqu'il les a déjà habillés, il viendra lui-même leur apprendre à éviter la pluie, la neige, et à faire du feu.

Même pag., lig. 25. *Déshonorent les têtes, etc.*

Mot à mot, *dispersent la chevelure*. Dans Horace, *spissæ nemorum comæ*.

Pag. 256, lig. 11. *L'écorce résineuse, etc.*

Adam n'a pu connoître jusqu'à présent le feu, dont il n'a pas eu besoin. Le tonnerre et les éclairs le lui font connoître. C'est ce qu'a pensé Lucrèce :

Fulmen detulit in terras mortalibus ignem
Primitus, inde omnis flammarum diditur ardor.

Il a vu que le choc de deux nuages a causé l'éclair, il en a conclu que deux corps qui se choquent avec violence enflamment l'air. Le tonnerre a enflammé une écorce résineuse, il en conclut qu'il y a des matières plus disposées que les autres à s'enflammer, et qui s'enflammeroient si on rassembloit sur elles les rayons du soleil.

Même pag., lig. 25. *De retourner à la place, etc.*

Comme pour y retrouver leur juge, lui avouer leur faute, et se soumettre à son arrêt :

Retournons à la place où nous fûmes jugés.
Là, dans le repentir et la douleur plongés,

A travers nos sanglots, couchés dans la poussière,
Nous ferons de nos cœurs sortir notre prière.
Soumis à notre arrêt, humiliés, contrits,
Nous remplirons les airs de soupirs et de cris,
Et nous arroserons la terre de nos larmes.
Notre juge sera touché de tant d'alarmes;
Peut-être est-il déjà prêt à nous pardonner.
Dans un courroux vengeur vint-il nous condamner?
Quand même il prononça cet arrêt si sévère,
Vîmes-nous éclater en lui quelque colère?
Ses regards n'annonçoient que bonté dans son cœur,
Jusqu'au ton de sa voix, tout n'étoit que douceur.
Il ne paroissoit pas nous juger, mais nous plaindre.
Contre un froid qui pour nous maintenant est à craindre,
Lui-même de ses mains il daigna nous couvrir.
Ah, sans doute il se laisse aisément attendrir!

Pag. 257, lig. 11. *Ils se prosternèrent, etc.*

Dans l'état d'innocence, ils faisoient leur prière debout, comme je l'ai remarqué sur le v. 736, du liv. IV.

Même pag., lig. 24. *L'air étoit rempli, etc.*

Ces deux vers sont les mêmes que les 1091 et 1092, et cette répétition fait une beauté.

A tout ce que le poète a mis de pathétique dans les gémissemens de ces deux coupables, il ajoute un trait qui augmente encore notre compassion. On est touché de les voir, lorsqu'ils n'ont plus de dispute entr'eux, qu'ils se reconnoissent tous deux criminels, et n'ont d'autre espérance que dans la miséricorde de leur juge, retourner à la place où ils ont été jugés. Ils espèrent l'y retrouver, lui avouer leur faute; et s'ils ne l'y trouvent pas, en retournant à cette même place où leur arrêt leur a été prononcé, ils prouvent qu'ils s'y soumettent. Milton dit quelquefois des choses ridicules, et je les fais remarquer. Je dois faire remarquer aussi ce que je trouve en lui d'admirable. Comment a-t-il su nous faire partager avec deux criminels, leurs larmes, quand nous sommes les victimes de leur crime? Ce crime est grand, il est même la complication de plusieurs crimes, comme Milton l'a dit au commencement de ce livre; cependant il ne nous paroît plus qu'une désobéissance excusable, et du côté de la femme, qu'ont séduite les mensonges du plus grand des séducteurs, et du côté de l'homme, que sa complaisance pour sa femme a séduit. Tous deux ont mangé d'un fruit qui leur étoit défendu. Voilà ce qui se présente d'abord à notre esprit. Lorsqu'Adam reprochoit à Dieu de lui avoir donné l'être, et accusoit sa justice, nous le condamnions; et quand il va se prosterner à la place où il a été jugé, pour demander miséricorde, et que les malheurs de ses enfans qu'il n'a point encore, l'occupent plus que les siens, nous pleurons avec lui. Milton a su faire d'un coupable qui a rendu avec lui toute la race humaine coupable, et qui lui-même ne trouve de semblable à lui dans le crime, que le chef des Anges rebelles, un personnage tragique, tel que le demande Aristote, pour exciter la terreur et la pitié; un malheureux qui ne paroît ni tout-à-fait coupable, ni tout-à-fait innocent. La compassion que le poète sait exciter pour lui, nous fait presque oublier un crime dans lequel nous sommes enveloppés. Après avoir vu ces deux créatures si parfaites, adressant au ciel, soir et matin, des cantiques de louange, *debout* et dans une *nudité majestueuse*, nous sommes attendris, quand nous les voyons couverts de peaux de bêtes, couchés sur la poussière, n'adressant plus au Ciel que des gémissemens. Quel changement de scène! Quelle en sera la suite? Ce ne sera plus pour avoir mangé d'un fruit que l'homme sera criminel, il sera souillé du sang de son frère; et loin de gémir comme Adam, après son crime, lorsque Dieu lui demandera où est ce frère, il répondra avec insolence : « Me l'avez-vous donné à garder? » Les deux livres suivans vont présenter l'homme malheureux et méchant, et rappelé à une nouvelle vie par son réparateur.

SOMMAIRE

DU LIVRE ONZIEME.

Les prières de nos premiers pères, présentées à Dieu par son Fils, sont exaucées : mais comme ils ne doivent plus rester dans le Paradis terrestre, Dieu donne ordre à Michel de les en faire sortir, après qu'il aura révélé à Adam, pour le consoler, ce qui doit arriver dans la suite des temps. L'Ange annonce aux deux coupables l'arrêt de leur exil. Lamentations d'Eve. Regrets d'Adam. L'Ange le conduit sur une hauteur, et, tandis qu'Eve est endormie, lui découvre dans une vision ce qui doit arriver jusqu'au déluge.

LE
PARADIS PERDU.

LIVRE ONZIÈME.

C'étoit ainsi qu'ils prioient, pénétrés de repentir, et dans l'humiliation la plus profonde. La grâce prévenante étoit descendue du haut de son trône de miséricorde, avoit ôté de leur cœur la pierre qui le remplissoit, et avoit mis à la place une chair nouvellement régénérée d'où s'exhalèrent d'inexprimables soupirs, inspirés par l'esprit de prière, et portés au Ciel par des ailes plus promptes que celles de la plus impétueuse éloquence. Quoiqu'ils soient dans la plus humble posture, ils ne sont pas de méprisables supplians. Leur demande n'est pas moins importante que l'étoit celle de ces deux époux fameux dans la Fable, ces époux antiques, quoique moins antiques que ceux-ci, Deucalion et sa chaste Pyrrha, qui ayant à demander que la perte de la race humaine submergée fût réparée, se présentèrent devant le temple de Thémis.

Les prières de nos premiers pères, qui ne furent

ni dissipées, ni écartées de leur chemin par les vents envieux, volèrent droit au Ciel. Toutes spirituelles, elles en percèrent les portes ; et y ayant été par leur grand intercesseur, couvertes de l'encens qui fume sur l'autel d'or, elles arrivèrent jusqu'à la vue du Père devant son trône ; et alors le Fils les présentant avec joie, commença ainsi son office de médiateur :

« Considérez, mon Père, quels sont les premiers
» fruits qu'a fait germer sur la terre, cette grâce
» que vous avez fait entrer dans le cœur humain.
» Ce sont des soupirs et des prières. Je vous les
» présente, moi qui suis votre prêtre, dans un en-
» censoir d'or, et leur odeur est mêlée à celle de
» l'encens. Ces fruits provenus de la semence que
» vous avez jetée avec la contrition dans le cœur
» de l'homme, ont un plus agréable parfum que
» n'auroient eu ceux que ses laborieuses mains
» auroient pu faire produire à tous les arbres du
» Paradis, avant la perte de son innocence. Ouvrez
» donc l'oreille à ses demandes, et que ses soupirs,
» quoique muets, s'en fassent entendre. Il ignore
» en quels termes il doit parler pour lui-même. Per-
» mettez que je sois son interprète, son avocat, sa
» victime de propitiation. Imprimez, gravez en moi
» toutes ses actions bonnes ou mauvaises. Je perfec-
» tionnerai les premières, et j'expierai les autres
» par ma mort. Acceptez-moi, et recevez de moi
» une odeur de paix, qui se répande sur tous les
» hommes. Permettez qu'avec vous reconciliés, ils
» achèvent

» achèvent au moins le nombre de jours marqués
» pour eux, qu'ils remplissent ces tristes jours, jus-
» qu'à ce que la mort (arrêt dont je ne demande
» que l'adoucissement et non pas la révocation) les
» rende à une meilleure vie, où tout mon peuple
» choisi et racheté, restera dans la joie et la féli-
» cité, ne faisant qu'un avec moi, qui ne fais qu'un
» avec vous. »

Le Père, qui n'étoit pas enfermé dans une nuée, lui répondit avec un air serein :

« Toutes tes demandes pour l'homme, ô Fils
» que j'aime, te sont accordées. Toutes tes de-
» mandes sont mes décrets. Mais une demeure plus
» longue dans le Paradis lui est défendue par l'ordre
» que la nature a reçu de moi. Les purs et immor-
» tels élémens de ce séjour, qui ne souffrent rien
» de souillé, ni aucun mélange contraire à leur har-
» monie, rejettent l'homme depuis qu'il est souillé,
» et veulent s'en purger comme de ce qui leur est
» contraire. Devenu impur, qu'il aille dans un air
» impur chercher une nourriture mortelle, qui le
» dispose (ce qui est son avantage) à la dissolu-
» tion qui tire son origine du péché qui a com-
» mencé à tout altérer et tout corrompre. Il avoit
» reçu de moi, quand je l'ai créé, deux admirables
» présens, la félicité et l'immortalité. Il a follement
» perdu le premier. Le second n'eut servi qu'à éter-
» niser ses malheurs, si je n'y avois prévu, en
» appelant la mort. Cette mort est devenue le
» remède et la fin de ses maux. C'est par elle,

» qu'après une vie éprouvée par de cruelles tribu-
» lations, épurée par la foi, et des œuvres produites
» par la foi, il passera à une seconde vie, lorsqu'il
» sera réveillé au jour que se fera le grand renou-
» vellement des justes. Il sera aussi renouvelé avec
» eux, ainsi que la terre et le Ciel. Appelons main-
» tenant tous les bienheureux ; qu'ils se rassemblent
» ici de toutes les parties du Ciel. Je ne veux pas
» qu'ils ignorent mes jugemens. Ils ont été témoins
» depuis peu de ceux que j'ai exercés sur les Anges
» rebelles ; qu'ils apprennent ceux que j'ai portés
» sur les hommes, et quelqu'affermis qu'ils soient
» dans leur état, que cette connoissance les y affer-
» misse encore davantage. »

Il dit ; le Fils éleva son signal, et le brillant ministre qui veille auprès du trône emboucha la
trompette, celle peut-être qui fut depuis entendue
sur le mont Oreb, lorsque Dieu y descendit, et
celle peut-être qui doit appeler le genre-humain
au jugement général. Le souffle de l'Ange fit retentir toutes les célestes régions. Aussitôt les enfans de
lumière, obéissans à l'ordre suprême qui les appelle,
quittent avec précipitation les délicieux berceaux
qu'ombrage l'amaranthe, les fontaines et les sources
de vie, où ils s'abreuvoient des eaux de la joie, et
viennent prendre leurs places autour du trône du
Tout-Puissant, qui leur annonça en ces termes sa
souveraine volonté :

« Voilà, mes enfans, l'homme devenu comme
» l'un de nous, depuis qu'il a goûté du fruit dé-

» fendu ; mais il ne peut se vanter que de la con-
» noissance du bien qu'il a perdu, et du mal qu'il
» s'est attiré ; et il eût été bien plus heureux si se
» bornant à la connoissance du bien qu'il possédoit,
» il n'eût jamais acquis celle du mal. Maintenant il
» s'afflige, il gémit, et, pénétré de repentir, il me
» prie : c'est moi-même qui produis en lui ces mou-
» vemens. Car si je cessois de les produire, je con-
» nois son cœur, vain et changeant comme il est,
» de quoi ne seroit-il pas capable, abandonné à soi-
» même? Ainsi, de crainte qu'il ne porte encore
» une main audacieuse sur l'arbre de vie, et que
» s'en nourrissant il ne devienne immortel, ou ne
» s'imagine devoir vivre éternellement, j'ai or-
» donné son bannissement. Il faut qu'il sorte de ce
» jardin, pour aller cultiver la terre, d'où il a été
» tiré, et qui est pour lui maintenant sa demeure la
» plus convenable.

» Michel, c'est à toi d'exécuter cet ordre. Prends
» avec toi de flamboyans guerriers que tu choisiras
» parmi les Chérubins, de peur que l'ennemi per-
» vers, dans le dessein de prendre la défense de
» l'homme, ou de s'emparer de sa demeure vacante,
» n'excite quelques nouveaux troubles. Hâte-toi,
» et va sans pitié chasser du divin Paradis le couple
» criminel. Fais-le passer du lieu saint, dans le lieu
» profane. Apprends-leur l'arrêt d'un éternel ban-
» nissement prononcé contre eux et leur postérité.
» Toutefois, en les frappant de ce coup terrible,
» ménage-les, de peur qu'ils ne tombent accablés du

» poids d'une si rigoureuse sentence, puisque je
» vois la douleur dont ils sont déjà pénétrés, et les
» larmes que fait couler la faute qu'ils ont commise.
» Si en recevant tes ordres, ils commencent par
» obéir sans se plaindre, ne les laisse point partir
» sans consolation. Tu leur révéleras cet avenir que
» tu apprendras toi-même par mon inspiration,
» cette alliance que je dois renouveler avec la race
» de la femme. Ainsi bannis, ils sortiront affligés et
» tranquilles. Tu posteras à l'orient un corps de
» Chérubins pour garder l'entrée la plus facile du
» jardin. Tu y feras étinceler une épée, qui sans
» cesse agitée, alarmera quiconque voudra en ap-
» procher, et interdira tout passage à l'arbre de vie.
» Il faut empêcher que le Paradis ne devienne la
» retraite des esprits impurs, et que mes arbres ne
» soient leur proie. Ils en déroberoient encore les
» fruits, pour séduire l'homme une seconde fois. »

Il dit : l'Archangélique Puissance se prépare à une rapide descente, et prend une brillante cohorte de vigilans Chérubins. Chacun d'eux, comme un double Janus, a quatre faces, et un corps tout parsemé d'yeux. Argus en avoit moins; et il les ferma, se laissant charmer par les sons de la douce flûte de Mercure, et par cette baguette qui répandoit le sommeil; mais les yeux des Chérubins ne cèdent à aucun charme, et ne se ferment jamais.

Cependant Leucothoé s'éveilloit, et revenoit saluer l'univers, suivie de la sacrée lumière, et de la fraîche rosée dont la terre étoit embaumée, lorsque nos premiers pères ayant fini leurs prières, sentirent naître en eux une vigueur descendue d'en-haut, une nouvelle espérance qui les ranimoit, et même une joie, mais une joie mêlée de crainte. Adam fut empressé d'expliquer ses sentimens à sa compagne, et lui dit:

« Eve, il est facile à notre foi de croire que
» tout le bien dont nous jouissons descend du
» Ciel, mais qu'il puisse partir de nous quelque
» chose qui montant jusqu'au Ciel, soit capable
» d'occuper l'esprit de celui qui est souveraine-
» ment heureux, et de donner quelque mouvement
» à sa volonté, c'est ce qui me semble difficile à
» croire; cependant il faut bien que la prière, et
» même qu'un seul soupir sorti rapidement du
» cœur humain, soit porté jusqu'au lieu où Dieu
» réside. Car depuis qu'ayant tenté d'apaiser par
» des prières la Divinité offensée, je me suis mis à
» genoux en sa présence, avec un cœur contrit et
» humilié, je crois reconnoître que loin d'être
» inexorable, elle est douce, et daigne nous prêter
» l'oreille. Enfin je sens naître en moi la confiance
» que j'ai été favorablement écouté. La paix revient
» habiter dans mon cœur, et ma mémoire me rap-
» pelle cette promesse, que ta race écrasera notre
» ennemi. Cette promesse, à laquelle nous ne
» fîmes pas attention dans notre trouble, m'assure
» maintenant que l'amertume de la mort est passée,
» et que nous vivrons. Je te salue donc, ô Eve;
» et c'est de ce nom que je te dois appeler, ô

» mère de tous les humains, mère de toutes les
» choses vivantes, puisque c'est de toi que tous les
» hommes recevront la vie, et que c'est pour
» l'homme que vivent toutes les créatures ! »

Eve, humble et triste, lui répondit avec douceur :
« Je suis indigne de ce nom : un titre honorable
» ne peut convenir à moi criminelle, à moi qui
» t'ayant été donnée pour être ton aide, suis de-
» venue ta séductrice. Le reproche, la méfiance,
» le mépris, voilà ce que je mérite. Mais mon juge
» a été infini dans sa miséricorde, puisque sa grâce
» me rend une source de vie, moi qui ai porté
» partout la mort. Tu l'imites dans sa bonté, quand
» tu me crois digne d'un nom si beau, moi qui
» mérite un nom bien différent. Cependant la cam-
» pagne nous rappelle à ce travail qui doit nous
» coûter notre sueur. Nous avons, il est vrai, passé
» la nuit sans fermer les yeux ; mais tu vois que
» l'aurore peu touchée de notre insomnie, recom-
» mence en souriant sa carrière semée de roses.
» Partons ; je ne m'écarterai plus désormais de ton
» côté, en quelque endroit que nous conduise le tra-
» vail dans le courant de la journée. Ce travail qui
» nous est imposé est pénible, et il doit durer
» autant que la journée ; mais tant que nous habite-
» rons ce séjour, que pouvons-nous trouver de
» laborieux dans des promenades si charmantes ?
» Puisque nous vivons ici, quelque changement
» que notre chute ait causé à notre état, vivons-y
» contens. »

Ainsi parloit, ainsi exprimoit ses desirs notre très-humiliée mère. Le Ciel n'y souscrivit pas ; ce que la nature lui fit d'abord connoître par des signes que donnèrent les oiseaux et les quadrupèdes, et qui lui furent bientôt annoncés dans les airs. La belle couleur du matin ne dura qu'un instant ; tout-à-coup le Ciel fut obscurci. Elle vit fondre du haut des airs l'oiseau de Jupiter, qui chassoit devant lui deux oiseaux du plus beau plumage. Le roi des animaux qui habitent les forêts, devenu chasseur pour la première fois, descendit d'une montagne en poursuivant l'aimable couple des hôtes les plus doux des bois, le cerf et la biche, et leur fit prendre dans leur fuite le chemin de la porte orientale du jardin. Adam qui vit ces bêtes ainsi chassées, les suivit des yeux, et dit à son épouse, non sans émotion :

« O Eve, quelque changement plus funeste nous
» menace. Ces signes muets qui arrivent dans la
» nature, sont pour nous les avertissemens du
» Ciel, et les avant-coureurs de ses décrets. Il veut
» nous faire entendre que nous nous sommes trop
» tôt flattés, en croyant que la peine de notre
» crime nous étoit remise, parce que nous avons
» vu notre mort reculée ; et quelle sera notre vie
» jusqu'à cet instant ? Le savons-nous ? Hélas, nous
» savons seulement que nous sommes poudre,
» que nous retournerons en poudre, et que nous
» ne serons plus ! Autrement que nous annonceroit
» cette double poursuite faite à notre vue dans

» l'air et sur la terre, à la même heure, et du
» même côté ? Et pourquoi l'orient est-il ainsi
» obscurci, lorsque le jour n'est pas au milieu
» de sa course ? Pourquoi la lumière orientale
» de l'aurore sort-elle, comme au matin, de ce
» nuage qui venant de l'occident et mêlant son
» éblouissante blancheur à l'azur du firmament
» descend avec lenteur ? Il renferme dans son sein
» quelque chose de céleste, qu'il apporte sur la
» terre. »

Il ne se trompoit pas. La céleste cohorte sortant de ce nuage, semblable à un firmament de jaspe, descend dans le Paradis, et fait halte sur une colline : apparition dont Adam eût admiré la gloire, si l'inquiétude, et cette crainte qui n'est plus la crainte filiale de l'innocence, n'eût obscurci ses yeux. Les Anges ne parurent pas dans une grande gloire, quand ils vinrent à Manaïm au-devant de Jacob, qui vit la campagne couverte des pavillons du céleste camp qui veilloit à sa garde; ou lorsqu'à Dothaïm, une montagne enflammée parut couverte d'un camp de feu, au milieu duquel le Prophète n'eut point à craindre ce roi de Syrie, qui pour surprendre un homme seul, avoit envoyé ses soldats investir une ville, faisant, comme un assassin, la guerre sans la déclarer.

Le prince des célestes hiérarchies plaça ses puissances prêtes à prendre possession du jardin; et ayant marqué à ses Anges leur brillant poste, il s'avança seul vers l'endroit où Adam s'étoit retiré.

Adam qui le vit venir à lui, dit à Eve, avant que de recevoir cette grande visite :

« Eve, prépare-toi maintenant à de grandes nou-
» velles, qui vont peut-être décider de notre sort,
» ou nous imposer les nouvelles lois que nous
» avons à subir. De cet éclatant nuage qui couvre
» la montagne, je vois arriver quelqu'un de l'armée
» céleste ; et la manière dont il s'avance, n'annonce
» pas un des moindres de ceux qui la composent. Il
» marche environné de tant de majesté, qu'il faut
» qu'il soit un des plus puissans, un des Trônes
» divins. Il n'a point l'air terrible, je ne dois pas
» être dans la frayeur ; il n'a pas non plus cet air
» doux et sociable de Raphaël, je ne dois pas être
» dans une pleine confiance. Il vient d'un pas grave
» et majestueux. Je vais avec respect au-devant de
» lui, pour ne point manquer à mon devoir. Le
» tien est de te retirer. »

Pendant qu'il parloit, l'Archange fut bientôt près de lui ; mais il n'avoit plus sa forme céleste. Prêt à parler à l'homme, il avoit pris la forme humaine. Sur ses armes brillantes, flottoit un ornement militaire d'une pourpre plus vive que celle qu'on teignit en Mélibée ou en Sarra, celle dont les rois et les héros de l'antiquité se parèrent dans les fêtes. La couleur de celle-ci avoit l'éclat de l'arc-en-ciel. Son visage, quand la visière de son casque brillant est levée, montre l'âge où la jeunesse étant finie, la virilité commence à fleurir. De son côté aussi lumineux que l'éclatant zodiaque, pend l'épée, terreur de Satan, et dans sa main, il porte négligemment une lance. L'homme fit une inclination profonde, l'Ange n'en fit aucune, et, conservant toujours sa contenance majestueuse, déclara ainsi le sujet de son arrivée :

« Aux ordres d'en-haut, tout préambule est
» inutile. Il te suffit, Adam, que tes prières ont été
» écoutées. La mort, qui suivant la menace devoit
» suivre le moment de la désobéissance, n'aura la
» permission de se saisir de toi qu'après le nom-
» bre de jours qui te sont accordés par grâce, afin
» que tu les passes dans le repentir, et que tu puisses
» par beaucoup de bonnes œuvres, couvrir celle
» qui t'a rendu coupable. Peut-être qu'alors ton
» maître pourra t'affranchir entièrement du droit
» qu'a la mort de faire de toi sa proie; mais il ne
» te permet pas de rester plus long-temps dans ce
» Paradis. Je viens pour t'en faire sortir, et pour
» t'envoyer loin de ce jardin, cultiver la terre dont
» tu as été tiré, et qui est maintenant la demeure la
» plus convenable pour toi. »

Il ne dit plus rien, parce qu'Adam que ces paroles foudroyèrent jusqu'au fond du cœur, interdit, tout de glace, resta comme privé de l'usage de ses sens. Eve, qui du lieu où elle se tenoit cachée, avoit tout écouté, fit connoître aussitôt l'endroit de sa retraite, par ces lamentations qui se seroient faites entendre de loin :

« O coup imprévu, et plus cruel que la mort !
» Faut-il donc te quitter, cher Paradis ? Faut-il

« te quitter, pays natal; et vous, agréables om-
» brages, promenades charmantes, dignes d'être la
» retraite des Dieux? Hélas, c'étoit ici que j'es-
» pérois, tranquille du moins dans mes afflictions,
» passer le temps du délai qui nous a été accordé,
» jusqu'au jour qui sera pour nous deux celui de
» la mort! O fleurs que je ne verrai jamais croître
» sous un autre climat, vous qui tous les matins
» receviez ma visite, et qui la receviez encore le
» soir, vous qu'avec une main amoureuse, j'avois
» soin d'appuyer, sitôt que vous commenciez à
» vous épanouir, ô fleurs qui toutes avez reçu de
» moi vos noms, qui prendra soin désormais de vous
» présenter au soleil, d'arranger vos différentes fa-
» milles, de vous arroser de la fontaine d'ambroisie?
» Et toi enfin, berceau nuptial, toi que j'avois orné
» de tout ce qui peut réjouir davantage la vue et
» l'odorat, comment puis-je m'éloigner de toi pour
» aller m'égarer dans un monde qui, au prix de
» celui-ci, ne peut être qu'un lieu souterrain, obs-
» cur et sauvage? Accoutumés à un air pur, en
» pourrons-nous respirer un autre? Accoutumés à
» des fruits immortels..... »

L'Ange l'interrompit avec douceur :

« Eve, ne te lamente point, mais résigne avec
» courage un bien que tu as mérité de perdre. Il
» n'est pas ton bien propre. Tu n'y dois point atta-
» cher ton cœur avec tant de violence. Tu n'iras
» pas seule. Avec toi part ton époux. Le devoir
» t'oblige à le suivre. Quelque pays qu'il aille

» habiter, c'est lui que tu dois regarder comme ton
» pays natal. »

Cependant revenu du saisissement subit qui l'avoit glacé, Adam rappela ses esprits troublés, et adressa à l'Archange ces humbles paroles :

« Habitant du Ciel, qui devez être l'un des
» Trônes, si vous n'êtes d'un rang encore plus élevé,
» puisque votre extérieur majestueux est celui
» d'un prince au-dessus des princes, vous nous avez
» annoncé avec douceur l'ordre dont vous étiez
» chargé ; et s'il nous eût été annoncé autrement,
» c'étoit fait de nous. Oui, l'ordre dont vous êtes
» chargé, est pour nous (si ce n'est que votre dou-
» ceur le tempère), le coup le plus douloureux,
» le plus funeste, le plus terrible que puisse soute-
» nir notre foiblesse. Il nous exclut de cette heu-
» reuse demeure, notre douce retraite, seule
» consolation restée devant nos yeux accoutumés
» à contempler ses beautés. Toutes les autres de-
» meures nous paroîtront inhabitables et désolées.
» Nous y arriverons inconnus à elles, et elles nous
» seront inconnues. Ah, si par de continuelles
» prières, je pouvois espérer de changer la volonté
» de celui à qui toutes choses sont possibles, je ne
» cesserois de le fatiguer par mes cris éternels !
» Mais contre ses décrets absolus, les prières ont
» moins de force que n'en a le souffle de notre
» bouche, contre le vent qui le repousse aussitôt,
» et le fait rentrer avec une violence qui nous suf-
» foque. Je me soumets donc à cet ordre souve-

» verain; et ce qui cause ma plus grande affliction,
» c'est que, sorti de ce séjour, je vais rester caché
» loin de sa vue; je vais être privé d'une faveur
» qui faisoit toute ma félicité. Ici, j'aurois fréquenté
» ces lieux bénis, qu'il a daigné honorer de sa
» présence. J'aurois pu dire à mes enfans, sur cette
» montagne il m'apparut; sous cet arbre, il se ren-
» dit visible à mes yeux; entre ces pins, j'entendis
» sa voix; au bord de cette fontaine, je m'entre-
» tins avec lui. Ma reconnoissance eût élevé plu-
» sieurs autels de gazon. J'aurois cherché dans les
» ruisseaux les pierres les plus belles; et les posant
» les unes sur les autres, j'aurois, pour l'instruction
» des siècles futurs, placé ces monumens sur lesquels
» j'aurois offert l'odeur des doux parfums tirés des
» fruits et des fleurs. Mais dans ce bas monde où
» je vais descendre, où chercherai-je ces brillantes
» apparitions? Puis-je espérer au moins d'y trouver
» quelques traces de ses pas? Car, quoiqu'obligé
» maintenant de fuir sa colère, dans cette vie à
» laquelle il me rappelle, qu'il daigne prolonger,
» et dans laquelle il me promet une postérité,
» quelle autre consolation puis-je avoir, que celle
» de découvrir du moins l'extrémité de sa gloire?
» Je mettrois toute ma joie à la contempler; et si
» je trouvois la trace de ses pas, je les adorerois
» de loin. »

L'Archange le regardant avec tendresse, lui dit:
« Adam, tu le sais, ce n'est pas seulement ce
» rocher qui lui appartient, le Ciel et la terre en-

» tière sont à lui. Présent partout, il remplit les
» terres, les mers, les airs, et c'est sa vertu puis-
» sante qui dans toutes les créatures qui jouissent de
» la vie, répand cette vie, et leur conserve leur
» chaleur. Il te donne toute la terre; il veut que tu
» la possèdes, et que tu la gouvernes. Tu dois sentir
» le prix d'un tel don. Ne te figure donc pas sa
» gloire comme renfermée dans les limites étroites
» d'un Paradis, ou de cet Eden. Ce lieu eût été
» peut-être le siége principal de ton empire. De là,
» toutes les générations se seroient répandues sur la
» terre, et y seroient ensuite revenues des extré-
» mités du monde, pour te rendre leur hommage,
» et célébrer leur grand auteur. Mais tu as perdu
» cette prééminence, et tu t'es réduit à la nécessité
» d'aller habiter un même séjour avec tes enfans.
» Ne doute pas cependant, qu'ainsi que sur cette
» montagne, Dieu ne soit dans les plaines et
» les vallées de la terre. Tu l'y trouveras égale-
» ment présent. Tu verras partout des signes de
» cette présence, qui te suivront, qui t'environne-
» ront, qui t'assureront de sa bonté et de son
» amour paternel, qui t'exprimeront son image,
» et te marqueront la trace divine de ses pas. Pour
» te donner confiance en mes paroles, et pour te
» rassurer avant ton départ, je t'apprends que je
» suis envoyé pour te révéler ce qui doit, dans les
» temps à venir, arriver à toi et à ta postérité.
» Prépare-toi à voir des biens et des maux, et un
» combat perpétuel entre la grâce surnaturelle et

» l'humaine corruption. Apprends de ce récit, ce
» que c'est que la vraie patience ; comment la joie
» doit être tempérée par la crainte, et une sainte
» tristesse ; comment tu dois t'accoutumer à sup-
» porter avec une égale modération les deux états
» opposés, celui de la prospérité et celui de l'ad-
» versité. Ainsi tu te procureras une vie plus tran-
» quille, et tu te prépareras du courage, pour sou-
» tenir le passage de la mort, quand son mo-
» ment arrivera. Monte sur cette colline, et qu'Eve
» dont j'ai appesanti les yeux, reste ici-bas dans
» son sommeil, tandis que tu veilleras pour con-
» templer l'avenir. C'étoit toi qui dormois, quand
» elle fut formée, et qu'elle reçut la vie. »

Adam, pénétré de reconnoissance, lui répondit :
« Montez, je vous suis, ô guide sûr ! Je prends
» le sentier que vous me montrez, et je me soumets
» à la céleste main, quoiqu'armée pour mon châti-
» ment. Armé, de mon côté, de la patience, c'est à
» ce châtiment que je me présente tout entier,
» pour le surmonter par de telles armes, et arriver
» enfin au repos, à force de peines, si c'est ainsi
» qu'il y faut arriver. »

Tous deux montèrent dans les visions de Dieu.
C'étoit la montagne la plus élevée du Paradis, et
du haut de son sommet on découvroit distincte-
ment l'hémisphère entier de la terre. Magnifique
perspective ! La vue pouvoit s'étendre au loin sur
cet hémisphère, comme sur une plaine. La montagne sur laquelle le Tentateur dans le désert trans-

porta notre second Adam, pour lui faire voir par une raison différente tous les royaumes de la terre, avec leur gloire, ne fut point plus élevée, et de son sommet on ne découvroit point une plus grande étendue.

De l'endroit où se trouva Adam, ses regards purent commander tous les lieux où s'élevèrent dans la suite des villes devenues fameuses, depuis les jours que nous nommons ceux de l'antiquité, jusqu'aux nôtres; tous ceux qui furent les siéges des plus puissans empires. Il vit depuis l'endroit destiné aux murs de Combalu, siége du kan de Cathai, et depuis Samarcande, près du fleuve Oxus, ville où fut le trône de Témir, jusqu'à Pékin, séjour des rois de la Chine, et de-là jusqu'à Agra et Labor du grand-mogol, descendant vers la Chersonèse dorée, ou vers l'ancienne capitale du monarque persan, Ecbatane, ou sa nouvelle capitale Ispahan, ou vers Moscou gouverné par le czar de Russie, ou vers Bysance soumis au sultan sorti de Turquestan. Ses yeux ne pouvoient découvrir l'empire de Négus, jusqu'à son port le plus éloigné, Erecco, et les petits Etats maritimes de Monbaza, Quiloa, Mélinde, et Sofala, qu'on croit avoir été l'antique Ophir, jusqu'aux royaumes de Congo et d'Angola, vers le midi.

Portant ensuite ses regards du fleuve Niger au mont Atlas, il vit les royaumes d'Almanzor, Fez, Sus, Maroc, Alger, et Tremizen. Il considéra l'Europe, et tous ces pays dont Rome devoit être un jour souveraine. Peut-être vit-il aussi en esprit le riche Mexique, siége de Montesuma; Cusco dans le Pérou, le siége le plus riche d'Atabalippa; la Guyane non encore dépouillée, dont la grande cité est appellée Dorado par les enfans de Gérion.

L'Ange prêt à montrer à Adam de plus grands objets, fit tomber de ses yeux le voile qu'avoit étendu sur eux le funeste fruit, dont il avoit cependant espéré cette vue perçante qui lui avoit été promise. Et comme il avoit beaucoup de choses à voir, l'Ange lui nettoya le nerf optique avec l'eufraise et la rue, et fit tomber dans ses yeux trois gouttes de l'eau puisée dans la source de vie : élixir dont la vertu pénétra si avant dans le siége intérieur de la vue spirituelle, qu'Adam forcé de fermer les yeux, tomba sans force, et tous ses esprits étoient prêts à se dissiper ; mais l'Ange secourable le prit aussitôt par la main, et rappela ainsi son attention :

« Adam, ouvre maintenant les yeux, et consi-
» dère d'abord quels effets ton crime, si fatal à ta
» race, produit dans quelques-uns de tes descen-
» dans. Ils n'ont jamais touché à cet arbre qui t'a-
» voit été interdit, ils ne conspirèrent jamais avec
» le serpent, ils n'ont point commis ton péché, et
» cependant ce péché sera la source d'une corrup-
» tion capable de produire de si violentes actions. »

Adam ouvrit les yeux, et aperçut une campagne, dont une partie destinée au labourage, étoit couverte de javelles nouvellement coupées, et dont l'autre partie étoit réservée pour les troupeaux, qui y trouvoient leurs pâturages. Au milieu, et comme servant à toutes les deux de borne, s'élevoit un autel de gazon rustique, sur lequel un moissonneur couvert de sueur, sortant de son travail, en apporta les premiers fruits, des épis nouveaux de blondes javelles qu'il n'avoit point choisies : il les avoit ramassés de celles que le hasard avoit présentées à sa main. De l'autre côté, un berger dont le visage étoit plus doux, apporta les premiers fruits de son troupeau, ceux qu'il avoit choisis comme les meilleurs, et, les offrant comme victimes, en étendit sur le bois qu'il avoit coupé, les entrailles et la graisse, qu'il couvrit d'encens, avec toutes les cérémonies que demande un sacrifice. Une flamme propice descendit aussitôt du Ciel sur son offrande, qui fut consumée par un feu vif et brillant, et répandit une agréable odeur. L'offrande du laboureur ne le fut pas : elle n'étoit point sincère. La rage entra dans son cœur; et en même temps qu'il parloit au berger, il lui lança dans la poitrine une pierre qui lui fit perdre la vie. Le malheureux tomba, la pâleur de la mort le couvrit, et avec les ruisseaux de son sang sortit son âme gémissante. Le cœur d'Adam fut pénétré d'horreur à ce spectacle; et poussant un grand cri, il dit à l'Ange :

« O mon maître, quelque grand malheur est
» arrivé à ce berger si doux, qui avoit si bien
» sacrifié ! Est-ce là la récompense de la piété, et
» d'une dévotion si pure ? »

Michel ému lui-même, lui répondit :

« Ils étoient frères. Tous deux, Adam, sortiront
» de tes reins. L'injuste a tué le juste. Il étoit jaloux
» de ce que le Ciel avoit accepté l'offrande de son
» frère. Mais ce coup sanguinaire sera vengé. La
» foi du juste sera agréable ; et il n'en perdra pas
» la récompense, quoiqu'étendu sur la poussière,
» il te paroisse la proie de la Mort. »

« Hélas, dit notre premier père, quelle action !
» Et par quel motif ! Mais n'est-ce pas la Mort que
» je vois maintenant ? Est-ce par ce chemin que je
» dois retourner à ma poussière natale ? O vue
» pleine de terreur ! Que la Mort est triste et hideuse
» à voir ! Qu'elle est horrible à penser ! Qu'elle sera
» donc horrible à souffrir ! »

L'Ange lui répondit :

« Tu as vu la Mort telle que la première fois
» elle paroîtra chez les hommes ; mais elle a bien
» des formes différentes. Des routes diverses con-
» duisent à son antre affreux, et toutes sont ter-
» ribles, quoique cependant ce qui révolte le plus
» les sens c'est l'entrée. Les uns sont livrés à la
» Mort par ces coups violens que tu viens de voir,
» par des déluges, des incendies, par la faim. Un
» bien plus grand nombre lui sera livré par l'in-
» tempérance dans le boire et le manger. Cette
» intempérance fera naître sur la terre les cruelles
» maladies, dont la foule monstrueuse va paroître
» devant tes yeux, afin que tu connoisses combien
» l'intempérance d'Eve sera funeste aux hommes.
» Que de maux en seront la suite ! »

Alors parut à ses yeux un lieu triste, sombre, infect, pareil à ceux où l'on rassemble les infirmes. Là, étoient étendus des malheureux sans nombre. Là, toutes les maladies exerçoient leurs fureurs, les épouvantables contractions de nerfs, les douleurs aiguës, les défaillances de cœur laborieuses agonies, les fièvres de toute espèce, les convulsions, les épilepsies, les affreux catarrhes, les pierres cachées, les ulcères, les insupportables coliques, les démoniaques phrénésies, l'insensée mélancolie, la lunatique démence, la languissante atrophie, l'asthme et les rhumes tourmens de tous les membres. Ce n'étoient qu'agitations terribles, qu'affreux gémissemens. Le désespoir courant d'un lit à l'autre, visitoit tous les malades, et sur eux la Mort triomphante faisoit briller son dard, mais différoit à frapper, quoique souvent appelée par leurs vœux, comme leur souverain bien, comme leur dernière espérance.

Quel homme, quand il eût eu un cœur de rocher, eût été capable de soutenir d'un œil sec un spectacle si horrible! Adam n'en fut pas capable. Il pleura, quoiqu'il n'eût pas été formé dans le sein du sexe foible. Toute la force dont l'homme est capable, fut en lui vaincue par la compassion. Il s'abandonna un moment aux larmes; mais de plus solides pensées modérèrent enfin cet excès de pitié, et recouvrant avec peine la parole, il recommença ainsi ses plaintes :

« O malheureux genre humain ! Quelle chute !

» Que tu es dégradé ! Et à quel triste sort tu es ré-
» servé ! Il vaudroit mieux pour toi ne point naître.
» Eh, pourquoi cette vie qui nous doit être ainsi
» arrachée, nous est-elle donnée, ou plutôt pour-
» quoi est-elle mise en nous, malgré nous ? Si celui
» qui la reçoit la connoissoit, ou il ne la rece-
» vroit pas quand elle lui est offerte, ou il deman-
» deroit bientôt la grâce de la remettre, content
» d'être renvoyé en paix. Eh, comment se peut-il
» que dans l'homme, placé d'abord dans un tel
» état de bonté et d'élévation, quoiqu'il soit devenu
» coupable, l'image de Dieu soit ainsi défigurée
» par des tourmens horribles à voir, et soit avilie
» par des peines si cruelles ? L'homme ne devoit-il
» pas du moins conserver quelques traits de cette
» ressemblance divine ? Comment peut-il tomber
» dans une telle difformité ? L'image seule de son
» auteur ne devoit-elle pas le préserver ?..... »

« Cette divine image, répondit Michel, s'est
» retirée de ces hommes, lorsqu'ils se sont avilis
» eux-mêmes, en s'abandonnant à des appétits dé-
» sordonnés. Ils ont pris alors l'image du maître
» dont ils se sont rendus esclaves, en se livrant à
» ce vice si bas, le principal auteur de la faute
» d'Eve : c'est pour cela qu'ils reçoivent une puni-
» tion si humiliante. Ce ne sont point les traits de
» Dieu qu'ils ont défigurés, mais les leurs propres ;
» et s'ils conservent encore l'image divine, ils l'ef-
» facent lorsqu'ils quittent les règles saines de la
» nature sage, pour suivre des desirs, sources de

» corruption. Ils en reçoivent le châtiment mérité,
» puisqu'ils n'ont pas respecté en eux-mêmes
» l'image qu'ils portoient de leur Dieu. »

« Je reconnois, reprit Adam, la justice du châ-
» timent, et je me soumets; mais pour arriver à la
» mort, pour retourner à cette poussière dont nous
» sommes sortis, n'avons-nous donc que ces dou-
» loureux passages ? N'est-il point d'autre route ?
» Tu en trouveras une plus douce, dit l'Ange, si
» tu observes exactement cette règle, *rien de trop;*
» règle qu'enseigne la tempérance dans le boire et
» le manger : si tu ne cherches qu'à satisfaire les
» besoins de la nature, et non les desirs d'une
» volupté insatiable, les années s'accumuleront en
» grand nombre sur ta tête. Tu jouiras de la vie;
» et pareil à un fruit parvenu à sa maturité, tu re-
» tomberas dans le sein de la terre dont tu es sorti.
» Tu seras non pas durement arraché, mais douce-
» ment cueilli par la Mort, quand tu seras parvenu
» à cette maturité qui s'appelle vieillesse. Mais alors
» il te faudra survivre à ta jeunesse, à ta force, à
» ta beauté, qui se changera en laideur, en foi-
» blesse, en maigreur. Tes sens émoussés auront
» perdu ces goûts et ces douceurs qui les flattent
» maintenant; et au lieu de cet air de jeunesse, de
» gaîté, de vivacité qui t'anime, règnera dans ton
» sang desséché, une froide et stérile mélancolie,
» qui appesantira tes esprits, et consumera enfin
» le baume de ta vie. »

« Je ne veux plus désormais fuir la Mort, répon-

» dit notre premier père, et je ne cherche point à
» jouir d'une vie si longue. Je ne demande, au con-
» traire, que les moyens les plus faciles d'être déli-
» vré de cette charge si fatigante, qu'il me faudra
» soutenir jusqu'au jour marqué pour la rendre.
» Jusqu'à ce jour, j'attendrai patiemment ma disso-
» lution. »

« Tu ne dois avoir pour la vie, ni amour, ni
» haine, reprit l'Ange ; ne songe qu'à bien vivre,
» tandis que tu jouiras de la vie. Mais sera-t-elle
» longue ou courte ? Laisse le Ciel en décider, et
» prépare-toi maintenant à considérer un autre
» spectacle. »

Adam regarda, et vit une spacieuse plaine couverte de tentes de différentes couleurs. Près des
unes paissoient des troupeaux, et l'on entendoit
de quelques autres sortir des sons d'instrumens
agréables, un concert mélodieux de la harpe et de
l'orgue. On voyoit les doigts qui, parcourant les
touches, mettoient en mouvement les cordes. Une
main légère et comme inspirée, vole haut et bas,
suivant toutes les proportions des sons, et est emportée dans sa course d'un côté jusqu'à l'autre, par
une résonnante fugue.

Dans un autre endroit, paroissoit auprès d'une
forge, un homme laborieux qui avoit déjà fondu
deux barres massives de fer et de cuivre, soit qu'elles
eussent été trouvées après qu'un incendie fortuit
ravageant les bois d'une montagne ou d'une vallée,
et pénétrant dans les veines des terres, eut fait

couler dans quelque cavité ces matières, qui remontèrent jusqu'à l'ouverture ; soit que la terre, ayant été renversée par quelque torrent, eût laissé à découvert ces cavités. Il conduisit le métal liquide dans les moules préparés; il en forma d'abord des outils pour son usage, qui lui servirent dans la suite à façonner les ouvrages qui sont jetés en moule, ou qui sont ciselés.

Du côté opposé à celui où l'on s'occupe à ces travaux, des hommes d'une race différente, quittant le haut des montagnes voisines, leur séjour ordinaire, descendoient dans la plaine. A l'extérieur, ils paroissoient justes, et ils ne s'appliquoient à d'autre étude qu'à adorer Dieu comme il doit être adoré, et à connoître ses ouvrages exposés à nos yeux. Ils n'avoient pas moins d'ardeur pour apprendre toutes les choses capables de conserver parmi les hommes la liberté et la paix. Ils n'étoient pas encore fort avancés dans la plaine, quand tout-à-coup sortit des tentes une troupe de belles femmes, ornées de riches vêtemens et de pierreries. Enjouées et folâtres, elles s'approchoient en dansant, et accordoient leurs harpes à des chants tendres et amoureux. Ces hommes si graves les aperçurent, laissèrent leurs regards courir en liberté, et tombèrent au même instant dans les filets de l'amour. Ils s'enflammèrent, et chacun choisit celle dont il fut épris. Tous parlent d'amour, jusqu'à ce qu'enfin paroît cette étoile du soir qui annonce le temps de l'amour.

Alors ils se livrent tous à leurs ardens transports, ils allument le flambeau nuptial, ils ordonnent qu'on invoque l'hymenée. Il est appelé pour la première fois aux cérémonies du mariage ; et dans toutes les tentes on n'entend que musique et réjouissances. Une entrevue si agréable, une rencontre si heureuse, dont la jeunesse et l'amour savent profiter ; ces chants, ces guirlandes, ces fleurs et ces charmantes symphonies, tout attire l'attention d'Adam ; il sent que son cœur, déjà tout disposé à admettre le plaisir, se laisse entraîner vers cette pente de la nature, par un sentiment qu'il exprime ainsi :

« O toi qui m'as véritablement ouvert les yeux,
» prince des Esprits bienheureux, cette vision me
» paroît bien plus favorable que les deux précé-
» dentes ; elle donne de plus heureux présages,
» elle fait espérer des jours plus paisibles ! Les
» autres étoient des visions de haine, ou de mort,
» ou de peines plus terribles que la mort. Ici, la
» nature paroît en tout satisfaite et accomplie. »

« Ne crois point, répondit l'Ange, que le
» plaisir, quoique la nature en paroisse si con-
» tente, fasse la perfection des choses. Juge autre-
» ment, toi qui as été créé pour une plus noble
» fin, toi qui as été créé sain et pur, et voilà ta divine
» conformité. Ces tentes qui à tes yeux n'ont fait
» paroître que joie, sont les tentes de la scéléra-
» tesse. Sous elles, habitera la race de celui qui a
» massacré son frère. Tu les vois appliqués à

» l'étude. Admirables inventeurs des arts qui po-
» lissent la vie, et ingrats à leur Créateur, dont
» cependant la lumière les éclaire, ils oublieront
» que leurs connoissances sont ses dons. Cette race
» brillera encore par la beauté. Tu viens de voir une
» troupe de femmes si belles, si douces, si
» agréables, si enjouées, qu'elles t'ont paru des
» divinités; mais elles sont entièrement dépouillées
» de cette vertu, la principale gloire, le véritable
» honneur de leur sexe. Elevées et instruites dans
» la science d'une volupté lascive, elles ne feront
» que chanter, danser, se parer; leurs langues et
» leurs yeux seront toujours en mouvement. Les
» hommes de cette race sage, qui par une vie
» religieuse avoient mérité le titre d'enfans de
» Dieu, leur sacrifieront toute leur vertu et leur
» gloire. Devenus les esclaves honteux des artifi-
» cieuses caresses de ces belles impies, maintenant ils
» nagent dans la joie, bientôt ils nageront tristement.
» Ils sont dans les ris, bientôt les larmes y succéde-
» ront; et ce monde riant va devenir un monde
» gémissant. »

Adam, à qui ces paroles firent perdre sa courte joie, s'écria :

« O misère ! O honte ! Eh quoi, ceux qui entrés
» si heureusement dans la vie, avoient si bien pris
» leur route, ou vont se perdre dans des sentiers
» écartés, ou tombent de foiblesse au milieu du
» chemin ! Mais je vois que les malheurs de
» l'homme ont tous la même origine : toujours la
» femme en est la cause. »

« Leur seule origine, reprit l'Ange, est la mol-
» lesse efféminée de l'homme, qui ayant la supé-
» riorité par les dons qu'il a reçus, et surtout par
» celui de la sagesse, auroit dû mieux conserver
» son rang. Mais prépare-toi à voir une autre
» scène. »

Il regarda, et vit dans une plaine d'une vaste étendue, des retraites pour les habitans de la campagne et leurs ouvrages; des villes superbes par leurs portes et leurs tours, un concours d'hommes armés, des visages féroces, et menaçant la guerre, des géans redoutables, et par la grandeur démesurée de leurs corps, et par leur audacieuse témérité. Les uns font briller leurs armes, les autres rendent dociles à leurs mains leurs coursiers fumans : cavaliers et fantassins hors des files, ou rangés en bataille, ne sont pas là pour une vaine montre, et ne restent pas oisifs. D'un côté, un détachement choisi revenant du fourrage, chasse devant lui des troupeaux mugissans, les bœufs, et les belles genisses enlevées dans les gras pâturages, et les troupeaux que couvre la laine, des brebis avec leurs agneaux bêlans, riche butin qu'ils ont fait dans la plaine. Les bergers ont eu peine à se sauver par la fuite. Ils crient au secours, on y vient. Le combat est sanglant. Les escadrons se mêlent avec une fureur cruelle. Où paissoient auparavant les troupeaux, gissent les cadavres épars, et la place teinte de sang et jonchée d'armes, est bientôt déserte. D'un côté, une ville forte est environnée d'ennemis qui la tiennent investie. On l'attaque par mines, par batteries. On approche les échelles, on monte à l'assaut. Les assiégés, sur le haut de leurs murailles, se défendent avec des dards, des javelots, des pierres, des torches de soufre enflammé : ce ne sont, de l'une et de l'autre part, que meurtres et actions dignes de géans. D'un autre côté, des hérauts le sceptre en main, convoquent aux portes d'une ville, le conseil. Aussitôt les guerriers accourent, et avec eux s'assemblent des hommes graves, dont les ans ont blanchi les têtes. On prête l'oreille à des harangues; mais tout-à-coup la discorde oppose faction à faction. Enfin, se lève un personnage respectable par son sage maintien, homme entre les deux âges. Il parle fort au long de ce qui est juste ou injuste, d'équité, de religion, de vérité, de paix, et du jugement d'en-haut. Tous s'en moquent, jeunes et vieux, tous s'apprêtent à porter sur lui des mains violentes; mais un nuage descend, l'environne, le rend invisible, et l'enlève à leur fureur. Ainsi regnent dans toute la plaine, la violence, la tyrannie, les droits de l'épée : nul secours, nul asile.

Adam s'abandonna aux larmes et aux gémissemens, et se tournant tristement vers son guide, lui dit :

« Ah, qui sont ceux-ci? Des ministres de la » Mort, et non pas des hommes, puisque leur mé- » tier est de porter d'une manière si inhumaine, » la Mort dans la race humaine. Par eux est multi-

» plié dix mille fois le péché de celui qui tua son
» frère : car quels autres peuvent-ils massacrer que
» leurs frères, ces hommes qui égorgent des
» hommes? Mais quel est ce juste, qui étoit perdu
» avec toute sa justice, si le ciel ne l'eût repris? »

« Et voilà, lui répondit l'Ange, le fruit de tous
» ces mariages mal assortis que tu as vus : mariages
» qui ont uni deux choses qui abhorrent entre
» elles toute union, le bon et le mauvais. De ce
» mélange fait imprudemment, sont sorties ces
» productions monstrueuses par le corps et par
» l'esprit. Tels seront ces géans si renommés : car
» dans ces temps, la seule force admirée, sera
» appelée valeur et vertu héroïque. Vaincre dans les
» combats, subjuguer les nations, revenir chargé
» des dépouilles d'une infinité d'hommes massacrés,
» voilà ce qui sera regardé comme le faîte le plus
» haut de l'humaine gloire ; et voilà ce qu'on
» ambitionnera pour obtenir les honneurs du
» triomphe, et les titres de grands conquérans, de
» protecteurs du genre humain, de Dieux, de fils
» de Dieux : titres qui seront donnés à des hommes
» qui mériteront plutôt d'être appelés les destruc-
» teurs et les fléaux des hommes. Ainsi s'acquerra
» la gloire sur la terre, ainsi l'on s'y rendra fameux;
» et ce qui méritera une véritable gloire, restera
» enseveli dans le silence. Mais ce septième de tes
» descendans que tu as vu, seul juste dans ce
» monde pervers, et par cette raison haï de tous, et
» obsédé d'ennemis irrités de ce qu'il ose être juste

» lui seul, et annoncer aux hommes cette odieuse vé-
» rité, que Dieu avec ses Saints viendra les juger, sera
» enlevé et emporté par des coursiers ailés dans
» cet éclatant nuage que tu as admiré. Dieu le re-
» cevra, et il demeurera avec Dieu dans le séjour
» de la félicité, ainsi merveilleusement sauvé,
» sans avoir payé le tribut à la Mort. Et pour te
» montrer quelle récompense attend les bons, et
» quel châtiment attend les autres, attache tes
» regards à ce nouveau spectacle, et contemple. »

Il regarda, et vit la face des choses toute changée. La guerre, de sa gueule de bronze, ne faisoit plus sortir de rugissemens. Tout ce bruit s'est converti en jeux, en divertissemens, en plaisirs, en repas, en festins, en danses ; ce ne sont que mariages, prostitutions, enlèvemens, adultères, comme l'ordonne le hasard, et la passion la plus violente qu'inspire la beauté. Tant de réjouissances produisent les troubles et les querelles. Enfin s'avance au milieu d'eux un personnage vénérable, qui leur déclare la vive indignation qu'excitent en lui leurs actions, et qui proteste contre leurs désordres. Souvent même il va dans leurs assemblées, où il ne trouve que triomphes, que fêtes ; et là il leur prêche la conversion et la pénitence, comme à des criminels qui, renfermés dans leur prison, doivent se préparer à subir l'arrêt qui va s'exécuter. Mais tout est inutile. Quand il le voit, il cesse de leur faire des remontrances, il transporte ses tentes loin d'eux.

Alors il abat sur les montagnes de hauts arbres propres à la charpente, et il se met à construire un vaste vaisseau, dont il mesure la hauteur, la largeur, la longueur, suivant un certain nombre de coudées. Il l'enduit de bitume dedans et dehors. Il pratique une porte dans un des côtés, et il remplit le vaisseau d'abondantes provisions pour des hommes et pour des animaux. Tout-à-coup, ô prodige admirable, animaux terrestres de toute espèce, oiseaux, et jusqu'aux plus petits insectes, tous viennent en deux paires ou en sept, et entrent dans cet édifice, comme obéissans à un ordre qu'ils ont reçu ! Le père, ses trois fils et leurs quatre femmes entrent, le père le dernier, et Dieu ferme la porte par dehors.

Alors le vent du midi s'élève, agitant ses noires et amples ailes. Tous les nuages qu'il trouve dans le Ciel, rassemblés par lui, reçoivent pour renfort toutes les vapeurs, les épaisses et humides exhalaisons que les montagnes leur envoient. L'air est épaissi, le firmament devient une voûte obscure ; il en tombe une pluie impétueuse, elle continue, et la terre qu'elle couvre disparoît. Le flottant édifice reste en sûreté, élevé sur le sein des ondes, la pointe de sa proue tournant de tous côtés. Toute autre habitation est ensevelie dans les flots. A leur gré, roulent çà et là les superbes demeures et toutes leurs pompes, qui sont enfin abymées dans leur sein. Une mer couvre la mer, et cette mer nouvelle n'a point de rivages. Les palais, où peu auparavant régnoit le luxe, sont envahis par les monstres marins qui y établissent leurs retraites ; et de ce genre humain naguère si nombreux, tout ce qui reste est au fond d'un petit bâtiment flottant sur l'onde.

O Adam, quelle douleur te saisit, quand tu vis périr ainsi toute ta postérité ! Quelle triste fin ! Quelle dépopulation ! Tu te trouvas dans une inondation d'une autre nature : un déluge de larmes te couvrit, et suffoqué par tes gémissemens, tu restois noyé avec tes enfans, si l'Ange secourable ne t'eût relevé. Tu eus enfin la force de te soutenir; mais désolé comme un père qui pleure sur ses enfans qu'un coup cruel a tous détruits à ses yeux, à peine eus-tu la force d'adresser à l'Ange cette plainte:

« O fatale vision ! O triste connoissance de l'ave-
» nir ! J'aurois vécu bien plus heureux, si je l'avois
» toujours ignoré. Je n'aurois porté des malheurs
» que la seule part réservée pour moi, et je n'en
» aurois porté, chaque jour, que le poids qui eût
» suffi à ce jour ; au lieu que ces malheurs qui
» seront successivement distribués d'âge en âge,
» fondent sur moi tous ensemble. La connoissance
» prématurée que j'en ai, leur donne aussi une nais-
» sance prématurée. Ils me déchirent, quoiqu'ils
» n'existent point encore, parce que je vois qu'ils
» existeront. Que nul homme désormais ne cherche
» à savoir quel sera son avenir, ni celui de ses
» enfans, bien assuré que cet avenir sera funeste,
» et

» et que quoique prévu, il n'en arrivera pas moins,
» et que ces maux futurs, si cruels à supporter,
» pèseront autant sur lui dans tout le temps qu'il
» les craindra, qu'au moment qu'il en sera frappé.
» Mais quel soin va m'embarrasser? Et pourquoi
» vais-je donner des avertissemens, lorsqu'il n'y a
» plus d'hommes pour les entendre? Ce petit nombre
» que le déluge a épargné, périra à la fin ; et errant
» sur ce désert liquide, y sera consumé par la tris-
» tesse et la faim. Hélas, quand j'ai vu cesser la
» violence, quand j'ai vu la guerre ne plus ravager
» la terre, je me suis flatté que tout alloit prendre
» une face plus belle, et que la paix alloit couron-
» ner la race humaine d'une longue suite d'heureux
» jours! Hélas, que mes espérances ont été trompées!
» Je vois maintenant que la paix n'est pas moins
» propre à tout corrompre, que la guerre à tout
» ravager. Et quelle en est la cause? Apprenez-la-
» moi, mon céleste guide, et dites-moi si c'est en
» ce moment que doit finir pour toujours la race
» des hommes. »

L'Ange lui répondit :

« Ces derniers qui t'ont paru triomphans, et
» livrés à tous les plaisirs que procure l'opulence,
» étoient les mêmes qui t'avoient paru admirables
» par leurs actions courageuses, et par leurs grands
» exploits. Ils étoient vides des véritables vertus.
» Après avoir fait couler beaucoup de sang, causé
» de vastes ruines, subjugué les nations, acquis
» une grande réputation sur la terre, des titres

» pompeux, et de riches butins, tout ce qu'ils
» étoient s'est changé en mollesse, en plaisir, en
» fainéantise, en crapule, en honteuse débauche ;
» et enfin leurs vanités et leurs débauches ont fait
» sortir du sein même de l'amitié, de cruelles hos-
» tilités au milieu de la paix. Les vaincus, dans
» l'esclavage où la guerre les a réduits, ont perdu
» avec la liberté, toute vertu et toute crainte de
» Dieu. Ils l'implorèrent dans les horreurs des com-
» bats, mais il ne les secourut point contre leurs
» ennemis, parce qu'il connoissoit leur fausse piété.
» Leur zèle pour Dieu se refroidissant, ils ne son-
» geront plus qu'à mener une vie tranquille, volup-
» tueuse, dissolue, contens des biens que leur
» auront laissés leurs vainqueurs ; et la terre en
» produira au-delà du besoin des hommes, pour
» mettre à l'épreuve leur tempérance. Voilà la
» cause d'une dépravation générale. Tout dégéné-
» rera. La justice, la tempérance, la vérité, la
» fidélité seront oubliées, excepté d'un homme, qui
» dans ces temps de ténèbres, seul enfant de lu-
» mière, bon au milieu des exemples du mal, résis-
» tera aux attraits du plaisir, à l'empire de la mode,
» à tout un monde irrité, et sans craindre ni repro-
» ches, ni mépris, ni persécutions, avertira les
» hommes de l'iniquité de leurs voies, leur expo-
» sera les douceurs de celles de la justice : voies
» bien plus sûres, et où règne la paix. Il leur annon-
» cera la colère prête à fondre sur les impénitens,
» et enfin se retirera chargé du mépris du monde ;

» mais favorisé des regards de Dieu, qui verra en
» lui le seul juste qui soit parmi les vivans. Par son
» ordre, il construira cette arche merveilleuse que
» tu as vue, pour se sauver avec sa famille d'un
» monde dévoué tout entier au naufrage ; et ce
» qu'il aura choisi parmi les hommes et les ani-
» maux, pour être conservé à la vie, n'y aura pas
» plutôt été renfermé et placé, que toutes les
» cataractes des Cieux s'ouvriront. La pluie tom-
» bera jour et nuit sur la terre, et les réservoirs
» des eaux qui sont au fond de l'abyme se crevant,
» forceront l'Océan à surmonter toutes ses limites,
» jusqu'à ce que l'inondation surmonte les mon-
» tagnes les plus hautes. Alors celle de ce Paradis
» sera emportée hors de sa place par la force des
» eaux, et un flot qui l'environnera, la poussant
» avec sa verdure flétrie, ses arbres flottans, et son
» grand fleuve, la renversera, et elle tombera
» jusqu'au fond du gouffre immense. Là, elle
» prendra racine, et y formera une île salée et
» aride, où se réfugieront les orques et les ba-
» leines, et que les monstres marins feront retentir
» de leurs cris; ce qui doit t'apprendre que Dieu
» n'attache la sainteté à aucun lieu, si elle n'y est
» apportée par les hommes qui le fréquentent, ou
» qui l'habitent. Considère maintenant ce qui doit
» arriver. »

Il regarda, et vit l'arche flottante au gré du vent,
sur l'immense hauteur des eaux qui commençoient
à s'abaisser. Déjà les nuages avoient été mis en fuite

par un vent du nord très-piquant, qui faisant rider la face des ondes, les faisoit diminuer par la sécheresse de son souffle. Le soleil écartant les voiles qui l'avoient couvert, jetoit des regards ardens sur cet humide miroir, et attirant à lui les fraîches vapeurs des ondes, en désaltéroit sa soif; ce qui fut cause que l'amas des eaux, qui avoient été comme un lac immobile, peu à peu par un mouvement pareil à celui du reflux, descendit d'un pas léger et insensible vers le fond de l'abyme, qui avoit déjà refermé ses réservoirs, de même que le Ciel avoit refermé ses cataractes. Maintenant l'arche n'est plus flottante, et semble être restée attachée au sommet d'une haute montagne. Les pointes des monts, celles des rochers paroissent. Les rapides torrens précipitent à grand bruit vers l'Océan qui se retire, leur course furieuse. Aussitôt s'envole de l'arche un corbeau, et ensuite une colombe, messagère plus sûre, qui envoyée deux fois pour chercher si elle trouvera sur la terre quelque plante verte, quelque place sur laquelle puisse poser son pied, rapporte à la seconde fois un rameau d'olivier, symbole de la paix. Alors la terre paroit sèche: notre antique Père descend de l'arche avec toute sa suite, et levant les mains et les yeux au Ciel pour lui rendre grâces, aperçoit sur sa tête un nuage qui semble un amas de rosée, et dans ce nuage un arc composé de trois bandes de différentes couleurs, signe qui annonce la paix du Seigneur et une alliance nouvelle. Adam, dont le cœur avoit été pénétré d'une extrême douleur, sentit en lui renaître une joie qu'il exprima par ces paroles :

« Vous qui avez le pouvoir de faire voir comme
» présentes les choses futures, ô mon cher maître,
» cette dernière vision me rend la vie, en m'assu-
» rant que l'homme vivra, et que toutes les créa-
» tures avec leurs races seront conservées. L'afflic-
» tion de voir détruire un monde entier de coupables
» enfans, m'est bien moins sensible maintenant,
» que ne l'est ma joie de trouver cet homme si par-
» fait et si juste, que Dieu daigne, pour l'amour
» de lui, faire renaître un autre monde, et oublier
» toute sa colère. Mais dites-moi si ces bandes
» colorées que je vois dans le Ciel, annoncent, en
» s'étendant, que le sourcil de Dieu irrité s'abaisse;
» ou si, comme une bordure fleurie, elles res-
» serrent les extrémités fluides de ce liquide nuage,
» pour l'empêcher de tomber en pluie, et d'inon-
» der encore la terre. »

« Tu as bien conjecturé, reprit l'Archange. Dieu
» veut bien apaiser sa colère, quoique l'homme
» dépravé lui ait causé le déplaisir de l'avoir fait,
» et quoiqu'il ait été touché de douleur jusqu'au
» fond du cœur, lorsque jetant ses regards sur la
» terre, il l'a vue toute remplie de violences, toute
» chair corrompue, toute voie dépravée. Les crimi-
» nels sont exterminés, et un juste trouve une telle
» grâce devant ses yeux, qu'il ne permet pas à sa
» colère d'effacer de la terre la race humaine, et
» qu'il s'engage par une promesse, à ne plus dé-

» truire la terre par un nouveau déluge, à ne plus
» permettre à la mer de franchir ses bornes, ni à
» la pluie de submerger, monde, hommes, et ani-
» maux. Mais quand il ramenera les nuages dans les
» airs, il y placera son arc de trois couleurs, afin
» qu'il soit un signe qui lui rappelle sa promesse.
» Le jour et la nuit, le temps de la semence, et celui
» de la moisson, se suivront tour-à-tour, jusqu'à ce
» que le feu purifiant et renouvelant toutes choses,
» il y ait de nouveaux Cieux, et une nouvelle
» terre, qui sera la demeure des justes. »

NOTES

DU LIVRE ONZIÈME.

Il semble que le poète ait épuisé tout le feu de son imagination dans le livre précédent où il a rassemblé tous les personnages. Le Fils de Dieu envoyé par son Père, est venu juger les coupables. Le Péché et la Mort, après avoir construit un pont de communication des Enfers à la terre, sont venus prendre possession de la terre, comme de leur royaume, et ont répandu partout des principes de mort. Satan a déclaré à ses sujets, qu'il avoit conquis pour eux la terre. Les Anges ont dérangé la machine de l'univers, et toute la nature est préparée à punir celui qui ne mérite plus d'être son roi. Que reste-t-il encore pour que l'action du poëme soit complète? Que le *Paradis* soit *perdu*. Milton pouvoit en peu de vers représenter Adam et Eve chassés honteusement par un Ange, comme tous les peintres le représentent. Raphaël lui-même (s'il est l'inventeur de toutes les peintures des Loges) a représenté un Ange armé d'une épée menaçante, poussant par l'épaule Adam, qui a la tête baissée, et couvre son visage de ses deux mains. Dans un dessin gravé par Marc-Antoine, l'Ange tient sur lui l'épée levée. Milton a pensé d'une manière plus sublime. La catastrophe d'un poëme épique ne doit point être funeste aux personnages qui ont intéressé le lecteur. Les deux coupables qui vont être punis, sont des favoris du Ciel, disgraciés pour un temps, et que leur disgrâce même élévera à une plus grande faveur. C'est ce que n'ignore pas l'Ange qui vient exécuter l'arrêt. Il ne les chassera pas non plus du Paradis; il les conduira par la main, comme ses amis, sur la terre, après leur avoir développé l'économie des grands desseins de Dieu sur les hommes. Milton ne pouvoit terminer son poëme d'une manière plus grande. Il seroit seulement à souhaiter qu'il eût moins étendu cette fin.

Pag. 303, lig. 1. *Ils prioient, etc.*

Milton ne les nomme point, quoiqu'il commence un livre. Un poète est censé chanter tout son poëme sans se reposer. Le partage en livres n'est que pour le repos du lecteur. Milton se sert du mot *stood* dans le sens latin *être*. Ils n'étoient point debout, mais prosternés.

Même pag., lig. 3. *La grâce, etc.*

C'est donc cette grâce, qui non-seulement nous prévient, mais ôte elle-même la pierre de nos cœurs, et y met à la place une chair *régénérée*, c'est-à-dire, *engendrée de nouveau spirituellement*. Ces vers sont ainsi rendus par Dobson :

> Stabant suppliciter tristes, pacemque precantes,
> Gratia namque Dei facilis descenderat ultro
> Lenibus ex aditis, et corda adamantina flectens,
> Duritiemque domans blandâ virtute, renatas
> Annuerat meliore luto succedere carnes.

Même pag., lig. 15. *Deucalion, etc.*

Ces deux noms, dans un endroit si beau, sont d'autant plus mal placés, que Deucalion, réparateur du genre humain après le déluge, a rapport à Noé, et non à Adam.

Pag. 304, lig. 1. *Par les vents envieux, etc.*

Imité d'Ovide :

> Detulit aura preces ad me non invida blandas.

Milton personnifie la Prière, qui est aussi personnifiée dans les Pseaumes : *Intret in conspectu tuo Oratio mea.* Homère personnifie les Prières. Dans l'Arioste, chant 14, le bon Ange de Charlemagne emporte sa prière dans le ciel; et l'Arioste, fort peu grave dans ses fictions, représente les bienheureux comme ne sachant à qui entendre, pendant le massacre qu'Agramant fait dans Paris. Chacun d'eux eût eu, s'il eût voulu, une statue d'or sur la terre :

Il santo concistoro.
Fatto hauria in terra ogni sua statua d'oro,

« si l'on avoit dans le ciel, sur la beauté de l'or, des idées » pareilles à nos sottes opinions. » Milton, dans sa fiction sublime, représente les prières d'Adam et d'Eve volant droit au Ciel, parce que la grâce est venue les former dans leur cœur; elles sont reçues par le fils de Dieu, qui les couvre d'encens, et les présente lui-même à son père.

Pag. 304, lig. 14. *Dans un encensoir d'or, etc.*

L'homme pécheur deviendra donc plus agréable à Dieu par les mérites de Jésus-Christ, qu'il ne l'auroit pu jamais être dans l'état d'innocence. Quelle vérité !

Même pag., lig. 22. *Il ignore en quels termes, etc.*

Tel est l'homme, sans Jésus-Christ son interprète, et, comme dit saint Jean, épître 2, « son avocat auprès du » Père, et la victime de propitiation. »

Pag. 305, lig. 9. *Enfermé dans une nuée, etc.*

Quand le Père est seul avec son Fils, il ne s'enferme pas dans cette nuée, dont il ne se couvre qu'à cause de ses Anges; et c'est dans le moment qu'il est hors de sa nuée et seul avec son Fils, dont les demandes sont ses décrets, qu'il va prononcer le décret de la gloire future de l'homme, de la seconde vie.

Pag. 305, lig. 26. *Et l'immortalité, etc.*

Cette immortalité qui l'eût conduit dans un séjour plus heureux que le Paradis terrestre, sans passer par la mort.

Même pag., lig. 28. *Eterniser ses malheurs, etc.*

Voilà ce que nous avons peine à croire, et ce qui est très-véritable. Si dans l'état où nous sommes, nous étions immortels, nous serions éternellement malheureux. La mort est donc un présent que Dieu a fait à l'homme pécheur; c'est pour cela que le fils a dit à son père, qu'il ne demandoit pas pour l'homme la révocation de cet arrêt, mais un adoucissement. Une âme que le Péché a rendue esclave du corps, doit souhaiter que l'esclavage cesse.

Pag. 306, lig. 15. *Et le brillant ministre, etc.*

Milton ne nous dit pas quel est ce ministre qui est toujours auprès du trône avec une trompette. Saint Paul a dit, 1 Thess. 4, *la trompette de Dieu.*

Même pag., lig. 26. *Prendre leurs places, etc.*

Milton dit *leur siége :* mot que condamne Bentley, qui veut que les anges soient toujours debout. Dans l'Apocalypse, les vingt-quatre vieillards sont assis auprès du trône.

Même pag., lig. 30. *Comme l'un de nous, etc.*

C'est ce que Dieu, dans la Genèse, dit à l'homme non encore pénétré de repentir; mais cette ironie ne paroît pas bien placée dans un discours tenu aux Anges.

Pag. 307, lig. 17. *Sa demeure la plus convenable, etc.*

Ce ne sont point des criminels qu'on exile dans des lieux

affreux ; mais ils sont envoyés sur la terre, comme leur demeure la plus convenable. Comme ils ne peuvent plus parvenir à la félicité, que leur âme ne soit délivrée d'un corps qui a pris l'empire sur elle, il ne leur convient plus de rester dans le séjour où est l'arbre de vie.

Page 307, lig. 19. *Michel, etc.*

On a vu Michel commander l'armée des saints anges contre les rebelles, ainsi c'est le général de ses troupes que le Père Eternel envoie. Il a été dit de Raphaël, liv. V, qu'il étoit l'ami des hommes, et on l'a vu venir converser et manger avec Adam comme un ami. Il ne doit donc pas être chargé d'une commission de sévérité. L'ange qui fut chargé de chasser du ciel les anges rebelles, est encore chargé de faire sortir l'homme du Paradis terrestre, mais il est aussi chargé du soin de le consoler.

Même pag., lig. 22. *De prendre la défense de l'homme, etc.*

Que Satan veuille s'emparer du Paradis terrestre quand l'homme n'y sera plus, on trouve dans cette pensée une vraisemblance poétique : ainsi Dieu veut qu'on place des gardes dans ce paradis ; mais que ce soit par la crainte de quelque trouble qu'excitera Satan, en prenant la défense de l'homme, c'est ce qu'on a peine à comprendre. Quel intérêt auroit Satan à se déclarer le défenseur de la créature qu'il vient de perdre, lorsque ce qu'il a souhaité s'exécute ? Il paroît que le Père Eternel de Milton ne daigne pas faire assez d'attention à ses paroles.

Pag. 308, lig. 7. *Par mon inspiration, etc.*

Voilà un ambassadeur qui n'a reçu ses instructions, ni de vive voix, ni par écrit ; mais quand il faudra parler, il les recevra par inspiration.

Pag. 308, lig. 9. *Affligés et tranquilles, etc.*

Dans les derniers vers du poëme, on les verra sortir de ce Paradis, *affligés et tranquilles*. La catastrophe n'est donc malheureuse, ni pour eux, ni pour leur race.

Même pag., lig. 16. *Que mes arbres, etc.*

Quand le Père Eternel, dont Satan vient de perdre les deux plus parfaites créatures, prend des précautions pour qu'il n'aille pas ensuite faire tort aux arbres de son jardin, on est un peu surpris. Il seroit à souhaiter que Milton eût fait parler moins souvent, et en moins de mots, son Père Eternel.

Même pag., lig. 28. *Leucothoé, etc.*

Ce mot ne signifie ici que l'Aube, ainsi nommé du latin *Alba*, et *Leucothoé*, comme qui diroit la divinité blanche.

Pag. 309, lig. 1. *Ayant fini leurs prières, etc.*

L'aurore les trouve prosternés; ainsi ils ont passé dans les gémissemens la nuit du jour où le péché a été commis.

Même pag., lig. 14. *Il faut bien que la prière, etc.*

L'étonnement d'Adam est très-fondé, puisque voici les premières prières que des coupables adressent à la Divinité offensée, et qui soient de vives demandes. Dans l'état d'innocence, leurs prières n'étoient pas pour ainsi dire des demandes, mais des actions de grâces de leur félicité, et des cantiques sur la grandeur de Dieu. Ils sont pécheurs, ils se persuadent que Dieu n'écoute point des pécheurs; cependant, leurs prières finies, ils sentent renaître en eux la vigueur et l'espérance, ils se flattent d'avoir été écoutés; ce qui cependant leur paroît *très-difficile à croire*. Ils ignorent qu'ils ont un médiateur qui a présenté leurs prières formées en eux par la grâce.

Pag. 309, lig. 29. *Je te salue, ó Eve, etc.*

Par ce salut, Milton explique ce que l'Ecriture Sainte ne nous fait entendre que d'une manière mystérieuse. Tous les hommes étant morts en Adam, Eve, après le péché, auroit dû être appelée la mère des morts; cependant ce fut après avoir entendu leur arrêt, suivant la Genèse, « qu'Adam donna à sa femme le nom d'Eve, parce qu'elle » étoit la mère de tous les vivans. » Ainsi, Milton n'a point dû, avant ce moment, faire prononcer ce nom à Adam. Quoi qu'il en soit, il semble le lui donner ici pour la première fois, par ce salut dans un nom qu'il explique comme par inspiration. Eve étonnée que ce nom soit si glorieux, va répondre « qu'elle en mérite un bien différent. » Elle reconnoît qu'elle sera la mère d'une race condamnée à la mort. Adam, qui dans ce moment de joie est éclairé sur les paroles prophétiques de l'arrêt, est pleinement convaincu que leurs enfans vivront par celui qui sortira de la race d'*Eve*, qui par conséquent mérite d'être appelée *la mère des vivans*.

Pag. 311, lig. 19. *Ces signes muets, etc.*

Ils parlent assez. Deux oiseaux d'un beau plumage sont chassés vers l'orient par le roi des oiseaux. Les deux plus aimables animaux de la forêt sont chassés aussi vers l'orient par le roi des animaux. On va faire sortir du Paradis Adam et Eve, ces deux créatures si belles et si douces, par la porte orientale.

Pag. 312, lig. 12. *De ce nuage, etc.*

Adam remarque, du côté de l'orient, le soleil obscurci, et du côté de l'occident, un nuage lumineux qui descend. Ces deux phénomènes l'étonnent. « Le théâtre de la nature, » dit Addisson, est obscurci, afin que la brillante machine » que remplissent les Anges, descende avec plus d'éclat et » de magnificence. »

> Pag. 312, lig. 12. *Un firmament de jaspe*, etc.

Apoc. 21. v. 11.

> Même pag., lig. 15. *Cette crainte*, etc.

Milton l'appelle *charnelle*, et il a appelé *filiale* celle de l'état d'innocence.

> Même pag., lig. 23. *Ce roi de Syrie*, etc.

Liv. 4 des rois, chap. 6.

> Même pag., lig. 26. *La guerre, sans la déclarer*, etc.

Warburton croit que ce mot de Milton est une sévère censure de l'acte d'hostilité que les Anglais firent en 1664, contre les Hollandais, avant que de leur avoir déclaré la guerre. C'étoit l'usage des Romains, c'étoit aussi le nôtre autrefois, de ne commencer aucune guerre sans l'avoir annoncée par une déclaration authentique. Cet usage est fondé sur des raisons si justes, que Milton n'a pas tort de condamner tous actes d'hostilité faits avant une déclaration de guerre, et de les appeler des assassinats.

> Pag. 313, lig. 21. *Il avoit pris la forme humaine*, etc.

Cet Archange n'a point l'air terrible, mais il n'a pas non plus l'air doux de Raphaël; il ne vient pas comme ami, mais comme exécuteur d'un ordre sévère. Il ne vient point dans sa forme céleste, comme Raphaël étoit venu. Les hommes pécheurs ne verront plus les anges que sous la forme humaine.

> Même pag., lig. 24. *Mélibée*, etc.

Ville célèbre par la teinture de pourpre, aussi bien que Tyr, dont l'ancien nom étoit Sarra :

> Sarrano dormiat ostro,
> Purpura Mæandro duplici Melibea cucurrit.   Virg.

Pag. 313, lig. 26. *L'éclat de l'Arc-en-Ciel, etc.*

Mot à mot, *Iris en atteint la trame.*

Même pag., lig. 30. *Terreur de Satan, etc.*

Cette épée ne doit pas être la terreur d'Adam. Milton aussi la dépeint comme pendante négligemment ; et c'est aussi avec négligence que cet Ange porte une lance, car le verbe *hung* se rapporte et à l'épée et à la lance. Cependant cet Ange, quoique doux, n'aborde point ces coupables avec un air de familiarité. Son habillement en guerrier, son air, sa démarche, tout répond à son message.

Pag. 314, lig. 18. *Pour t'en faire sortir, etc.*

C'est le seul mot qui dans ce discours puisse les attrister. Tout le reste est faveur, leurs prières ont été écoutées, la Mort ne viendra les saisir que très-tard. Il faut sortir du Paradis. Leur séjour convenable est la terre. Quelle désolation, et quelle répugnance ils ont à aller sur cette terre, où nous nous trouvons si bien, parce que nous oublions qu'elle est le lieu de notre exil !

Pag. 315, lig. 1. *Pays natal, etc.*

Adam y a été transporté de la terre, mais Eve a été formée de lui, tandis qu'il y dormoit ; ainsi elle l'appelle son pays natal.

Même pag., lig. 12. *Vos noms, etc.*

Adam avoit donné à tous les animaux leurs noms, Eve donnoit des noms aux fleurs. Cette peine qu'elle témoigne à les quitter, marque en elle une simplicité, reste de son innocence, qui excite à la plaindre.

Même pag., lig. 15. *Et toi, berceau nuptial, etc.*

Quand elle s'adresse aux fleurs, cette simplicité plaît ;

quand elle s'adresse à ce lit sacré, sa plainte est aimable et touchante. « Elle a, dit Addisson, quelque chose de ten-
» dre et de féminin ; celle d'Adam est d'un tour plus mâle
» et plus élevé. » Lorsque, dans Homère, Priam et Hecube exhortent Hector à ne point s'aller exposer à Achille, leurs discours font voir deux caractères différens ; et Pope, dans ses Remarques sur cet endroit de l'Iliade, fait observer que cette même différence se trouve dans cet endroit de Milton. « Les regrets d'Adam, dit-il, sont ceux d'un homme ; les
» plaintes d'Eve sont celles d'une femme. » *Voyez les Réflexions sur la Poésie, tom. 2, pag.* 432.

Pag. 316, lig. 2. *Ton pays natal, etc.*

Le cœur de son époux est son pays natal ; elle a été tirée de son côté.

Même pag., lig. 27. *Le souffle de notre bouche, etc.*

Que cette comparaison est vive et juste ! Elle est tout entière à Milton. Je ne me rappelle point d'avoir vu ailleurs une pareille image. Dobson l'a ainsi rendue :

> At contra æternæ rata fœdera legis
> Vana nihil plus vota, valent, quàm missus in austrum
> Spiritus, afflantis repetens violentior ora.

Pag. 317, lig. 5. *Ces lieux bénis, etc.*

Eve a regretté les fleurs, Adam regrette les lieux où il a eu le bonheur de s'entretenir avec Dieu :

> Je me soumets sans peine aux ordres de mon Dieu ;
> Et lorsqu'en gémissant je quitte ce beau lieu,
> Je regrette un séjour qu'habitoit l'innocence,
> Et que de Dieu souvent honoroit la présence.
> Partout où je l'ai vu, je l'aurois adoré.
> Un jour à mes enfans, de respect pénétré,
> J'aurois dit : « Sur ce mont, il fit briller sa gloire.
> » Ici (bonheur encor plus cher à ma mémoire !)
> » A

» A l'ombre de ce chêne, il vint m'entretenir :
» Ah, mes fils, n'en perdez jamais le souvenir ! »
J'aurois, en lui rendant des grâces immortelles,
Cherché dans les ruisseaux, les pierres les plus belles,
Et des sucs précieux à nos fleurs enlevés,
Parfumé les autels par mes mains élevés,
Monumens consacrés par ma reconnoissance.
Encor si je pouvois emporter l'espérance,
Que dans ce monde obscur où je vais m'égarer,
Ses plus foibles rayons me viendront éclairer.
Si de ses pas du moins j'y retrouvois la trace ! etc.

Pag. 317, lig. 15. *Des parfums*, etc.

Les patriarches élevoient des monumens de pierres, sur lesquels ils versoient de l'huile. Ces premiers autels servirent à conserver la mémoire des événemens.

Même pag., lig. 19. *Les dernières traces*, etc.

Allusion à ce que Dieu dit à Moïse : « Vous me verrez » par derrière, mais vous ne pouvez voir mon visage. » L'homme pécheur ne peut plus voir que la trace de ses pas.

Même pag., lig. 30. *Ce rocher*, etc.

Il appelle ainsi le Paradis terrestre, pour qu'Adam le regrette moins.

Pag. 318, lig. 21. *Qui t'environneront*, etc.

Nous les trouvons aussi partout. Ils nous environnent, ces signes de sa présence et de sa bonté. Nous n'y faisons pas attention.

Pag. 319, lig. 5. *Une égale modération*, etc.

Maxime bien nécessaire à l'homme. Supporter les biens et les maux avec une égale modération.

Æquam memento, etc.   Hor.

Pag. 319, lig. 11. *Eve dont j'ai appesanti les yeux,* etc.

Adam, sur cette colline, comme Enée dans les Champs Elysées, va voir passer devant ses yeux toute sa race, et sa race est le genre humain. Milton fait prudemment dormir Eve pendant cette vision. Elle eût fait des questions sans fin, et la vision est déjà assez longue.

Même pag., lig. 24. *Les visions de Dieu,* etc.

Expression d'Ezéchiel, 40 : *in visionibus Dei adduxit me.* Hébraïsme, c'est-à-dire, *visions admirables*, comme *montes Dei*. Milton emploie cette expression, non-seulement parce qu'il va faire passer en revue, aux yeux d'Adam, les événemens futurs, mais parce qu'il suppose que de cette montagne l'Ange lui fait découvrir ce que les yeux de l'homme ne pouvoient naturellement découvrir. Tout l'hémisphère va paroître une plaine. Adam verra arriver plusieurs événemens, il en apprendra d'autres par le récit de l'Ange. La scène va se passer, partie en vision, partie en récit. Cette fiction est heureusement imaginée; elle étoit nécessaire pour Adam, qui doit sortir du Paradis avec les consolations que l'Ange lui donne; et pour le poète, qui ayant pour objet de justifier les voies de la Providence, doit faire voir que les suites funestes de la désobéissance d'Adam sont dans l'ordre des desseins de Dieu. Milton terminoit son poëme d'une manière admirable s'il eût abrégé cette fiction. Il renvoyoit son lecteur content, au lieu qu'il risque de le renvoyer fatigué, malgré la variété des descriptions, lorsque l'action étant finie, il l'entretient trop long-temps par un récit auquel il ne prend pas le même intérêt qu'à l'action.

Pag. 320, lig. 7. *Ses regards peuvent commander,* etc.

Milton pouvoit se contenter de nous dire qu'Adam vit tous les lieux où seroient un jour les grands empires, ou nommer les plus fameux par les événemens; mais il veut profiter de l'occasion qu'il trouve d'étaler son érudition en rappelant des noms antiques. Adam voit, vers le Septentrion, *Combalu*, dont plusieurs géographes ont fait la capitale du Cathai, et qui a été le siége du kan des Tartares, et *Samarcande*, capitale de l'empire de Tamerlan. Il voit, vers l'Orient, la Chine et les villes du Mogol. Vers le promontoire des Indes orientales, nommé *la Chersonèse dorée*, à cause de ses richesses, il voit les lieux où seront Ecbatane, ancienne capitale de la Perse, et *Ispahan* la nouvelle, *Moscou*, *Constantinople*. Après l'Asie, il voit l'Afrique; et d'abord dans la haute Ethiopie, cette partie soumise au prince appelé par les uns *Négus*, et par d'autres *Prête-Jean*. Il découvre jusqu'aux lieux où sont, près de la mer Rouge, *Erquisco* ou *Ercosco*, les petits royaumes de *Monbaza*, *Melinde*, *Quiloa* et *Sofala*, dans le pays des Castres, ville que quelques savans ont cru être l'*Ophir*, où Salomon envoyoit ses vaisseaux. Il voit, dans la basse Ethiopie, les lieux où seront *Congo* et *Angola*, ceux où seront *Fez*, *Maroc*, et les autres royaumes dont Almanzor se rendit maître. Après l'Afrique, Adam découvre l'Europe; mais comme nous la connoissons, le poète n'y trouveroit pas occasion de faire admirer sa science, il en parle peu. Adam ne peut voir l'Amérique, mais peut être, suivant le poète, vit des yeux de l'esprit, le *Mexique*, le *Pérou*, et la *Guyane*, pays dans l'Amérique méridionale, dont la grande ville fut appelée par les Espagnols, descendus, dit on, de l'antique Gérion, *el Dorado*, parce qu'on leur avoit dit que ses habitans avoient des armes d'or. Pizarre, qui alla pour en faire la conquête, ne la put voir. C'est ainsi que Milton fait contempler à Adam les quatre parties du monde.

Pag. 321, lig. 7. *De plus grands objets, etc.*

Ce ne seront plus des cantons de la terre qu'Adam verra, mais les actions des hommes.

Pag. 321, lig. 11. *L'eufraise et la rue*, etc.

Un Ange n'a pas besoin de recourir à ces plantes.

Même pag., lig. 16. *Tomba sans force*, etc.

Cette défaillance d'Adam est pareille à celle dans laquelle Daniel tomba, lorsqu'il se sentit fortifié par une main divine. *Dan.* 10.

Même pag., lig. 22. *Ils n'ont point touché à cet arbre*, etc.

Que devient la faute d'Adam, si on la compare à tous ces horribles crimes, commis par tant de ses enfans? Ce père qui nous a perdus, paroît, en comparaison de nous, bien innocent. Mais il est la cause que le règne de la concupiscence a commencé.

Pag. 322, lig. 22. *La pâleur de la Mort*, etc.

La Mort, contraire à l'ordre que Dieu avoit établi d'abord, entre sur la terre par un crime horrible; son premier coup est porté par une main fraternelle, sur un juste dont l'offrande étoit agréable à Dieu. Son frère meurtrier reste long-temps sur la terre, et y devient puissant. Il ne faut donc mettre au nombre des faveurs du Ciel, ni la longue vie, ni les biens de la terre.

Pag. 323, lig. 9. *N'est-ce pas la Mort*, etc.

Réflexion bien naturelle dans Adam, qui voit pour la première fois l'image de cette Mort à laquelle il est condamné :

> De quel spectacle affreux tu me rends le témoin!
> Je connois donc la Mort, et je la vois de loin.
> Est-ce ainsi que je dois retourner dans la poudre?

Ce n'est point la Mort, malgré sa faim dévorante, qui est venue d'elle-même prendre sa première victime; c'est la rage de l'homme qui la lui a donnée. Voilà le premier assassinat : prendre une pierre, et assommer celui dont on est jaloux. *Assassiner est le plus court*, comme a dit un poète comique. Si dans la suite on invente des poisons, si l'on prend des voies plus longues, ce sera quand on ne pourra prendre la plus courte.

Pag. 324, lig. 2. *Pareil à ceux*, etc.

Je ne connoissois pas encore cet endroit de Milton, lorsque dans ma première Épître sur l'Homme, je faisois la description d'un hôpital :

> Entrons pour contempler de plus tristes victimes,
> Dans ces vastes maisons, où dans l'infirmité
> Languissent ceux qu'afflige encor la pauvreté.
> O nature, en ces lieux, quand tu te considères,
> Toi-même tu frémis de toutes tes misères !
> Que de larmes, de cris et de gémissemens !
> Là, sur un lit cruel, etc.

Même pag., lig. 7. *Les fièvres, les convulsions*, etc.

Je faisois dans la même Épître une pareille énumération :

> Quand rhume, asthme, vapeurs, catarrhe, épilepsie,
> Goutte, fièvre, langueur, gravelle, hydropisie,
> Fléaux que je ne puis nommer sans t'effrayer,
> Semblent, pour nous punir, prêts à se relayer, etc.

Même pag., lig. 10. *Démoniaques*, etc.

Ces trois vers n'étoient pas dans la première édition. Milton, dans la seconde, voulut augmenter l'horreur de cette description. Bentley les condamne, et Pope les trouve admirables.

Même pag., lig. 15. *La Mort triomphante*, etc.

Images très-poétiques : le désespoir qui vole de lit en lit, la Mort qui branle son dard. Des commentateurs font remarquer le verbe *shook* rejeté au commencement du vers suivant.

Pag. 325, lig. 3. *Pourquoi cette vie, etc.*

Imitation de ce que dit Job : *Quare misero data est lux.*

Même pag., lig. 5. *Si celui qui la reçoit, etc.*

Sénèque a dit que la vie ne seroit pas acceptée, si elle n'étoit donnée à qui ne la peut refuser, *nisi daretur invitis.* Adam, qui n'est pas encore bien éclairé, peut dans un transport de douleur faire une pareille plainte, à laquelle l'Ange auroit dû faire une réponse. Cette vie si malheureuse est donnée à qui doit par elle en mériter une meilleure.

Même pag., lig. 13. *Défigurée par des tourmens, etc.*

Comme les douleurs du corps, quelles qu'elles soient, ne défigurent jamais dans l'homme l'image de Dieu, la réflexion d'Adam n'est juste que parce qu'il voit des malheureux qui souffrent la peine de leur intempérance.

Pag. 326, lig. 19. *Doucement cueilli, etc.*

Image prise dans Cicéron sur la vieillesse : *Et quasi poma ex arboribus, cruda si sint, vi avelluntur; si matura et cocta, decidunt, sic vitam adolescentibus vis aufert, senibus maturitas.* Milton attribue l'entrée des maladies sur la terre à l'intempérance. Il n'y a pourtant pas d'apparence qu'elle ait été le vice dominant de ces premiers hommes, qui, selon les apparences, ne mangeoient pas de chair, ne buvoient pas de vin, n'avoient point de cuisiniers, et se nourrissoient des fruits de la terre. Mais Milton veut faire l'éloge de sa vertu favorite. Il étoit fort sobre; il fut cependant accablé d'infirmités, tourmenté de la goutte, et il ne tomba pas *comme un fruit mûr.* Les chagrins, dont j'ai dit la cause dans sa Vie, consumèrent le baume de sa vie. Il arrive très-rarement qu'un homme tombe comme un fruit mûr. On va voir aujourd'hui par curiosité une femme à qui l'on compte 120 ans, et qui est la triste image de la plus affreuse décrépitude. Ces exemples si rares semblent faits pour nous donner toujours l'espérance d'aller plus loin. Nous croyons toujours que nous serons du nombre de ces fruits qui ne tombent qu'en maturité, et nous avons oublié tant de fruits que nous avons vus *durement arrachés.*

Pag. 327, lig. 8. *Pour la vie, ni amour, ni haine, etc.*

Maximes dignes d'un Ange, et dont nous devrions tous être pénétrés.

Même pag., lig. . *Une spacieuse plaine, etc.*

Pour ne pas laisser long-temps Adam occupé d'objets tristes, voici d'autres spectacles, les tentes de la postérité de Caïn. Milton aime à parler de la musique, parce qu'il étoit musicien.

Même pag., lig. 28. *Soit qu'elles eussent été trouvées, etc.*

Milton rapporte l'invention de l'art de fondre les métaux, aux réflexions que fit faire un incendie dans une forêt. On remarqua que les métaux devenus liquides, quand ils tomboient dans une cavité, en prenoient la forme. Lucrèce a dit la même chose, livre 5.

> Æs, atque aurum, ferrumque repertum est,
> Et simul argenti pondus, plumbique; potestas
> Ignis ubi ingentes sylvas ardore cremavit, etc.

L'inventeur de cet art a été si utile aux hommes, qu'il n'est pas étonnant que l'antiquité ait fait un Dieu forgeron.

Pag. 328, lig. 9. *Du côté opposé, etc.*

La race de Seth, celle des justes, descend du côté opposé

à celui où est la race de Caïn. Celle de Seth est sur les montagnes, parce que, suivant Josephe, ils s'appliquoient surtout à l'astronomie.

Pag. 328, lig. 29. *Cette étoile du soir*, etc.

Il l'appelle *Fourière;* et Rolli a traduit, *Stella, la Foriera d'amore.* Dans le livre V, v. 519, cette étoile alluma le flambeau nuptial.

Pag. 329, lig. 14. *Toi qui m'as véritablement ouvert les yeux*, etc.

Non comme ce fruit fatal qui devoit me les ouvrir, suivant la promesse du serpent.

Pag. 330, même lig. *Les hommes de cette race*, etc.

Le sentiment le plus commun est celui de ceux qui, par les *Enfans de Dieu amoureux des filles des hommes*, entendent les enfans de la race de Seth amoureux des filles de la race de Caïn. De là sont venues les fables sur les amours des Dieux.

Même pag., lig. 19. *Ils nageront tristement*, etc.

A cause du déluge. Jeu de mots assez froid.

Même pag., lig. 30. *Toujours la femme*, etc.

Imité d'Homère, Odyssée 11. L'ombre d'Agamemnon dit de la race d'Atrée, « que Jupiter la hait, puisqu'il lui fait » tant de maux, et toujours par les femmes. »

Pag. 331, lig. 7. *Il vit dans une plaine*, etc.

A une scène de fêtes et de réjouissances, succède une scène d'horreur et de guerre. Milton imite la variété qu'Homère a jetée dans le bouclier d'Achille, et en emprunte quelques tableaux.

Pag. 331, lig. 12. *Des géans, etc.*

Quelques commentateurs disent que, par ces géans, on ne doit entendre que des hommes terribles par leurs violences, et non par la grandeur de leurs corps. Milton réunit les deux sentimens. Origine de ce que la Fable a raconté des Géans.

Pag. 332, lig. 15. *Et qui entre les deux âges, etc.*

Enoch, quand il fut enlevé, avoit 365 ans ; ce qui étoit le moyen âge dans un temps où l'on vivoit 7 à 800 ans. Il annonça le jugement que Dieu viendra exercer sur la terre. *Ep. S. Jude.* C'est à quoi Milton fait allusion. Enoch est appelé *le septième depuis Adam.*

Pag. 333, lig. 2. *Car quels autres, etc.*

Adam en voyant des armées, a bien pu s'écrier : *Projice tela manu, sanguis meus.* Le premier meurtre a été d'un frère massacrant son frère ; mais tous les hommes sont ses enfans. Que de frères massacrés par leurs frères !

> Qu'entends-je ? Quelle horreur ! Et quel carnage affreux !
> Ministres de la Mort, ils s'égorgent entr'eux.
> L'homme massacre l'homme ! O monstres sanguinaires,
> Quels autres pouvez-vous massacrer que vos frères ?

Même pag., lig. 19. *Et voilà ce qu'on ambitionnera, etc.*

Bentley et Pearce ont entendu différemment cet endroit, et il est fâcheux d'y trouver quelque obscurité. La réflexion est très-belle. Le commentateur Newton, qui regarde cet endroit comme un des plus obscurs du poëme, y donne le sens que j'ai suivi. Dobson ne suit pas tout-à-fait le même :

> Bellis domitare ferocibus, urbes
> Obruere, ac populos passim, spolia ampla referre
> Cædem inter, stragemque immanem, ea summa feretur
> Gloria, magnificis, patriâ plaudente, triumphis

> Victores late incedent, gentisque patroni
> Humanæ, Divi, Divumque invicta propago;
> Ah! vastatores potius, pestesque vocandi;
> Sic terris clarescet honos.

Pag. 334, lig. 12. *De sa gueule de bronze, etc.*

Puisque la guerre est dépeinte comme un monstre, il faut dire *sa gueule*. L'expression de Milton est pareille à celle d'Homère. πολεμοιο μεγα σομα, et à celle de Cicéron : *Urbem ex totius belli ore et faucibus ereptam.* Nous trouvons dans notre Vulgate, *in ore gladii.*

Même pag., lig. 19. *Produisent les troubles, etc.*

Si Adam eût pu voir tous ses enfans de tous les âges, il eût vu à-peu-près toujours le même spectacle, réjouissances, danses, mariages, querelles, guerres, massacres, et il eût admiré dans les hommes cette ardeur à multiplier et à détruire leur espèce. Dans ces premiers temps, on ne s'égorgeoit pas pour des royaumes ; mais des hommes qui *Venerem incertam rapientes more ferarum*, ne connoissoient que la violence, s'égorgeoient pour une femme, pour un fruit, pour un arbre, pour une place au soleil. Moïse, qui se contente de nous dire que *toute chair avoit corrompu sa voie*, ne nous apprend point quels crimes étoient les plus fréquens, ni même si l'idolâtrie avoit commencé. Mais peut être toute idée d'une Divinité étoit-elle perdue. Des hommes qui avoient vécu avec Adam, et avec Caïn qui avoit vu le Ciel agréer les sacrifices d'Abel, avoient peut-être entièrement oublié qu'il y eût un Dieu. Un Juste vent leur représenter que ce Dieu les jugera un jour : il eût été déchiré par eux, si le Ciel ne l'eût enlevé à leur fureur. Telle étoit la terre, et nous en trouvons la peinture dans Ovide :

> Vivitur ex rapto, non hospes ab hospite tutus.
> Non socer à genero, fratrum quoque gratia rara est.
> Imminet exitio vir conjugis, illa mariti.

> Lurida terribiles miscent aconita novercæ.
> Filius ante diem patrios inquirit in annos,
> Victa jacet pietas, et virgo cæde madentes
> Ultima cœlestum terras Astræa reliquit.

Voilà Enoch enlevé à des méchans, à qui il est inutile de parler de justice. Enfin, cette race qui couvre la terre, ne songe pas aux Dieux, ne connoît que la violence et le meurtre :

> Illa propago
> Contemptrix superum, sævæque avidissima cædis,
> Et violenta fuit.

Enfin, Jupiter prend le parti de faire tomber le déluge : *Perdendum mortale genus.* L'origine de la fable n'est pas ici incertaine.

Pag. 334, lig. 29. *Il transporte ses tentes, etc.*

Moïse ne nous dit point que Noé ait voulu rappeler les hommes à la justice ; c'est Josephe qui écrit que voyant l'inutilité de ses remontrances, il s'éloigna.

Pag. 335, lig. 11. *En deux paires ou en sept, etc.*

Parce qu'il est dit dans la Genèse : « Prenez sept mâles » et sept femelles de tous les animaux purs, et deux mâles » et deux femelles des animaux impurs. »

Même pag., lig. 14. *Dieu ferme la porte, etc.*

Expression de la Genèse.

Même pag., lig. 29. *Une mer couvre la mer, etc.*

Comme de nouvelles eaux arrivent sans cesse, la mer est couverte d'une nouvelle mer qui n'a point de rivages. Ceux qui n'approuvent pas cette image, conviendront du moins que Milton est plus sage qu'Ovide dans la description du déluge. De ce terrible événement, dont la mémoire s'est conservée chez presque toutes les nations, la terre offre partout d'éclatans témoignages. Certains philosophes travaillent à les éluder; d'autres, qui ne peuvent nier la vérité de cet événement, aiment mieux l'attribuer à une comète, qui en passant près de la terre lui a donné un coup, qu'à la volonté de Dieu.

Pag. 336, lig. 8. *Quelle dépopulation! etc.*

Ce mot ne fut jamais employé plus à propos. Dans cette belle apostrophe à Adam, on voit avec peine ces jeux de mots : *inondation d'une autre nature*, *déluge de larmes*.

Même pag., lig. 28. *Que nul homme, etc.*

Grande leçon qu'Adam donne à ses enfans, qui n'en profiteront pas, et auront toujours la folie de vouloir connoître l'avenir. En la leur donnant, Adam fait réflexion qu'il n'a point d'auditeurs. La terre n'est plus qu'un *liquide désert*.

Pag. 338, lig. 25. *Avertira les hommes, etc.*

J'ai déjà remarqué que ce n'est que dans Josephe, que nous lisons que Noé ait donné des avertissemens aux hommes. Suivant la Genèse, il exécute en silence l'ordre que Dieu lui a donné de construire une arche, en lui annonçant le déluge. Moïse a rapporté les plus grands événemens en si peu de mots, qu'on voit bien que le dessein du premier des historiens n'a pas été d'écrire l'histoire pour contenter notre curiosité. Il est naturel de croire que ceux qui voyoient Noé travailler à l'arche, lui demandoient quel ouvrage il faisoit, et pourquoi. Peut-être aussi, indifférens pour tout, excepté pour leurs plaisirs, n'avoient-ils point cette curiosité. Jésus-Christ nous les représente dans cette stupide tranquillité, lorsqu'il dit, dans saint Luc, ch. 17 : « Ils
» mangeoient, buvoient, se marioient, jusqu'au jour où

» Noé étant entré dans l'arche, le déluge les fit tous périr.»
Ils seront les mêmes quand le déluge de feu arrivera.

Pag. 339, lig. 14. *Celle de ce Paradis sera emportée, etc.*

Voici de quoi consoler Adam qui va en être banni. Ce jardin qu'il regrettoit disparoîtra. Milton décrit très-poétiquement la manière dont il sera détruit, et imite la manière dont Homère, Iliade 12, décrit la destruction de la muraille des Grecs, que la mer emporta. L'épithète *horned*, que Milton donne au flot, dépeint le flot qui se divise, quand il trouve un obstacle à son cours ; ce que les anciens entendoient par ces cornes qu'ils donnoient aux fleuves. Il appelle la mer *le grand gouffre*, comme Virgile, *in gurgite vasto*. Adam apprenant que ce lieu saint qu'il a habité servira de retraite aux monstres, apprend que ce ne sont point les lieux qui sanctifient l'homme, et qui font son bonheur. Milton prétend que la montagne du Paradis terrestre a pris racine au fond de la mer, et le Dante prétend que quand il fut tout au haut de la montagne du Purgatoire, qu'il place sur l'hémisphère qui depuis lui fut nommé l'Amérique, il y trouva le Paradis terrestre et l'arbre de vie. Les poètes mettent ce Paradis où ils veulent.

Pag. 340, lig. 11. *Refermé ses écluses, etc.*

A cause de ce qui est dit, Ps. 17 : *Apparuerunt fontes aquarum*. Milton suppose au fond de la mer, dans les fondemens de la terre, des réservoirs d'eau, qui en se crevant forcèrent la mer à s'élever. Au moment qu'ils se crevèrent, les cataractes du Ciel s'ouvrirent. Maintenant ces cataractes se referment, et les réservoirs qui sont au fond de la mer se refermant aussi, les eaux de la mer retombent à leur place. Ce qu'on lit dans l'Alcoran, suivant la version de Maracci, est sublime. « Dieu dit : terre, » engloutis tes eaux ; vous Cieux, n'en versez plus. L'eau

» s'écoula. L'ordre de la perte des hommes fut accompli.
» L'arche s'arrêta, et l'on entendit cette voix : « Que les
» nations impies ne soient plus. »

Pag. 340, lig. 12. *L'arche n'est plus flottante, etc.*

On a prétendu qu'elle s'étoit arrêtée sur le mont Araraht, montagne de l'Arménie, à laquelle on a donné ce nom, parce que notre Vulgate a traduit le mot hébreu *Araraht*, par *montes Armeniæ*. On peut voir dans les Voyages de M. Tournefort, qui monta sur l'Araraht, la manière dont il plaisante sur cette tradition, qui n'a aucun fondement. Il est dit que les hommes vinrent de l'orient au pays de Sennaar. Or l'Arménie n'est pas à l'orient de Sennaar. Josephe dit, à la vérité, que l'arche s'arrêta sur les montagnes d'Arménie, et même que de son temps elle y étoit encore. Mais Josephe étoit fort ignorant, comme disoit l'abbé de Longuerue, qui prétendoit que l'arche s'arrêta sur le Paropamise, montagne très-élevée entre la Perse et le Mogol. Milton fait très-sagement de ne pas nommer la montagne.

Même pag., lig. 28. *Signe qui annonce la paix, etc.*

L'Arc-en-Ciel est appelé par Dieu même, dans la Genèse, *le signe de son alliance;* et Homère, ce qui est très-remarquable, dit que Jupiter a attaché l'Arc-en-Ciel dans les nuages pour être un signe aux hommes :

Εν νεφει στηριξε, τέρας μερόπων ανδρόπων.

L'emploi d'Iris étoit d'aller annoncer aux hommes les volontés des Dieux. L'agréable mélange des couleurs douces de l'Arc-en-Ciel, annonce la paix; c'est pourquoi, dans l'Apocalypse, on voit un Arc-en-Ciel près du trône céleste. Si Noé est le premier homme qui ait vu l'Arc-en-Ciel, il n'avoit donc pas plu sur la terre avant le déluge. Cet Arc fut le signe que les pluies qui tomberoient dans la suite n'iroient jamais jusqu'à submerger encore la terre. Le Dante, à la fin de son Paradis, voit la Trinité, comme trois couleurs formant un seul Arc :

> Tre giri
> Di tre colori, e d'una continenza.

Pag. 341, lig. 27. *Un juste trouve une telle grâce, etc.*

Ce juste par qui la race humaine a été sauvée, a été connu des Païens sous d'autres noms. Lucien dit de Deucalion presque les mêmes choses que Moïse dit de Noé. Plutarque parle de la colombe que Deucalion lâcha pendant le déluge. La fable de Saturne, dont le symbole étoit un vaisseau, et dont les trois fils partagèrent l'univers, prend sa source dans Noé, qu'on retrouve encore dans la Théologie des Egyptiens. On trouve aussi dans les traditions des Chinois sur Fohi, beaucoup de ressemblance à ce qui est dit de Noé ; mais il est impossible de ne pas le reconnoître dans le Deucalion des Grecs, qui étoit le plus juste des mortels, suivant Ovide :

> Non illo melior quisquam, nec amantior æqui,

qui se sauve du déluge sur un vaisseau, et arrive sur une haute montagne :

> Parvâ rate vectus adhæsit.

Il est avec sa femme le réparateur du genre humain. A l'égard des pierres qu'ils jettent, et dont naissent les hommes, c'est une fiction allégorique sur la dureté du cœur humain : *Unde homines nati, durum genus*. J'ai fait remarquer dans quelques-unes de mes notes, les origines de plusieurs fables, qui, toutes fables qu'elles sont, deviennent des témoignages de la vérité, parce qu'elles viennent de l'Egypte, où Abraham avoit été long-temps, avant que la famille de Jacob y fût établie. Les faits éclatans rapportés par les descendans de Noé, qui les savoient de leur père, et corrompus en passant par différentes bouches, donnèrent lieu à ces fables, qu'embellirent les poètes, pour augmenter le merveilleux. Voilà pourquoi, quelque obscure que soit l'ancienne mythologie, il est bien plus aisé de l'expliquer que la moderne. Je parle de ce merveilleux de nos anciens romans. Qui peut expliquer l'origine des Fées, des Génies, des Enchanteurs? On voit clairement l'origine de Pandore et de Pyrrha, mais qui peut comprendre celle d'Urgande la déconnue, de la Fée Manto, etc. Il est plus aisé d'expliquer le vaisseau des Argonautes que la grande Serpente. On ne voit, dans tout ce merveilleux, qu'extravagances; au lieu que dans le merveilleux de l'antiquité, on retrouve des faits historiques, ou des vérités de morale ou de physique voilées.

Pag. 342, lig. 8. *Jusqu'à ce que le feu, etc.*

Ce sentiment que la terre périroit par le feu, est presque aussi ancien que la terre; on le trouve dans les écrits des philosophes et des poètes de l'antiquité. Qui a pu l'imaginer le premier, et le répandre? Sénèque parle aussi d'un renouvellement de toutes choses, quand il plaira à Dieu d'abolir les anciennes, pour en faire de meilleures : *Ordiri meliora, vetera finiri.* Comment ne pas faire remonter certaines traditions jusqu'aux patriarches, jusqu'à Adam même ? Pourquoi les Anges ne seroient-ils jamais venus converser avec lui, comme ils sont venus converser avec Abraham ? Pourquoi n'auroient-ils jamais fait ce que fait Michel dans ce poëme, en lui révélant des événemens futurs, dont il aura fait part à ses enfans? Cette opinion a été encore autrefois très-répandue, qu'il y avoit eu un temps où les Dieux venoient converser avec les hommes. Ainsi les Anges ont pu leur apprendre que la terre périroit par le feu. J'avoue qu'il est dit, dans l'Hist. Nat. du cabinet du roi, tom. 1, pag. 124, qu'elle retournera dans la mer : « Les eaux du Ciel, qui
peu-

» peu à peu détruisent l'ouvrage de la mer, c'est-à-dire la
» terre, rabaissent les montagnes et comblent les vallées,
» rendront un jour cette terre à la mer. » Malgré cette
prédiction d'un philosophe moderne très-célèbre, j'aime
mieux m'en tenir, comme Milton, à la prédiction qui paroît
aussi ancienne que le monde.

Pag. 342, lig. 10. *De nouveaux Cieux et une nouvelle terre, etc.*

« Le monde présent, dit le P. Malebranche dans ses
» Méditations, est un ouvrage négligé, la demeure d'un
» pécheur. Il falloit qu'il habitât des ruines, et que la terre
» qu'il cultive ne fût que le débris d'un monde plus par-
» fait. Ces pointes de rochers au milieu des mers, et ces
» côtes escarpées, marquent assez que maintenant l'Océan
» environne des terres écroulées. Il a fallu que l'irrégularité
» des saisons abrégeât la vie de ceux qui ne pensoient plus
» qu'au mal, et que la terre ruinée et submergée par les
» eaux, portât jusqu'à la fin des siècles des marques sen-
» sibles de la vengeance divine. Ainsi le monde présent
» n'est point un ouvrage où la sagesse de Dieu paroisse
» telle qu'elle est. Le monde futur sera proprement son
» ouvrage, l'objet de sa complaisance, et le sujet de sa
» gloire. » C'est pour préparer la formation de ce monde
futur, que Dieu fera ce que Milton va raconter dans le livre
suivant, qu'il se choisira un peuple, et lui donnera des lois
qui ne serviront qu'à lui prouver la nécessité d'un médiateur ; que ce médiateur arrivera, et jettera les fondemens
de ce monde nouveau dont il sera l'architecte, comme il a
été celui du monde matériel. C'est pour nous préparer à
ce monde futur, et nous le faire desirer, que Dieu veut que
nous passions dans celui-ci des jours pénibles, mais courts.
La terre, depuis le déluge, ayant perdu sa vigueur, et
l'air sa pureté, notre laborieuse carrière a été extrêmement

abrégée; ce qui est un bonheur pour nous. Les châtimens de Dieu sont des faveurs. Virgile semble l'avoir pensé, quand il dit que Jupiter nous rendit tout difficile, pour nous empêcher de croupir dans la paresse :

<small>Nec torpere gravi passus sua regna veterno.</small>

Mais pourquoi au beau règne de Saturne, fit-il succéder son règne de douleurs? Ce fut lui, dit Ovide, qui fit cesser le printemps éternel :

<small>Jupiter antiqui contraxit tempora veris, etc.</small>

Il voulut, dit Virgile, que le blé qui nous coûteroit tant de peines, pour forcer la terre à nous le donner, fût encore exposé à des accidens qui feroient périr les moissons :

<small>Mox et frumentis labor additus, ut mala culmos
Esset rubigo, etc.</small>

Il voulut que le serpent devînt un animal venimeux :

<small>Ille malum virus serpentibus addidit atris.</small>

Il voulut que la campagne fût hérissée de chardons :

<small>Segnisque horreret in hortis
Carduus.</small>

Et pourquoi nous faire tant de maux? Pour nous rendre laborieux :

<small>Ut varias usus meditando extunderet artes.</small>

Mais nous étions heureux et innocens sous le règne de Saturne. Pourquoi Jupiter a-t-il tout changé? C'est ce qu'Ovide et Virgile n'expliquent point. Les Païens qui ont su encore que notre vie qui étoit d'abord fort longue, avoit été fort abrégée, ont cru que la mort avoit été établie dès le commencement, et ils l'ont appelée une nécessité :

> Semotique prius tarda necessitas
> Lethi, corripuit gradum.   Hor.

Se sont-ils figuré une divinité malfaisante de gaieté de cœur? La nôtre est bienfaisante, même dans ses punitions; et la Mort, qui ne détruit son ouvrage que depuis que cet ouvrage doit être renouvelé, sera un jour détruite elle-même.

SOMMAIRE

DU LIVRE DOUZIÉME.

L'Ange instruit Adam par un récit, de ce qui arrivera après le déluge, du peuple que Dieu se choisira, des grands mystères de l'incarnation, de la mort, et de la résurrection du Fils de Dieu, et de l'Eglise qu'il se formera sur la terre, jusqu'à ce qu'il vienne au dernier jour, juger les hommes. Adam est consolé par ces discours; et Eve qui a dormi, tandis que l'Ange entretenoit Adam, est consolée par des songes favorables. L'Ange les prend tous deux par la main, les conduit hors du Paradis, aux pieds de la montagne, les laisse dans la plaine, et disparoît.

LE

PARADIS PERDU.

LIVRE DOUZIÈME.

Comme un voyageur qui, malgré son empressement à continuer sa route, s'arrête au milieu du jour, pour laisser passer la chaleur, l'Archange s'arrêta entre le monde détruit et le monde réparé, laissant à Adam le temps de lui proposer de nouvelles questions. Il reprit ensuite la parole, et continua à l'instruire avec la même douceur :

« Tu as vu jusqu'ici finir et commencer un
» monde, tu as vu renaître l'homme d'une nouvelle
» tige. Il te reste encore bien des choses à voir ;
» mais je m'aperçois que la vigueur manque à
» ta vue mortelle. Les objets divins fatiguent les
» sens humains, qui n'en peuvent soutenir long-
» temps la présence. Je te vais raconter les évé-
» nemens qui doivent arriver ; prête l'oreille, et
» sois attentif à tout ce que je dirai.

» Tant que les rejetons sortis de cette seconde
» tige seront peu nombreux, et que la mémoire
» du terrible jugement qui vient d'arriver sera

» encore récente, les hommes marcheront dans la
» crainte de Dieu, ayant toujours devant les yeux
» la justice et l'équité. Ils multiplieront prompte-
» ment, et ne s'occuperont qu'à cultiver la terre,
» qui leur fournira d'abondantes récoltes de blé,
» de vin et d'huile. Ils choisiront dans leurs trou-
» peaux, des taureaux, des chevreaux, des
» agneaux, pour offrir des sacrifices arrosés d'effu-
» sion de vin. Ils passeront leurs jours dans des fêtes
» sacrées et dans une innocente joie, et, séparés
» en tribus et en familles, ne connoîtront pendant
» long-temps d'autorité que le gouvernement pa-
» ternel. Mais enfin s'élevera un homme d'un cœur
» fier et ambitieux, qui non content d'une égalité
» si belle, méprisant l'état où l'on vit tous égaux,
» usurpera une injuste domination sur ses frères,
» bannira de la terre toute concorde, et oubliant
» même les lois de la nature, dans une chasse
» contre les hommes plutôt que contre les animaux,
» chasse qui sera une guerre véritable, emploiera
» la violence et la ruse contre ceux qui refuseront
» de se soumettre à son tyrannique empire. De là,
» il sera appelé puissant chasseur devant le Sei-
» gneur, soit comme méprisant l'autorité du Ciel,
» soit comme prétendant tenir du Ciel la sienne,
» et posséder sur la terre la seconde souveraineté ;
» et lui qui accusera les autres de rebellion, por-
» tera un nom qui annoncera la rebellion.

» Cet homme, suivi de ceux qu'unit à lui une
» égale ambition, et qui veulent aussi être tyrans

» comme lui, ou régner sous ses ordres, prend sa
» marche vers l'occident, et arrive à une plaine,
» où dans un gouffre, bouche de l'Enfer, bouil-
» lonne sous terre un noir bitume. Avec ce ciment
» et des briques, ils projettent de construire une
» ville, et une tour dont le sommet puisse atteindre
» jusqu'au Ciel, et immortaliser leur nom. Ils
» craignent que leurs descendans, dispersés dans
» les pays éloignés, n'en perdent la mémoire; ils
» veulent une grande renommée, et il leur est
» indifférent qu'elle soit bonne ou mauvaise. Mais
» Dieu qui souvent descend pour voir les hommes,
» sans se laisser voir à eux, et se promène dans
» leurs habitations pour observer leurs œuvres,
» voyant leur entreprise, descend du Ciel pour
» considérer leur ville, avant que la hauteur de la
» tour surpasse celle des tours du Ciel; et par dé-
» rision, il répand sur leurs langues l'esprit de
» division. Il ôte de leur bouche le langage qu'ils
» avoient depuis leur naissance, et y met à la place
» un bruit discordant de mots inconnus. Aussitôt
» s'élève parmi les architectes une rumeur affreuse;
» on s'appelle les uns les autres, et l'on ne s'entend
» point. On crie, on s'enroue, on se croit méprisé,
» on entre en fureur, on s'accable d'injures. Cette
» punition de l'humaine vanité contente les habitans
» du Ciel, qui prennent plaisir à contempler ce
» trouble étrange, et à entendre ce bruit. Le ridi-
» cule ouvrage est abandonné, et le nom de con-
» fusion lui reste. »

Adam, dont le cœur paternel fut vivement ému, s'écria :

« O fils exécrable, quoi, tu aspires à dominer
» sur tes frères ! Quoi, tu te glorifies d'une autorité
» usurpée, que Dieu ne t'a point donnée ! Il ne
» nous a donné d'empire absolu que sur les ani-
» maux, les poissons, les oiseaux. C'est un droit
» que nous tenons de sa libéralité ; mais il n'a point
» fait l'homme souverain de l'homme. C'est un
» titre qu'il s'est réservé à lui-même. Il a laissé
» tout ce qui est humain, libre de tout ce qui est
» humain. Cependant cet usurpateur, non content
» d'établir sur les hommes son orgueilleuse domi-
» nation, ose assiéger le Ciel, avec cette tour, et
» déclarer la guerre à Dieu. Homme insensé !
» Quelle nourriture ira-t-il porter si haut, pour
» s'y soutenir lui et sa téméraire armée ? Arrivé
» au-dessus des nues, il sentira ses poumons gros-
» siers déchirés par un air trop subtil ; et s'il ne
» périt pas faute de nourriture, il périra faute de
» respiration. »

« Tu as raison, dit l'Ange, d'abhorrer un fils qui
» jettera un pareil trouble dans l'état tranquille des
» hommes, et qui s'efforcera d'asservir la liberté,
» compagne de la raison ; mais apprends que ta
» race, par ta chute qui a corrompu son origine, a
» perdu sa véritable liberté. La liberté et la droite
» raison, comme deux sœurs jumelles, ne doivent
» point se quitter, rien ne doit les désunir ; mais
» quand la raison est obscurcie, quand on ne lui

» obéit pas, aussitôt les desirs désordonnés, les
» passions déréglées lui ôtent son empire, et ré-
» duisent l'homme en esclavage, malgré sa liberté.
» Ainsi, parce que l'homme a permis que d'in-
» dignes puissances prissent dans son intérieur l'em-
» pire sur la libre raison, Dieu dont les jugemens
» sont justes, permet qu'il soit extérieurement
» soumis à des maîtres violens, qui souvent mettent
» sur son extérieure liberté un joug indigne et
» cruel. Il faut donc qu'il y ait une tyrannie,
» quoique pour cela le tyran ne soit jamais excu-
» sable. Et même quelques nations s'écarteront si
» loin de la vertu, que par une punition qui n'aura
» rien que de juste, et par une malédiction fatale
» qui leur restera attachée, elles seront privées de
» leur extérieure liberté, parce qu'elles auront
» voulu perdre leur liberté intérieure : témoin le
» fils insolent de celui qui a fabriqué l'arche.
» L'affront qu'il a fait à son père, sera cause qu'il
» entendra prononcer la terrible malédiction qui
» condamnera sa vicieuse race à être l'esclave des
» esclaves.

» Ce second monde ira toujours en se perver-
» tissant comme le premier, jusqu'à ce qu'enfin
» Dieu fatigué de tant d'iniquités, le privera de sa
» présence, et en détournera ses saints regards,
» résolu de l'abandonner à ses voies corrompues;
» et il se choisira parmi toutes les nations, un
» peuple particulier qui seul l'invoquera, un
» peuple descendu d'un homme plein de foi; et

» cet homme né sur les bords de l'Euphrate, aura
» reçu le jour dans le sein de l'idolâtrie.

» Oui, les hommes (peux-tu le croire?) tombe-
» ront dans une telle stupidité, que tandis que leur
» patriarche échappé du déluge, sera encore sur
» la terre, ils oublieront le Dieu vivant, et se pros-
» ternant devant le bois ou la pierre façonnée
» par eux, adoreront leurs ouvrages comme des
» Dieux. Mais le Dieu très-haut daigne appeler dans
» une vision cet homme, afin qu'il quitte sa mai-
» son paternelle, sa famille et ses fausses divinités,
» pour aller dans la terre qu'il lui montrera. De
» lui sortira une nation puissante ; et il sera si
» comblé de bénédictions, que dans sa race seront
» bénies toutes les nations. Il obéit aussitôt : il ne
» connoît point cette terre, mais il croit fermement.
» Je le vois (tu ne le peux voir) partir plein de
» foi. Il quitte ses Dieux, ses amis, sa patrie Ur
» de Chaldée ; en ce moment il passe le gué de
» Haram, suivi de nombreux troupeaux de toute
» espèce, et d'une multitude de serviteurs. Ce n'est
» pas un pauvre errant ; c'est au contraire un
» homme qui confie toutes ses richesses au Dieu
» qui l'appelle dans une terre inconnue. Il arrive
» en Chanaam. Je vois ses tentes plantées aux
» environs de Sichem, dans la plaine voisine de
» Moreh. Là, il reçoit la promesse du don qui sera
» fait à sa postérité. Elle aura toute cette terre
» depuis Hamath au nord, jusqu'au désert vers le
» midi (j'appelle les lieux qui n'ont point encore

» de noms, par ceux qu'ils auront un jour); depuis
» Hermon au levant, jusqu'à la grande mer occi-
» dentale. Ici est le mont Hermon. Là est la mer.
» Ces lieux sont devant toi. Je te les montre. Sur
» le rivage est le mont Carmel. Ici est le Jourdain,
» dont les eaux coulent d'une double fontaine, et
» qui fera vers l'orient la véritable limite. De là,
» ses enfans s'étendront jusqu'à Senir, cette longue
» chaîne de montagnes. Médite ce que tu entends.
» Toutes les nations seront bénies dans la race de
» cet homme; et par cette bénédiction dans sa race,
» tu dois entendre ton grand libérateur, celui qui
» écrasera la tête du serpent, celui qui te sera
» bientôt révélé plus clairement. Ce patriarche
» comblé de tant de bénédictions, et qui sera dans
» son temps appelé le fidèle Abraham, laissera un
» fils, et un fils de son fils, tous deux héritiers de
» sa foi, de sa sagesse et de sa renommée. Son
» petit-fils sortira de Chanaam, avec ses douze
» enfans, pour aller dans une autre terre qui por-
» tera le nom d'Egypte, et que divise le Nil. Con-
» sidère le cours de ce fleuve, qui par sept bouches
» va se dégorger dans la mer. Ce père vient dans
» un temps de famine habiter cette terre, où l'a
» invité un de ses plus jeunes enfans, que ses signalés
» services ont élevé, dans le royaume de Pharaon,
» au premier degré après celui du roi. Il y meurt,
» et laisse une race qui se multiplie, jusqu'à devenir
» un peuple qui cause de l'inquiétude à un nouveau
» roi. Ce prince veut arrêter l'accroissement d'une

» race d'hommes qui se multiplient trop dans un
» pays où ils ont été reçus comme des hôtes. Sans
» respect pour les droits de l'hospitalité, il fait ses
» esclaves de ses hôtes, et ordonne la mort de leurs
» enfans mâles. Enfin, deux frères (on les nomme
» Moïse et Aaron) rappellent de la part de Dieu
» qui les envoie, ce peuple de l'esclavage, et
» s'acheminent, chargés de gloire et de butin, vers
» la terre qui leur est promise. Mais avant leur
» départ, l'impie tyran qui n'aura voulu ni recon-
» noître leur Dieu, ni respecter ses Ambassadeurs,
» y aura été contraint par des signes et des ju-
» gemens terribles. Les fleuves, sans qu'on y ait
» répandu de sang, ne seront que sang, par le
» changement arrivé à leurs eaux. Les grenouilles,
» les moucherons, les insectes, faisant une affreuse
» irruption, rempliront son palais et tous ses Etats.
» La contagion répandue parmi les bestiaux les
» fera périr. Les pustules et les ulcères feront enfler
» la chair du monarque et celle de ses sujets. Le
» tonnerre uni à la grêle, la grêle unie au feu, for-
» mera dans le Ciel de l'Egypte un orage qui tom-
» bera sur la terre, et dévorera tous les lieux qui
» en seront frappés; et ce qu'il aura épargné,
» herbes, fruits, blé, sera dévoré par des essaims
» nombreux de sauterelles, qui descendant comme
» une nuée noire, ne laisseront sur la terre aucun
» vestige de verdure. Les ténèbres s'étendront jus-
» qu'aux dernières limites de son empire : ténèbres
» palpables, qui couvriront la lumière du soleil pen-

» dant trois jours. Enfin, frappés d'un seul coup au
» milieu de la nuit, tous les premiers-nés de l'Egypte
» seront mis à mort ; et alors le dragon du fleuve
» dompté par dix plaies, consentira à laisser partir
» ses hôtes. Son cœur endurci aura été plus d'une
» fois humilié ; mais comme la glace, qui après un
» faux dégel devient encore plus forte, son cœur
» s'endurcira encore, et dans sa rage il se mettra à
» la poursuite de ceux qu'il aura laissé partir.
» Il est englouti avec toute son armée par la mer,
» qui a laissé passer ceux qu'il poursuivoit. Ils
» l'ont traversée entre deux murs de cristal,
» comme marchant sur un terrain sec : obéissante
» à la verge de Moïse, elle est restée divisée et
» suspendue, laissant au peuple que Dieu délivre,
» le temps de gagner l'autre rivage. Merveilleux
» pouvoir qu'accorde à son prophète, ce Dieu qui
» cependant sera toujours présent par son Ange, et
» marchera lui-même devant les Israélites dans une
» nuée ou dans une colonne de feu : dans une nuée
» pendant le jour, dans une colonne de feu pen-
» dant la nuit ; ou pour être à leur tête, et les guider
» dans leur voyage, ou pour être derrière eux
» leur défenseur contre le monarque endurci qui les
» poursuit. Il les poursuivra toute la nuit, jusqu'à
» ce que la veille du matin arrive et que l'aurore
» paroisse. Dieu regardant alors entre la nuée et la
» colonne de feu, mettra en déroute toute l'armée,
» et renversera les roues des chars. Par son ordre,
» Moïse étendra encore une fois sa puissante verge
» sur la mer, et la mer obéira à cette verge. Les

» vagues retombent sur les bataillons de l'Egypte,
» et engloutissent ses guerriers. La race choisie,
» délivrée de ses ennemis, quitte les bords de la
» mer, et pour aller vers Chanaam, s'avance dans
» un aride désert, et ne prend pas la route la plus
» courte, parce que des hommes sans expérience
» dans les armes, entrant tout-à-coup dans un pays
» ennemi, auroient pu, saisis d'effroi et détestant
» la guerre, vouloir retourner dans l'Egypte, et
» préférer aux conquêtes une vie honteuse dans
» l'esclavage. Car les hommes, quand même ils
» seroient nés braves, quand ils ne sont pas encore
» expérimentés dans les armes, et qu'un téméraire
» emportement ne les anime pas, n'ont rien de plus
» cher que la vie.

» Leur long séjour dans ce vaste désert leur pro-
» curera un autre avantage. Ils y établiront la forme
» de leur gouvernement. Ils choisiront dans leurs
» douze tribus ceux qui composeront le grand
» sénat, chargé de gouverner les peuples suivant
» les lois qu'ils auront reçues. Elles leur auront été
» données de Dieu même, qui au milieu des ton-
» nerres, des éclairs, et du bruit éclatant des trom-
» pettes, descendant sur la montagne de Sinaï, en
» ébranlera le sommet nébuleux. Ces lois régleront
» et la justice civile, et les cérémonies religieuses
» des sacrifices. Ces cérémonies seront des types
» et des ombres, qui conduiront à la connoissance
» de celui par qui la tête du serpent sera écrasée,
» et les moyens dont il se servira pour accomplir
» la délivrance du genre humain. Mais la voix de

» Dieu est terrible aux oreilles des hommes, qui
» demandent que ses volontés leur soient apportées
» par Moïse, afin que leur terreur cesse. Ils obtien-
» nent ce qu'ils demandent, et apprennent qu'on ne
» peut avoir accès auprès de Dieu sans un média-
» teur : sublime office dont est chargé Moïse, et
» qu'il exerce en figure, pour conduire à un mé-
» diateur plus grand, dont il prédira les temps ; et
» tous les prophètes qui le suivront, chanteront les
» jours futurs du grand Messie.

» Après avoir établi ses lois et ses cérémonies,
» Dieu aura tant de bonté pour des hommes obéis-
» sans à ses ordres, qu'il daignera permettre que
» son tabernacle soit établi au milieu d'eux ; et celui
» qui est l'unique et le saint, habitera parmi les
» mortels. Un sanctuaire de cèdre est fabriqué dans
» la forme qu'il a prescrite, et revêtu d'or. Au-
» dedans est une arche ; dans l'arche sont déposés les
» témoignages, les titres de l'alliance, et au dessus
» est placé le trône d'or de la miséricorde, entre
» les ailes de deux brillans Chérubins. Devant le
» trône, brûlent sept lampes, qui rangées dans la
» forme du Zodiaque, représentent les flambeaux
» du Ciel ; et sur la terre, se reposera une nuée pen-
» dant le jour, et une flamme y paroîtra pendant
» la nuit, excepté quand l'armée sera en marche.
» Enfin, conduits par l'Ange du Seigneur, ils arrivent
» à cette terre promise à Abraham et à sa postérité.
» Mon récit seroit trop long, si je te racontois tous
» les combats qui seront livrés, tous les rois vaincus,

» tous les royaumes détruits; et le soleil s'arrêtant
» au milieu des Cieux pendant un jour entier,
» et empêchant la nuit d'arriver à son heure ordi-
» naire, pour obéir à la voix d'un homme qui
» commande, et qui dit:

« Soleil, arrête-toi sur Gabaon; et toi, lune,
» sur la vallée d'Ajalon, jusqu'à ce qu'Israël ait
» vaincu. »

» Ce nom sera celui de petit-fils d'Abraham, du
» fils d'Isaac; et de lui ce nom passera à la posté-
» rité victorieuse des peuples de Chanaam. »

Adam l'interrompit, en lui disant :

« O messager du Ciel, qui venez illuminer mes
» ténèbres, vous m'avez révélé de grandes choses,
» surtout celles qui regardent le juste Abraham et
» sa race. C'est maintenant que pour la première
» fois mes yeux sont véritablement ouverts, et que
» les troubles de mon cœur sur ce qui devoit arriver
» à moi et au genre humain, sont calmés. Déjà
» je vois son jour, le jour de celui en qui toutes les
» nations seront bénies; oui, je le vois, tout in-
» digne que je suis de cette faveur, moi qui par des
» voies défendues, ai recherché une connoissance
» défendue. Mais j'ai peine à comprendre pourquoi
» ceux parmi lesquels Dieu daignera habiter sur
» la terre, seront assujettis à des lois si nombreuses
» et si différentes. Une multiplicité de lois parmi
» eux, y prouve une multiplicité de fautes. Comment
» donc Dieu peut-il résider parmi eux? »

« Ne doute point, reprit l'Ange, que le péché ne
» doive

» doive régner parmi eux, comme étant sortis de
» toi. C'est pour cela que la loi leur sera donnée.
» Elle sera la conviction de leur perversité natu-
» relle, qui excite sans cesse le péché à combattre
» contre la loi, afin que l'homme reconnoissant
» que la loi peut bien manifester le péché, mais
» non pas l'écarter, et que dans le sang des taureaux
» et des génisses, il ne trouve que de foibles expia-
» tions, qui ne sont que des ombres, en puisse
» conclure, que pour payer la dette humaine, il
» faut un sang bien plus précieux, celui du juste
» pour l'injuste. Il faut que par sa foi ce sang lui
» soit imputé à une telle justice, qu'il puisse
» trouver devant Dieu sa justification, et acquérir
» la paix d'une conscience que toutes les cérémonies
» de la loi ne peuvent calmer, puisque l'homme n'en
» peut par lui-même remplir la partie spirituelle,
» et que s'il ne la remplit il ne peut vivre. De là
» se manifeste l'imperfection de la loi, qui n'a été
» donnée aux hommes que dans le dessein de les
» préparer à recevoir un jour une alliance meil-
» leure, ayant été instruits à passer des ombres
» figuratives à la vérité, de la chair à l'esprit, de
» la dure servitude de la loi à la libre acceptation
» d'une grace abondante, de la crainte des esclaves
» à celle des enfans, et des œuvres de la loi aux
» œuvres de la foi. Et voilà pourquoi Moïse, quoi-
» que si particulièrement chéri de Dieu, n'étant
» que le ministre de la loi, ne sera pas le conduc-
» teur de son peuple en Chanaam : ce sera Josué,

» appelé Jésus par les nations, qui aura le nom et
» fera l'office de celui qui doit dompter le serpent
» ennemi, et ramener enfin triomphant dans le
» repos éternel de son Paradis, l'homme long-
» temps égaré dans le sombre désert du monde.

» Cependant les Israélites placés dans la ter-
» restre Chanaam, y vivront long-temps heureux
» et tranquilles, jusqu'à ce que les péchés de la
» nation interrompant cette paix et cette prospérité,
» provoqueront Dieu à susciter des ennemis à son
» peuple, dont il le délivrera, quand il le verra
» touché de repentir. Il l'en délivrera d'abord par
» des juges, ensuite par des rois, dont le second,
» que sa piété et ses grandes actions rendront
» fameux, recevra l'irrévocable promesse que
» son trône sera éternel; et toutes les prophéties
» annonceront de même, que de la royale souche
» de David (ainsi sera nommé ce roi) sortira un
» fils. C'est ce fils qui doit naître de la femme, qui
» t'a déjà été prédit, et qui le sera à Abraham,
» en qui toutes les nations mettront leur espérance.
» Il sera prédit aux rois, et sera le dernier des rois;
» car son règne n'aura point de fin.

» Avant lui, passera une longue suite de rois.
» Le fils de David, successeur de son père, prince
» que son opulence et sa sagesse rendront célèbre,
» placera pompeusement, dans un temple superbe,
» cette arche couverte d'une nuée divine, après
» qu'elle aura été long-temps errante sous des
» tentes. Ce prince sera suivi de plusieurs autres,

» les uns bons, les autres méchans. L'histoire con-
» servera leurs noms; et la liste la plus longue sera
» celle des méchans rois, dont les honteuses ido-
» lâtries, et les autres crimes, mettant le comble à
» l'amas des iniquités du peuple, forceront Dieu
» en courroux à se retirer d'eux, et à abandonner
» leur terre, leur ville, son temple, et son arche
» sainte, avec tous les instrumens sacrés, aux
» insultes et à la fureur de cette ville orgueilleuse,
» dont tu as vu déserter les murs dans le temps de
» la confusion; ce qui lui a fait donner le nom de
» Babylone. Là, il laisse son peuple en captivité
» l'espace de soixante-dix ans; mais il l'en retire,
» se rappelant sa miséricorde et l'alliance jurée à
» David : alliance qui sera aussi éternelle que le
» Ciel. Ce peuple sorti de Babylone, et retourné
» dans sa patrie avec l'agrément des princes ses
» maîtres, que Dieu dispose en sa faveur, après
» avoir d'abord relevé la maison du Seigneur,
» vivra quelque temps sans trouble, sans ambition,
» content de son sort; mais augmentant en nombre
» et en richesses, il sera divisé par des factions, et
» les premières dissensions naitront parmi les
» prêtres, parmi les ministres des autels, dont le
» devoir est d'entretenir la paix. Ils souilleront par
» leurs abominations impies le temple même. Ils
» usurperont le sceptre, sans avoir égard aux des-
» cendans de David, et ils seront contraints de re-
» mettre ce sceptre à un étranger, afin que celui qui
» est véritable roi par l'onction, le Messie, naisse

» dépouillé de ses droits à la couronne de David.

» Cependant à sa naissance, une étoile qui n'a
» jamais paru, annonce dans le Ciel sa venue, et
» sert de guide aux sages de l'Orient, qui ayant
» cherché sa demeure, y viennent lui offrir l'or,
» l'encens, et la myrrhe. Un Ange publie solen-
» nellement le lieu où il est né, à de simples bergers
» qui font leurs veilles pendant la nuit. Transportés
» de joie, ils y courent aussitôt, et ils entendent les
» chœurs célestes chanter les cantiques de sa nais-
» sance. Sa Mère est une Vierge, mais son Père est
» le pouvoir du Très-Haut. Il montera sur le trône
» héréditaire; son royaume aura pour limites celles
» de la terre, et les bornes de sa gloire seront
» celles des Cieux. »

L'Ange s'arrêta, quand il vit Adam saisi d'une joie si vive, qu'elle faisoit en lui le même effet qu'une grande douleur. Il ne pouvoit ni respirer, ni parler; il ne pouvoit que verser des larmes. Enfin il reprit la parole:

« O prophète d'agréables nouvelles, vous mettez
» le comble à mes espérances! Vous me faites en-
» tendre clairement ce que, dans mes profondes
» réflexions, j'ai en vain cherché de découvrir,
» pourquoi l'objet de notre grande attente sera
» appelé le fruit de la femme. Je vous salue, ô
» Vierge mère, que l'amour du Ciel élevera si
» haut. C'est de mes reins que vous sortirez, et de
» votre sein sortira le Fils du Très-Haut. Ainsi Dieu
» s'unira à l'homme. Que le serpent attende le coup

» mortel qui brisera sa tête. Dites-moi dans quel
» temps arrivera ce combat, et quel sera ce coup
» si funeste au talon du vainqueur ? »

« Ne te figure pas, répondit l'Ange, ce combat
» comme un duel; ne te figure pas de véritables
» blessures sur une tête et un talon. Le Fils ne réu-
» nit point la divinité à l'humanité pour acquérir
» plus de force contre ton ennemi qu'il doit com-
» battre. Ce n'est point ainsi que sera surmonté ce
» Satan, qui malgré la blessure bien plus terrible
» qu'il reçut en tombant des Cieux, a été encore
» capable de te porter le coup de la mort; et c'est
» ce coup que celui qui vient pour être ton sau-
» veur guérira, non en détruisant Satan, mais les
» œuvres de Satan dans toi et dans tes enfans. C'est
» ce qui ne peut se faire qu'en accomplissant par-
» faitement ce qui ne peut être en toi qu'imparfait.
» Il remplira l'obéissance à la loi de Dieu, et
» mourra pour souffrir la peine que tu as méritée :
» peine imposée à toi criminel, et à tous ceux qui
» sortent de toi. La justice divine ne peut être
» autrement apaisée. Il accomplira parfaitement
» la loi de Dieu, et par amour et par obéissance,
» quoique l'amour seul l'accomplisse parfaitement.
» C'est pour porter ton châtiment qu'il se fera chair,
» qu'il s'exposera à souffrir une vie méprisée, et
» une mort honteuse, annonçant la vie à ceux qui
» mettront leur confiance en sa rédemption, qui
» croiront que son obéissance leur sera imputée par
» leur foi, qui croiront qu'ils seront sauvés par ses

» mérites, et jamais par les leurs, quoiqu'ils aient
» accompli les œuvres de la loi.

» Sur la terre, il se voit haï, blasphémé, arrêté
» avec violence, jugé, condamné à la mort : mort
» d'ignominie et de malédiction. Il est élevé à une
» croix par son propre peuple, mais il meurt pour
» donner la vie, et il cloue à sa croix tes ennemis.
» Cette loi qui t'est toujours funeste, sera, avec tous
» les péchés des hommes, attachée avec lui à la
» même croix, et rien ne pourra plus nuire à ceux qui
» auront une entière confiance dans sa satisfaction.

» Il meurt, et revit aussitôt. La Mort ne peut
» usurper sur lui un long empire. Avant que la
» troisième aurore ramène la lumière, l'étoile du
» matin verra sortir de son tombeau, plus brillant
» que l'aurore, celui qui a payé ta rançon, celui qui
» rachète les hommes par sa mort, et qui donne sa
» vie pour ceux qui ne négligeront point une vie ainsi
» offerte, et qui embrasseront un si grand bienfait
» avec une foi accompagnée des œuvres. Par cet
» acte divin, sera annullée ta sentence de condam-
» nation, et cette mort dans laquelle plonge le
» péché, cette mort qui pour toujours fait perdre la
» vie. Par cet acte, sera écrasée la tête de Satan, et
» sa puissance sera détruite par la destruction du
» Péché et de la Mort, les deux soutiens de son
» empire. Leurs propres traits entrant dans sa tête,
» y porteront des blessures plus profondes que celles
» de la mort temporelle, quand elle a frappé son
» vainqueur, ou quand elle frappera ceux qu'il a

» rachetés : leur mort n'est qu'un sommeil, un
» agréable passage à une vie éternelle.

» Après sa résurrection, il ne restera pas long-
» temps sur la terre. Il y fera quelques apparitions
» aux disciples qui le suivirent pendant sa vie. Il
» les chargera d'aller enseigner à toutes les nations
» ce qu'ils ont appris de lui, et de leur annoncer le
» salut, baptisant ceux qui croiront, dans l'eau des
» fleuves : signe de la vie pure qu'ils reçoivent
» après avoir été lavés de la souillure du péché ;
» signe qui disposera leurs âmes à souffrir, quand
» il sera nécessaire, une mort pareille à celle de
» leur rédempteur. Ils enseigneront toutes les na-
» tions. Car depuis ce jour, ce ne sera pas aux seuls
» enfans des reins d'Abraham que sera annoncé
» le salut, il le sera à tous les enfans de la foi
» d'Abraham ; et c'est ainsi que toutes les nations
» seront bénies en lui.

» Victorieux alors, le Rédempteur des hommes
» s'élevera vers le Ciel des Cieux, traînant à la suite
» de son triomphe dans les airs, ses ennemis et les
» tiens. Il y saisira le serpent, prince de l'air, et le
» précipitera chargé de chaînes dans son royaume,
» pour y rester dans l'éternelle confusion. Il ren-
» trera ensuite dans sa gloire, reprendra sa place
» à la droite de Dieu, aura un nom exalté au-
» dessus de tous les noms du Ciel ; et quand le mo-
» ment de la dissolution du monde arrivera, il
» viendra dans la gloire et la puissance, juger les
» vivans et les morts. Il jugera tous ceux qui seront

» morts sans la foi, et il récompensera son trou-
» peau fidèle, en le recevant dans le séjour du bon-
» heur, qui sera ou le Ciel ou la terre ; car la terre
» alors sera tout entière un Paradis bien plus
» agréable que celui d'Eden ; les jours qu'on y pas-
» sera seront bien plus délicieux. »

A ce dernier période des choses du monde, se termina le discours de l'Archange ; et notre premier père, plein de joie et d'admiration, s'écria :

« Bonté infinie, bonté immense, qui du mal pro-
» duira tant de bien, et changera le mal en bien !
» Miracle encore plus grand que celui qui dans la
» création fit sortir la lumière des ténèbres ; je doute
» maintenant si je dois m'attrister de mon péché,
» ou si je ne dois pas plutôt m'en réjouir, puisqu'il
» en reviendra plus de bien à l'homme, plus de
» gloire à Dieu ; que l'homme en deviendra plus
» cher à Dieu, et qu'où la colère aura abondé, la
» grâce surabondera. Mais si notre libérateur doit
» remonter dans les Cieux, que deviendra ce petit
» troupeau fidèle, abandonné dans cette foule d'in-
» fidèles, au milieu des ennemis de la vérité ? Qui
» sera le guide et le défenseur de son peuple ? Ne
» traiteront-ils pas les disciples plus cruellement
» encore qu'ils ont traité le maître ? »

« Sans doute, reprit l'Ange ; mais il leur enverra
» sa propre force, la promesse du Père. Son Esprit
» qui demeurera en eux, gravera dans leurs cœurs
» la loi de la foi, opérant par l'amour, leur guide
» vers toute vérité, et les couvrira d'une armure

» spirituelle, capable de résister aux assauts de
» Satan, et d'amortir ses dards les plus aigus. Tout
» ce que l'humaine rage inventera contr'eux, ne
» les effraiera pas. A la mort et dans les tourmens,
» ils seront récompensés par des consolations inté-
» rieures et des secours si puissans, qu'ils éton-
» neront leurs barbares persécuteurs. Car l'Esprit
» descendu d'abord sur les Apôtres envoyés aux
» nations pour leur prêcher l'Evangile, et descendu
» ensuite sur tous ceux qui auront été baptisés,
» les remplira de ses dons merveilleux. Ils parleront
» toutes les langues, et feront les mêmes miracles
» qu'avant eux faisoit leur maître. Ils feront des
» conquêtes chez tous les peuples. Une grande mul-
» titude recevra avec joie les nouvelles qui leur
» seront apportées du Ciel. Enfin, après avoir
» rempli leur ministère, et fourni une glorieuse
» carrière, ils laisseront écrite leur doctrine et leur
» histoire, et mourront.

» A leur place, comme ils l'auront prédit, suc-
» céderont des loups au lieu de pasteurs: des loups
» dévorans, qui feront servir les mystères les plus
» sacrés du Ciel à leurs propres intérêts, à leurs
» vils avantages, à leur cupidité, à leur ambition;
» et par leurs superstitions et leurs traditions hu-
» maines, infecteront la vérité, qui dans les écrits
» sacrés reste toujours pure, mais ne peut être en-
» tendue que par l'esprit. Ils ne chercheront qu'à se
» prévaloir de noms, de places, de titres; ils join-
» dront au pouvoir sacré un pouvoir tout séculier;

» feindront de n'avoir jamais en vue que des inté-
» rêts tout spirituels, et voudront posséder seuls
» l'Esprit de Dieu, qui est promis et donné à tous les
» vrais fidèles. Dans leurs vaines prétentions, ils se
» serviront d'un pouvoir tout humain, et exerceront
» leurs violences sur toutes les consciences, pour
» établir des lois spirituelles, mais qui ne sont pas
» du nombre de celles que contiennent les saints
» livres, et que l'Esprit Saint grave dans les cœurs.
» Quel sera donc leur projet? Croiront-ils pouvoir
» rendre esclave l'esprit de la grâce même, et la
» liberté sa compagne? Croiront-ils pouvoir ren-
» verser des temples vivans, des temples fondés
» sur la foi, et sur la foi véritable? Un homme
» prétendra-t-il contraindre les consciences, et
» tyranniser la foi des âmes? Oui, plusieurs le pré-
» tendront. De là ces cruelles persécutions qui s'élè-
» veront contre tous ceux qui persisteront à adorer
» en esprit et en vérité. Le reste, et ce sera le plus
» grand nombre, s'imaginera satisfaire à la religion
» par des cérémonies extérieures et un spécieux
» appareil. La vérité s'enfuira percée des traits de
» la calomnie. Les œuvres de la foi deviendront
» très-rares. Le monde, contraire aux bons, favo-
» rable aux méchans, gémira sous le poids de l'ini-
» quité, jusqu'à ce qu'enfin le grand jour arrive,
» jour de rafraîchissement pour les justes, jour de
» vengeance sur les méchans, jour qu'amènera par
» son retour celui qui t'a été promis et annoncé
» d'une manière obscure, quand on t'a dit qu'il

» sortiroit du sein d'une femme pour te venir se-
» courir, et que maintenant tu reconnois plus clai-
» rement pour ton sauveur et ton maître.

» Il se manifestera au haut Ciel, au milieu des
» nues, dans la gloire de son Père, et fera dispa-
» roître Satan avec tout son monde d'iniquité. Aussi-
» tôt l'univers sera en feu, et de cette masse que
» les flammes auront purifiée, il fera sortir de nou-
» veaux Cieux et une nouvelle terre. Alors com-
» menceront les siècles sans fin, qui ayant pour
» fondement la justice, la paix et l'amour, porteront
» pour leurs fruits la joie et l'éternelle félicité. »

Il dit; et Adam lui fit cette dernière réponse:

« O bienheureux voyant, que vous avez rapi-
» dement parcouru tout ce monde qui doit passer,
» et toute cette carrière où volera le temps, jus-
» qu'au terme où il sera contraint de s'arrêter!
» Au-delà de ce terme, tout n'est plus qu'un abyme
» et une éternité dans laquelle tout œil se perd.
» Après avoir reçu les instructions les plus grandes
» que puisse recevoir un homme, je sors d'ici dans
» la paix la plus grande qui puisse régner dans un
» cœur. Je suis rempli de connoissances, et tout ce
» qu'en peut contenir ce vase fragile, je le possède.
» L'ambition d'en posséder davantage a été ma
» folie. J'apprends maintenant pour toujours que
» le plus grand bonheur consiste à obéir à Dieu,
» l'aimer avec crainte, marcher toujours en sa pré-
» sence, se reposer sur sa providence, et ne dé-
» pendre que de lui seul. Sa miséricorde s'étend sur

» tous ses ouvrages, il surmonte toujours le mal par
» le bien. Avec les plus foibles instrumens, il
» accomplit les plus grandes choses; avec celles qui
» paroissent viles, il renverse celles dont tout le
» monde admire la puissance, et par la douceur d'un
» cœur simple, il confond l'humaine sagesse. J'ap-
» prends encore que le courage qui sait souffrir pour
» la vérité, est celui qui procure la plus grande
» victoire, et que pour le fidèle, la mort est la porte
» de la vie. C'est l'instruction que me donne par
» son exemple, celui que je reconnois maintenant,
» et que je glorifierai sans cesse comme mon ré-
» dempteur. »

L'Ange reprit aussi la parole pour la dernière
fois, et lui dit :

« Puisque tu as appris ces vérités, te voilà
» arrivé au comble de la sagesse. N'ambitionne pas
» d'aller plus loin. Tu ne le peux, quand tu con-
» noîtrois toutes les étoiles par leurs noms, toutes
» les Puissances célestes, tous les secrets de l'abyme,
» tous les ouvrages de la nature, toutes les œuvres
» de Dieu dans le Ciel, l'air, la terre et la mer,
» et quand tu jouirois de toutes les richesses du
» monde, seul monarque de l'univers, ton empire.
» Tu n'a plus qu'à ajouter à tes connoissances
» des actions qui y répondent. Ajoutes-y la foi, la
» vertu, la patience, la tempérance, et ajoutes-y
» l'amour, cette vertu qui dans la suite sera
» nommée charité, vertu l'âme de toutes les vertus.
» Tu dois maintenant quitter sans regret ce Paradis,

» puisque tu posséderas en toi-même un Paradis
» bien plus délicieux.

» Il est temps que nous descendions de cette cime
» de spéculation. Voici l'heure précise qui nous
» oblige de partir. Tu vois ces gardes que j'ai
» campés sur cette montagne, ils sont tout prêts à
» se mettre en marche. Tu vois à leur tête étin-
» celer une épée de feu, qui par les mouvemens
» dont elle est agitée, donne le signal du bannisse-
» ment. Nous ne pouvons rester ici plus long-temps.
» Va éveiller Eve. J'ai eu soin de lui faire an-
» noncer du bonheur, par un agréable songe, pour
» la calmer, et disposer ses esprits à une douce
» soumission. Tu lui feras part dans un temps con-
» venable, de tout ce que tu as appris. Qu'elle con-
» noisse principalement ce qui concerne la foi, ce
» grand salut, qui de son sein, du sein d'une
» femme, sortira pour le bonheur de tout le genre
» humain. Passez votre vie (puisse-t-elle être lon-
» gue!) tous deux unis dans la foi, quoique dans la
» tristesse, à cause des maux que vous vous êtes
» attirés. Que votre consolation soit de mériter une
» fin qui sera heureuse. »

Leur entretien fini, tous deux descendirent de
la colline; et sitôt qu'ils furent au bas, Adam
courut au berceau où Eve s'étoit endormie. Il la
trouva réveillée, et elle le reçut avec ces paroles,
qui n'étoient plus des paroles de tristesse:

« Je sais d'où tu viens, et où tu avois été. Car
» Dieu préside au sommeil, et nous instruit dans

» les songes. Il m'en a envoyés de favorables, et
» de ceux qui annoncent un grand bien, dans le
» moment qu'accablée de chagrin, le cœur plein
» d'amertume, je me suis abandonnée au sommeil.
» Sortir d'ici avec toi, est autant pour moi que d'y
» rester, et rester ici sans toi, seroit autant pour
» moi que d'en être chassée. Tu es seul pour moi,
» tous les objets que je vois sous le Ciel, et tous les
» lieux de la terre, toi que ma fatale erreur a
» banni de celui-ci. J'emporte avec moi cette con-
» solation certaine, que quoique la source de la
» perte, cependant (faveur qui m'est accordée, et
» dont je suis digne) je serai la source du salut. De
» moi sortira celui qui, suivant la promesse, ré-
» parera tout. »

Ainsi parla notre mère. Ses paroles charmèrent Adam, mais il n'y répondit pas. L'Archange étoit trop près d'eux; et tous les Anges, dans un ordre brillant, descendoient d'une autre colline, pour aller à leur poste marqué. Ils rasoient la surface de la terre, comme la rasent des météores. Ainsi s'avance dans la plaine marécageuse un brouillard, qui sur le soir s'élevant d'un fleuve, s'étend dans la campagne, et fait hâter le laboureur vers sa cabane. Devant eux brilloit l'épée de Dieu, qui sillonnant des cercles dans l'air, répandoit un feu aussi terrible que celui d'une comète, dont l'ardente vapeur rend encore plus enflammé l'air toujours brûlant de la Libye. Déjà même le climat tempéré de ce Paradis commençoit à s'eflammer, lorsque l'Ange, pour faire hâter nos premiers pères lents à marcher, les prit par la main, et les conduisant directement à la porte orientale du Paradis, et de là jusqu'au bas du rocher, les laissa dans la plaine, et disparut.

Ils regardèrent derrière eux. Ils virent la partie orientale de ce Paradis, n'aguère leur heureux séjour, toute brillante de cercles effrayans que traçoit l'épée de feu, et la porte environnée de figures terribles et d'armes redoutables. La nature leur fit verser quelques larmes. Aussitôt ils les essuyèrent.

Toute la terre s'offrit à eux, et le lieu de leur demeure étoit à leur choix. La Providence fut leur guide. Se tenant par la main, marchant à pas lents et incertains, ils prirent au travers d'Eden leur route solitaire.

NOTES
DU LIVRE DOUZIÈME.

Dans la première édition de ce poëme, les premiers vers de ce livre ne se trouvoient pas; l'auteur les ajouta quand il partagea en deux son dernier livre. S'il a voulu, comme on l'a dit, que son poëme fût en douze livres, afin qu'il eût cette ressemblance à celui de Virgile, il a sacrifié ses véritables intérêts à une puérile ambition : car, quoiqu'il soit vrai, comme le dit Addisson, que « les incidens fréquens » et les charmans épisodes qui diversifient les deux der- » niers livres, les rendent dignes de ce divin poëme, » il faut avouer qu'ils n'ont plus la même chaleur. Addisson dit qu'ils étoient nécessaires, parce que si le poète n'eût pas représenté nos pères sortant du Paradis, « la chute de » l'homme n'eût pas été complète, et l'action du poëme » eût été imparfaite. » Il falloit, sans doute, les représenter sortant du Paradis, *affligés et consolés*. Cette scène de tristesse et d'espérance étoit nécessaire; mais elle pouvoit être plus courte. La narration paroît froide, surtout après des visions dans lesquelles il y a plus de poésie et de feu.

Pag. 373, lig. 1. *Comme voyageur, etc.*

Ce voyageur s'arrête pour respirer, et l'Ange s'arrête pour laisser respirer Adam, que de si étonnantes visions ont jeté dans une si grande agitation. La comparaison n'est pas juste.

Même pag., lig. 8. *Finir et commencer un monde, etc.*

C'est ce qu'Adam vient de voir dans une vision, et ce que

que Noé vit en effet, ayant long-temps vécu dans l'ancien monde et dans le nouveau. C'est pour cela que M. Huet et quelques savans croient trouver Noé dans le Janus à deux visages, dont une proue de vaisseau est un symbole sur quelques médailles.

Pag. 373, lig. 11. *La vigueur manque à ta vue, etc.*

C'est à l'imagination du poëte qu'elle manque. Il ne sait plus inventer de visions. Addisson fait observer qu'il eût été bien difficile de représenter par des objets visibles une histoire si compliquée, et ajoute : « J'aurois pourtant souhaité » que l'auteur l'eût fait, quelque peine que cela lui eût » coûté. En représentant l'histoire du genre humain, » partie en vision et partie en narration, il fait comme » un peintre qui se contenteroit de mettre en couleur une » partie de son sujet, et qui écriroit le reste. Si le poëme » traîne et languit quelque part, c'est dans cette narration. » L'auteur s'est tellement attaché dans ce livre à la théologie, » qu'il a négligé la poésie. La narration est cependant heu- » reusement animée, quand le sujet est capable d'ornemens » poétiques. » Milton qui n'a pas su finir à propos, est, dans le récit qui va suivre, plus historien que poëte. Un de ses commentateurs anglais y retrouve toujours le même poëte : « C'est, dit-il, le même Océan, mais dans le temps » où le flux se retire. C'est le même soleil, mais dans le » temps où il finit sa carrière. » Pour moi, je me contente de dire que c'est une Muse fatiguée, dont la voix qui tombe se relève de temps en temps, et mérite encore attention.

Pag. 374, lig. 23. *Chasseur devant le Seigneur, etc.*

Presque tous les interprètes expliquent en mauvaise part ces paroles. Ce fut Nembrod, suivant Josephe, qui souleva les hommes contre Dieu, et les engagea dans l'insolente entreprise de la tour de Babel.

Pag. 374, lig. 26. *La seconde souveraineté, etc.*

Celle des rois, dont on sait que Milton étoit l'ennemi.

Même pag., lig. 28. *Un nom qui annoncera la rebellion, etc.*

Parce que Milton fait dériver *nembrod*, de *marad*, qui en hébreu signifie rebelle.

Pag. 375, lig. 19. *Il ôte de leur bouche, etc.*

Ce que Dobson a bien rendu :

> Tum trepidos rerum irridens, oblivia linguæ
> Induxit patriæ, populoque immisit hianti
> Confusos vario ore sonos, et non sua verba.

Parmi les *Autos Sacramentales* de Calderon, on en trouve un intitulé : *la Tour de Babylone*. La pièce s'ouvre par Noé avec sa femme, ses trois fils et leurs femmes sortant de l'arche, que Noé salue, en l'appelant « l'image, le sym- » bole, la figure du vaisseau qui sera sur la terre l'Eglise » militante, et dans le Ciel l'Eglise triomphante. » Il offre son sacrifice, boit du vin, et tombe ivre d'une manière indécente. Cham appelle en riant ses deux frères, et étant maudit, devient père des géans, du nombre desquels est Nembrod, qui préside à l'élévation de la tour de Babel. Les ouvriers qui y sont occupés, s'aperçoivent tout à-coup qu'ils ne s'entendent plus. Nembrod leur crie de cesser l'ouvrage :

> Nò me oyen, ò no me entienden.

Telles étoient ces pièces qu'admiroit l'Espagne, lorsqu'elle n'étoit pas si éclairée qu'elle l'est aujourd'hui.

Quelques auteurs ont osé avancer que la diversité des langues est arrivée naturellement. Ce sentiment n'est pas soutenable, puisque les changemens n'arrivent aux langues que lentement, au lieu que cette confusion arriva tout-à-coup, et n'a pu arriver autrement. Pourquoi les hommes auroient-ils voulu rendre entr'eux la société impraticable par la différence des langues? Il ne fut jamais de leur intérêt d'inventer le moyen de ne pas s'entendre. Il est vrai qu'on a peine à comprendre cette confusion subite, mais elle est miraculeuse. « Dieu, comme dit Milton, ôta de la » bouche des hommes leur langage ordinaire, » et mit à la place d'autres langages. Ce miracle semble durer encore. Il seroit de l'intérêt des hommes de travailler à s'entendre tous. Ils n'y réussiront jamais. Les Romains qui voulurent que leur langue fût celle de toute la terre, n'y purent réussir, et leur langue même eut le sort des autres.

Pag. 375, lig. 21. *Un bruit discordant, etc.*

Le Dante dans l'Enfer, entend un damné qui crie.

Rafel mai amech zabi almi.

C'est Nembrod, auteur de la construction de la tour de Babel, qui parle un langage que personne n'entend.

Même pag., lig. 26. *Contente les habitans du Ciel, etc.*

Mot à mot, *un grand rire s'éleva dans le Ciel.* Milton eût mieux fait de ne pas imiter ici Homère, qui fait élever un rire pareil parmi ses dieux.

Pag. 376, lig. 9. *Dieu n'a point fait l'homme souverain de l'homme, etc.*

C'est ce qui peut se dire dans un bon sens. L'homme, dans son origine, n'a point été fait pour commander à l'homme. Il n'avoit d'empire que sur les animaux, comme dit saint Augustin, Civit. 19 : *Rationalem factum ad imaginem suam, noluit nisi irrationalibus dominari, non hominem homini, sed hominem pecori.* Les premiers rois furent, selon les apparences, des usurpateurs. J'ai dit, Poëme de la Religion :

> On s'empare d'un arbre, on usurpe un buisson,
> De roi, de conquérant, le vainqueur prend le nom.

Le premier usurpateur ne reçut point son autorité de Dieu ; mais lorsque le peuple de Dieu demanda un roi, ce roi que Dieu choisit lui-même, et qu'il fit sacrer par son prophète, étoit la *seconde souveraineté*. Cette vive exclamation que Milton met dans la bouche d'Adam, contre les souverains, quoi qu'on y puisse donner au bon sens, paroît sortir d'un cœur tout républicain.

Pag. 377, lig. 10. *Il faut qu'il y ait une tyrannie, etc.*

C'est à-dire, Dieu permettra qu'il y en ait une quelquefois, pour punir les hommes.

Même pag., lig. 14. *Une malédiction attachée, etc.*

En parlant de ces nations, le poète avoit en vue la sienne, surtout depuis le rétablissement de Charles II. Dans tout cet endroit, ce n'est pas un Ange qui parle, c'est Milton.

Même pag., lig. 17. *Témoin le fils insolent, etc.*

La race de Cham fut condamnée à l'esclavage ; mais comme l'Ange n'a point parlé de Cham, il cite un exemple qu'Adam ne peut entendre.

Pag. 378, lig. 2. *Dans le sein de l'idolâtrie, etc.*

Le père d'Abraham, et Abraham lui-même avoit adoré des idoles. Milton fait une réflexion fort belle. Le Dieu qui avoit puni la terre par le déluge, est déjà oublié, quoique le témoin de ce terrible événement vive encore.

Pag. 378, lig. 17. *Je le vois*, etc.

« Comme il s'agit dans cet épisode, dit Addisson, de donner à Adam une idée de celui qui doit racheter et rétablir la nature humaine, le poète se restreint à la ligne d'Abraham, dont le Messie doit sortir, et l'Ange voit ce patriarche voyageant vers la terre promise; ce qui jette une grande vivacité dans sa narration. »

Même pag., lig. 30. *J'appelle les lieux*, etc.

Imité de Virgile :

> Hæc tunc nomina erunt, nunc sunt sine nomine terræ.

Pag. 379, lig. 2. *Depuis Hermon*, etc.

Il est inutile d'examiner si cette géographie de la Terre-Sainte est exacte.

Même pag., lig. 9. *Médite ce que tu entends*, etc.

C'est parce qu'Adam y médite, qu'il ne répond encore rien à la promesse d'un libérateur.

Pag. 381, lig. 3. *Le dragon du fleuve*, etc.

Le roi de l'Egypte est ainsi nommé dans Ezéchiel. Il étoit inutile de raconter à Adam les plaies de l'Egypte dans un si grand détail.

Même pag., lig. 6. *Comme la glace*, etc.

Comparaison très-juste. On a vu les remords de Satan le rendre plus méchant, et sa pitié pour Adam et Eve augmenter sa cruauté. L'apparence du repentir dans un cœur livré au crime, est un faux dégel, qui en rend la glace plus dure.

Pag. 382, lig. 5. *La route la plus courte*, etc.

L'Ange n'en dit point la véritable raison à Adam. Il

ne veut pas l'affliger, en lui racontant les murmures et les infidélités des Israélites.

Pag. 382, lig. 23. *Des tonnerres, des éclairs, etc.*

Tout le monde connoît les beaux vers que, sur ce grand événement, le chœur dans Athalie adresse à cette montagne :

O mont de Sinaï, conserve la mémoire, etc.

Ce morceau fameux est très-bien rendu dans la traduction de cette tragédie qui vient de paroître à Madrid. Je le cite par reconnoissance pour les Muses espagnoles.

Conserva, o monte illustre
De Sinaï, el recuerdo
De aquel augusta dia
Famoso hasta en los siglos venideros,
Quando entre nubes densas
Que le servian al Segnor de velo
En tu cima luciente
De su gloria una muestra diò à su pueblo.

Aquel torrente de humo
Relampagos y fuegos ;
Aquel ruido en el ayre,
Las caxas, la trompetas y los truenos,
Dìme à que fine los traxo ?
Acaso fuè para mudar severo
Los polos de la tierra,
O para trastornar los elementos ? etc.

On ne trouve pas dans ces vers l'harmonie de la rime, mais celle de l'assonance, que goûtent beaucoup les oreilles espagnoles.

Même pag., lig. 27. *Des types et des ombres, etc.*

Milton a très-grande raison de faire observer que chez ce peuple tout est figure ; et les lois, et les cérémonies, et les événemens, sont des *types et des ombres*. C'est un peuple prophète.

Pag. 383, lig. 5. Sans un médiateur, etc.

L'Ange devoit s'arrêter à cette grande vérité; il étoit inutile de parler à Adam des sept chandeliers et de l'arche.

Même pag., lig. 23. Dans la forme du Zodiaque, etc.

C'est dans Josephe, livre 3, que le poète a pris cette idée du Zodiaque. Quelques auteurs ont dit que les sept chandeliers représentoient les sept planètes; le tabernacle, le monde; et le Saint des Saints, l'Empyrée.

Pag. 384, lig. 17. Mes yeux sont véritablement ouverts, etc.

C'est toujours ce que dit Adam, parce qu'il s'étoit imaginé que le fruit défendu lui ouvriroit les yeux; et depuis qu'il en a mangé, il n'a eu les yeux ouverts que pour comprendre la grandeur de ses ténèbres.

Même pag., lig. 20. Je vois son jour, etc.

De même qu'Abraham le vit; sur quoi Addisson fait cette remarque : « Le poète a très-bien exprimé la joie et la sa-
» tisfaction qui s'élève dans le cœur d'Adam, lorsqu'il en-
» tend parler du Messie. Aussitôt qu'il voit à travers des
» types et des figures, le jour de ce rédempteur, il se
» réjouit; mais quand il trouve la rédemption de l'homme
» complète, et le Paradis renouvelé, il est saisi d'un saint
» transport. »

Pag. 385, lig. 1. Comme étant sortis de toi, etc.

Adam qui a vécu long-temps, et qui a vu tant de crimes commis parmi les hommes, a dû toujours se dire, « c'est
» parce qu'ils sont sortis de moi; et Eve a bien pu dire :

Le crime d'une mère est un pesant fardeau.

Pag. 385, lig. 2. *La loi leur sera donnée, etc.*

L'Ange dit ici sur la loi, ce qui en a été dit depuis par saint Paul, qui l'appelle un *ministère de mort*. L'Ange pouvoit ajouter, que cette multiplicité de lois serviroit à séparer ce peuple de tous les autres peuples.

Même pag., lig. 17. *La partie spirituelle, etc.*

Milton dit la *partie morale*. Je crois qu'il distingue dans la loi la partie matérielle, qui consistoit dans les cérémonies : celle-là ne peut donner la vie. La partie spirituelle le peut, mais l'homme ne peut la remplir de lui-même. La loi est donc imparfaite. Saint Paul l'a dit ; et tout ce que dit ici Milton sur l'insuffisance de la loi, est pris de saint Paul ; mais Adam, qui ne doit pas vivre sous la loi, avoit-il besoin de toute cette théologie ?

Pag. 386, lig. 1. *Aura le nom et fera l'office, etc.*

Ainsi dans l'histoire du peuple de Dieu, tout est figure, tout annonce, comme Milton l'a dit, le Messie et la Religion :

> Tout rempli du dessein qu'il doit exécuter,
> Dieu par des coups d'essai semble le méditer ;
> A nos yeux, à toute heure, il en montre une image,
> Et dans ces premiers traits, crayonne son ouvrage.

Pag. 387, lig. 2. *La liste la plus longue, etc.*

Non-seulement elle est la plus longue, mais celle des bons est si courte, qu'on est étonné que le trône de David ait été si mal rempli.

Même pag., lig. 25. *Ils souilleront le temple, etc.*

Milton veut parler des contestations rapportées dans le deuxième livre des Machabées, entre Jason et Ménélas, grands-prêtres. Aristobule prit le titre de roi, et aucun des descendans de David n'eut part au gouvernement.

Pag. 388, lig. 2. *A sa naissance, une étoile, etc.*

Quand Milton, tout rempli du style des prophètes, a raconté si froidement le règne de David et de Salomon, et la captivité de Babylone, il a fait assez connoître que sa Muse fatiguée se hâtoit de finir. C'étoit surtout en arrivant à la naissance du Messie, que le prophète Isaïe, qu'il lisoit si souvent, lui fournissoit de grandes images. Mais il n'a plus la force d'en faire l'usage que Pope a fait depuis dans une églogue intitulée *le Messie*, dans laquelle il fait parler Isaïe. Cette pièce est très-vantée. En voici un endroit imité. Par l'antique offense, et les crimes nouveaux, le poète entend ceux qui ont suivi celui d'Adam :

> De nos crimes nouveaux, et de l'antique offense,
> Il ne restera plus de trace parmi nous ;
> La justice apaisant le céleste courroux,
> Au haut du firmament suspendra sa balance.
>   La paix qui descendra des Cieux,
> De l'olivier sacré présentera la branche,
> Et l'aimable innocence éblouira nos yeux
>   Par l'éclat de sa robe blanche.
> Arrivez, arrivez, jour des jours le plus beau ;
> Coulez, siècles, coulez ; accourez, douce aurore ;
> Temps rapide, volez plus promptement encore.
> Naissez, auguste enfant ; je vois votre berceau
> Environné de fleurs qui se hâtent d'éclore.
>
>   Quittez votre trône éternel,
> La gloire du Liban déjà vers vous s'avance.
> Des plaines de Saron, des sommets du Carmel
>   Qui tressaille en votre présence,
> S'élève un pur encens qui parfume les airs.
>   Dans le silence des déserts,
> La voix qui retentit, porte partout la joie.
> Cette voix crie : « Il vient, préparez-lui sa voie ;
>   » Et que les chemins aplanis
>   » S'étendent sous les pas bénis
>   » De cet enfant qui vient de naître.

» C'est un Dieu, c'est un Dieu, mortels, qui va paroître !
» Les Cieux sont inclinés, il descend parmi nous.
» Elevez-vous, vallons; vous monts, abaissez-vous.
» Cèdres, courbez vos fronts; terre, reçois ton maître.
» Fleuves, forêts, rochers, montagnes, répétez :
» C'est un Dieu, c'est un Dieu, mortels, qui va paroître.
» Aveugles, son jour luit, des ténèbres sortez;
» Parlez, muets; sourds, écoutez. »

Pourquoi trouve-t-on une si grande poésie dans cette pièce de Pope, dans plusieurs endroits de Milton, et dans les chœurs d'Esther et d'Athalie? Parce qu'on y trouve la poésie de l'Ecriture-Sainte.

Pag. 388, lig. 18. *Ni respirer, ni parler*, etc.

Cette peinture de la joie d'Adam est très-belle; et l'on conçoit qu'Adam apprenant par qui son crime sera réparé, doit être dans cette joie. Il apprend en même temps que Dieu a permis que son crime arrive, et pourquoi il l'a permis. C'est ce que Milton fait bien sentir dans ce poëme. Le Père Eternel a prédit la chute d'Adam, et s'est contenté de lui faire donner des avis par Raphaël. Quand les Anges chargés de faire la garde dans le Paradis terrestre, ont appris que Satan qui y est entré furtivement, a fait tomber l'homme, ils ont été rendre compte de leur conduite au Père Eternel, qui les a justifiés. Tout ce qui est arrivé, il l'a permis; et pourquoi? C'est ce que Milton développe très-bien, parce que l'incarnation sera la suite de cette faute. C'est ce qu'explique le plus sublime de nos métaphysiciens, le P. Malebranche, dans ses Entretiens : « Dieu voit que
» son ouvrage va périr, et il demeure immobile. Que dé-
» clare-t-il par-là? Son infinité. Du fini à l'infini, l'inéga-
» lité est infinie. Le rapport est nul. Dieu soutient donc
» majestueusement le caractère de la Divinité, lorsqu'il
» voit périr son ouvrage sans faire la moindre démarche

» pour le secourir. Il prononce par cette conduite le juge-
» ment éternel qu'il porte de son infinité, et du néant de
» la créature. En un mot, il parle en Dieu; car il déclare
» que son véritable dessein, l'ouvrage digne de lui, n'est
» pas l'homme avec sa sainteté et son excellence naturelle,
» mais l'homme divinisé en Jésus-Christ. Dieu avoit créé
» l'homme juste, et lui avoit donné tout ce qui étoit né-
» cessaire pour conserver sa justice. Mais faire quelque
» démarche particulière pour empêcher l'homme de périr,
» c'eût été à Dieu démentir son infinité, et marquer trop
» de complaisance pour un ouvrage qui ne la méritoit pas.
» Car ce n'est qu'en Jésus-Christ que Dieu se plaît dans
» ses créatures; il n'y a que l'Homme-Dieu qui divinise
» son ouvrage, et mette quelque rapport entre le Créateur
» et la créature. » Par ce passage du P. Malebranche, on voit que Milton a pensé de même, et que c'est suivant ces vérités qu'il a expliqué dans ce poëme les desseins de Dieu, en permettant la chute de l'homme. Il vient aussi de dire plus haut, que l'homme ne peut avoir accès auprès de Dieu que par un médiateur, et que Moïse n'en a fait l'office qu'en figure. De là il devoit donc conclure que le véritable médiateur devant *diviniser* tout l'ouvrage, pour rapprocher le fini de l'infini, doit être Dieu; et Milton n'ayant jamais paru dans ce poëme reconnoître la divinité du Fils, a donc, comme les Ariens et les Sociniens, admis un rapport entre le fini et l'infini : rapport que notre raison seule nous dit être impossible.

Pag. 391, lig. 3. *Après sa résurrection, etc.*

C'est ainsi que le P. Malebranche, dans ses Méditations, suppose que Jésus-Christ lui explique sa conduite : « Voici,
» en deux mots, la conduite que j'ai tenue. Après ma résur-
» rection, j'ai donné à mes disciples mes ordres, pendant
» les quarante jours qui ont précédé mon triomphe et mon

» ascension ; et après que je suis entré dans le Saint des
» Saints, que j'ai été assis à la droite de mon Père, que
» j'ai été établi souverain prêtre, j'ai commencé tout de
» bon l'exécution de mon ouvrage. J'ai envoyé le Saint-
» Esprit. J'ai fait mes libéralités. J'ai mis tout en mou-
» vement pour me fournir les matériaux propres à mes
» desseins. Alors toutes les nations de la terre m'ont été
» abandonnées, afin que rien ne manquât à mon ouvrage.
» Alors, loin d'empêcher mes Apôtres de prêcher aux Gen-
» tils, je les ai excités par des révélations et des miracles.
» Je suis même venu en personne, pour ôter à la synagogue
» un zélé défenseur, et en faire l'Apôtre des nations. Je ne
» pouvois différer davantage la construction du temple que
» mon Père doit habiter. » Dans la métaphysique du P.
Malebranche, Dieu est comme toujours enveloppé dans sa
majesté : c'est le verbe qui fait tout. Dans la poésie de Milton, le Père Eternel, toujours enveloppé d'un nuage, n'est
visible aux Anges même que sur le visage de son Fils ; et c'est
ce Fils qui fait tout. « *Le Verbe*, dit le P. Malebranche, est
» la loi de Dieu même, et la règle inviolable de ses vo-
» lontés. » Dans Milton, liv. III, le Père Eternel dit à son
Fils : « Vous venez de me dire tout ce qui est conforme à
» mes pensées, tout ce qu'ont arrêté mes décrets éter-
» nels ; » et il lui dit encore, liv. XI : « Tes desirs sont
» mes décrets. »

Pag. 392, lig. 12. *Je doute maintenant, etc.*

Milton a annoncé, au commencement de son poëme, que son dessein étoit de justifier les voies de la Providence. Les voilà justifiées par la joie d'Adam, qui dit ce que l'Eglise chante aujourd'hui, « ô heureuse faute ! »

Même pag., lig. 26. *Sa propre force, etc.*

Sans doute, puisque de si foibles et si timides ils devinrent si courageux. Ils vont prêcher celui qu'ils ont abandonné pendant qu'on le crucifioit ; et à qui ? A ceux mêmes qui l'ont crucifié. Ils vont dire qu'il est le juge des vivans et des morts ; qu'il faut comme lui porter sa croix, faire l'aveu humiliant de ses péchés, et en faire pénitence. On les croit ; et le nombre de ceux qu'entraînent ces prédicateurs devient tout-à-coup si prodigieux, qu'un tel changement sur la terre n'a pu arriver sans miracle.

Pag. 393, lig. 10. *Ils parleront toutes les langues, etc.*

Milton qui a rapporté la confusion des langues, auroit pu faire une remarque sur le don de parler toutes les langues. L'esprit d'orgueil fut cause de la division des langues, lorsque les hommes voulurent bâtir une tour qui allât jusqu'au Ciel ; l'esprit d'amour a réuni toutes les langues, quand Dieu éleva l'édifice de son Eglise, qui devoit publier en toutes langues que Jésus - Christ est le Dieu qu'il faut servir.

Même pag., lig. 19. *A leur place, etc.*

Non pas tout-à-coup, mais dans la suite des temps. Le traducteur italien qui suit pas à pas son original, l'abandonne ici pendant trente vers, s'étant imaginé que le poète anglais attaquoit ici la cour romaine. Il n'eût pas craint de la nommer. On sait quelle étoit sa haine contre le clergé de l'Angleterre, et la puissance ecclésiastique ; ainsi, en faisant prédire à l'Ange ce qu'ont aussi prédit saint Pierre et saint Paul, il ne songe qu'au clergé de sa nation. Ceux qu'offensent avec raison les railleries sur la cour romaine, ont moins à se plaindre des poètes anglais que des poètes de l'Italie. Qu'ils condamnent surtout le Dante. Dans son Enfer, il trouve les simoniaques enfoncés la tête en bas dans des trous ; leurs pieds sont en l'air, ils les agitent continuellement, et les tordent comme on tortille des cordes. Il en aperçoit un qui se tourmente plus que les autres ; il

en approche, et lui dit : « Qui es-tu, toi qui es ainsi fiché
» comme un pieu? » Le malheureux lui répond : « Est-ce
» toi, Boniface? » Pour lui rendre raison de cette demande, il lui apprend qu'il a été pape. (C'est Nicolas III.)
« J'ai été couvert du grand manteau ; et pour avoir mis
» là-haut tant de bien dans ma bourse, je suis moi-même
» ici mis en bourse. Sous moi, sont ceux qui m'ont pré-
» cédé, grands simoniaques comme moi. Ils sont tombés
» plus bas, quand j'ai pris leur place, et je tomberai aussi
» quand ma place sera prise par Boniface, qui n'y restera pas
» si long-temps que moi ; sa place sera bientôt prise par un
» autre Jason (Clément V), dont Philippe-le-Bel favorisera
» l'élection, comme Antiochus favorisa celle de Jason. » Le
Dante insulte ce malheureux, en lui disant que Jésus-Christ,
quand il remit les clefs à saint Pierre, ne lui demanda pas
d'argent, et se contenta de lui dire : « Suivez-moi. »

Certo non chiese, se non vieni mi dietro.

« Reste donc ici, tu mérites d'y être, et garde cet ar-
» gent qui te donna la hardiesse de vouloir faire épouser ta
» nièce à Charles Ier. Ah, Constantin, si ta conversion a
» été favorable à l'Eglise, combien lui a été funeste cette
» donation qui a rendu un pape riche ! » Pendant ce sermon
du Dante, le malheureux Nicolas, « soit colère, soit re-
» mords, frappoit ses pieds l'un contre l'autre. » On trouve
dans le Dante beaucoup d'autres traits encore plus forts ; et
cependant ce poëme est dédié à un pape, par le commentateur Velutello, « parce que, dit-il, ce poëme traitant
» des trois monarchies spirituelles, doit être dédié à celui
» qui domine sur ces trois monarchies, comme vicaire
» du souverain monarque de toutes les trois. »

Pag. 393, lig. 26. *Ne peut être entendue que par l'esprit, etc.*

Warburton prétend que ce vers prouve que Milton étoit

enthousiaste. Il est vrai qu'à la fin de sa vie il l'étoit ; mais on peut expliquer ce vers, en disant qu'il fait allusion au v. 14 du ch. 2 de l'ép. 1 de saint Paul, Cor. : « L'homme » animal ne comprend point les choses qui sont de l'esprit » de Dieu. » Milton veut peut-être dire qu'on n'entend les vérités de l'Evangile que quand on est éclairé de l'esprit de Dieu, et que l'homme charnel ne les entend pas.

Pag. 394, lig. 4. *Ils exerceront leurs violences, etc.*

Dobson a ainsi rendu cet endroit :

> Luporum
> Turba subit scelerata, furentum immane luporum,
> Quæ munus mentita sacrum, mysteria Cœli
> Artibus invertent fœdis, ut suaserit auri
> Insatiata fames, et honorum immensa cupido.....
> Deinde sibi titulos, laudumque insignia quærent,
> Imperiumque, et opes, cælestia sola professi,
> Heu, nimis in terras curvi, et cælestium inanes !

Un commentateur anglais qui trouve tout ce livre admirable, témoigne un grand regret de n'y point trouver la réforme de l'Eglise anglicane. « Milton, dit-il, n'en a point » parlé, parce que dans le temps qu'il écrivoit notre Eglise » étoit dans de grands troubles ; ce qui nous a privés d'un » morceau qui eût été si beau et si intéressant. » Ainsi, suivant l'idée singulière de cet Anglais, Adam sortiroit plus content du Paradis terrestre, si l'Ange lui apprenoit qu'un jour Henri VIII se séparcroit de l'Eglise romaine.

Même pag., lig. 26. *Jour de rafraîchissement pour les justes, etc.*

C'est-à-dire, d'un repos éternel. L'expression de Milton répond à celle qui est dans les actes 3, v. 20. *Cùm venerint tempora refrigerii.*

Pag. 395, lig. 3. *Il se manifestera au haut du Ciel, etc.*

Alors tous les grands desseins de Dieu seront accomplis.

Le Père Eternel, comme il l'a dit, liv. III, *sera tout en tous,* parce que tout son ouvrage sera divinisé en Jésus-Christ, médiateur, non-seulement des hommes, mais des Anges, puisque ce n'est qu'en lui que les Anges peuvent avoir rapport, accès, société avec l'Etre infini; ce que nous disons dans la préface, *per quem majestatem tuam laudant Angeli,* etc. « C'est par Jésus-Christ que les Anges adorent » et louent la divine majesté. » Il est le chef de toute créature, il pacifie le Ciel et la terre. C'est à lui que tout est assujetti, et c'est pour lui que Dieu a tout fait. Par cette raison, les Anges, dans leur cantique à la naissance de Jésus-Christ, dirent : « Gloire à Dieu dans le Ciel, et paix sur la terre » aux hommes, » parce que cette naissance est la félicité de la terre et la gloire du Ciel.

Pag. 395, lig. 4. *Et fera disparoître, etc.*

Milton ne dit pas, « il viendra foudroyer, il réduira en » poudre; » il n'emploie que ce mot *dissolve,* peut-être dans le sens latin, comme Virgile a dit :

Extulit os sacrum Cœlo, tenebrasque resolvit ;

c'est-à-dire, *il dissipa les ténèbres;* peut-être aussi parce que saint Pierre, ép. 2, ch. 3, se sert de ce mot, en parlant du dernier jour du monde, *cùm omnia dissolvenda sint.* On a pu remarquer, dans tout le cours du poëme, une attention singulière dans Milton, à employer des termes de l'Ecriture-Sainte.

Même pag., lig. 5. *Avec tout son monde d'iniquité,* etc.

Milton entend-il tous les hommes que Satan aura corrompus, et qui seront en si grand nombre, ou seulement tous les mauvais Anges, les démons? C'est ce qu'il n'explique pas. Il a dit, v. 460, que le Fils venant juger les vivans et les morts, jugeroit ceux qui seroient morts sans la foi, sans dire à quoi il les condamneroit ; il a dit encore, v. 541, que le dernier jour du monde seroit un jour de vengeance sur les méchans, mais il n'a pas dit comment s'exerceroit cette vengeance. Il n'a point fait entendre que l'empire universel seroit partagé en ces deux séjours dont il a parlé, liv. VIII, l'un *de chants et de danses*, l'autre *de gémissemens et de cris*, et qu'entre ces deux séjours, *un immense abyme*, comme il est dit dans saint Luc, 16, empêcheroit à jamais toute communication. Pourquoi l'Ange ne parle-t-il pas de cette terrible séparation qui partagera les hommes? Parce qu'il ne veut point affliger Adam, en lui apprenant le supplice éternel d'un si grand nombre de ses enfans.

Pétrarque, dans le dernier de ses triomphes, parle de ce dernier jour où il voit l'univers périr, et reparoître un monde plus beau. Alors tous les secrets seront révélés, nous serons tous jugés, et chacun prendra sa route pour aller où il doit aller. Pétrarque prétend que dans le Paradis on le montrera au doigt, en disant : « Voilà celui qui pleura
» toujours, et qui trouva dans ses larmes plus de plaisir,
» que d'autres dans leurs ris : »

>   Ecco qui pianse sempre, e nel suo pianto
>   Sopra 'l riso d'ogni altro fu beato.

Il reverra celle qui l'a tant fait pleurer ; « et si celui qui
» l'a vue sur la terre a été heureux, quel sera donc le
» bonheur de celui qui la reverra dans le Ciel, lorsqu'elle
» aura repris son beau voile ? » Pétrarque, dans ce poëme qu'il composa à la fin de sa vie, est toujours le même,
« occupé de sa dévotion et de son amour, de Dieu et de
» Laure. »

>   Pag. 395, lig. 8. *De nouveaux Cieux*, etc.

Milton a parlé plus d'une fois de ce renouvellement, faisant allusion à un passage de l'épître de saint Pierre ; et il paroît autorisé par ce passage, quand il dit poétiquement, que soit dans le Ciel, soit sur la terre, on sera également dans la félicité. Toute la terre sera un Paradis. Ce ne sera plus comme au temps où le Paradis n'étoit que dans Eden.

Pag. 395, lig. 13. *Voyant, etc.*

Nom qu'on donnoit aux prophètes chez les Juifs.

Même pag., lig. 16. *Contraint de s'arrêter, etc.*

A ce jour, finit le temps qui a commencé avec l'univers :

La terre, le soleil, le temps, tout va périr,
Et de l'éternité les portes vont s'ouvrir.

Même pag., lig. 25. *J'apprends aujourd'hui, etc.*

Et les lecteurs doivent apprendre la même leçon, qui est la morale de tout le poëme.

Pag. 396, lig. 8. *La porte de la vie, etc.*

La mort étoit le mot terrible de son arrêt. On a vu combien il en étoit effrayé. Le voilà convaincu que cette mort est la porte de la vie. La catastrophe du poëme n'est donc point funeste pour lui.

Même pag., lig. 27. *L'âme de toutes les vertus, etc.*

Dans la théologie d'un Ange, l'amour est l'âme de toutes les vertus : ce que, dans leur théologie, ne disent pas tous nos docteurs. Ils ne sont pas des Anges.

Pag. 397, lig. 8. *Nous ne pouvons, etc.*

L'Ange, par tendresse, dit *nous*, comme s'il étoit obligé, comme eux, de sortir du Paradis.

Même pag., lig. 22. *Leur entretien fini, etc.*

Il a paru long, parce que quelquefois il est froid. Il

contient plusieurs choses excellentes ; mais la chaleur du poète est éteinte. Ce qui va suivre est court et admirable. Que de choses en peu de mots !

Pag. 398, lig. 4. Rester ici sans toi, etc.

Tous deux, en perdant le Paradis, ne doivent point le regretter, puisqu'Adam, comme l'Ange l'a dit, le retrouvera en soi-même, et qu'Eve le retrouvera dans son époux : ce qui arrivera rarement à ses filles.

Même pag., lig. 11. La source du salut, etc.

Elle vient d'apprendre qu'elle sera un jour *la source du salut*, et Adam vient d'apprendre que *la mort est la porte de la vie*. Quelle heureuse catastrophe !

Même pag., lig. 18. Ils rasoient la surface, etc.

Cette image de la marche des Anges est prise dans les Æthiopiques d'Héliodore. Les Dieux ne marchent pas en avançant comme nous un pied devant l'autre ; ils glissent.

Même pag., lig. 30. Les prit par la main, etc.

Ils marchent comme trois amis. Jamais exécuteur d'un arrêt de bannissement ne conduisit à la porte deux criminels avec tant de bonté. Ils quittent le Paradis terrestre avec de grands sujets de consolation, et ils en sortent en tenant un Ange par la main : cependant ils sont *lents à marcher*. L'Ange, qui les conduit le plus loin qu'il peut, descend *jusqu'au bas du rocher*, les quitte : *ils regardent derrière eux*.

Pag. 399, lig. 4. Ils regardèrent derrière eux, etc.

Et ils virent des objets terribles. Le Ciel, qui punit deux criminels qu'il aime, fait briller sa justice et sa clémence.

Pag. 399, lig. 8. *La nature*, etc.

C'est la nature qui pleure, et qui même ne laisse tomber que quelques larmes, bientôt essuyées. Adam a été consolé par les discours de l'Ange, Eve par un songe.

Même pag., lig. 13. *Marchant à pas lents*, etc.

On vante beaucoup l'harmonie de ces deux derniers vers, dont le premier ne peut être prononcé que lentement, et le second se prononce avec douceur. Dobson a tâché d'imiter cette harmonie :

> Tum vaga, lentaque, ducentes vestigia, palmis
> Connexis, solos Edeni abiere per agros.

Les deux vers de Milton, si vantés par l'harmonie, ont causé un grand trouble parmi les critiques. Le savant et pitoyable critique Bentley les a voulu changer ; d'autres ont voulu les supprimer. « Comment, ont-ils dit, leurs pas » sont-ils incertains, puisque la Providence les guide ? » Pourquoi sont-ils lents ? Eve vient de dire qu'elle partoit » avec plaisir. Pourquoi leur route est-elle appelée solitaire ? » Toutes les routes du Paradis l'étoient également. » On répond que leurs pas sont appelés *incertains*, parce que ce n'est plus l'Ange qui les guide. Il ne les tient plus par la main ; et alors ils se prennent l'un et l'autre par la main, et vont où la Providence les mène. Eve a dit, à la vérité, qu'*elle sortoit du Paradis avec plaisir*, mais par la raison qu'il ne seroit plus un Paradis pour elle, si elle y restoit sans Adam. Tous deux le quittent avec des sujets de consolation ; tous deux le regrettent, en sortant à pas lents, et en regardant derrière eux. Leur route est appelée *solitaire*, parce que tous les objets y sont nouveaux à leurs yeux. *Solitaire* ici veut dire *inconnu*. Enfin les voilà sortis ; l'Ange les a quittés ; ils sont sur la terre : voilà donc l'action finie, LE PARADIS PERDU.

La catastrophe, dit-on, est fatale aux deux principaux personnages qui ont intéressé le lecteur, et au lecteur même, puisqu'il se trouve enveloppé dans le crime. S'il pense comme Adam, qui sort de ce Paradis *avec la plus grande joie qui puisse régner dans un cœur,* il pensera que la faute que le Ciel punit a été une faute heureuse. Un poète épique doit entretenir son lecteur, pour un principal personnage, dans les craintes et les inquiétudes, et le remettre à la fin dans la tranquillité; et c'est ce qu'a fait Milton avec un art infini. Satan, triomphateur en apparence de l'homme, quand il a paru pour la dernière fois, a paru rampant à terre, mâchant des cendres, dans l'attente d'un plus grand supplice, et dans « la rage de voir que toute sa » malice, liv. I, v. 220, n'a servi qu'à faire éclater sur » l'homme qu'il a séduit, la grâce divine et l'infinie bonté, » et à faire tomber trois fois plus fortement sur lui-même » la confusion, l'indignation et la vengeance. » Notre premier père a vu de loin le grand jour du Réparateur de sa faute, et a salué la mère du Sauveur du monde; Eve a appris, dans un songe, que de sa race sortiroit ce Sauveur. Ce jardin si beau, qu'ils quittent avec regret, sera bientôt jeté au fond de la mer; l'Ange l'a dit à Adam, qui sait qu'on trouve Dieu partout. La perte de ce Paradis n'est donc qu'une punition légère : ainsi Adam, au milieu de sa misère, est triomphant de Satan, qui, au milieu de son triomphe, est dans une affreuse misère, qui sera suivie d'une plus grande; et le grand triomphe est celui du Messie. Le poète a donc observé avec exactitude, et un art merveilleux, la grande règle du poëme épique, et a parfaitement exécuté ce qu'il a promis, en disant, dans ses premiers vers, qu'il vouloit *justifier aux yeux des hommes les voies de Dieu.* Il les a justifiées en faisant connoître la suite des desseins de Dieu sur l'homme, depuis le premier jour de l'univers jusqu'au dernier, et en nous apprenant pourquoi cet homme, ouvrage si chéri du Ciel, est si malheureux sur la terre. Homère, qui en ignore la raison, s'en plaint souvent, et nous trouvons dans l'Odyssée cette exclamation :

> Jupiter, Dieu cruel, pourquoi dans la misère
> Plongez-vous les humains dont vous êtes le père ?

Milton nous apprend à répondre à cette difficulté.

L'entretien dans lequel il suppose qu'un Ange révèle à Adam tout l'avenir, est une fiction poétique fondée sur la vraisemblance, puisque, comme je l'ai remarqué à la fin du livre précédent, on ne peut rapporter qu'à une pareille révélation certaines opinions générales, et presque aussi anciennes que le monde, comme celles du feu qui doit un jour consumer la terre, d'un maître qui devoit venir de l'Orient, d'un renouvellement des siècles qui devoit arriver, d'une Puissance malfaisante tombée du Ciel, et qui règne dans les airs. Nous trouvons cette Puissance dans Homère, qui écrivoit avant qu'il fût parlé dans nos livres saints de la chute de Satan. Nous y trouvons aussi qu'Hercule perça de ses flèches Junon et Pluton, c'est-à-dire la Puissance de l'air, et celle qui préside aux Enfers. Cet Hercule a été pris, par quelques Pères, pour la figure de Jésus-Christ, en quelques traits; et il est remarquable que dès le berceau il étouffa des serpens, *in cunis jam Jove dignus erat;* qu'il se rendit redoutable aux Enfers, *te Stygii tremuere lacus;* et que, dans l'Alceste d'Euripide, il contraint la Mort à lui rendre sa proie. On trouve aussi une figure de Jésus-Christ dans le Prométhée, dont le supplice est appelé, par Lucien, un crucifiement, et qui dit, dans Eschyle, que c'est lui qui a tiré les hommes d'un état déplorable, dans lequel, *en voyant, ils ne voyoient point; en écoutant, ils n'entendoient point.* Jupiter vouloit les anéantir : « Aucun » ne lui résista que moi, dit Prométhée; j'eus le courage » d'empêcher le genre humain de tomber dans les Enfers. »

En même temps, il prédit que ce même Jupiter, si ennemi des hommes, sera honteusement précipité du Ciel. De semblables opinions, qui se trouvent dans les écrits des anciens, aussi bien que certaines fables, rendent attentif un homme de lettres qui aime la religion, parce qu'il y remarque une tradition qui, quoique très-infidelle, ne peut venir que d'une bonne source. Voilà pourquoi, dans mes notes, j'ai souvent fait remarquer des fables dont l'origine n'est point obscure, et de pareilles notes me paroissent convenir à un ouvrage qui donne lieu à tant de réflexions solides.

Je n'ai donc point à regretter le temps que j'ai employé à traduire et commenter un poëme qui mérite d'être lu avec attention, parce qu'il est plein d'une très-grande poésie, et d'excellentes instructions. L'action et les épisodes, tout conspire à annoncer la même leçon, l'obéissance qu'on doit à Dieu; et tout lecteur doit dire, comme Adam, v. 560 de ce dernier livre : « J'apprends que le plus grand bonheur » consiste à obéir à Dieu, l'aimer avec crainte, marcher » toujours en sa présence, se reposer sur sa Providence, » et ne dépendre que de lui seul. »

FIN DU PARADIS PERDU.

REMARQUES D'ADDISSON

SUR

LE PARADIS PERDU.

AVERTISSEMENT.

Rolli et notre premier traducteur français, ayant ajouté à leurs traductions du Paradis perdu, les Remarques d'Addisson, qui contiennent plusieurs réflexions très-judicieuses sur ce poëme, elles en sont devenues inséparables; ce qui m'a engagé à les traduire aussi. Et comme elles servent de commentaire, comme dit Addisson, non-seulement à Milton, mais à la poétique d'Aristote, qu'Addisson m'a paru quelquefois ne pas bien expliquer, elles m'ont engagé à mettre à la suite mes réflexions, dans un Discours sur le Poëme Epique.

REMARQUES D'ADDISSON

SUR

LE PARADIS PERDU.

DISCOURS I.

Cedite, Romani Scriptores, cedite, Graii.   Prop.

Rien au monde n'est plus ennuyeux que de disputer sur les mots. Je me dispenserai par cette raison d'examiner la question agitée depuis quelques années sur *le Paradis perdu* de Milton. On demande s'il doit être appelé un poëme héroïque. Ceux qui ne veulent pas lui donner ce titre, peuvent, s'ils le jugent à propos, l'appeler divin. Pour qu'il soit parfait, il suffit qu'il contienne toutes les beautés de l'espèce de poésie qui est la plus sublime; et ceux qui soutiennent que ce poëme n'est point héroïque, ne lui font pas plus de tort, que s'ils disoient qu'Adam n'est pas Enée, et qu'Eve n'est point Hélène.

Je vais donc l'examiner suivant les règles de la poésie épique, et rechercher si dans les beautés essentielles à ce genre de poésie, il est inférieur à l'Iliade et à l'Enéide.

La première chose à considérer dans le poëme épique, est la fable, qui est parfaite ou imparfaite, suivant le plus ou le moins de perfection de l'action qui est racontée.

Trois qualités sont nécessaires à cette action : elle doit être une, entière et grande. Considérons l'action de l'Iliade, celle de l'Énéide, et celle du Paradis perdu, dans ces trois points de vue.

Homère, pour conserver l'unité d'action, se transporte tout d'un coup *au milieu des choses*, comme l'observe Horace. S'il eût remonté à l'œuf de Léda, ou seulement à l'enlèvement d'Hélène, et au commencement du siége de Troie, son poëme eût été un récit historique de différentes actions; mais il l'ouvre par la querelle des princes, et il sait dans la suite mêler habilement le récit de plusieurs choses nécessaires à savoir, et arrivées avant cette discorde.

De même Énée, quand il paroît pour la première fois sur la scène, paroît dans les mers toscanes, près de l'Italie, parce que son établissement dans le Latium est l'action du poëme. Mais comme le lecteur doit nécessairement être instruit de ce qui lui est arrivé dans la ville de Troie, et dans ses voyages après cette ruine, Virgile en fait faire le récit à son héros, par forme d'épisode, dans les livres 2 et 3. Ce que contiennent ces deux livres, précède dans le fil de l'histoire ce qui est rapporté dans le 1er, et cependant n'est mis qu'à la suite dans la disposition des parties du poëme, afin que l'unité d'action y soit conservée.

Imitateur de ces deux grands poëtes, Milton ouvre le Paradis perdu par le complot formé dans les Enfers contre l'homme, dont on projette la chute, qui est l'action que le poëte entreprend de chanter. Les deux grands événemens qui l'ont précédée, le combat des Anges, et la création du monde, dont le récit eût entièrement détruit l'unité de la principale action, s'il eût été fait suivant l'ordre des temps, sont rapportés dans les livres V, VI et VII, par forme d'épisode.

Aristote (1) avoue lui-même, que quant à l'unité de la fable, Homère n'a pas beaucoup de quoi se vanter; cependant ce grand critique philosophe tâche d'excuser cette imperfection, en l'imputant en quelque manière à la nature du poëme épique. Quelques personnes accusant de la même imperfection l'Énéide, prétendent y trouver des épisodes qui sont plutôt des excroissances que des parties de l'action. Au contraire, le poëme que nous examinons n'a d'autres épisodes que ceux qui naissent naturellement du sujet, et cependant renferme un si grand nombre d'incidens, qu'il procure à la fois le plaisir de la plus grande variété, et celui de la plus grande simplicité. C'est un tout uniforme dans l'exécution.

Je dois encore observer, que comme Virgile, dans un poëme destiné à célébrer la naissance de l'Empire Romain, a dépeint la naissance de la République de Carthage, la fameuse rivale de Rome, Milton par le même art, dans un poëme sur la chute de l'homme, a su dépeindre la chute des Anges, les ennemis déclarés de l'homme. Outre les diverses beautés que renferme cet épisode, sa liaison avec la principale action du poëme l'empêche de rompre l'unité, qu'eût rompue tout autre épisode moins lié avec le sujet. C'est cette même perfection que les critiques admirent dans la comédie de Dryden, intitulée *le Moine Espagnol*, ou *la Double Reconnoissance*. Les deux différentes intrigues y paroissent comme contreparties, et copiées l'une de l'autre.

La seconde qualité nécessaire à l'action du poëme épique est d'être entière. Elle l'est, quand elle est

---

(1) Il s'en faut beaucoup qu'il reproche à Homère de pécher contre l'unité, comme je le prouverai dans mon Discours suivant.

accomplie en toutes ses parties, ou, suivant les termes d'Aristote, quand elle a un commencement, un milieu et une fin. Rien ne doit la précéder, l'accompagner ou la suivre, que ce qui y a rapport; et en même temps on ne doit pas s'écarter d'un pas de la route droite et naturelle qu'elle a dû tenir depuis sa naissance jusqu'à son accomplissement. Ainsi nous voyons la colère d'Achille, naître, continuer, produire ses effets, et l'établissement d'Enée en Italie, s'avancer au milieu d'une infinité d'obstacles sur mer et sur terre. C'est en cela que, suivant mon avis, Milton excelle sur ces deux poètes. Nous voyons l'action projettée dans l'Enfer, exécutée sur la terre, et punie par le Ciel. Toutes les parties sont exposées de la manière la plus distincte, et naissent les unes des autres dans l'ordre le plus naturel.

La troisième qualité de l'action épique est la grandeur. La colère d'Achille a des suites si importantes, qu'elle cause la mort des héros de Troie; elle divise les rois de la Grèce, et partage les Dieux. L'établissement d'Enée en Italie produit les Césars, et donne naissance à l'Empire Romain. Le sujet de Milton, bien plus grand que les deux autres, ne décide pas du sort de quelques particuliers ou de quelques nations, mais de toute la race des hommes. Toutes les puissances de l'Enfer conjurées contr'elle, conspirent la destruction du genre humain, réussissent en partie, et auroient entièrement exécuté leur dessein si la Divinité ne s'y étoit opposée.

Les principaux acteurs sont l'homme dans sa plus grande perfection, et la femme dans sa plus grande beauté (1) Leurs ennemis sont les Anges tombés; ils

---

(1) Elle est aussi dans sa plus grande perfection, et il est inutile ici de parler de sa beauté.

ont pour ami le Messie, et pour protecteur le Tout-Puissant. Enfin, tout ce qu'il y a de plus grand, ou dans la nature, ou hors de sa jurisdiction, a sa part assignée, telle qu'elle lui convient dans ce noble poëme.

Dans la poésie comme dans l'architecture, non-seulement dans le tout, mais encore dans les principaux membres, et dans chaque partie de ces membres, doit paroître un caractère de grandeur. Je ne suis pas assez hardi pour avancer que le livre des jeux, dans l'Enéide comme dans l'Iliade, pèche contre cette règle. Je ne critiquerai pas dans Virgile, la comparaison de la toupie, et d'autres comparaisons de la même espèce dans l'Iliade; mais je crois pouvoir assurer, sans faire tort à ces admirables ouvrages, que dans chaque partie du Paradis perdu, il se trouve une magnificence certaine et incontestable, et qui surpasse toute autre que puissent fournir tous les systèmes du paganisme.

Aristote, par la grandeur de l'action, n'entend pas seulement son importance; il entend aussi sa durée, ou, pour me servir d'autres termes, il veut que sa longueur soit celle qui convient à ce que nous appelons proprement grandeur. Il en explique la juste mesure par la comparaison suivante : Un animal de la petitesse d'un ciron, ne peut jamais nous paroître parfait, parce que notre vue qui l'embrasse tout à-la-fois, ne nous donnant point une idée distincte de chaque partie, ne nous donne qu'une idée confuse du tout. Si au contraire on suppose un animal long de dix mille stades, notre œil sera si rempli d'une seule de ses parties, qu'il ne pourra donner à notre âme une idée du tout. Ce qui arriveroit de ces animaux par rapport à notre vue, arrive de l'action par rapport à notre mémoire. Si elle est trop courte, elle y reste perdue et absorbée; si elle est trop longue, elle ne peut y trouver place. C'est en cela qu'Homère et Virgile ont principalement fait connoître leur habileté.

Les actions de l'Iliade et de l'Enéide sont en elles-mêmes extrêmement courtes, mais si merveilleusement étendues et diversifiées par les épisodes, l'intervention des Dieux, et d'autres ornemens poétiques, qu'elles deviennent d'agréables histoires, capables de donner de l'occupation à la mémoire, sans la surcharger. L'action de Milton est embellie par une si grande variété de circonstances, que la lecture des plus amusantes fictions ne me causa jamais tant de plaisir.

Vraisemblablement les traditions sur lesquelles l'Iliade et l'Enéide ont été fondées, contenoient un détail plus circonstancié que l'histoire de la chute de l'homme, telle qu'elle est rapportée dans l'Ecriture-Sainte. Outre cela, il étoit plus aisé à Homère et à Virgile de mêler la fiction à la vérité, puisqu'ils ne couroient point les risques de choquer la religion de leur pays. Milton, qui non-seulement n'avoit qu'un petit nombre de circonstances sur lesquelles il pouvoit fonder son poëme, étoit encore obligé, dans tout ce qu'il osoit ajouter de son chef, de marcher avec la plus grande circonspection. Cependant, malgré toute la contrainte dans laquelle il étoit, il a rempli son histoire de tant d'incidens merveilleux, et qui ont un tel rapport avec ce que l'Ecriture-Sainte nous apprend, qu'il peut charmer le lecteur le plus délicat, sans offenser le plus scrupuleux.

Les critiques modernes ont, sur plusieurs passages de l'Iliade et de l'Enéide, calculé le temps que dure l'action dans ces deux poëmes; mais comme une grande partie de l'histoire de Milton se passe dans des régions hors de la portée du soleil et de la sphère du jour, il est impossible de satisfaire le lecteur par un pareil

pareil calcul, à la vérité plus curieux qu'utile. D'ailleurs, aucun des critiques anciens et modernes n'a donné des règles pour renfermer l'action du poëme épique dans un certain nombre d'années, de jours ou d'heures.

DISCOURS II.

Notandi sunt tibi mores. Hor.

Après avoir examiné l'action du Paradis perdu, nous en devons examiner les acteurs; c'est la méthode d'Aristote : la fable d'abord, et ensuite les mœurs; c'est-à-dire, suivant la manière de nous exprimer dans notre langue, la fable et les caractères.

Homère excelle sur tous les poètes historiques qui ont jamais écrit, par la multitude et la variété de ses caractères. Chaque divinité qui paroît sur la scène, fait un personnage qui ne peut convenir à aucune autre divinité. Les princes sont mieux distingués entr'eux par leurs mœurs que par leurs Etats; et même ceux d'entre eux dont la valeur fait le caractère distinctif, sont encore distingués entr'eux par un caractère de valeur dans lequel chacun excelle. En un mot, il se trouve à peine une action ou un discours dans l'Iliade, que le lecteur ne l'attribue aussitôt à celui qui parle ou qui agit, sans avoir été instruit de son nom.

Homère efface tous les autres poètes, non-seulement par la variété, mais aussi par la nouveauté des caractères. Il introduit parmi les princes grecs, un personnage qui a vécu trois âges d'homme, et conversé avec Thésée, Hercule, Polyphème, et la première race des héros. Son principal acteur est le fils d'une Déesse. Je ne parle point d'autres descendans des Dieux, qui ont aussi part à cette action, ni du vénérable roi des Troyens, père de tant de princes et de héros. En un mot, dans tous les caractères d'Homère, règne une certaine dignité, comme une certaine nouveauté, qui les rend naturellement plus convenables que d'autres à la nature du poëme héroïque. En même temps, pour y jeter encore plus de variété, il y fait entrer un Vulcain et un Thersite, deux bouffons, l'un parmi les Dieux, l'autre parmi les hommes.

Virgile, tant pour la variété que pour la nouveauté dans les caractères, est infiniment au-dessous d'Homère. Enée est à la vérité un homme d'un caractère parfait; mais Achate, quoiqu'appelé l'ami du héros, ne fait rien, dans tout le poëme, qui lui puisse mériter ce titre. Gyas, Mnestée, Sergeste et Cloanthe sont tous jetés dans le même moule.

Fortemque Gyan, fortemque Cloanthum.

On remarque dans Ascagne quelques traits fort naturels. On ne peut trop admirer Didon. Il n'y a rien de neuf ni de remarquable dans Turnus. Pallas et Evandre sont des copies fort imparfaites d'Hector et de Priam; et Lausus avec Mézence sont des copies de Pallas et d'Evandre. Les caractères de Nysus et d'Euryalus sont beaux, mais communs. Je ne dois pas oublier Sinon, Camille, et quelques autres personnages que Virgile n'a point trouvés dans le poète grec. Malgré cela, on ne remarque point dans l'Enéide cette variété et cette nouveauté qui frappe dans le poète grec.

Si nous jetons maintenant les yeux sur les caractères de Milton, nous reconnoîtrons qu'il a répandu dans son sujet, toute la variété qu'il étoit capable de recevoir. Au temps de son action, tout le genre humain étoit renfermé en deux personnes; nous avons cependant en ces deux personnes quatre caractères différens. Nous voyons l'homme et la femme dans le plus haut degré d'innocence et de perfection, et dans l'état le plus abject où le crime puisse réduire l'humaine infirmité. Les deux derniers caractères sont à la vérité communs et ordinaires (1), mais les deux premiers ont non-seulement plus de magnificence, mais plus de nouveauté que tous ceux qui se trouvent dans Homère et Virgile, et même dans toute l'étendue de la nature.

Milton sentit si bien le défaut d'un sujet qui lui fournissoit si peu de caractères, qu'il y introduisit deux acteurs imaginaires (2), deux êtres de fiction, le Péché et la Mort, qui jettent dans le corps de sa fable une grande beauté, et dont l'allégorie est très-bien inventée. J'avoue cependant que je ne puis croire (3) que des personnages dont l'existence est chimérique, puissent être des acteurs convenables au poëme épique, parce qu'ils ne peuvent avoir le degré de vraisemblance nécessaire à de pareils ouvrages, comme je le ferai voir plus au long dans la suite.

Virgile à la vérité a donné dans l'Enéide un rôle à la Renommée, mais ce rôle est court, et n'est pas ce qu'on admire le plus (4) dans ce divin poëme. Dans les

---

(1) Leur douleur est sans exemple. Jamais criminel n'eut à se reprocher la perte de tout le genre humain; jamais criminel ne vit Dieu descendre pour le juger, les Anges déranger l'ordre de l'univers, et la nature s'armer pour le punir.

(2) Ce n'est point à cause de la disette de caractères, mais pour jeter le merveilleux dans un poëme qui vit de fictions.

(3) Sans ces êtres imaginaires, que deviendroit notre poésie?

(4) On n'a jamais critiqué cette Renommée très-poétique, et placée très-à-propos.

poëmes héroï-comiques (1), comme le *Dispensary* et le Lutrin, quelques personnages allégoriques de cette espèce font un meilleur effet; ce qui prouve peut-être que l'auteur du *Dispensary* et Boileau ont pensé que de tels caractères pouvoient avoir place dans le poëme épique. Quant à moi, je souhaite que le lecteur pense de même, par l'intérêt que je prends au poëme que j'examine maintenant; et j'ajouterai que si ces êtres qui ne sont qu'en idée, peuvent avoir place quelque part, ils n'ont jamais pu être plus naturellement imaginés, ni introduits dans un sujet plus convenable que dans celui-ci.

Un autre principal acteur de ce poëme, est le grand ennemi du genre humain. Le rôle d'Ulysse, dans l'Odyssée, excite l'admiration d'Aristote, parce qu'il jette dans l'action une grande variété d'intrigues et d'événemens, non-seulement par les aventures de son voyage, et toutes les finesses de sa conduite, mais par ses différentes manières de se déguiser et de se découvrir en tant d'occasions. Mais l'ingénieux Démon fait un voyage bien plus long que celui d'Ulysse (2), emploie bien d'autres ruses et d'autres stratagêmes, malgré lesquels il est toujours découvert; ce qui cause l'agréable surprise des lecteurs.

Nous pouvons encore observer l'art avec lequel le poète a su varier les caractères de ceux qui parlent dans l'assemblée infernale, et comme au contraire il a su représenter la même bonté de Dieu s'étendant tout

---

(1) Le dernier chant du Lutrin est sérieux; et quand la Piété sort de son désert pour aller trouver Thémis, on contemple avec plaisir son cortége, la Foi, l'Espérance, la Charité.

(2) Il n'est pas étonnant que le Diable soit plus grand voyageur qu'Ulysse, et plus fin que lui. Addisson avoit bien d'autres choses à dire sur le caractère du Satan de Milton.

entière sur l'homme, sous ces trois distinctions de Créateur, de Rédempteur et de Consolateur.

Nous ne devons pas oublier Raphaël, qui au milieu de sa tendresse et de son amitié pour l'homme, conserve dans ses discours comme dans sa conduite, une dignité et une condescendance convenables à une nature supérieure. Les Anges sont aussi bien diversifiés (1) et reconnoissables par leurs rôles, que le sont les Dieux dans Homère et Virgile. Le lecteur ne trouvera aucun des rôles assignés à Uriel, Gabriel, Michel et Raphaël, qui ne soit propre au caractère de chacun d'eux.

Dans les principaux personnages de l'Iliade et de l'Enéide, une autre circonstance ajoute une beauté particulière à ces deux poëmes, et fait connoître la sage intention des auteurs; je parle de celle qu'ils ont eue à choisir des héros qui avoient une liaison si intime avec les peuples pour lesquels ils écrivoient. Achille étoit Grec. Enée étoit regardé, quoique très-éloigné, comme fondateur de Rome. Par conséquent, les compatriotes des deux poètes (et ce sont ceux que tout poète attend principalement pour ses lecteurs) devoient s'attacher à toutes les parties de leur histoire, par l'intérêt qu'ils prenoient aux aventures des héros qu'ils avoient choisis. Un Romain ne pouvoit pas ne se point réjouir, en voyant Enée se tirer des périls, réussir dans ses projets, remporter la victoire, de même qu'il n'eût pu sans tristesse le voir malheureux et vaincu. Les Grecs prenoient le même intérêt à Achille; et il est évident que ces poëmes ont perdu ce grand avantage auprès des lecteurs, pour qui ces héros sont étrangers, et à qui ils sont fort indifférens.

---

(1) Ce qui est impossible. Les Dieux d'Homère ont toutes les passions des hommes. Les Anges, êtres parfaits, ne les ont point.

Le poëme de Milton est en cela admirable (1), puisqu'il est impossible qu'aucun lecteur, de quelque nation, de quelque pays, de quelque province qu'il soit, ne s'intéresse nécessairement aux principaux personnages. Il y a plus : ces mêmes personnages ne sont pas seulement nos pères, ils sont nos représentans; ainsi nous avons grand intérêt à ce qu'ils font, puisque de leur conduite, il ne s'agit pas moins que de notre plus grand bonheur.

J'ajouterai ici, comme corollaire, une réflexion d'Aristote, qui a été mal rendue dans les citations de quelques critiques modernes. « Si un homme d'une
» vertu parfaite et consommée tombe dans un mal-
» heur, il excite en nous la pitié, mais non pas la ter-
» reur, parce que, comme nous ne lui ressemblons pas,
» nous ne craignons pas pour nous le même sort; mais,
» ajoute ce grand philosophe, si nous voyons un homme
» dont la vertu est mêlée de foiblesse, tomber dans le
» malheur, alors nous sommes saisis non-seulement
» de pitié, mais de terreur, parce que nous craignons
» un sort pareil pour nous, qui ressemblons à ce
» malheureux. »

Je dirai dans une autre occasion pourquoi on ne doit pas introduire dans une tragédie un personnage d'une vertu parfaite et consommée. Je me contenterai de dire ici, que cette réflexion d'Aristote, quoique vraie dans tous les autres événemens, ne l'est pas dans celui-ci, parce que, quoique ceux qui tombent dans le malheur soient dans la vertu la plus parfaite et la plus consommée, c'est à quoi nous ne faisons pas attention, parce que

(1) Dans le même sujet traité par un mauvais poëte, ce même sujet d'admiration se trouveroit. Ce n'est point parce que Milton raconte l'histoire de notre père, que nous le lisons, mais parce qu'il conduit cette action avec un art qui nous y intéresse.

nous sommes actuellement enveloppés dans leur sort; nous sommes embarqués dans le même vaisseau, et obligés de partager leur félicité ou leur misère.

Cet exemple et quelques autres qui sont en petit nombre, prouvent que les règles pour le poëme épique, qu'Aristote a tirées de ses réflexions sur Homère, ne peuvent être exactement appliquées aux poëmes héroïques faits depuis lui, parce qu'il est évident que ces règles eussent été plus parfaites (1) s'il eût eu connoissance de l'Enéide, qui ne fut écrite que quelques centaines d'années après lui.

Je me propose de parler des autres parties du poëme de Milton, et j'espère que ce que j'en écrirai et ce que j'en ai déjà écrit, servira de commentaire non-seulement à Milton, mais à Aristote.

DISCOURS III.

Reddere personæ scit convenientia cuique.   Hor.

Nous avons examiné en général dans le Paradis perdu, l'action et les caractères; il nous reste, pour suivre la méthode d'Aristote, à examiner les sentimens et l'expression. Avant que de commencer cet examen, il est nécessaire que je prévienne le lecteur que mon dessein est de mettre à la suite de mes réflexions générales sur ces quatre chefs, quelques exemples particuliers de beautés et d'imperfections que je choisirai dans ce

---

(1) L'Enéide, copie imparfaite de l'Iliade et de l'Odyssée, n'eût rien fait changer à Aristote dans ses sentimens sur le poëme épique.

poëme, relativement à ces quatre chefs, comme aussi d'autres particularités qui n'y auront aucun rapport. C'est l'avertissement que je me suis cru obligé de donner, afin que le lecteur ne juge pas trop précipitamment de cet essai de critique, et ne l'accuse pas d'être imparfait, avant que de l'avoir vu dans toute son étendue.

Les sentimens dans le poëme épique sont les pensées et les démarches que le poète attribue aux acteurs qu'il introduit. Les sentimens sont justes quand ils sont conformes aux caractères de ces acteurs; et comme ils ont le même rapport aux choses qu'aux personnes, ils sont parfaits quand ils sont aussi conformes aux circonstances. Dans toutes celles où le poète veut exposer ou prouver, amplifier ou diminuer, exciter l'amour ou la haine, la pitié ou la terreur, ou quelqu'autre passion, nous devons examiner si les sentimens qu'il emploie sont propres à produire ces effets.

Sur ce point, Homère est censuré par les critiques en quelques endroits de l'Iliade et de l'Odyssée. Mais ceux qui rendent justice à ce grand poète en rejettent la faute sur le temps où il vivoit. C'est en effet celle de son siècle, et non la sienne, si l'on ne trouve pas dans ses sentimens cette délicatesse qui maintenant se trouve dans les ouvrages, dont les auteurs sont bien inférieurs en génie. Outre cela, ce n'est qu'un petit nombre de pensées qu'on peut reprendre, tandis que le plus grand nombre est admirable. Enfin, il est certain que de tous les poètes qui ne sont point tombés dans la bassesse de ces pensées qu'on lui reproche, aucun n'eût été capable de s'élever à la grandeur de celles qu'on admire en lui.

Virgile excelle sur tous les autres par la justesse des sentimens. Milton brille aussi beaucoup en cette partie, et nous ne devons pas oublier une observation qui augmente extrêmement sa gloire.

Homère et Virgile introduisent des personnages qu'il est ordinaire de trouver parmi les hommes. Leur société nous les fait rencontrer, ou l'histoire nous les présente. Les caractères de Milton sont presque tous hors de la nature, et entièrement de son invention. Shakespeare montre plus de génie, quand il dépeint son *Calyban*, que dans les caractères de son *Hotspur* ou de Jules César, parce que le premier est tiré de sa seule imagination, et qu'il a formé les deux autres sur des récits, sur l'histoire, sur la connoissance des hommes. Par cette raison, il a été bien plus facile à Homère de donner dans un conseil de guerre des sentimens propres aux généraux grecs, qu'à Milton de jeter la variété dans son conseil infernal, par celle des sentimens et des caractères des Démons qui le composent. Les amours d'Enée et de Didon ne sont qu'une copie de ce qui s'est passé entre d'autres amans. Adam et Eve, avant leur chute, sont des créatures d'une espèce différente de celle qui a composé leur race; et il falloit dans un poète un fonds prodigieux d'invention et un jugement exquis, pour savoir leur donner une conversation et une conduite si convenable à toutes les circonstances, pendant l'état de leur innocence.

Les pensées naturelles ne suffisent pas au poëme épique, qui doit être rempli de pensées sublimes. Il faut avouer que Virgile s'élève rarement à ces sentimens dont la grandeur étonne, lorsqu'il n'est pas échauffé par l'Iliade. Virgile nous charme et nous enchante toujours par la force de son propre génie, mais rarement il nous enlève et nous transporte quand il cesse d'imiter Homère.

La qualité principale de Milton, et celle qui fait

proprement son excellence, est la sublimité des pensées. Quelques-uns de nos modernes peuvent lui disputer le prix dans les autres parties; mais dans la grandeur des sentimens, il l'emporte sur tous les poètes anciens et modernes, excepté sur Homère. Il n'est pas possible à l'imagination humaine de s'élever à de plus hautes idées qu'à celles que renferment les livres I, II et VI. Le VIIe, où la création du monde est décrite, est également merveilleux et sublime, quoique moins propre à émouvoir l'âme, et par conséquent moins parfait dans le genre épique, parce qu'il y a moins d'action. Le lecteur judicieux observera qu'à plusieurs passages d'Homère cités par Longin, on peut opposer des passages du Paradis perdu, et les comparer ensemble.

De ce que nous avons dit, on doit conclure que comme il y a deux sortes de sentimens, les naturels et les sublimes, qu'on doit employer dans le poëme épique, on en doit bannir avec soin deux sortes de pensées, celles qui n'ont que de l'affectation et rien de naturel, et celles qui sont basses et triviales. On ne peut presque pas trouver d'exemples des premières dans Virgile. Il n'a aucune de ces pensées frivoles, ni de ces puérilités trop fréquentes dans Ovide, point de ces saillies épigrammatiques de Lucain, point de cette enflure si ordinaire à Stace et à Claudien, point de ces beautés fardées du Tasse. Tout est vrai et naturel chez lui. Ses sentimens font voir en lui une parfaite connoissance de la nature humaine, et de tout ce qui est le plus capable d'exciter en elle l'émotion. En cette partie, Dryden a mal rendu Virgile dans sa traduction de l'Enéide, comme je le prouverai peut-être dans la suite par plusieurs exemples.

Je ne me rappelle point qu'Homère soit tombé dans

les fautes dont je parle, qui sont en effet de faux raffinemens des siècles postérieurs. Il faut avouer que Milton y est tombé quelquefois; ce que je prouverai ailleurs. Mais en même temps, si l'on fait attention que tous les poètes du siècle dans lequel il écrivoit, étoient infectés de ce mauvais goût, on sera plutôt porté à s'étonner de ce qu'il ne s'est pas livré davantage au vice dominant chez les auteurs modernes.

Mais comme il y a plusieurs pensées qui, quoique naturelles, sont basses et communes, le poète épique doit non-seulement éviter tout ce qui est affectation, tout ce qui n'est point naturel, il doit encore éviter tout ce qui est bas et rampant. Homère, par la simplicité de quelques-uns de ses sentimens, donne prise à la raillerie de gens qui ont plus de délicatesse que de grandeur dans l'esprit; ce qu'il faut attribuer plutôt à la simplicité du siècle dans lequel il vivoit, et même de celui qu'il décrivoit, qu'à un défaut de génie dans ce divin poète. Zoïle parmi les anciens, et Perrault parmi les modernes, en voulant tourner en ridicule quelques-uns de ses sentimens, ont été trop loin. On ne trouve aucune de ces taches dans Virgile, et très-peu dans Milton.

Je me contenterai sur ce sujet d'un exemple d'Homère, que je comparerai à un endroit de Virgile et à un de Milton. Les sentimens propres à faire rire, ne peuvent que rarement être admis dans le poëme épique, dont le but est d'exciter les passions les plus nobles. Homère, dans les caractères de Vulcain et de Thersite, dans l'histoire de Mars et de Vénus, et dans ce qu'il fait faire à Irus, paroît tomber dans le burlesque, et oublier ce sérieux si nécessaire à la majesté du poëme épique. Je ne me rappelle dans toute l'Enéide, qu'un seul endroit qui puisse faire rire; c'est quand Monœtes, jeté dans la mer, va se sécher sur un rocher; mais cette plaisanterie ne peut être condamnée par les plus sévères critiques, à cause de l'endroit où elle est placée: elle est dans le livre des jeux et des divertissemens; l'esprit du lecteur est supposé déjà disposé à s'égayer. La seule plaisanterie qui se trouve dans le Paradis perdu, est quand les Esprits rebelles insultent les Anges, à cause du succès de l'artillerie, leur nouvelle invention. C'est l'endroit de tout le poëme le plus censurable, parce qu'il ne contient qu'une suite de pointes, qui même sont assez froides.

DISCOURS IV.

Ne, quicunque Deus, quicunque adhibebitur heros
Regali conspectus in auro nuper et ostro,
Migret in obscuras humili sermone tabernas,
Aut, dum vitat humum, nubes et inania captet.   Hor.

Après avoir examiné dans le Paradis perdu, la fable, les caractères et les sentimens, il nous reste à y examiner le style. Mais comme sur ce point la division règne dans notre monde savant, j'espère qu'il me sera permis de me singulariser dans quelques opinions, en me rangeant toujours dans le parti le plus favorable à notre poète.

Le style d'un poëme épique doit être clair et sublime; c'est sur ces deux qualités qu'on en doit juger. La première et la plus nécessaire des deux est la clarté, parce que le lecteur équitable est disposé à pardonner une faute contre la grammaire et la syntaxe, quand le sens n'est pas équivoque, comme quand Milton dit de Satan: « Il n'estimoit ni ne craignoit aucun être créé, » excepté Dieu et son Fils; » et lorsqu'il dit : « Adam

» le plus parfait de ses fils, et Eve la plus belle de
» ses filles. » Il est clair que dans le premier passage
il est parlé des deux personnes divines, comme d'êtres
créés, et que dans le second, Adam et Eve sont confondus avec leurs fils et leurs filles. De si légères
fautes, quand les pensées sont grandes et naturelles,
doivent être attribuées, suivant le précepte d'Horace,
à une inadvertance excusable, et à la foiblesse humaine,
qui ne peut faire attention à toutes les petites choses,
ni mettre une dernière main aux longs ouvrages. Les
anciens critiques, conduits par un esprit de candeur,
plutôt que par un esprit de chicane, inventèrent certaines figures du discours pour pallier ces fautes peu
importantes, qui dans les grands auteurs sont réparées
par des beautés sans nombre.

S'il n'étoit question que de s'exprimer avec clarté et
netteté, le meilleur parti du poète seroit de se contenter
des termes les plus intelligibles et les plus naturels; mais
comme il arrive souvent que les phrases les plus claires et
les plus communes dans la conversation, sont devenues
trop familières aux oreilles, et ont contracté une certaine bassesse en passant dans la bouche du peuple,
le poète doit éviter avec soin toutes celles qui sont
devenues triviales. Ovide et Lucain sont souvent pauvres dans l'expression, parce qu'ils se contentent des
façons de parler communes qui se présentent d'abord,
sans se donner la peine d'en chercher d'autres, qui,
quoique toujours naturelles, seroient en même temps
délicates et sublimes. Milton n'a pas souvent fait cette
faute : je puis cependant indiquer quelques endroits où
il est répréhensible (1), comme liv. III, v. 475; liv.
V, v. 396, et liv. X, v. 736.

---

(1) Comme les exemples qu'Addisson rapporte sur le style de Milton
ne peuvent être entendus qu'en lisant l'original, j'y renvoie, en indiquant
le livre et le vers.

Les grands maîtres dans l'art d'écrire, savent que plusieurs phrases élégantes sont interdites à un poète et à un orateur quand elles sont avilies par le commun usage : c'est pour cela que les ouvrages de l'antiquité étant écrits dans des langues aujourd'hui mortes, ont un grand avantage sur ceux qui sont écrits dans nos langues vivantes. Supposons dans Homère et Virgile des expressions basses et populaires, comme nous ne les entendons prononcer ni par le peuple, ni dans nos conversations ordinaires, elles ne peuvent choquer les oreilles de nos lecteurs les plus délicats, comme elles auroient choqué celles de quelqu'ancien Grec ou Romain.

Il ne suffit donc pas que le style du poëme épique soit clair, il faut qu'il soit sublime. Il en faut écarter les façons de parler trop communes, les phrases triviales. Le jugement du poète se manifeste particulièrement dans la manière dont il s'y prend pour éviter des expressions communes, sans en employer qui soient dures et peu naturelles. Il ne doit pas non plus, pour éviter un mal, se jeter dans une extrémité contraire en cherchant un faux sublime, un style ampoulé. Eschyle, et quelquefois Sophocle parmi les Grecs, Claude et Stace parmi les Latins, et parmi nos Anglais Shakespeare et Lée, tombent dans cette faute. L'affectation de grandeur nuit souvent chez eux à la clarté du style, de même que dans plusieurs autres l'amour de la clarté nuit à la grandeur.

Aristote enseigne trois moyens pour éviter le style trop commun et s'exprimer avec noblesse. Le premier est l'usage des métaphores. Voyez celles que Milton a employées, liv. IV, v. 506 ; liv. VII, v. 463 ; liv. XI, v. 530. Dans ces exemples et plusieurs autres les métaphores sont hardies, mais justes. Remarquons que l'usage des métaphores n'est pas fréquent dans Milton ; ce qui ne vient pas de sa stérilité, mais parce que quand elles sont trop nombreuses elles se font tort les unes aux autres, et, comme l'observe Aristote, font d'une pensée une énigme. Aussi Milton y a rarement recours quand les mots simples et naturels peuvent également le servir.

Le second moyen d'élever son style et de le rendre poétique, est d'employer des idiomes d'autres langues. Virgile est plein de ces tours grecs que les critiques appellent hellénismes ; et Horace, dans ses odes, en est encore bien plus rempli. Je ne parle pas des différens dialectes dont Homère faisoit usage. Milton, suivant l'exemple des poètes de l'antiquité, et suivant la règle d'Aristote, a mêlé dans son style plusieurs tours grecs, latins, et même quelquefois hébraïques (1), comme liv. II, v. 406 ; liv. V, v. 355 ; liv. XI, v. 377. On peut à cet article ajouter l'attention de placer l'adjectif après le substantif, de changer un adjectif en substantif, de transposer les mots, et d'employer quelques autres tours que le poète s'approprie pour rendre son vers plus harmonieux et plus distingué de la prose.

Le troisième moyen dont parle Aristote a plus de rapport à la langue grecque qu'à toute autre, et par cette raison a été pratiqué par Homère plus que par tout autre : comme allonger une phrase par l'addition de certains mots qui peuvent être insérés ou omis, comme aussi allonger ou abréger des mots par l'addition ou le retranchement de certaines syllabes. Milton fait usage de ce moyen pour relever son style, quand le génie de la langue anglaise le lui permet, comme quand il dit *Eremite* pour *Hermite*. Si l'on fait atten-

---

(1) L'exemple que Milton rapporte est une manière de parler figurée, et celles de la langue hébraïque peuvent être également belles dans la nôtre.

tion à la mesure de ses vers, on verra qu'il a montré un goût exquis, en supprimant en différens mots une syllabe : licence qui, outre l'avantage dont j'ai parlé, sert à varier la cadence des vers. Sa pratique est surtout remarquable dans les noms des personnes ou des pays, comme *Béelzébuth*, *Hesselon* et plusieurs autres. Ou il change le nom ordinaire, ou il en emploie un autre moins connu, pour s'éloigner davantage du langage vulgaire.

Le même motif l'a engagé à se servir de plusieurs vieux mots; ce qui donne à son style un air d'antiquité, et rend son poëme plus vénérable.

On remarque encore plusieurs mots de sa façon, comme *Cerbéréan*, *Miscreater*, *Hell-doomed*, *Embryon-atoms*. Je recommande au lecteur qu'offense cette liberté de notre poète anglais, de lire dans Plutarque un discours qui fait voir combien de fois Homère a pris la même liberté.

C'est avec ces secours, et par le choix des tours et des mots les plus nobles, que Milton est parvenu à donner à notre langue une élévation à laquelle nul poète, avant ou après lui, n'a atteint, et qu'il a égalé la sublimité de son style à celle des sentimens.

Je me suis si étendu sur le style de Milton, parce que c'est en cette partie qu'il paroît le plus singulier. Les réflexions que j'ai faites sur les autres poètes et sur Aristote, pourront peut-être ramener les personnes prévenues contre ce poëme. Après tout, je dois avouer que son style, quoiqu'en général admirable, est souvent rude et obsur, par l'usage fréquent des moyens prescrits par Aristote pour l'ennoblir.

Cette abondance de diverses manières de parler, qu'Aristote appelle *langage étranger* (1), par laquelle

---

(1) C'est ce que ne dit point Aristote. Je le prouverai dans la suite.

Milton

Milton a tant enrichi et quelquefois obscurci son style, lui est d'autant plus utile, qu'il écrivoit en vers non rimés. La rime suffit pour empêcher que le discours ne soit prose, et est cause souvent qu'une manière de parler passe sans qu'on en soit choqué; mais dans le vers non rimé, l'harmonie des sons et l'énergie des expressions est absolument nécessaire pour soutenir le style, et l'empêcher de tomber dans une langueur prosaïque.

Ceux qui n'ont aucun goût pour cette élévation de style, et raillent un poète quand il s'écarte des façons de parler ordinaires, feront bien mieux d'aller chercher comment Aristote traite un ancien auteur nommé Euclide, qui faisoit de pareilles plaisanteries. Dryden appeloit ces railleurs *des Critiques prosaïques*.

En parlant du style de Milton, on doit aussi faire attention à ses nombres, pour lesquels il se sert de plusieurs élisions non usitées par les autres poètes anglais. On peut remarquer principalement sa coutume de retrancher la lettre Y quand elle précède une voyelle. C'est à cette nouveauté, et à quelques autres, qu'il doit cette variété d'une cadence qui ne fatigue jamais l'oreille, comme l'auroit fatiguée une mesure uniforme; effet que produit le retour de la rime dans une longue narration.

Je finis mes réflexions sur le style de Milton, en observant qu'il a plutôt imité Homère que Virgile, dans la longueur des périodes, l'abondance des tours et l'enchaînement des vers. (1)

_____

(1) Il entend, lorsque le sens d'un vers ne finit qu'au vers suivant; ce qui est très-fréquent dans Homère.

DISCOURS V.

*Ubi plura nitent in carmine, non ego paucis
Offendar maculis, quas aut Incuria fudit,
Aut humana parum cavit natura.* Hor.

J'ai examiné dans le Paradis perdu, les quatre principales qualités du poëme épique, l'action, les caractères, les sentimens et le style, et j'ai fait voir que Milton excelloit dans toutes les quatre. J'ose me flatter d'avoir dit des choses qui paroîtront neuves, même à ceux qui sont versés dans l'érudition critique. Si j'avois à choisir des lecteurs dont le jugement dût être une décision pour moi, je ne prendrois pas ceux qui n'ont lu que les critiques français et italiens, mais ceux qui ont outre cela lu les anciens, et ceux des modernes qui ont écrit dans l'une ou l'autre des deux langues savantes. Je voudrois surtout qu'ils fussent versés dans la lecture des poètes grecs et latins, sans laquelle, tel qui se croit souvent fort habile en critique, ne comprend pas même le sens de son auteur.

Dans la critique, comme dans toutes les sciences spéculatives, celui qui apporte avec soi quelques notions implicites, et quelques réflexions qu'il a déjà faites en lisant les poètes, trouve dans l'ouvrage d'un bon écrivain toutes ses réflexions mises en ordre et développées; il y trouve approfondies celles qu'il n'avoit faites que légèrement : mais quiconque n'a pas encore les premières connoissances, n'entendant pas ce qu'il lit, y donne souvent un sens très-faux.

Il ne suffit pas à celui qui veut s'ériger en sage critique, d'avoir lu les auteurs dont j'ai parlé, il faut encore qu'il ait l'esprit juste, qu'il soit logicien, sans quoi il se trouvera sans cesse embarrassé dans ses propres erreurs; il donnera un faux sens à ce qu'il examinera; et si par hasard il rencontre juste, il ne saura pas s'expliquer clairement. Aristote, le plus habile des critiques, est le plus grand des logiciens.

L'Essai de Locke sur l'entendement humain, ne paroît pas un ouvrage nécessaire à celui qui veut briller dans la critique littéraire. Il est pourtant certain que si l'on n'a pas appris à distinguer les mots des choses, à donner un ordre à ses pensées, et à les bien mettre dans leur jour, quelque science qu'on ait d'ailleurs, on sera toujours obscur et confus. Je puis ajouter que nous n'avons aucun critique grec ou latin, qui, par le seul style dans lequel il a écrit, ne fasse voir qu'il possédoit toute l'élégance et la délicatesse de la langue dans laquelle il écrivoit. Rien n'est si ridicule que de s'ériger en critique, lorsqu'on n'est point encore versé dans toutes les parties de l'érudition. Cependant plusieurs de nos écrivains qui ont voulu se signaler dans la critique, ont non-seulement négligé les connoissances dont j'ai parlé, mais ont fait voir manifestement, par leur manière d'écrire, qu'ils n'avoient pas même les premières idées des arts et des sciences. Quelques principes tirés des auteurs français, et débités avec un certain jargon, ont fait souvent passer un ignorant et un stupide pour un critique judicieux et formidable.

La marque certaine à laquelle on reconnoît qu'un critique n'a ni goût ni savoir, est sa répugnance à louer Il s'avise rarement de vanter dans un auteur un passage, si ce n'est quand ce passage a été loué et applaudi par le public; il s'applique surtout à relever des fautes légères et peu importantes, en quoi il est si aisé de réussir, que sitôt qu'un ouvrage nouveau paroît, tout lecteur, quoique d'un génie médiocre, a toujours assez d'esprit et de malice pour en tourner en ridicule quelques endroits, et très-souvent à juste titre. C'est ce qu'observe agréablement Dryden, dans ces deux vers fameux où il dit : « Les fautes sont des pailles qui nagent sur l'eau. » Cherchez au fond, si vous voulez trouver les perles. »

Un vrai critique doit s'arrêter aux beautés plus qu'aux défauts, travailler à faire connoître dans un ouvrage ces grâces que tout le monde n'aperçoit pas, et à faire part au public de ce qui mérite son estime. Ce sont souvent les endroits les plus élégans, les traits les plus délicats qui déplaisent à l'homme sans goût, et ce sont ceux que dans sa malignité un critique ignorant attaque avec le plus de vivacité.

Cicéron observe qu'il est aisé de censurer ce qu'il appelle *Verbum ardens*, une expression pleine de feu, de la faire paroître ridicule par une froide raillerie. Un petit esprit est également capable d'altérer une beauté, et de faire paroître un défaut plus grand qu'il n'est; et quoiqu'une telle injustice excite naturellement l'indignation d'un lecteur judicieux, elle ne produit pas moins son effet sur le plus grand nombre, parce que la plupart des hommes sont portés à croire que ce qu'on raille avec une sorte d'esprit est en effet ridicule.

La plaisanterie maligne ne convient jamais à un critique; elle ne prouve rien, et cependant elle prévient le lecteur, et elle peut tomber sur une beauté comme sur un défaut. Ecrire sans esprit, c'est stupidité; faire parade d'esprit mal à propos, c'est impertinence. Outre cela, celui qui a le talent de railler, est toujours porté à critiquer tout ce qui lui donne occasion d'exercer son talent favori, et souvent il critique un passage, non parce qu'il est défectueux, mais uniquement pour dire quelques bons mots. Il est contre la justice et la raison de faire, sur un ton plaisant, la profession de critique; les grands maîtres de l'antiquité ne l'ont faite qu'avec gravité et dans le dessein d'instruire.

Comme je me propose de parler, dans le discours suivant, des défauts du Paradis perdu, j'ai cru devoir faire précéder ces observations particulières, pour que le lecteur n'ignore pas que c'est à regret que j'entre dans cet examen, dans lequel je me contenterai d'indiquer les défauts de Milton, sans m'aviser d'en railler. Je dois encore observer avec Longin, que les productions d'un grand génie, malgré plusieurs fautes et inadvertances qui s'y peuvent trouver, sont infiniment préférables aux ouvrages d'un écrivain inférieur, quoique ces derniers, très-corrects, soient suivant les règles de la plus scrupuleuse exactitude.

Je terminerai ce discours par une historiette de Boccalin, qui fait connoître ce que cet auteur judicieux a pensé des mauvais critiques. Un homme, dit-il, ayant fait une collection de toutes les fautes d'un excellent poète, présenta cette collection à Apollon, qui parut la bien recevoir, et chercher les moyens de donner au critique une récompense proportionnée à sa peine. Il fit mettre devant lui un sac de blé, où le grain étoit mêlé avec la paille, et lui ordonna d'en faire la séparation. Quand cet homme qui reçut la commission avec plaisir, l'eut exécutée avec beaucoup d'attention, Apollon pour sa récompense lui donna la paille.

DISCOURS VI.

Velut si
Egregio inspersos reprehendas corpore nævos.   Hor.

Après ce que j'ai avancé dans mon discours précédent, je puis dans celui-ci entrer en matière sans préambule. Je vais donc rassembler quelques défauts que je crois trouver dans l'action, les caractères, les sentimens et le style du Paradis perdu, ne doutant point que le lecteur ne me permette d'y joindre les raisons qui peuvent contribuer à les faire paroître moins considérables.

Je remarque pour premier défaut dans l'action, la catastrophe malheureuse.

La fable de tout poème, suivant la division d'Aristote, est simple ou implexe. Elle est simple, quand il n'y a point de changement de fortune ; elle est implexe, quand la fortune du principal personnage change de mal en bien, ou de bien en mal. La fable implexe est estimée la plus parfaite, apparemment comme la plus propre à exciter les passions, et à surprendre par une plus grande variété d'événemens.

Il y a donc deux sortes de fables implexes. Dans la première, le principal personnage arrive par une longue suite d'obstacles et de dangers, aux honneurs et à la prospérité : ce que nous voyons dans l'histoire d'Ulysse. Dans la seconde, le principal personnage, du plus haut degré des honneurs et de la prospérité, tombe dans la misère et la disgrace : ainsi nous voyons Adam et Eve, de l'état de l'innocence et de la félicité, tomber dans l'état le plus abject du péché et de la misère.

Les plus fameuses tragédies des anciens sont construites sur cette seconde espèce de fable, et principalement celle d'OEdipe, fondée, si nous en croyons Aristote, sur l'événement le plus propre à la tragédie, qu'ait pu inventer l'esprit humain. Dans un de mes discours précédens, j'ai tâché de prouver que la fable implexe, où la catastrophe est malheureuse, est plus capable d'émouvoir que celle de la première espèce, quoique plusieurs excellentes tragédies des anciens, et la plus grande partie de nos modernes, soient dressées sur un plan très-opposé. Je suis pourtant persuadé que cette sorte de fable, qui est la plus propre à la tragédie, ne l'est point au poëme épique.

Milton paroît avoir bien senti le défaut de son sujet, puisqu'il a eu recours à divers expédiens pour y remédier, principalement par cette humiliante mortification, si vivement dépeinte liv. VI., que le grand adversaire du genre humain reçoit dans l'assemblée des Esprits infernaux, et encore par cette vision dans laquelle Adam, à la fin du poëme, voit sa postérité triomphante de ce grand ennemi, et soi-même rétabli dans un Paradis plus heureux que celui qu'il vient de perdre.

L'autre objection contre le sujet du poëme, quoique mise dans un jour différent, est au fond la même que la première, et consiste à dire que le héros est malheureux, et entièrement inégal à ses ennemis : ce qui a fait dire à Dryden, que le véritable héros de Milton étoit le Diable. Je me flatte d'avoir répondu à cette objection dans mon premier discours. Le Paradis perdu est un poëme épique, c'est-à-dire, une narration. Qui y cherche un héros, y cherche ce que Milton n'a pas prétendu y mettre ; et si on veut absolument en trouver un, qu'on donne ce nom au Messie, à cause de ce qu'il est tant dans l'action principale que dans les épisodes. Les anciens qui n'ont point connu, dans le système de leur religion, d'actions plus grandes que celles de l'Iliade et de l'Enéide, ont pu croire qu'on ne devoit appeler héroïques, que les poëmes de cette espèce. Celui de Milton est-il d'une espèce plus sublime ? C'est ce que je ne déciderai pas. Il me suffit de prouver qu'on y trouve toute la grandeur du plan, toute la régularité du dessein, et toutes les principales beautés qu'on découvre dans Homère et dans Virgile.

Je dois encore observer que Milton a mêlé dans le tissu de sa fable, des choses qui n'ont pas le degré de probabilité requis pour un poëme épique, comme les actions qu'il attribue au Péché et à la Mort, la description du limbe de vanité, et quelques autres endroits du second livre. On retrouve en ces endroits Spencer et l'Arioste, plutôt qu'Homère et Virgile.

On lui peut encore reprocher trop de digressions. Aristote observe que l'auteur d'un poëme héroïque doit rarement parler lui-même : c'est à ses principaux acteurs à nous entretenir. Il ne donne pas la raison de ce précepte, qui est, je crois, que l'âme du lecteur est plus attentive et plus élevée quand elle écoute Achille ou Enée, que quand elle écoute Homère ou Virgile. Outre cela, le poète n'a jamais l'imagination plus échauffée, ni de plus grandes idées, que quand il parle en faisant le personnage d'un grand homme. Cicéron dit de son Dialogue sur la vieillesse, dans lequel Caton est un des principaux interlocuteurs, qu'en le relisant il fut agréablement trompé, s'imaginant que c'étoit Caton lui-même qui disoit ce qu'il lui avoit fait dire.

Quiconque voudra prendre la peine d'examiner comment les actions de l'Iliade et de l'Odyssée sont racontées, sera surpris de voir combien peu le poète en raconte ; presque tout est dit par ses acteurs : ce que

Milton a parfaitement observé dans la disposition générale de son poëme. A peine en raconte-t-il la troisième partie ; le reste est dit ou par l'un de ces mauvais Esprits animés à détruire les hommes, ou par l'un de ces Anges engagés à les protéger.

Tout ce qui vient d'être dit, prouve que les digressions ne doivent point avoir lieu dans le poëme épique, parce que si dans le cours de la narration, le poëte doit autant qu'il le peut s'interdire de la faire, à plus forte raison il ne doit pas l'interrompre par ses propres réflexions. J'ai souvent remarqué, avec une secrète admiration, que la plus longue réflexion qui se trouve dans l'Enéide, est lorsque Turnus, liv. 10, se couvre des dépouilles de Pallas qu'il a tué ; le poète alors interrompt sa narration pour s'écrier :

> Nescia mens hominum fati, sortisque futuræ,
> Et servare modum, rebus sublata secundis !
> Turno tempus erit, magno cum optaverit emptum
> Intactum Pallanta, et cum spolia ista, diemque
> Oderit.

Comme cette circonstance a rapport à la mort de Turnus qu'Enée tua, parce qu'il le vit paré des dépouilles de Pallas, Virgile s'écarte pour faire cette réflexion, sans laquelle le lecteur ne feroit peut-être pas attention à une si petite circonstance. Lucain, poète peu judicieux, s'égare souvent dans des digressions inutiles, appelées par Scaliger *diverticula*. S'il rapporte les prodiges qui précédèrent la guerre civile, il fait le déclamateur, pour dire que l'homme seroit bien plus heureux s'il ignoroit toujours l'avenir, parce que l'attente de ce qu'il craint ne sert qu'à le rendre plus misérable. Les plaintes de Milton sur la perte de sa vue, son panégyrique du mariage, ses réflexions sur Adam et Eve, qui, dans l'état d'innocence, ne rougissent point de leur nudité, et plusieurs autres endroits donnent lieu à la même critique; ces digressions cependant sont si belles, que j'avoue que je ne voudrois pas ne les y plus trouver.

J'ai déjà parlé autre part des caractères de ce poëme, et j'ai dit ce que je pensois des personnages allégoriques qui y sont introduits.

Quant aux sentimens, on en trouve quelques-uns qui sont répréhensibles, pour être exprimés d'une manière qui marque dans Milton trop d'envie de faire briller son esprit : envie qui le fait donner quelquefois dans les jeux de mots. Je crains qu'on ne puisse, avec raison, mettre dans cette classe l'endroit du premier livre où il dit, en parlant des Pigmées, « leur petite » infanterie enlevée par les Grues. »

Un autre défaut consiste dans de fréquentes allusions aux fables païennes, qui ne s'accordent certainement pas avec la sainteté de son sujet. Je ne condamne point ces allusions quand elles sont présentées comme ayant rapport à des objets fabuleux, ce qui se trouve en quelques endroits ; mais elles sont condamnables, quand elles semblent avoir rapport à des objets réels. Les bornes de ce discours ne me permettent pas d'en rapporter des exemples : le lecteur les trouvera sans peine.

Un troisième défaut, et qui revient très-souvent, est une vaine ostentation de science. Virgile et Homère étoient aussi savans qu'on pouvoit l'être de leur temps : ce qu'ils ne font connaître aux lecteurs que d'une manière indirecte et cachée. Milton paroît avoir l'ambition d'apprendre à tout le monde, par des digressions sur le libre arbitre et la prédestination, par divers traits d'astronomie et de géographie, aussi bien que par des termes et des phrases qu'il emploie, qu'il s'étoit appliqué à l'étude des arts et des sciences.

Si, en dernier lieu, l'on considère le style de ce grand poète, on sera convaincu qu'il est souvent, comme je l'ai avancé dans un autre discours, trop travaillé, et que les vieux mots, les transpositions, les idiomes étrangers le rendent quelquefois obscur. Ce que Sénèque a dit du style d'un grand auteur : *Riget ejus oratio, nihil in eâ placidum, nihil lene,* plusieurs critiques l'ont dit de Milton. Ne pouvant le justifier entièrement de cette accusation, j'ai déjà avancé ce qu'on peut dire pour sa défense, et ajouterai ici que ses sentimens et ses idées sont si sublimes, qu'il lui a été impossible de les rendre dans toute leur force et leur beauté, sans ces secours étrangers : notre langue ne lui pouvoit suffire (1), n'étant pas capable de répondre à cette grandeur de génie qui lui faisoit concevoir les choses avec tant de grandeur.

Un second défaut qu'on lui peut reprocher, est d'affecter quelquefois des jeux de mots, comme liv. V, v. 869; liv. I, v. 642; liv. IV, v. 181. Je sais bien qu'on en trouve aussi chez les anciens; qu'on en a fait des figures de langage; et qu'Aristote lui-même, dans sa Rhétorique, les compte parmi les beautés de l'art. Mais comme de pareilles beautés sont frivoles et puériles, ceux qui savent écrire les rejettent tous aujourd'hui.

La dernière faute que j'observerai dans son style, est le fréquent usage de ces mots appelés techniques ou termes d'art. C'est une des grandes beautés de la poésie, de rendre intelligibles les choses les plus difficiles, et de tout dire avec tant de clarté, qu'on se fasse entendre de tout lecteur. Outre cela, la science d'un poète doit plutôt paroître innée ou inspirée en lui, que prise dans

---

(1) Par une pareille raison, tout poète se fera donc une langue particulière.

les livres ou rapportée des écoles. J'ai toujours été surpris de trouver dans la traduction de Virgile par Dryden, ce terme *bas-bord*. Milton s'en est servi aussi. Parle-t-il d'architecture, il fera mention de colonnes doriques, de pilastres, de corniche, de frise, d'architrave ; il n'oublie ni l'écliptique, ni l'excentricité, ni le mouvement de trépidation, ni les étoiles qui tombent du zénith, ni les rayons qui partent de l'équateur : à ces exemples on en pourroit ajouter beaucoup d'autres.

Dans les discours suivans, je remarquerai en détail les beautés de Milton. Elles sont en trop grand nombre pour que je les puisse rassembler dans un seul discours, comme j'ai rassemblé dans celui-ci les fautes qu'on lui peut reprocher.

DISCOURS VII.

Volet hæc sub luce videri,
Judicis argutum quæ non formidat acumen.   H o r.

On pourroit comparer mon dernier discours sur les défauts du Paradis perdu, à une carte géographique des taches du soleil, que j'ai vue chez un de nos philosophes ; et pour continuer l'allusion, de même que dans ce corps lumineux, quoique partout brillant, on remarque des endroits qui brillent d'un éclat supérieur, dans le poëme que j'ai soutenu être généralement beau, je vais remarquer les beautés les plus éclatantes.

Voici comme Milton expose son sujet : « La première » désobéissance de l'homme, et ce fruit de l'arbre dé- » fendu, etc. » Ces vers sont peut-être les plus simples, les plus clairs, les moins ornés de son ouvrage : en quoi il se conforme à l'exemple d'Homère, et au précepte d'Horace.

Son invocation, à la tête d'un ouvrage où la création de l'Univers est un des principaux récits, est très-à-propos adressée à la Muse qui inspira à Moïse le récit de ce grand événement, et à l'Esprit-Saint représenté comme contribuant, par une opération particulière, à la première production de la nature. Le poète, dans cet exorde, s'élève par dégrés, par la grandeur des expressions et des pensées, et sa transition à l'action est d'une beauté aussi rare que naturelle.

Cet état, dans lequel les Anges rebelles, depuis leur terrible chute du Ciel, restent pendant neuf jours comme privés de sentiment, et ne pouvant plus retrouver l'usage de la pensée et de la parole, est noblement et ingénieusement imaginé. On voit encore une grande et féconde imagination dans la division de l'Enfer en une mer de feu, et une terre ferme toute remplie de ce furieux élément, et dans ces régions infernales d'où l'espérance est pour jamais bannie. Le portrait de Satan, l'un des principaux acteurs, est, ainsi que son premier discours, merveilleusement propre à nous le bien faire connoître. L'orgueil, l'envie, la vengeance, l'obstination, le désespoir, l'impénitence; c'est ce qui règne dans ce premier discours, où se manifestent à la fois toutes les passions qui, dans la suite, se manifesteront séparément. Le caractère de ce grand ennemi du genre humain est plein de traits capables d'élever et d'effrayer notre imagination, quand nous le contemplons lorsqu'il revient le premier de l'évanouissement général, lorsqu'il est étendu sur le lac brûlant, lorsqu'il se soulève pour en sortir, et que nous admirons son bouclier et sa lance : « Ses yeux étincellent de
» fureur; sa tête est élevée au-dessus des vagues brû-

» lantes, sur lesquelles est étendu le reste de son corps;
» et la grandeur démesurée de ses membres occupe
» autant d'espace qu'en occupoit la monstrueuse masse
» de ces fabuleux Géans, fils de la Terre..... Tout-à-
» coup il élève hors de l'étang son vaste corps. Ses
» mains, qui repoussent des deux côtés, et font ondoyer
» derrière lui les pointes aiguës des flammes, forment
» entr'elles et lui une horrible vallée. Enfin, étendant
» ses ailes, et s'appuyant sur l'air épais que charge ce
» poids inconnu, il dirige son vol vers l'aride terre.....
» Sur son dos pendoit un vaste, large et pesant bouclier
» de trempe céleste, dont la circonférence, qui couvroit
» ses épaules, ressembloit à celle de la lune...... Sa
» lance, près de laquelle le plus haut pin, coupé dans
» les forêts de la Norwège, ne paroîtroit plus qu'une
» baguette, etc. » A quoi on peut ajouter le son de sa
voix, quand il appelle ses Anges étendus sur la mer
de feu : « Sa voix se fit entendre dans toute la vaste
» profondeur des Enfers. » Rien de plus sublime que
ce qui est dit de sa figure : « Les surpassant tous par la
» hauteur de sa taille, il s'élevoit au milieu d'eux comme
» une tour. »

Ses sentimens sont entièrement conformes à son caractère, et conviennent à un être dont la nature, d'abord
très-élevée, est devenue très-corrompue, comme quand
il dit, en prenant possession du séjour de ses tourmens :

>Puisqu'il me faut rester dans ces gouffres funestes,
>Adieu donc, champs heureux, adieu, plaines célestes.
>J'accepte tes horreurs, cruel empire; et toi
>Abyme ténébreux, accepte aussi ton roi.
>Je t'apporte un esprit que ton horreur extrême
>Ne peut jamais changer, et qui seul en moi-même,
>Fait de l'Enfer un Ciel, et du Ciel un Enfer.

De toutes les impiétés que peut vomir sa rage, le
poète ne lui permet que celles qui sont si absurdes,

qu'elles ne peuvent choquer le lecteur le plus pieux ; et toutes ses paroles, comme le poète en avertit, « n'ont » qu'une apparence de mérite, sans la réalité. » C'est par un art admirable encore, qu'il lui fait toujours reconnoître son adversaire pour le Tout-Puissant. Il peut se former de fausses idées de la justice, de la miséricorde, et des autres attributs de l'Être-Suprême ; mais sans cesse il avoue sa toute-puissance : il y est forcé ; et c'est une consolation pour son orgueil, il en est moins honteux d'avoir été vaincu.

Je ne dois point oublier ces larmes qu'il répand à la vue de ce nombre prodigieux d'Esprits qu'il a enveloppés dans son crime et dans sa ruine : « Trois fois il » veut commencer ; trois fois, malgré la honte qu'il en » a, les larmes s'échappent de ses yeux : larmes telles » qu'un Ange en peut verser. A la fin, ses paroles » entrecoupées se font un passage au milieu de ses » soupirs. »

Le dénombrement des mauvais Esprits est plein d'érudition. Milton décrit très-poétiquement les lieux où ils furent adorés, en les désignant par les fleuves qui les arrosent : usage fréquent des poètes de l'antiquité. Le poète a eu sans doute en vue le dénombrement des vaisseaux dans Homère, et des troupes dans Virgile. Les caractères de Moloch et de Bélial préparent à ce qu'ils diront et ce qu'ils feront dans le second et sixième livres. La description de Thamnus a non-seulement une beauté très-poétique, elle est encore conforme à ce que rapportent les anciens du culte rendu à cette idole : « Thamnus, dont la blessure ap- » pelle tous les ans, sur le Liban, les jeunes filles de » Syrie, etc. » Et sur ce bel endroit, le lecteur, pour l'expliquer, me permettra de citer ce que l'ingénieux Maundrell nous rapporte de ce qui fut probablement

l'origine de cette antique superstition : « Nous arrivâmes
» à un grand et beau fleuve, celui sans doute qui fut
» autrefois appelé Adonis, et que les cérémonies et les
» lamentations pour Adonis rendirent si fameux. Nous
» eûmes le bonheur d'être témoins de ce qui a pu don-
» ner lieu à l'opinion sur ce fleuve, que rapporte Lu-
» cien ; savoir, qu'en certain temps de l'année, et sur-
» tout dans les jours de la fête d'Adonis, les eaux de
» ce fleuve sont de couleur de sang : ce que les Païens
» attribuoient à la sympathie de ce fleuve avec Adonis,
» parce qu'il tire sa source des montagnes sur lesquelles
» il fut tué par un sanglier. Nous vîmes à peu près
» pareille chose : les eaux étoient teintes d'un rouge
» qui nous surprit, et qu'elles conservoient (comme
» nous l'observâmes dans notre voyage) assez avant dans
» la mer. Il est causé sans doute par quelque terre
» rouge qu'y porte la violence des pluies, et n'est nul-
» lement une teinture du sang d'Adonis. »

L'endroit du dénombrement où le poète explique
de quelle manière les Esprits se transforment, en
étendant ou en resserrant leurs dimensions, est très-
bien imaginé pour fournir dans la suite plusieurs incidens merveilleux, comme à la fin du premier livre,
où l'on trouve réuni ce que les critiques français appellent *le merveilleux*, qui en même temps est pro-
bable. Sitôt que le palais infernal fut achevé, la multitude des Esprits inférieurs se resserra dans un petit
volume, afin qu'il y eût place pour une assemblée aussi
nombreuse; et ce qui me plaît le plus, est le raffinement
du poète sur cette idée véritablement sublime, quand
il dit que, quand ceux de la dernière classe se rendent
si petits, ceux du premier ordre conservent leur grandeur naturelle : « Les Seigneurs conservant leur gran-
                                                    » deur

» deur ordinaire, Séraphins et Chérubins, tiennent un
» conseil secret. »

Le caractère de Mammone et la description du Pandémonium sont des beautés très-bien imaginées. Plusieurs autres traits admirablement poétiques dans le premier livre, sont autant de preuves de cette sublimité de génie, si particulières à Milton. De ce nombre est la description de la stature d'Azazel et de l'étendard infernal qu'il déploie, comme aussi de cette sombre lumière à l'aide de laquelle les Démons se contemplent les uns les autres dans le séjour des tourmens : « Les flammes ne rendent, au lieu de lumière,
» qu'une obscure lueur, propre seulement à rendre
» visibles ces régions de douleur. »

Le cri de l'armée infernale rangée en ordre de bataille : « Elle élève un cri qui perce toute la concavité
» de l'Enfer, et porte l'effroi dans le royaume sans
» bornes du Chaos et de l'antique Nuit. »

La revue que le général fait de son armée : « Ses
» regards percent tous les bataillons, et découvrent en un
» instant les traits et la taille presque divine de chaque
» guerrier : alors l'orgueil enfle et endurcit son cœur. »

L'éclat qui brilla quand tous ces guerriers tirèrent leurs épées : « Des millions d'épées étincelantes furent
» élevées en l'air, et par ce feu imprévu l'Enfer fut
» éclairé. »

La production soudaine du Pandémonium : « Tout-
» à-coup, comme une vapeur que la terre exhale, un
» vaste édifice s'élève. »

Les illuminations dont cet édifice est embelli : « A la
» voûte sont suspendues avec ordre, et par un mer-
» veilleux enchantement, des lampes aussi éclatantes
» que les étoiles...... Cette voûte lumineuse ressemble
» au firmament. »

On trouve aussi dans le premier livre plusieurs allusions et comparaisons sublimes ; et j'observerai que quand Milton fait allusion, soit à des choses, soit à des personnes, il ne quitte sa comparaison qu'après avoir saisi quelque grande idée qui est souvent étrangère au sujet qui y avoit donné occasion. La ressemblance ne dure quelquefois qu'un vers ou deux, et le poète continue son chemin jusqu'à ce qu'il trouve quelque grand sentiment, quelque magnifique image propre à échauffer l'âme du lecteur, et à exciter en elle cette élévation d'idées qui convient à la nature du poëme héroïque. Ceux qui sont versés dans la lecture d'Homère et de Virgile, goûteront sans doute des comparaisons de cette espèce. J'insiste sur cet article, parce que les lecteurs ignorans qui ont formé leur goût sur ces extravagantes comparaisons, pleines de faux brillans, si recherchées de nos poètes modernes, ne sont pas capables de sentir des beautés bien plus nobles, et sont par conséquent prompts à critiquer les comparaisons de Milton, où ils ne trouvent pas tous les traits de la ressemblance. Perrault, homme d'un mauvais goût, a tâché de tourner en ridicule plusieurs comparaisons d'Homère, qu'il appeloit *des comparaisons à longue queue.* A quoi Boileau lui répondit : « Les comparaisons dans
» les odes et poëmes épiques ne sont pas seulement
» mises pour éclaircir, mais pour délasser l'esprit du
» lecteur, en le détachant de temps en temps du prin-
» cipal sujet, et le promenant sur d'autres images
» agréables. C'est en cela qu'a principalement excellé
» Homère, dont non-seulement toutes les comparai-
» sons, mais tous les discours sont pleins d'images de
» la nature, si vraies et si variées, qu'étant toujours
» le même, il est néanmoins toujours différent, ins-
» truisant sans cesse le lecteur, et lui faisant observer

» dans les objets mêmes qu'il a toujours devant les
» yeux, des choses qu'il ne s'avisoit pas d'y remarquer.
» Au reste, c'est une vérité universellement reconnue,
» qu'il n'est point nécessaire, en matière de poésie,
» que les points de la comparaison se répondent si
» justes les uns aux autres ; qu'il suffit d'un rapport
» général, et qu'une trop grande exactitude sentiroit
» son rhéteur. »

En un mot, dans Homère, Virgile et Milton, comme la fable est l'âme de leurs poëmes, pour y jeter une agréable variété, leurs épisodes sont autant de courtes fables, et leurs comparaisons autant de courtes épisodes, et les métaphores autant de courtes comparaisons. Si les comparaisons que fait Milton dans son premier livre, du soleil éclipsé, de léviathan endormi, des abeilles autour de leur ruche, et de la danse des Fées, sont considérées dans le point de vue dont je viens de parler, on n'aura pas de peine à en découvrir toutes les beautés.

DISCOURS VIII.

*Di quibus imperium est animarum, umbræque silentes,
Et Chaos, et Phlegeton, etc.* VIRG.

J'AI déjà observé en général que la conduite et les sentimens des personnages que Milton introduit, s'accordent toujours parfaitement avec leurs caractères. Tout ce qui se dit, et tout ce qui se fait dans ce poëme, convient avec une justesse admirable à ceux qui parlent ou à ceux qui agissent. Et comme le poète excelle principalement dans cette partie, qu'il me soit permis d'en donner plusieurs exemples tirés de son second livre.

Cette fière supériorité, et cette fausse majesté attribuée d'abord au chef des Anges tombés, est toujours la même au commencement de ce livre. Quand il ouvre, et quand il termine le conseil, quand il s'y propose pour l'exécution d'une entreprise dont la seule idée a effrayé toute l'assemblée, et lorsqu'il rencontre cette horrible figure, gardienne des portes des Enfers, qui se présente à lui avec tout son appareil terrible; en toutes ces occasions, il soutient ce caractère audacieux, superbe, et incapable de se soumettre au Tout-Puissant lui-même : « Sitôt qu'elle voit Satan s'approcher,
» elle se lève, et, aussi rapidement qu'il vole, accourt
» à lui. Sa marche fait trembler tout l'Enfer; mais
» l'implacable ennemi du Ciel, que rien ne fait trem-
» bler, contemple avec étonnement ce que peut être
» cette figure. Il est surpris, sans être effrayé. »

La même intrépidité, le même courage paroît dans les périls qu'il essuie, dans son voyage à travers l'empire du Chaos, et surtout dans le discours qu'il tient aux redoutables puissances de cet empire.

Moloch est également, depuis le commencement jusqu'à la fin, plein de cette ardeur, de cette furie qui le distingue de tous les Anges ses complices. Il est représenté dans le premier livre comme souillé du sang des victimes humaines, et se repaissant des larmes des pères et des cris des enfans; dans le second, comme le plus fier de tous ceux qui combattirent dans le Ciel; et dans le sixième, où la bataille des Anges est décrite, nous trouvons en considérant son personnage, qu'il s'accorde entièrement avec son caractère de rage et de fureur : « Moloch, monarque furieux, défiant Gabriel,
» le menaçoit de l'entraîner garotté aux roues de son
» char, et ne retenoit pas les blasphèmes que sa bouche
» vomissoit contre celui qui dans le Ciel est le Saint
» et l'Unique, etc. »

Il n'est pas inutile d'observer que ce violent et fougueux esprit, qui se livre à toute l'impétuosité de ses passions, est le premier qui, dans le conseil, se lève pour donner son avis sur la situation présente des affaires. Son avis est celui de la guerre; il paroît même irrité contre ceux qui perdent le temps à délibérer. Tous ses sentimens sont ceux d'un téméraire, d'un audacieux, d'un désespéré, comme cette idée de s'armer de leurs propres supplices, et de tourner leurs tourmens contre celui qui les y condamne. « Faisons-nous de nos propres » tourmens des armes terribles, et tournons-les contre » celui qui nous tourmente. Qu'au bruit de son ton- » nerre, cette arme qui le rend si puissant, il entende » répondre le tonnerre infernal. Qu'au milieu de sa » lumière, il voie l'horreur et la noirceur de notre feu » déployer sa rage parmi ses anges, et son trône enve- » loppé dans cet infernal soufre, etc. »

Préférer le néant à la honte et à la misère, est encore dans son caractère, de même que d'espérer pouvoir troubler la paix du Ciel, et goûter, sinon le plaisir de la victoire, celui du moins de la vengeance : sentimens affreux, mais convenables à la férocité de cet Esprit indomptable.

Bélial, annoncé dans le premier livre comme le Dieu de l'impureté, est dépeint dans le second avec le caractère timide et paresseux qu'il doit avoir; et dans le sixième, il ne paroît dans le combat que pour faire des railleries qu'il adresse à Satan sur son prétendu succès contre ses ennemis. Nous le trouvons le même dans ces trois occasions, ainsi que dans les sentimens qu'il déclare dans le conseil, quand il témoigne sa crainte d'une seconde bataille, son horreur du néant, et qu'il déclare qu'il aime mieux être dans la misère, que de n'être plus. Il est inutile de remarquer que ce contraste avec les sentimens de celui qui vient de parler, cause une agréable variété dans ce conseil.

Le caractère de Mammone, dans le premier livre, est si achevé, que le poète n'a pu y rien ajouter dans le second. Nous sommes déjà instruits qu'il fut le premier qui enseigna aux hommes à fouiller dans le sein de la terre, pour y chercher l'or et l'argent, et qu'il fut l'architecte du Pandémonium. Son discours est conforme à la bassesse de ses inclinations; et cette pensée qu'ils ne pourroient plus goûter la félicité du Ciel, s'ils y étoient reçus, est digne de celui qui, pendant qu'il étoit encore dans le Ciel, en admiroit sans cesse la pompe et l'éclat extérieur, et étoit plus occupé de la beauté du pavé, que de la vision béatifique. Le lecteur jugera de la conformité du sentiment suivant avec le même caractère : « Les éclatans trésors, l'or et les perles ne man-
» quent pas dans ce désert; la science d'en faire usage,
» l'art des ouvrages magnifiques, ne nous manque pas:
» que peut étaler le Ciel de plus pompeux ? »

Béelzébuth, le second en dignité parmi ces malheureux, qui, dans le premier livre fut le second qui revint de l'évanouissement général, et conféra avec Satan sur leur état présent, soutient son caractère dans ce livre. C'est avec une majesté étonnante qu'il se lève pour parler. Il se conduit comme conciliateur des deux partis opposés, et il ouvre un avis que tout le conseil approuve. La proposition d'envoyer l'un d'eux à la recherche d'un nouveau monde, est la suite d'un projet formé par Satan, et qu'il lui a confié dans le premier livre : « C'étoit un bruit commun dans le Ciel, que son
» monarque devoit dans peu créer et placer dans quelque
» habitation une race qu'il favoriseroit autant que
» la race céleste. » C'est sur cela que Béelzébuth se fonde, quand il dit : «Il est un lieu (si une ancienne pré-

» diction que nous avons entendu répéter dans le Ciel
» ne me trompe point), il est un autre monde, séjour
» heureux d'une créature nouvelle appelée l'homme. »
Que le lecteur fasse attention que le projet qui est le
fondement de tout le poëme, devoit être annoncé dans
le premier livre; que c'étoit au chef des Anges rebelles
à le former, et au second à en presser l'exécution.

Je trouve encore une beauté admirable, et propre à
frapper l'imagination du lecteur, dans cette ancienne
prophétie, dans cette rumeur répandue dans les cieux
sur la création de l'homme. Rien n'étoit plus propre à
en relever la dignité, que cette attente où on est de
l'homme avant qu'il existe. Il est représenté comme
étant le sujet des entretiens des Anges, même avant sa
création. Virgile, pour flatter la république romaine,
en fait paroître les héros long-temps avant qu'ils existent.
Milton fait bien plus d'honneur au genre humain, en
faisant annoncer ainsi sa gloire. Quand toute l'assemblée
se lève pour se séparer, le poëte nous dit avec cette
poésie sublime : « Le bruit que fait cette multitude en
» se levant, ressemble à celui d'un tonnerre, qui
» dans l'éloignement se fait entendre. »

Il décrit avec une grande abondance de pensées, et
une surprenante richesse d'invention, les divertissemens
des Démons, et leur affreuse habitation. Leurs divertissemens conviennent à des êtres qui ne peuvent plus
que faire un mauvais usage de ce qui leur reste de
force et de connoissance. Tels sont ces amusemens :
« D'autres, remplis d'une rage plus furieuse que celle
» des Titans, arrachent monts et rochers, et s'élancent
» dans les airs, comme des tourbillons. »

Leur musique est employée à célébrer leurs criminels
exploits; et dans leurs entretiens ils veulent sonder les
profondeurs du destin, de la liberté et de la prescience.

Dans la description des Enfers, plusieurs circonstances sont très-bien imaginées, comme ces rivières qui se perdent dans la mer de feu, les tourmens que cause le froid, opposés à ceux que causent les flammes et le fleuve de l'Oubli. Un seul vers qui dépeint les monstres produits dans ce séjour, en donne une idée plus horrible que n'auroit pu faire une description plus étendue : « La nature n'y produit rien qui ne soit
» plus monstrueux que tout ce que la fable a pu
» feindre de monstrueux, que tout ce que l'effroi de
» l'imagination a pu faire concevoir. »

Cet épisode des amusemens des Démons, et la description de leur demeure, vient à propos pour délasser de l'attention qu'on a donnée au conseil. Un poète commun eût ajouté bien des circonstances, et au lieu d'embellir l'action principale, l'eût affoiblie.

Le vol de Satan aux portes des Enfers est parfaitement bien dépeint.

J'ai déjà dit mon avis sur l'allégorie du Péché et de la Mort; morceau achevé en son genre, pourvu qu'on ne le considère pas comme partie d'un poëme épique : la généalogie des personnages est ingénieusement imaginée. Le Péché est la production de Satan, et la Mort celle du Péché. De l'incestueux commerce entre le Péché et la Mort, sont nés ces monstres qui rentrent souvent dans les entrailles de leur mère, et les déchirent. Ces monstres sont les terreurs d'une conscience criminelle, tristes fruits du péché, que produit naturellement la crainte de la mort. Cette belle morale me paroît clairement enseignée par le Péché, lorsqu'après s'être plaint de son horrible production, il ajoute :
« Ce fantôme toujours assis vis-à-vis de moi, ma pro-
» duction et mon ennemi, attire leur fureur, et voudroit
» me dévorer, faute d'une autre proie; mais il sait que

» sa fin doit suivre la mienne. » Je ne m'arrête point à faire remarquer au lecteur la beauté de ce dernier trait. Il voit tout d'abord quel intérêt engage ces trois personnages allégoriques à s'unir ensemble, et pourquoi la garde des portes de l'Enfer a été confiée à celui seul capable de les ouvrir au Péché.

Les descriptions de cette allégorie sont également pleines d'idées fortes et sublimes. La figure de la Mort portant sur sa tête la couronne royale, les menaces qu'elle fait à Satan, la manière dont elle se prépare au combat, et le cri qui accompagna sa naissance, circonstances trop admirables pour être oubliées, conviennent à cet affreux objet de l'humaine terreur. Il n'est pas nécessaire d'observer combien est exacte la filiation de ces personnages symboliques. La première révolte de Satan donna naissance au Péché; sitôt qu'il eut été précipité dans les Enfers, la Mort parut, et les terreurs de la conscience furent conçues à la porte de cet abyme. La description de ces portes est très-poétique; et en les voyant s'ouvrir, on reconnoît le génie de Milton :
« Alors reculant sur le spectre avec impétuosité, et
» tournant sur leurs gonds avec un bruit discordant,
» qui fait frémir le plus profond des Enfers, s'ouvrent
» leurs larges portes..... Une armée entière avec tous
» ses chars et ses chevaux, eût pu, rangée en bataille,
» passer dans cette vaste ouverture, d'où, comme de
» la gueule d'une fournaise, sortit en tourbillon une
» noire fumée et une violente flamme. »

Satan en traversant le chaos trouve différens personnages, qui, imaginés par le poète, sont décrits comme faisant leur résidence dans cet empire, et seront du goût peut-être de ces critiques qui n'approuvent dans un poète que les objets à qui il donne la vie. Pour moi, je préfère dans cette description les choses qui ont plus de probabilité, et qui nous paroissent avoir pu arriver; comme Satan s'élevant dans la fumée qui s'élève du fond de l'Enfer; sa chute dans un nuage de nitre et d'autres matières combustibles, qui, en se dilatant, le repoussent en haut; son élancement comme une pyramide de feu, et son laborieux passage à travers tous ces élémens pêle-mêle confondus: lieu que le poëte appelle *berceau de la nature, qui sera peut-être son tombeau.*

Des rayons de lumière, qui, des extrémités de l'Univers, perçant jusque dans le chaos, font que Satan découvre de loin la terre (1) suspendue auprès de la lune, font encore admirer l'étonnante imagination du poëte.

DISCOURS IX.

Nec Deus intersit, nisi dignus solvere nodus. Hor.

HORACE conseille à tout poète de bien examiner la nature et la force de son génie : examen que Milton avoit bien fait, comme le prouve le choix de son sujet. Son génie étant porté au sublime, le sujet qu'il a choisi est le plus grand qui puisse occuper l'esprit humain. Le système entier du monde intellectuel, le chaos, la création, le Ciel, la terre, l'Enfer, en un mot, tout ce que nous connoissons de plus grand, a sa place dans son poëme.

Après être resté pendant le premier et le second livre dans l'empire infernal, au milieu de toutes ces hor-

---

(1) Addisson se trompe. Satan n'aperçoit point encore la terre, comme je l'ai observé dans ma note.

reurs, il est conduit naturellement par le fil de sa narration, aux régions de la félicité et de la gloire. Si le style sublime l'abandonne quelquefois, c'est peut-être lorsqu'il fait parler les personnes divines; ce qui peut venir de la crainte et de la timidité qui s'emparent de lui quand il va rapporter les sentimens du Tout-Puissant: n'osant pas donner l'essor à son imagination, il se renferme dans les expressions de l'Ecriture-Sainte, et dans ce que les meilleurs théologiens ont dit. Ainsi les beautés d'endroits pareils sont plus propres à inspirer des mouvemens de piété, qu'à exciter dans l'âme de grandes passions. L'amour divin et la crainte religieuse sont celles qu'elles inspirent. La beauté particulière du troisième livre consiste dans cette briéveté et clarté de style dans lequel les principaux mystères du christianisme sont développés. Toute la conduite de la Providence divine, par rapport à l'homme, s'y trouve réunie dans un seul point de vue. Milton expose avec une énergie et une lumière qui ne se trouve pas chez les autres écrivains, les systèmes abstraits de la prédestination, du libre-arbitre, de la grâce, et les deux grands mystères de l'incarnation et de la rédemption : vérités dont il est naturel de parler dans un poëme sur la chute de l'homme. On ne peut trop admirer la concision et la clarté avec laquelle il traite ces points, et, comme ils paroissent secs au grand nombre des lecteurs, l'art avec lequel il y ajoute les ornemens poétiques dont son sujet est susceptible.

Le seul Tout-Puissant est capable de jeter sur l'Univers et tout ce qu'il renferme, ce coup d'œil supérieur à celui du Jupiter de Virgile, autant que nos connoissances sur l'Etre-Suprême surpassent en raison et en grandeur, celles que les Païens avoient du même Etre. Les objets qui arrêtent particulièrement

les regards du Créateur sont énoncés avec toute la vivacité possible : « Du haut du pur Empyrée, où il est
» assis sur un trône élevé au-dessus de toute hauteur,
» il baissa ses regards, et d'un coup d'œil contempla
» ses ouvrages, et les ouvrages de ses ouvrages..........
» Il voit d'abord sur la terre nos premiers parens et
» toute la race humaine qu'ils représentent.... Observant
» ensuite les Enfers, et l'abyme qui est entre les Enfers
» et la terre, il aperçoit Satan qui côtoie les murs
» du Ciel, etc. »

Au commencement de ce discours, Satan est parfaitement représenté s'approchant des limites de l'Univers, et le lecteur admire l'effet que les paroles adressées par le Père à son Fils, produisent sur lui et sur tous les bienheureux : « Tandis que Dieu parloit, le Ciel étoit
» rempli d'une odeur d'ambroisie, qui dans les bien-
» heureux Esprits élus répandoit une joie nouvelle et
» ineffable ; son Fils parut éclatant d'une incomparable
» gloire. En lui brilla tout son Père substantiellement
» exprimé, et sur son visage éclatèrent la miséricorde
» divine, l'amour sans fin, la grâce sans mesure. »

Je n'ai pas besoin de faire remarquer combien est admirable ce silence dans lequel reste toute l'assemblée céleste, et combien dans une pareille circonstance il lui convient de garder le silence ! Dans tout cet entretien entre les deux Personnes divines, et dans l'hymne des Anges, il y a tant d'endroits de la poésie la plus sublime, que je les rapporterois tout entiers, si les bornes de mon discours le permettoient.

L'arrivée de Satan sur la surface de l'Univers, qui de loin lui paroissoit un petit globe, et de près lui paroît une plaine immense, a quelque chose de grand et de naturel à la fois. Quand on le voit sur les frontières de l'Univers, c'est-à-dire entre cette masse de matière dont le monde a été formé, et ce reste informe de matière qui est encore dans la confusion du chaos, la grandeur de ces objets étonne l'imagination. J'ai déjà parlé du limbe de vanité, que le poète a placé sur cette surface de l'Univers; mais je veux m'expliquer plus amplement sur cet endroit, et sur quelques autres fictions allégoriques de même nature.

Aristote observe que la fable allégorique doit contenir un grand nombre de circonstances étonnantes et croyables, ou, pour parler comme les critiques français, offrir le merveilleux et le vraisemblable. Cette règle est aussi belle et aussi juste qu'aucune des autres de sa Poétique. Si la fable n'offre que le vraisemblable, elle ne paroîtra plus différente d'une véritable histoire; si elle n'offre que le merveilleux, tout y paroîtra romanesque. C'est donc le grand secret de la poésie épique, de contenir dans sa narration des événemens qui soient en même temps étonnans et croyables; ce qui arrive dans les sujets bien choisis, où l'on raconte des choses arrivées réellement, ou reçues dans l'opinion des hommes: c'est par-là que la narration de Milton est admirable. La guerre du Ciel, la condition des Anges tombés, l'état d'innocence, la chute de l'homme, ces événemens véritablement merveilleux en eux-mêmes, non-seulement sont croyables, mais la foi (1) nous oblige de les croire.

Une autre manière de réconcilier le merveilleux et le croyable, et heureusement inventée par le poète, est d'introduire des agens d'une nature supérieure, capables de faire des choses qui surpassent les forces ordinaires

---

(1) Rien n'est si merveilleux que le récit de la création, et la foi nous oblige de le croire; cependant Milton est moins poète dans ce livre que dans les autres. Addisson me paroît faire dire ici à Aristote, ce qu'il n'a jamais pensé: ce que j'examinerai en parlant du merveilleux.

de la nature. La métamorphose du vaisseau d'Ulysse en rocher, celle des vaisseaux d'Enée en Néréides, quoique surprenante, est croyable, parce qu'elle est opérée par la puissance des Dieux.

Homère et Virgile ont par ce moyen rempli leurs poëmes de choses merveilleuses, et non pas impossibles, et par-là nous entretiennent dans cette admiration qui nous attache agréablement. Si Virgile est en quelque endroit répréhensible à cet égard, c'est au commencement du troisième livre, quand il représente Enée arrachant un myrte qui distille du sang. Pour rendre cette merveille croyable, il fait sortir de la racine du myrte la voix de Polydore, qui raconte que des Barbares l'ayant percé de flèches, le bois qui resta dans son corps prit racine, et devint cet arbre qui distille le sang. Le merveilleux est dans ce récit; mais le vraisemblable n'y est pas, parce que le prodige est attaché à des causes naturelles, sans l'intervention d'une puissance surnaturelle, sans le secours même des enchantemens. Dans la narration de Milton, les événemens, quoique surprenans, sont conformes aux idées que nous avons des choses et des personnes décrites, et conserve toujours ce degré de probabilité : j'en excepte le limbe de vanité, l'épisode du Péché et de la Mort, et quelques personnages imaginaires du chaos; ces fictions sont étonnantes, mais non croyables. Le lecteur ne peut contraindre son imagination à leur donner aucune probabilité, parce que ce sont des descriptions de songes et d'ombres, non de choses et de personnes.

Je sais bien que plusieurs critiques regardent comme allégoriques les fables de Circé, de Polyphême, des Sirènes, et en général l'Iliade et l'Odyssée; je le veux, mais ces fables avoient dans le temps où le poète écrivoit, un crédit qui donnoit une probabilité au sens littéral. Homère introduit des personnages qui auroient pu faire tout ce qu'il leur attribue, et il les met dans des circonstances qui auroient pu être véritables et réelles. Cette apparence de probabilité est si nécessaire à la poésie la plus sublime, qu'Aristote observe que ces premiers auteurs de tragédies se servoient des noms des héros anciens, quoique les aventures qui faisoient les sujets des tragédies, ne leur fussent point arrivées, afin de rendre leurs sujets plus croyables. En un mot, outre le sens caché de l'allégorie dans le poëme épique, le sens littéral doit aussi paroître vraisemblable. Tout ce qui y est raconté, doit être de nature à pouvoir être cru par un lecteur ordinaire, quelque sens physique, moral ou poétique qu'un lecteur plus pénétrant y puisse découvrir.

Satan, après avoir long-temps erré sur la superficie extérieure de l'Univers, découvre une large ouverture qui conduit aux ouvrages nouvellement créés, et qui doit servir de passage aux Anges pour aller voir les hommes. La surprise de Satan qui s'arrête à cette ouverture, pour contempler la nature étalant la fleur de sa première beauté, et la comparaison qui suit, inspire au lecteur de nobles et de grandes idées. Satan perce dans le vaste intérieur de l'Univers, avec ces regards pénétrans, ou plutôt (comme Milton s'exprime dans le premier livre) avec ces yeux d'un Ange. Il parcourt toutes les merveilles de cet immense amphithéâtre qui est entre les deux pôles, il embrasse d'un coup d'œil toute la création.

Son vol au milieu des globes célestes, et la description du soleil, sont des morceaux d'une riche et brillante imagination. Sa figure, sa démarche, son discours, quand il s'est transformé en Ange de lumière, sont des endroits élégamment traités. Lorsque le poëte le fait aller d'abord au soleil, qui, selon l'opinion commune, est la partie la plus brillante de la création, et fait en sorte qu'il y trouve un Ange, il invente une circonstance d'autant mieux ajustée à la probabilité poétique, qu'elle est conforme aux sentimens des plus fameux philosophes, qui ont pensé que chaque orbe avoit son intelligence particulière, et s'accorde avec l'Ecriture-Sainte, qui nous apprend qu'un Apôtre vit un Ange dans le soleil.

La réponse que fait cet Ange à Satan déguisé, a toute la majesté convenable à un être supérieur; et ce qu'il dit de la création dont il fut témoin, a non-seulement une noblesse bien placée, mais étoit nécessaire pour préparer le lecteur à ce qui en sera dit dans le septième livre : « J'étois présent, lorsqu'à sa parole, la » masse informe, première matière de ce monde, s'a- » moncela. Le Chaos entendit sa voix, le farouche » Tumulte obéit à l'ordre qu'il reçut, et s'arrêta. Le » vaste infini reçut des limites, etc. » Il décrit ensuite si bien la terre, que le lecteur croit la voir du même point de vue : « Jette en bas les yeux vers ce globe, » qui renvoie vers nous un éclat qui est la réflexion de » la lumière qu'il reçoit du globe où nous sommes. » C'est la terre, etc. »

Je ne dois pas finir mes réflexions sur ce troisième livre, sans avoir parlé de cette fameuse plainte par laquelle Milton le commence, et qui est si justement vantée, quoique, comme je l'ai fait entendre, elle soit plutôt digression que partie du poëme. On en peut dire autant de cette autre si belle sur l'hypocrisie, dans ce même livre.

DISCOURS

DISCOURS X.

Non satis est pulchra esse poëmata, dulcia sunto.   Hor.

Ceux qui savent combien l'on a écrit de volumes sur Homère et Virgile, me pardonneront la longueur de mes remarques sur Milton. Le Paradis perdu est regardé par les meilleurs juges, comme la meilleure des productions, ou du moins comme le plus sublime des ouvrages écrits en notre langue, et par conséquent il doit être présenté aux lecteurs anglais dans sa beauté tout entière. C'est pour cela qu'après avoir donné une idée générale de ses perfections et de ses défauts, dans mon premier discours, j'ai cru devoir examiner chaque livre en particulier. J'ai parlé des trois premiers, j'arrive au quatrième. Je ne m'arrêterai pas à indiquer toutes les beautés qui se trouvent dans ce grand poète, comme celles des descriptions. Je choisirai seulement les plus délicates, et celles qui frappent le moins le commun des lecteurs.

Ceux qui connoissent les critiques de l'Iliade et de l'Odyssée, n'ignorent pas, que quoiqu'ils soient tous d'accord sur les beautés principales de ces poëmes, chacun en son particulier y découvre quelques-uns de ces traits de génie, qui sont échappés aux autres. Ainsi je ne doute pas que quelqu'autre après moi ne découvre encore dans Milton des beautés qui me sont échappées; et comme les plus habiles critiques ne s'accordent pas toujours dans leurs opinions sur quelques points principaux du poëme épique, loin de m'asservir aux règles qu'ils établissent, je me suis laissé la liberté de choisir entre leurs opinions, et quelquefois de penser différemment d'eux tous, quand j'en crois trouver de bonnes raisons.

Nous pouvons ranger en trois classes les beautés du quatrième livre. La première contiendra cette charmante peinture du jardin habité par nos premiers pères. La seconde, ce que disent et ce que font les bons et les mauvais Anges. La troisième, ce que disent et ce que font Adam et Eve, les principaux acteurs.

Dans la description du Paradis, le poète a suivi la règle d'Aristote, en répandant avec abondance tous les ornemens de la diction dans cette partie de la fable, qui est la plus foible, n'étant point animée par les sentimens et les caractères. Voilà pourquoi le lecteur trouvera dans toutes les descriptions, un style plus fleuri et plus travaillé. A quoi j'ajouterai, que quoique ces peintures de jardins, de rivières, de magnifiques couleurs, et de tous les objets inanimés de la nature, soient justement censurées dans un poëme héroïque, quand elles sont trop longues, il n'en est pas de même dans ce poëme où la description du Paradis seroit défectueuse si elle n'étoit pas faite en détail, non-seulement parce que c'est ici la scène où se passe l'action principale, mais parce qu'il est nécessaire de nous donner une idée de cette félicité d'où nos pères sont tombés. Le plan de ce fortuné séjour est tiré d'après le léger crayon que nous en trouvons dans l'Ecriture-Sainte. La féconde imagination de Milton a répandu tant d'ornemens sur ce lieu de bonheur et d'innocence, qu'il est impossible de les remarquer tous.

Je n'ai garde de ne point faire remarquer que dans presque tous les entretiens d'Adam et d'Eve, les sentimens et les allusions ont rapport à ce délicieux séjour; ce qui fait que dans tout le cours de l'action le lecteur se trouve aussi dans quelqu'endroit du Paradis. De sorte que, de même que dans les poëmes où l'on fait agir les bergers, toutes les pensées, comme l'observent les critiques, doivent avoir rapport aux bois, aux campagnes, aux rivières; nos premiers parens dans tout ce qu'ils disent comme dans ce qu'ils font, ne perdent point de vue leur délicieuse demeure, qui leur fournit leurs pensées et leur amour, (que le lecteur me permette cette expression) est *un amour de Paradis*.

Considérons maintenant dans ce livre la partie des machines. Satan, lorsqu'il est à portée de contempler les merveilles de la création, est rempli de sentimens bien différens de ceux qui l'animoient dans l'Enfer. Le lieu où il est lui en inspire qui y sont conformes. Il réfléchit sur son bonheur perdu, et il s'emporte dans des plaintes où il décèle les remords passagers qui le déchirent, il est son propre accusateur; mais à la fin il s'affermit dans l'impénitence et dans le dessein d'entraîner l'homme dans son état de crime et de malheur. Ce conflit de passions est dépeint avec un art admirable. Quelle noblesse, et quelle hardiesse dans ces premières paroles qu'il adresse au soleil !

>Toi, dont le front brillant fait pâlir les étoiles,
>Toi qui contrains la nuit à retirer ses voiles,
>Triste image, pour moi, de celui qui m'a fait,
>Que ta clarté m'afflige, et que mon cœur te hait !

Jamais le poète, selon moi, n'a mieux fait parler Satan qu'en cet endroit. Il le représente ensuite s'occupant à faire quelques découvertes concernant nos premiers parens, et à trouver quelques moyens de les attaquer avec succès. Le voir franchir d'un saut les barrières du Paradis, se poser sous la forme d'un cormoran, sur l'arbre de vie, qui domine sur tous les autres, s'aller ensuite mêler parmi les animaux qui font des jeux devant Adam et Eve, et pour entendre leur conversation, se métamorphoser en différentes manières, sont toutes circonstances qui causent une surprise agréable au lecteur, et servent à lier habilement cette suite d'aventures dans laquelle le poète engage le grand artisan de la fraude. L'idée de le représenter sur l'arbre de vie, changé en vautour, paroît lui avoir été fournie par l'endroit de l'Iliade, où deux divinités sous cette même figure, vont se poser sur le sommet d'un chêne. La manière dont étant transformé en crapaud, il s'aplatit près de l'oreille d'Eve, pour la troubler par des illusions et des songes, est admirable. La promptitude avec laquelle il reprend sa véritable forme, plaît, et par la description littérale, et par la vérité morale qu'elle présente. Ses réponses, quand il est découvert et obligé de rendre compte de ses desseins, sont conformes à son intrépide fierté : « Vous ne » me connoissez donc pas? Vous avez dû me connoître » autrefois, quand j'étois, non votre égal, mais assis à » une place où vous n'avez osé aspirer. Ne me pas » connoître, me prouve que vous-mêmes êtes des in- » connus, et les derniers de votre multitude. » La réponse du Chérubin le couvre de confusion : « Il sentit » combien la bonté est respectable. » Quand il est conduit à Gabriel, le chef des Anges qui font la garde, l'air de mépris avec lequel il se présente, frappe tout lecteur. Quelle force et quelle vivacité dans ce que dit Gabriel, quand il le reconnoît de loin ! « J'en vois un » qui a un port de roi, mais son éclat est flétri, il est » pâle; à son air fier et à sa démarche, je soupçonne » le prince des Enfers. Ne le craignez pas, ses sombres » regards annoncent que lui-même nous craint. »

La dispute entre Gabriel et Satan est telle qu'elle doit être en pareille circonstance entre deux Anges de nature si différente. Cet appareil de terreur dont s'arme Satan quand il se prépare au combat est véritablement sublime, et au moins égal à cette description de la Discorde dans Homère, tant vantée par Longin, et à celle de la Renommée dans Virgile que ces poètes représentent toutes deux ayant les pieds sur la terre, et la tête dans les Cieux : « Satan que le péril alarme, » s'élève aussi haut et aussi ferme que le Ténériffe ou » l'inébranlable Atlas. Sa tête touche le firmament, et » pour panache à son casque au lieu de plume est atta- » chée l'horreur »

Je pourrois ici observer qu'on trouve souvent dans Milton d'heureuses imitations des poètes grecs et latins, quelques-uns même de leurs endroits littéralement traduits; mais je réserve ces observations pour un discours particulier. Je ne veux point interrompre la suite des remarques faites pour le commun des lecteurs, par des réflexions qui ne conviendroient qu'aux savans.

Je dois néanmoins m'arrêter à cette séparation du combat entre Gabriel et Satan, à la vue des balances d'or suspendues dans le Ciel. C'est embellir Homère qui dit seulement qu'avant qu'Hector et Achille en vinssent aux mains, Jupiter pesa leurs destinées ; ce que Virgile dit aussi, avant le combat décisif entre Turnus et Enée. Milton emploie la même image, non-seulement comme ornement poétique, mais comme moyen utile et convenable pour empêcher le combat; et il est d'autant plus en droit d'employer cette image allégorique, qu'elle se trouve aussi dans l'Ecriture-Sainte, où il est dit d'un roi coupable, qu'avant que d'être tué, il fut mis dans la balance, et trouvé léger.

En parlant d'idées poétiques, je dirai que celle d'Uriel descendant du soleil, et y remontant sur un rayon de lumière, pourroit avoir quelque mérite dans un poëme moins sublime, mais elle me paroît fort au-dessous du génie de Milton. La description de ces légions d'Anges armés, qui font leur ronde dans le Paradis, est d'un autre goût; j'aime à voir le chef partir « avec sa brillante troupe dont l'éclat efface celui de » la lune. »

Je suis encore divinement transporté, lorsque j'entends parler à Adam de ces cantiques des Anges, dont les montagnes retentissent pendant la nuit.

Nous avons enfin à considérer dans ce même livre Adam et Eve. C'est avec de si belles couleurs qu'ils sont peints, au moment que Satan les aperçoit, qu'il n'est pas étonnant que saisi d'admiration et de jalousie, l'ennemi du bien, en les contemplant, reste immobile.

> Leur port majestueux, et leur démarche altière,
> Semblent leur mériter sur la nature entière,
> Ce droit de commander que Dieu leur a donné.
> Sur leur auguste front de gloire couronné,
> Du souverain du Ciel brille la ressemblance ;
> Dans leurs chastes regards éclate l'innocence,
> L'adorable candeur, l'aimable vérité,
> La raison, la sagesse et la sévérité,
> Sévérité si douce, autorité si sainte,
> Qu'elle écarte loin d'elle et la haine et la crainte.
> Ces deux objets divins n'ont pas les mêmes traits.
> Ils paroissent formés, quoique tous deux parfaits,
> L'un pour la majesté, la force et la noblesse,
> L'autre pour la douceur, la grâce et la tendresse ;
> Celui-ci pour Dieu seul, l'autre pour l'homme encor.

L'esprit sublime du poëte anime le morceau suivant, où ils sont dépeints assis sur les bords fleuris d'une fontaine, environnés de différens animaux qui s'égaient, se livrant à des entretiens pleins de passion et de vérité. Leurs déclarations mutuelles ne sont que feu, et en même temps ont une simplicité charmante; tout y ressent le Paradis terrestre : « O toi avec qui seul je

» partage tant de biens qui m'environnent, et qui toute
» seule, es de tant de biens la partie la plus chère pour
» moi, il faut sans doute que l'Etre puissant qui nous
» a faits, soit infiniment bon...... » Eve lui répliqua :
« O vous, pour qui et de qui j'ai été formée, vous sans
« qui je serois comme n'étant point......... Nous le
» devons sans doute louer sans cesse, moi surtout
» qui jouis de la plus grande part du bonheur, puisque
» je vous possède, etc. »

La suite du discours d'Ève, où elle raconte ses premières pensées au premier moment de sa création, et comme elle fut conduite à Adam, est, à mon avis, un des plus beaux endroits du poëme, et peut-être ne se trouve-t-il dans nul autre poëme, une pareille beauté; et ces endroits sont travaillés avec tant de soin et d'attention, qu'ils charment le lecteur le plus délicat, sans choquer le plus sévère :

> Je me rappelle encor ce jour où la lumière, etc.

Un poète qui eût eu moins de génie et d'invention, eût-il pu en remplissant d'ardeur et de tendresse de pareils morceaux, y conserver toujours des sentimens propres à l'état d'innocence, dépeindre toute l'ardeur de l'amour, et en faire faire l'aveu, sans art et sans hyperbole ? Faire que l'homme déclare la passion la plus vive, sans rien perdre de sa dignité, et que la femme déclare toute sa tendresse, sans rien perdre de sa modestie naturelle ? La raison et la beauté conservent de part et d'autre leurs droits, et même ces deux qualités paroissent s'aider mutuellement, et se prêter de la vigueur et de l'agrément. La subordination établie entre les deux sexes, est merveilleusement observée dans tout l'ouvrage, et surtout dans tout ce discours d'Eve dont j'ai parlé, et dans la manière dont cet entretien se

termine : « Ainsi parla notre commune mère, et avec des
» regards attirans, où brille le feu pur d'un légitime
» amour, avec une tendre résignation, elle se laisse
» tomber dans les embrassemens de notre premier
» père...... Adam que charment à la fois ses attraits
» et ses caresses soumises, la regarde avec amour et
» dignité. » Quel effet produit ce spectacle sur Satan ?

> Ils s'embrassent; Satan qui détourne les yeux,
> S'écrie : « O désespoir ! O spectacle odieux !
> » Quoi, bonheur sur bonheur ! etc. »

Les entretiens qu'Adam et Eve ont à la fin du jour, sont pleins d'images gracieuses, et convenables à leur état et à leur caractère. Le discours d'Eve surtout, est plein d'expressions naturelles et touchantes :

> J'admire cette lune, et ces perles des Cieux,
> Noble et brillante cour, dont la magnificence
> Rend plus auguste encor la nuit et le silence.
> Je goûte les parfums et ces douces odeurs
> Que les zéphirs pour nous vont enlever aux fleurs.
> Les oiseaux font pour nous un concert agréable,
> Et de l'astre du jour l'éclat est admirable ;
> Mais sans toi, ces plaisirs n'en seroient point pour moi ;
> A mes yeux, cher époux, rien n'est beau qu'avec toi.

Terminons ces réflexions en remarquant la manière admirable dont le poète passe à leur prière du soir :

> Les yeux au Ciel, le cœur plein de reconnoissance,
> Ils adorent debout le Dieu, dont la puissance
> A fait le firmament, l'air, la terre, les Cieux.
> Il fit le jour : la nuit est aussi ton ouvrage ;
> Mais de notre bonheur, etc.

La plupart des poètes épiques modernes imitent les anciens en commençant un discours sans marquer que tel ou tel prend la parole. Il est aisé de les imiter, en retranchant deux ou trois mots ; mais l'art consiste à faire en sorte que ces mots ne soient plus nécessaires, et que sans leur secours le discours commence aussi naturellement. Longin dans son 23ᵉ. Chapitre en cite un bel exemple d'Homère.

DISCOURS XI.

Major mihi rerum nascitur ordo.   Virg.

Dans le livre précédent, nous avons vu ce que fit l'Esprit de malice, pour inspirer à Eve, tandis qu'elle dormoit, des pensées de vanité, d'orgueil et d'ambition. C'est sur cette circonstance que le poète, qui dans tout son ouvrage, sait avec un art admirable préparer le lecteur aux événemens qu'il doit raconter, fonde la première partie du 5ᵉ livre. Adam qui se réveille, apperçoit sur le visage d'Eve, les marques d'un trouble qu'il n'y a jamais vu. La posture dans laquelle il la contemple, offre un tableau admirable de tendresse; et jamais les paroles d'un amant n'arrivèrent avec tant de douceur aux oreilles de la personne aimée, que celles d'Adam, quand il veut réveiller son épouse.

> Quel spectacle nouveau pour ses tendres regards!
> Son visage est en feu, ses cheveux sont épars.
> Surpris de ce désordre, Adam qui se soulève,
> Sur le coude appuyé, contemple sa chère Eve;
> Et suspendu sur elle, avec cette douceur
> Dont le plus doux zéphyr souffle sur une fleur,
> Fait arriver ces mots jusques à son oreille :
> « Que mon bien, mon bonheur, ma beauté se réveille, etc. »

Je ne dois pas oublier que dans les entretiens entre Adam et Eve, le poète fait souvent usage du Cantique des Cantiques, qui est tout rempli de cette noblesse du style Oriental, la même qui se retrouve aussi dans Homère, qu'on croit communément avoir vécu dans la temps de Salomon. On ne peut nier que le discours d'Adam dont je viens de parler, ne soit imité de deux endroits de ce cantique, qui contenant les mêmes images, paroissent dits dans la même circonstance. « Hâtez-vous, » ma bien aimée, ma colombe, mon unique beauté....... » Levez-vous, ma bien-aimée. Levons-nous de bon » matin, pour nous rendre à nos vignes; voyons si elles » fleurissent. » (Ch. 2 et 7.) La préférence que Milton donne au jardin d'Eden, sur celui dans lequel « ce roi » si sage s'entretenoit avec la belle égyptienne son » épouse, » prouve qu'il avoit devant les yeux le Cantique des Cantiques.

Le songe d'Eve contient des choses très-capables d'inspirer de l'orgueil, et telle étoit l'intention du démon. Quelles paroles plus capables d'en inspirer que celles-ci, qu'elle croit qui lui sont adressées par Adam?

>   Sur la terre tout dort, mais dans le Ciel tout veille.
>   Que d'innombrables yeux viennent s'y rassembler !
>   Tous ces yeux sont ouverts. Et pour qui contempler ?
>   Toi seul, heureux desir de toute la nature,
>   Gloire de l'univers, etc.

Un poëte moins judicieux eût fait tenir toujours un pareil langage à Adam, mais l'Adam de Milton n'est point un faux courtisan, ni un galant flatteur ; et à de pareilles flatteries, Eve dans l'état d'innocence, ne doit point prêter l'oreille, si ce n'est dans un songe pendant lequel on travaille à la séduire. La manière dont elle rapporte ce songe, fait assez connoître qu'elle est bien éloignée d'avoir ajouté foi à de pareils discours. Dans ce songe, la catastrophe est annoncée, mais si finement, que le récit du neuvième livre n'est point anticipé ; le songe en lui-même n'a rien que de vraisemblable, puisqu'il prouve cette légéreté d'idées qui n'ont entre elles aucune liaison ; ce qui est ordinaire dans les songes. A cette occasion, Adam, comme il convient à cette supériorité que lui donne sa sagesse, console et instruit en même temps son épouse. Eve rassurée laisse tomber des larmes que le poète appelle « les signes aimables » des tendres remords, et des pieuses frayeurs d'une » âme qui craint d'avoir commis une faute. »

L'hymne du matin est une imitation d'un de ces pseaumes, où l'auteur ne pouvant suffire à exprimer tous les sentimens de reconnoissance dont il est rempli, appelle à son secours non-seulement les Anges, mais tout ce que l'univers renferme de plus considérable dans les êtres inanimés, pour célébrer avec lui le commun maître. Cet appel adressé à tous les êtres, remplit l'âme de la grandeur des ouvrages de Dieu, excite en elle cet enthousiasme si naturel à la véritable piété ; et si en tout temps l'homme par une pareille invitation faite à toute la nature, peut rendre son hommage à Dieu, c'étoit surtout à nos premiers pères, à lui rendre un pareil hommage ; l'univers étoit pour eux un spectacle nouveau ; et n'ayant aucune connoissance des grands miracles que la Providence a opérés dans la suite, ils n'avoient pas tous ces sujets de cantiques qu'ont eus depuis leurs descendans. Il n'est pas nécessaire de faire remarquer la poésie qui règne dans cet hymne :

> Vous dont les vents fougueux font ondoyer les têtes,
> Cèdres, sans vous courber, repoussez leurs tempêtes,
> Ou courbez-vous pour l'adorer.

Et cette sainte résolution par laquelle ils finissent, en disant : « Que le soir et le matin, je prête ma voix et » mes chants à tout ce qui m'environne, etc. »

Après mes réflexions sur la manière dont Milton fait parler ses personnages, je passe à la manière dont il dépeint Raphaël, quand il part de devant le trône de Dieu, et qu'il prend son vol au milieu des chœurs des

Anges. Comme il sème toujours dans ses ouvrages des particularités merveilleuses et étonnantes, il suppose la porte du Ciel faite de manière qu'elle s'ouvre d'elle-même devant l'Ange qui en approche. Il paroît avoir eu ici en vue deux ou trois passages de l'Iliade, et particulièrement celui où Homère dit que Vulcain avoit fait des trépieds, qui d'eux-mêmes s'avançoient sur leurs roues d'or. Ces trépieds se rendoient à l'assemblée des Dieux, et s'en retournoient de même, quand ils n'y étoient plus nécessaires.

Scaliger a critiqué impitoyablement Homère sur cette fiction, que M. Dacier a tâché de justifier. Je n'entreprends pas de décider si Homère, dans cet endroit, ne pousse pas le merveilleux au-delà du vraisemblable ; je dis seulement que, quoique le merveilleux de Milton sur la porte du Ciel, ne soit pas si extraordinaire que celui des trépieds d'Homère, il ne l'eût pas hasardé, s'il n'eût été autorisé par l'Ecriture, où il est parlé de ces roues qui ont la vie en elles, et qui s'avancent et s'arrêtent comme les Chérubins. Il est certain que Milton avoit ce passage en vue, puisque dans le livre suivant il donne au Messie un char dont les roues sont vivantes, comme celles que vit Ezéchiel. Je ne doute point que le P. le Bossu, M. et Madame Dacier, toujours prêts à justifier les endroits critiqués dans Homère, en les comparant à des passages de l'Ecriture, n'eussent été charmés de comparer les trépieds d'Homère aux roues d'Ezéchiel.

C'est avec de vives couleurs que Milton peint la descente de Raphaël sur la terre, et sa figure. Plusieurs poètes fameux italiens et anglais, ont donné l'essor à leur imagination pour décrire les Anges ; mais je ne me rappelle point de les avoir vus si bien dépeints, ni d'une manière plus conforme aux notions que nous en donne l'Ecriture, que dans Milton. Après avoir dépeint Raphaël, s'abaissant sur la terre, il termine sa description par un trait nouveau et heureusement imaginé : « Il se » tint debout, et secoua tout son plumage, dont la char- » mante odeur se répandit au loin. »

Dans la réception que lui font les Anges commis à la garde du Paradis, dans son passage à travers la forêt aromatique, et dans la manière dont Adam l'aperçoit de loin, on trouve toutes les grâces dont la poésie est susceptible, ainsi que dans les occupations d'Ève : « Ses yeux annoncent sa vive ardeur à choisir, pour » satisfaire son hôte, les fruits les meilleurs, et à les » disposer dans un ordre qui contribue à la bonté, » autant qu'à l'élégance du repas, etc. » Quoique dans cet endroit, et dans quelques autres du même livre, il ne soit question que de soins de ménage, les images sont si charmantes, et les expressions si belles, que rien n'est plus agréable dans ce divin ouvrage.

La majesté et le respect avec lequel Adam reçoit un être supérieur qui daigne être son convive, ce salut solennel que la mère du genre humain reçoit d'un Ange, et son attention à les servir tous deux quand ils sont à table, sont toutes circonstances qui enchantent.

La conduite de Raphaël répond parfaitement à la dignité de sa nature, et au caractère d'un Ange que le poète a choisi particulièrement comme l'ami de l'homme. Il a reçu l'ordre d'entretenir Adam comme on entretient son ami, et de l'avertir de l'ennemi qui médite sa destruction : c'est pourquoi il est représenté assis à table avec Adam, mangeant les fruits qu'il lui présente ; ce qui l'engage à lui parler de la manière dont les Anges se nourrissent : et après l'avoir entretenu de choses indifférentes, il l'exhorte à l'obéissance ; ce qui lui sert de transition naturelle à l'histoire de la chute de ces Esprits rebelles qui méditent la perte de l'homme.

Si dans mon premier discours j'avois suivi la méthode du P. le Bossu, j'aurois daté l'action du Paradis perdu du commencement du récit de Raphaël, de même que ce critique français date l'action de l'Enéide du commencement du deuxième livre. Je pourrois prouver qu'elle commence au premier, et que la prise de Troie est un épisode, suivant l'idée qu'on attache à ce terme ; mais comme une pareille discussion seroit sèche et inutile peut-être à ceux qui ont lu mon premier discours, je n'y entrerai point. Qu'on rapporte la cause de la chute de l'homme au conseil tenu dans les Enfers, ou qu'on la fasse remonter jusqu'à la révolte arrivée dans les Cieux, l'unité de l'action du poëme est toujours la même. Milton donne à cette révolte une raison fondée sur des passages de l'Ecriture, et qui d'ailleurs est très-favorable à l'usage qu'il en veut faire.

Cette révolte est décrite avec une grande force d'imagination, et une grande variété de circonstances. Un lecteur savant trouve avec plaisir une imitation d'Homère dans ces paroles : « tel étoit (pour me servir du nom » que dans le langage humain on donne à un pareil édi- » fice) ce palais, etc. » De même qu'Homère parle de personnes et de choses, qui ont, dit-il, d'autres noms chez les dieux que chez les hommes.

Abdiel, qui seul dans ce nombre prodigieux d'Anges rebelles reste fidèle à Dieu, est un exemple unique d'une fidélité admirable. Le zèle de ce Séraphin éclate par des sentimens et des expressions qui prouvent son généreux mépris pour les rebelles, et son héroïque intrépidité. Le poète a sans doute voulu figurer ceux qui dans ce monde corrompu et dépravé savent conserver leur vertu : « Lui seul au milieu de ces rebelles innom-

» brables, ferme, courageux, inébranlable, intrépide,
» conserva la foi, son zèle et son amour. »

DISCOURS XII.

Vocat in certamina Divos.   Virg.

Nous arrivons maintenant au sixième livre, dans lequel le poète décrit la bataille des Anges, que le lecteur attend, parce qu'il l'y a préparé dans plusieurs endroits, des livres précédens. Je n'ai point relevé ces endroits me réservant à parler de ce grand sujet en examinant ce livre. Son imagination est si fort échauffée, dès qu'il pense à cette action, que sitôt qu'il en dit un mot, il s'élève, s'il est possible, au-dessus de lui-même ; comme quand il dit de Satan, au commencement de son poëme : « Ruine affreuse ! Chute terrible ! Il étoit
» tombé tout enflammé dans le profond abyme de la
» perdition, pour y rester attaché par des chaînes qu'au-
» cune force ne pourroit rompre, dans le feu préparé
» pour le supplice de celui qui avoit osé défier au
» combat le Tout-Puissant. »

La même idée revient plus d'une fois dans le conseil infernal, toujours accompagnée d'images sublimes : « Qu'étions-nous, quand poursuivis par sa fureur,
» frappés par son tonnerre, fuyant d'un vol le plus
» rapide, nous demandions par grâce à l'abyme de nous
» recevoir ? » Le poète ne dit jamais rien qui ait rapport à ce combat, qu'avec des images qui annoncent combien il est grand et terrible. Je ne puis m'empêcher de rapporter ce qu'en dit, liv. II, la Puissance qui préside au chaos : « J'ai vu, et j'ai entendu ce grand trouble. Ce n'a

» pas été sans bruit qu'est arrivée ruine sur ruine,
» déroute sur déroute, confusion sur confusion. »

Quelle fécondité d'invention! Quelle force d'imagination pour avoir su remplir le récit de ce combat de tant d'événemens qui jettent l'épouvante dans l'ame des lecteurs! En même temps quel jugement pour avoir su éviter ce qui auroit paru petit et trivial! Ceux qui connoissent Homère y admirent comment un combat enchérissant toujours sur un autre, l'horreur croît jusqu'à la fin de l'Iliade. C'est ce qu'on peut aussi admirer dans le récit de Milton. Il commence par des signes de colère qui conviennent au Tout-Puissant en courroux. On combat d'abord sous une voûte de feu, que forment les dards enflammés qui volent de part et d'autre. Le second combat est plus terrible. On entend ces tonnerres artificiels, qui, causant une espèce de consternation parmi les bons Anges, paroissent rendre la victoire douteuse; enfin, l'on combat, en se lançant de part et d'autre des montagnes et des promontoires; et alors le Messie paroît dans la majesté et dans la terreur. Son pompeux appareil au milieu des éclats du tonnerre et du feu des éclairs, et du bruit des roues de son char, est tout ce que l'humaine imagination peut inventer de plus grand.

Le premier et le troisième combat n'ont rien qui ne paroisse naturel et conforme aux idées que nous font concevoir deux armées d'Anges. Le second peut révolter l'imagination de quiconque n'est point familiarisé avec les poètes de l'antiquité, sur-tout avec Homere: il est certainement hardi à notre poète d'attribuer le premier usage de l'artillerie aux Anges rebelles; mais l'invention de machines si funestes convient à de pareils auteurs, surtout dans le temps qu'ils ont la folle ambition d'égaler la puissance de leur Créateur. Ce n'étoit qu'avec

de

de pareils instrumens qu'ils pouvoient imiter les tonnerres, qui chez les poètes sacrés et profanes, sont appelés les armes du Tout-Puissant. Arracher les montagnes, est une idée moins hardie, parce que nous y sommes en quelque façon préparés par ce que nous avons lu dans les anciens de la guerre des Géans; d'autant plus (ce qui est favorable à la fiction de Milton) que cette fable si fameuse dans l'antiquité, et si magnifiquement décrite dans Hésiode, doit sa naissance, suivant l'opinion des savans, à la tradition du combat des Anges.

On ne perdroit pas sa peine, en examinant avec quel jugement Milton, dans son récit, a évité tout ce qui est petit et trivial chez les poètes grecs et latins, et avec quel art il a embelli ce qu'il a pris d'eux. Homère, dans le passage que Longin a trouvé si sublime, et que Virgile et Ovide ont copié, dit que les Géans entassoient Ossa sur Olympe, et Pélion sur Ossa; et il donne à Pélion l'épithète de εννοσιφυλλον, qui présente à l'imagination tous les bois dont cette montagne est couverte. C'est encore avec beaucoup de génie, qu'il nomme ces trois montagnes si fameuses dans la Grèce. Une pareille beauté ne pouvoit se trouver dans le récit de Milton.

Claudien, dans son fragment sur cette guerre des Géans, lâche toute la bride à son imagination toujours prête à s'emporter; comme quand il dit qu'ils arrachoient des îles entières, et qu'il dépeint celle de Lemnos avec les forges de Vulcain, coulant sur le dos de celui qui porte le mont Ida, l'Enipée :

> Hic Rhodopea Hebri cùm fonte revellit,
> Et socias truncavit aquas, summâque volutus
> Rupe Giganteos humeros irrorat Enipeus.

De pareilles images ne sont pas sublimes, mais burlesques, et produisent, non l'étonnement, mais l'envie de rire. Milton, en choisissant chez ces poètes ce qui est véritablement sublime, en a tiré cette noble et grande image : « Ils secouent, ébranlent, déracinent, arrachent, » emportent les montagnes dans leurs bras avec leurs » sommets chevelus, et tout ce qu'elles contiennent, » rochers, fleuves et bois. » Dans cette courte description, nous trouvons la majesté d'Homère, enrichie de l'imagination de Claudien, sans ses puérilités.

Milton, malgré la grandeur de son génie, qui pouvoit lui suffire, a dans ce livre eu recours aux anciens poètes, et en a pris tout ce qu'ils ont pu lui fournir. L'épée de Michel, qui fait un si grand carnage parmi les rebelles, sortoit de l'arsenal de Dieu : ce qui est imité de Virgile, quand il dit que l'épée d'Enée, présent d'une divinité, mit en pièces celle de Turnus, forgée par la main des hommes. Outre la beauté de la morale, nous pouvons observer qu'une arme donnée par le Ciel, est une allégorie dans le style des Orientaux. Homère en a fait usage ; et nous voyons dans les Machabées, ce héros qui combattoit avec tant de gloire et de succès pour le peuple de Dieu, recevoir en songe une épée de la main du prophète Jérémie.

La blessure de Satan est une imitation d'Homère, qui dit que Diomède, quand il blessa les Dieux, fit couler une liqueur extrêmement pure, qui n'est pas formée du suc des alimens ordinaires aux mortels ; et que quoique leur douleur fût terrible, leurs blessures furent bientôt refermées et guéries : privilége qu'ont les êtres qui ne peuvent mourir.

Je ne doute point que Milton, dans la peinture qu'il fait de Moloch qui se retire du combat, après sa blessure, en rugissant, n'ait eu en vue le Mars de l'Iliade, qui, se sentant blessé, se retire du combat, et jette un cri plus fort que celui d'une armée qui se mêle avec l'armée ennemie. Homère ajoute que ce cri terrible du Dieu blessé, épouvanta également les Grecs et les Troyens. Il est aisé de voir que Milton, en conservant l'horreur de l'image, en a écarté ce qu'elle peut avoir de risible.

Milton a aussi embelli ce livre de plusieurs images prises de l'Écriture; et le char du Messie, comme on l'a vu, est formé d'après la vision d'Ezéchiel, prophète dont la poésie, comme l'observe Grotius, a beaucoup de conformité avec celle d'Homère. L'ordre que le Messie reçoit d'aller terrasser les rebelles, est imité d'un sublime passage d'un Pseaume; mais combien d'autres pareilles imitations qu'on aperçoit aisément!

On ne peut douter que Milton, avant que d'entreprendre la description de ce grand combat, n'ait échauffé son imagination par le combat des Dieux dans Homère, qui mêle ensemble, Dieux, héros et soldats. Mars anime les deux partis par une voix qui se fait entendre, malgré le bruit des armes et le trouble général; et tandis que Jupiter fait rouler son tonnerre sur les deux armées, Neptune excite un tremblement de terre qui ébranle le champ de bataille et les montagnes voisines. Pluton lui-même, dont le séjour est au centre de la terre, est si effrayé qu'il s'élance hors de son trône; ensuite le poète décrit Vulcain faisant pleuvoir ses feux sur le Xanthe, et Mars, qu'un rocher lancé par Minerve a renversé, couvrant de son corps sept arpens.

Milton, à l'exemple d'Homère, a rassemblé dans ce combat tout ce que la nature a de plus terrible et de plus grand. Le cri des armées, le bruit des chars d'airain, les rochers et les monts arrachés, le feu, les tonnerres, l'ébranlement des plaines célestes, tout élève l'imagination du lecteur à la grandeur de l'action. Il a même l'art de faire paroître trembler la terre, qui n'existe point encore; « et s'il y eût eu alors une terre, » toute la terre eût été ébranlée jusqu'au centre. »

De quelle manière sublime et juste il dépeint sous les roues du char du Messie, tous les Cieux ébranlés, excepté le trône de l'Eternel! Et quoique le Messie paroisse revêtu de la terreur et de la majesté, il donne une idée encore plus grande de cette terreur quand il dit : « Le vainqueur ne déploya pas toute sa force, et ne per- » mit à son tonnerre, que la moitié de sa rapidité. »

En un mot, le génie de Milton, si grand par lui-même, et soutenu par les secours que lui fournissoit son savoir, paroît, dans ce livre, toujours égal au sujet le plus grand qu'on puisse décrire; et comme il possède le secret de remuer l'âme, et qu'il sait aussi qu'il est nécessaire de lui procurer des momens de repos, pour la soulager, c'est en mêlant habilement les discours, les réflexions, les comparaisons, qu'il jette dans sa narration une variété qui entretient l'attention du lecteur.

DISCOURS XIII.

Ut his exordia primis
Omnia, et ipse tener mundi concreverit orbis.   Virg.

Longin observe que l'élévation dans les sentimens peut se trouver dans des endroits sans passion; ce qu'il prouve par plusieurs exemples des écrivains de l'antiquité. Le pathétique, comme le remarque ce grand critique, anime et enflamme le sublime; mais il n'y est point essentiel. Aussi, comme il le dit ensuite, ceux qui excellent le plus à exciter les passions, sont souvent ceux qui ont le moins de talent pour écrire d'une manière noble et sublime : et ainsi du contraire. Milton a montré que dans ces deux manières il écrivoit également en maître. Le septième livre, que nous allons examiner, est un exemple de ce sublime dénué de toute passion. Le poète y paroît dans une espèce de majesté tranquille et composée; et quoique les sentimens n'y causent pas cette grande émotion qu'on éprouve dans les livres précédens, on y est occupé de la magnificence des idées. Le sixième livre est un océan agité, qui représente la grandeur dans le trouble; le septième est un océan tranquille, qui charme l'imagination, et remplit l'âme d'étonnement, sans y exciter ni trouble ni agitation.

Entre les moyens que Longin propose pour atteindre au style sublime, il recommande l'imitation des plus célèbres écrivains, qui ont réussi dans ce style; comme, par exemple, si l'on traite un sujet poétique, il recommande qu'on étudie ce que dans une pareille circonstance eût dit Homère. Par ce moyen, un grand génie allume son feu à celui d'un autre, et écrit dans sa manière, sans le copier servilement. Que d'endroits qui brillent dans Virgile, brillent de l'éclat d'Homère!

Milton, quoique capable par la force naturelle de son génie, de tirer de son propre fonds un ouvrage parfait, a cependant élevé et ennobli ses idées par cette imitation que Longin recommande.

Dans ce livre, qui contient l'ouvrage des six jours, le poète n'a pu tirer que très-peu de secours des auteurs profanes, à qui les merveilles de la création étoient inconnues; mais l'Ecriture-Sainte est pleine de traits sur ce sujet, qui sont de la plus grande poésie, et Milton y fait allusion dans tout le cours de ce livre.

Le célèbre critique que j'ai nommé, a remarqué, quoique païen, le sublime avec lequel le législateur des Juifs a décrit la création, dans le premier livre de la Genèse. On trouve dans l'Ecriture plusieurs autres endroits sur la même matière, qui n'ont guère moins de grandeur et de majesté. Milton a fait paroître son jugement, dans le choix qu'il a fait des passages qui lui pouvoient convenir, et en adoucissant pour nous ces grands traits de la poésie orientale, destinés à des lecteurs qui ont l'imagination plus ardente et plus élevée, qu'on ne la peut avoir dans la froideur de nos climats.

Quelle beauté dans les paroles d'Adam, quand il demande à l'Ange l'histoire de ce qui s'est passé dans les régions de la nature, avant qu'il y eût été placé, et surtout quand il lui fait remarquer que le jour n'est pas trop avancé, et qu'il aura le temps de lui faire ce détail ! « Il reste encore au grand astre du jour une » partie considérable de sa carrière. Arrêté par votre » voix, il se plaît sans doute à écouter cette voix puis-» sante; il sera bien mieux arrêté par le plaisir de » vous entendre raconter son origine. »

Les conseils que l'Ange donne à nos premiers pères, de ne chercher que modestement à connoître, et les raisons qu'il leur apporte de la création, ont une grande justesse et une grande beauté. Le Messie, par qui tout a été créé, comme l'Ecriture nous l'apprend, s'avance revêtu de la puissance de son Père, et entouré d'une armée d'Anges, dans une majesté proportionnée à un ouvrage, qui, suivant notre manière de penser, est le plus grand effort de la toute-puissance. Quelle merveilleuse description le poète a tirée d'un passage du prophète, où il est parlé des chars qui sont entre deux montagnes d'airain ! « Chars ailés, célestes équipages » de l'arsenal de Dieu, qui toujours prêts à partir, sont » depuis un temps infini placé par millions entre deux » montagnes d'airain, et réservés pour les fêtes solen-» nelles. En ce moment ils vinrent d'eux-mêmes se » présenter, etc. »

J'ai déjà eu occasion de parler de ces chars et des portes du Ciel ; ainsi je me contenterai d'ajouter qu'Homère nous donne la même idée de ces portes, en disant qu'elles s'ouvrent d'elles-mêmes : idée qu'il dérange dans la suite, quand il dépeint les heures écartant les nuages qui forment une barrière devant ces portes.

Je ne connois rien dans tout le poëme de plus sublime que la description suivante, le Messie à la tête de tous ses Anges, perçant par ses regards jusque dans le sein du chaos, y imposant silence, et traçant la circonférence de l'univers :

> Il arrive, il s'arrête aux limites des Cieux,
> Contemplant le séjour du trouble et du ravage,
> Noir Océan qu'agite un éternel orage,
> Royaume du désordre, empire du Chaos,
> Où l'on entend gronder et les vents et les flots.
> Mer, suspends ta fureur. Vous flots, faites silence.
> Il parle, tout se tait. Dans l'abyme il s'avance,
> Son cortége l'y suit ; il prend le compas d'or, etc.

L'idée du compas d'or est entièrement dans le goût d'Homère, et produit un magnifique effet dans cette description. C'est avec la même grandeur d'imagination qu'Homère donne à ses Dieux des armes différentes. Le lecteur peut parcourir la description qu'il fait de l'égide, c'est-à-dire, du bouclier de Minerve, celle de sa lance qui renverse des escadrons entiers, et celle de son casque capable de couvrir une armée composée des troupes de cent villes. Le compas d'or est un instrument très-naturellement placé dans la main de celui que Platon appelle le divin géomètre. La poésie aime les idées abstraites revêtues d'allégories et d'images sensibles. C'est dans ce goût que nous trouvons la création traitée par un des prophètes qui représente le tout-puissant Architecte, mesurant les eaux dans le creux de sa main, et les Cieux de sa paume ; pesant les montagnes, et mettant les collines dans sa balance. Un autre parlant aussi du grand ouvrage de la création, représente l'Etre-Suprême posant le fondement de la terre, étendant le niveau sur elle, ornant les Cieux, appuyant le nord sur le vide, et la terre sur le néant. C'est cette idée très-noble que suit Milton, quand il dit : « Et la terre balancée sur elle-même, resta sur son » centre. »

Les beautés des différentes descriptions dont ce livre est rempli, sont en si grand nombre, qu'il n'est pas possible d'en faire le détail dans un seul discours. Le poète y a employé tout ce que la langue anglaise a de plus énergique. La production des différens ouvrages est dépeinte de façon que le lecteur s'imagine être présent à la création, et se trouver au milieu de ces chœurs des Anges qui en furent spectateurs. Rien de plus noble que le tableau de la fin du premier jour : « Au » premier éclat de la naissante lumière, les Anges » remplirent de leurs acclamations et de leurs cris de » joie, la vide concavité de ce grand orbe ; et touchant » leurs harpes d'or, etc. »

La même élévation est dans la description des ouvrages du troisième jour, quand les montagnes s'élèvent, et que se forme l'abyme destiné à recevoir les eaux : « Les montagnes vont frapper le firmament ; et autant » que s'élèvent ces hauteurs sourcilleuses, autant s'af- » faissent les lits creux, vastes et profonds qui se pré- » parent à recevoir les eaux. »

Dans ce même jour la création du monde végétable est dépeinte avec toutes les grâces que les autres poètes ont prodiguées dans les descriptions du printemps, et offre un spectacle aussi beau que surprenant.

Les brillans ornemens des Cieux furent la production du quatrième jour : « Le glorieux flambeau, roi

» du jour, couvrit tout l'horizon de ses éclatans rayons,
» et il s'avança avec joie dans la vaste et sublime
» carrière, etc. »

Il est étonnant que le poète ait pu être si concis, en décrivant l'ouvrage des six jours, que tout se trouve renfermé dans les bornes d'un épisode, et cependant qu'il soit entré dans un détail assez particulier pour en donner une vive idée. C'est ce qu'on peut surtout remarquer dans le cinquième et le sixième jour, où le poète fait passer devant nous tous les animaux, depuis le reptile jusqu'à béhémot. Comme le lion et le léviathan sont les plus nobles ouvrages du monde animal, on est frappé de la belle poésie qui règne dans leurs descriptions. Le sixième jour finit par la création de l'homme; et à cette occasion l'Ange rappelle à Adam, comme après le récit de la bataille des Anges, l'obéissance qu'il doit à son Créateur : cette instruction est le principal objet de sa visite.

Le poète représente ensuite le Messie retournant aux Cieux, et de là contemplant son grand ouvrage. Cette partie du poëme est pleine d'un sublime admirable: le poète décrit les circonstances merveilleuses de ce grand période du temps, la perfection du Ciel et de la terre, le triomphe du Messie remontant au Ciel, son plaisir lorsque baissant les yeux il contemple la nouvelle création, la joie de chaque partie de la nature, les hymnes chantés par les étoiles du matin, et les acclamations des enfans de Dieu : « Les Cieux, leurs cons-
» tellations, les planètes attentives s'abaissèrent, tandis
» que montoit en haut la pompe brillante de ce triomphe
» éclatant. Ouvrez-vous, portes éternelles; ouvrez, ô
» Cieux, vos portes vivantes, etc. »

(Addisson termine ce discours par un grand éloge du poëme de Blakmore sur la Création, en promettant à cet ouvrage, une fortune qu'il n'a pas faite, comme je l'ai dit, tome IV, page 54. Dans ce long poëme, les Anglais éclairés trouvent quelquefois de grandes beautés, souvent de grands défauts et beaucoup d'endroits languissans.)

DISCOURS XIV.

Natus homo est.   Ov.

Le récit qu'a fait Raphaël du combat des Anges et de la création du monde, a toutes les qualités que les critiques exigent d'un épisode. Tout ce qui y est dit a un rapport intime à l'action principale, et est étroitement lié avec la fable.

Le huitième livre ouvre par une magnifique peinture de l'impression que le discours de l'Archange fit sur nos premiers pères. Ensuite Adam, par une curiosité fort naturelle, fait des questions sur les mouvemens des corps célestes qui le frappent le plus par leur grandeur et leur éclat. C'est avec beaucoup d'art que le poète représente alors Eve qui se retire pour aller aux occupations qu'elle aime. Il a bien senti qu'elle ne devoit pas être présente à tout ce qu'Adam doit dire de sa passion pour elle. Aussi rien n'est mieux imaginé que sa retraite, sitôt qu'elle entend faire des questions trop relevées pour elle : « Elle ne se retira point par
» indifférence pour les questions qu'elle venoit d'en-
» tendre, ni comme incapable d'atteindre à ces choses
» sublimes, mais elle vouloit se réserver le plaisir de
» les entendre répéter à son cher Adam, quand elle

» seroit seule avec lui. C'est à lui qu'elle veut faire
» toutes ses questions. »

>O fortunés époux ! O couple incomparable !
>Ah, quand pourra la terre en revoir un semblable !

La manière douteuse dont l'Ange répond aux questions d'Adam, est telle qu'elle doit être, non-seulement à cause de la morale que le poète a en vue, mais parce qu'il eût été absurde de faire adopter par un Ange tel ou tel système de nos philosophes. Les principaux points des hypothèses de Ptolomée et de Copernic, exprimés d'une manière concise et claire, sont en même temps ornés d'images poétiques et agréables.

Adam, pour retenir l'Ange, lui raconte ensuite sa propre histoire, ses pensées immédiatement après sa création, sa conversation avec son Créateur, et ses transports quand il vit Eve pour la première fois. Aucun endroit du poëme n'est plus capable de réveiller l'attention du lecteur, que ce discours de notre premier père, dans lequel il nous surprend et nous charme, en racontant ces premiers sentimens qui s'élevèrent en lui, lorsqu'il ne faisoit encore que sortir des mains de son Auteur. Le poète, à ce qui est dit à ce sujet dans l'Ecriture, a ajouté tant d'images touchantes, que tout est juste et naturel dans cet épisode. Persuadé qu'un pareil sujet ne pouvoit qu'être agréable, il ne l'a point placé au milieu du récit de la création; il l'a réservé pour cette fin de l'épisode, afin de pouvoir l'étendre davantage. Avant que de l'examiner, je ne puis m'empêcher de parler de deux endroits admirables dans cet entretien entre Adam et l'Ange. L'un, quand notre premier père exprime à cette intelligence céleste, le plaisir qu'il a de l'entendre : « Assis près de vous,
» je me crois dans les Cieux, et vos discours sont plus
» doux à mon oreille, que ne sont à notre faim et à

» notre soif les fruits du palmier, etc. » L'autre, lorsque l'Ange lui dit la raison pour laquelle il sera charmé d'entendre son histoire : « J'étois absent le jour de ta » création. Je fus obligé de faire un voyage difficile, et » dans des lieux ténébreux, etc. »

Milton a tiré l'image qui suit, du sixième livre de l'Enéide, où Enée et la Sibylle, devant les portes du Tartare, qui sont fermées, entendent les gémissemens et le bruit des chaînes : « Nous trouvâmes les effroyables » portes, portes effroyables, épaisses, et fortement » barricadées. Nous entendîmes un bruit bien différent de » celui qu'on entend dans le Ciel, etc. »

Adam fait ensuite la peinture de ses sentimens immédiatement après sa création. Quelle beauté dans cette peinture, dans la situation dans laquelle il se trouve, dans le paysage qui l'environne, dans ces regards avec lesquels il contemple un spectacle si ravissant !

> Comme d'un long sommeil tout-à-coup arraché,
> J'ouvre les yeux. Je vois que sur les fleurs couché,
> D'un aimable gazon, je presse l'herbe tendre........
> De ce Ciel qui sur moi s'étend de toutes parts,
> La voûte lumineuse attire mes regards ;
> Et dans l'étonnement que sa grandeur m'inspire,
> (Vers elle, je ne sais si quelqu'instinct m'attire)
> Je me lève, et je reste immobile un moment,
> En parcourant des yeux ce vaste firmament, etc.

A son étonnement sur sa propre existence et sur tous les ouvrages de la nature, succèdent des réflexions qui lui persuadent que tous les êtres qui l'environnent, et lui-même, doivent leur origine à un être infiniment parfait et bon, à qui par conséquent il doit l'hommage et l'adoration. Que ces interrogations qu'il fait au soleil, et à tous les objets qui le frappent davantage, sont naturelles, et agréables à entendre !

> Je m'écrie : « O soleil, adorable lumière,
> » O terre, ô beau séjour, ô fontaine, ô rivière,

» O vous charmans vallons, à mes regards si doux,
» Animaux qui vivez, je vous appelle tous, etc. »

C'est un sentiment très-naturel que celui que Milton prête à Adam, qui en tombant dans le sommeil pour la première fois, croit tomber dans le néant:

Et je crois que déjà, prêt à m'anéantir,
Je rentre dans l'état d'où je viens de sortir.

Le songe qu'il fait, dans lequel il conserve le sentiment intérieur de son existence, et son transport dans le jardin préparé pour lui, sont des circonstances bien imaginées, et fondées sur l'Ecriture-Sainte. Ces différens traits, et plusieurs autres, ont en même temps les charmes de la nouveauté et les grâces de la nature. Quoiqu'ils semblent naître d'eux-mêmes du sujet, ils sont tels, qu'ils n'y avoit qu'un grand génie qui pût les trouver. Quoique très-naturels, ils ne se présenteroient pas à tout le monde; et voilà le caractère des ouvrages admirables.

L'impression que fait sur Adam la défense de toucher à l'arbre de vie, est décrite avec beaucoup de force; et le tableau des différens animaux qui passent en revue devant lui, est fait avec de vives couleurs:
« Ceux-ci se baissant humblement vers la terre d'une
» manière caressante, et ceux-là avec un doux bat-
» tement de leurs ailes. »

Adam rapporte ensuite l'entretien qu'il eut avec Dieu au sujet de la solitude. Le poëte représente en cet endroit l'Etre-Suprême comme faisant l'essai de son ouvrage, et mettant à l'épreuve cette faculté de raisonner qu'il a mise dans sa créature. Dans cet entretien tout divin, il soutient que, quoique dans un Paradis, et quoique souverain de la terre, il ne peut être heureux sans la société de quelque créature raisonnable, qui partage avec lui son bonheur. Ce dialogue, dont la principale beauté consiste dans les pensées, sans presque aucun ornement poétique, est un des plus beaux endroits du poëme. Plus le lecteur fera attention à la justesse et à la délicatesse des sentimens, plus il en sera enchanté. Le poète a très-bien conservé le caractère de majesté et de condescendance dans le Créateur, et le caractère d'humilité et de respect dans la créature ; comme lorsqu'Adam s'exprime ainsi : « J'implorai le permission de lui parler » encore, et lui adressai cette humble prière : Que » mes discours, ô céleste pouvoir, ne vous offensent » point, etc. »

Adam décrit aussi son second sommeil, et le songe dans lequel il vit la compagne qu'on formoit pour lui, et la vive passion que cette vue excita en lui : « Tout ce qui dans l'univers m'avoit semblé beau, » ou ne me parut plus rien, ou me parut rassemblé » en elle, et réuni dans ses regards, qui firent » entrer dans mon cœur une douceur jusqu'alors in» connue pour moi. Sa présence répandit dans tout le » monde un esprit d'amour. »

La tristesse d'Adam quand cet aimable objet disparoît, ses exclamations de joie et de reconnoissance quand il aperçoit une créature parfaitement semblable à celle qu'il a vue en songe, la manière dont il l'aborde, le langage qu'il lui tient : tous ces sentimens sont exprimés avec un naturel admirable ; et quoique cet endroit du poëme soit plein de vivacité et de chaleur, l'amour qui y est dépeint convient parfaitement à l'état d'innocence. Le moyen de mieux sentir avec quel soin Milton, dans une matière si délicate, a su éviter tout ce qui pouvoit le moins du monde offenser les bonnes mœurs et la piété, est de comparer la description qu'il fait des mouvemens dont

Adam est agité en conduisant Eve au berceau nuptial, avec une description pareille qui se trouve dans les ouvrages de Dryden. Les sentimens, chez Milton, sont chastes sans être froids, et inspirent en même temps l'idée de la plus vive passion et de la plus grande pureté. Quel noble mélange de sensibilité et d'innocence dans les réflexions sur le plaisir ! « Dans » toutes les autres choses, je trouve un plaisir, mais » ce plaisir est d'une nature que, soit que je m'y li- » vre, ou que je ne m'y livre pas, ces choses n'ap- » portent dans mon âme, ni changement, ni desir » violent ; je parle de ces sensations délicates qui » flattent le goût, la vue, l'odorat. Cet autre objet fait » sur moi une impression bien différente. C'est avec » transport que j'en approche. Dans tous les autres » plaisirs, je conserve ma tranquillité et ma supério- » rité, etc. »

Cet aveu développe si bien à l'Ange le cœur humain, qu'il semble appréhender, non-seulement pour Adam, mais pour toute la race humaine, l'excès de cette passion : il l'exhorte à être sur ses gardes; exhortation qui prépare le lecteur à ce qui sera le sujet principal du livre suivant, où cette faiblesse que laisse entrevoir Adam, causera le fatal événement de la désobéissance. La réponse qu'il fait à l'espèce de réprimande qu'il reçoit de l'Ange, montre que sa passion, toute violente qu'elle est, est fondée sur la raison, et par conséquent n'est point incompatible avec la vie qu'il mène dans le Paradis : « Ce qui » me charme le plus en elle, est cette décence, com- » pagne de toutes ses manières ; cette foule de grâces » qui suivent toutes ses paroles et toutes ses actions, » où l'on voit briller l'amour et une douce complai- » sance : signes certains de cette parfaite union qui

» de nous deux ne fait qu'une ame. Harmonie plus
» agréable aux yeux, que ne l'est aux oreilles un mé-
» lodieux concert. »

La manière dont Adam parle à Raphaël prêt à le quitter, a un air de soumission et de reconnoissance qui convient à une créature d'un ordre inférieur, et l'on y trouve en même temps une dignité, une grandeur convenable au père du genre humain dans l'état d'innocence.

DISCOURS XV.

In te omnis domus inclinata recumbit.   Virg.

Quand nous examinons les trois grands poëmes héroïques qui ont paru jusqu'à présent, nous remarquons qu'ils posent sur des fondemens très-foibles. Homère vivoit environ 900 ans après la guerre de Troie ; et comme la Grèce n'avoit pas eu avant lui d'historiens, il n'a pu savoir que bien peu de choses d'Achille et d'Ulysse : on ne peut douter cependant qu'il n'ait inséré dans ses deux poëmes les aventures les plus célèbres, dont la tradition avoit conservé le souvenir.

L'histoire d'Enée, sur laquelle Virgile a fondé son poëme, étoit de même fort peu connue ; ce qui lui a donné le droit de l'embellir de fictions, et de ce qu'il a jugé à propos d'inventer. Il paroît cependant que dans le cours de sa fable, il a fait entrer les principales particularités généralement reçues par les Romains, touchant le voyage d'Enée et son établissement en Italie.

Italie. On trouve dans Denys d'Halicarnasse l'abrégé de cette histoire.

Comme aucun critique n'a envisagé la fable de Virgile dans cette partie historique, c'est dans ce point de vue que je l'examine ici, autant que me le permet mon sujet. Quiconque lira l'abrégé de l'histoire d'Énée dont j'ai parlé, trouvera que son caractère marque cette grande piété envers les Dieux, et une déférence superstitieuse aux prodiges, aux oracles, aux prédictions. Non-seulement Virgile lui a conservé ce caractère, il a inséré dans son poëme ces prédictions particulières, dont la tradition le pouvoit instruire. A ces faits qu'il avoit appris, il a ajouté des circonstances capables d'y ajouter un air naturel et agréable, et propres à exciter la surprise. Bien des personnes sont choquées de la ridicule prédiction qu'une des harpies fait aux Troyens dans le troisième livre, savoir, qu'avant que de bâtir leur ville ils seront réduits par la faim à manger leurs propres tables. Mais comme cette circonstance étoit une de celles qu'on racontoit chez les Romains dans l'histoire d'Énée, le poète n'a aucun tort. Denys d'Halicarnasse rapporte qu'une prophétesse avoit prédit à Énée qu'il voyageroit du côté de l'occident, jusqu'à ce que ses compagnons mangeassent leurs propres tables ; que quand il arriva en Italie, il les trouva mangeant de la viande sur des gâteaux, faute d'assiettes ; et qu'ayant ensuite mangé ces gâteaux, quelqu'un d'eux dit en riant : « Nous mangeons nos » tables. » Ce mot, dit l'historien, frappa tous les assistans, qui remarquèrent que l'oracle étoit accompli. Virgile jugeant qu'il ne devoit pas omettre cette particularité fameuse, l'a rapportée d'une manière qui ne peut faire aucun tort à la dignité d'un poëme héroïque. La prophétesse qui prédit cet événement bizarre est une Harpie affamée, et celui qui en remarque l'accomplissement est le jeune Ascagne. Une pareille observation, très-bien placée dans la bouche d'un enfant, eût paru ridicule dans une autre. Je suis persuadé qu'on peut justifier de même cette métamorphose qui a révolté plus d'un critique, des vaisseaux d'Enée en Nymphes: Virgile, en la rapportant, prévient lui-même que la chose paroîtra incroyable, mais est conforme à la tradition; ce qui devoit être, puisqu'Ovide, dans sa Mythologie Païenne, la rapporte aussi.

Aucun des critiques que j'ai lus, n'ayant considéré sous ce point de vue la fable de l'Enéide, ni remarqué que certains endroits ne se trouveroient pas dans ce poëme s'ils n'avoient pour fondement la tradition, j'espère que cette discussion dans laquelle je viens d'entrer, ne sera point désagréable.

L'histoire qui a servi de fondement au poëme de Milton, est encore plus courte que celle de l'Iliade et l'Enéide, et Milton en a de même fait entrer toutes les particularités dans le corps de sa fable. Dans le neuvième livre que je vais examiner, il n'emprunte de l'Ecriture que ces faits; savoir: que le serpent, le plus subtil de tous les animaux, engagea la femme à manger du fruit défendu, et qu'Eve ayant été séduite, Adam suivit son exemple. Ce petit nombre de faits a fourni au poète une fable très-agréable, parce qu'il a eu l'art d'y mêler un grand nombre de fictions si naturelles, que le tout semble n'être que le commentaire de l'Ecriture-Sainte, ou plutôt une relation plus étendue de ce qu'elle ne rapporte qu'en abrégé.

J'ai insisté sur cette réflexion, parce que je regarde l'invention et l'arrangement de la fable comme une des plus grandes beautés du neuvième livre, un de ceux qui est le plus rempli d'événemens. Satan qui traverse l'atmosphère, toujours caché dans l'ombre de la nuit, parce qu'il craint d'être découvert une seconde fois par l'Ange du soleil, est une circonstance ingénieusement inventée. Après qu'il a examiné les différentes qualités des animaux, et qu'il a trouvé celui qui lui paroît le plus propre à l'exécution de son projet, il retourne au Paradis; et pour éviter encore d'être découvert, il s'y insinue de nuit par le moyen d'une rivière souterraine, et il sort de ce gouffre par une fontaine qui couloit près de l'arbre de vie. Le poète, qui comme nous l'avons observé plus haut, parle lui-même le moins qu'il est possible, et qui, à l'exemple d'Homère, répand partout la vie et le sentiment, fait faire un monologue à l'agent infernal qui se donne tant de mouvemens pour parvenir à perdre l'homme; il le représente ensuite parcourant le jardin, pareil à un brouillard, et cherchant l'animal dont il peut se servir pour tenter nos premiers parens. Cette description est très-poétique: « Il dit, et se » coulant terre à terre, comme un noir brouillard, etc. »

Le poète fait un peu plus bas la description du matin: description qui répond admirablement au génie du poëme, et au temps de l'innocence. La terre, qui n'a point encore été maudite par son Créateur, est représentée comme un grand autel dont l'encens monte de toutes parts vers le Ciel: Adam et Eve offrent à Dieu l'hommage matinal de leurs prières, et unissent leurs voix au concert que font toutes les créatures: « Lorsque les rayons de la lumière sacrée, tombant » sur les humides fleurs, firent exhaler à toutes leur » matinal encens, à ce moment où du grand autel de » la terre, tout ce qui vit sur elle, élève en haut vers le » Créateur, une louange tacite, l'heureux couple de » nos auteurs sortit, et joignit son adoration vocale aux » chœurs des créatures sans voix. »

La dispute qu'ils ont ensemble est représentée avec beaucoup d'art. Elle est causée par une différence dans la manière de penser, et non pas dans celle d'aimer. On explique ses raisons sans chaleur; une pareille dispute a pu arriver dans le séjour de l'innocence. Le lecteur le moins clairvoyant remarquera la délicatesse extrême des leçons de morale que notre premier père entremêle dans ses réponses.

Son amour pour Eve, dont j'ai déjà parlé, se manifeste d'une manière touchante dans plusieurs endroits de ce livre, et s'y montre dans toute sa force, comme dans ses regards qu'il jette sur elle, quand elle s'éloigne de lui: « Il la suit long-temps avec des yeux enflammés d'amour. » C'est avec plaisir qu'il la regarde marcher : il en » auroit bien plus si elle restoit auprès de lui ; il lui » répète plusieurs fois l'ordre de retourner promp- » tement. » Dans l'occupation qu'il se fait pour se consoler pendant son absence, « il avoit choisi des fleurs » qu'il avoit entrelacées, et dont il avoit formé une » guirlande pour orner ses cheveux, et couronner ses » travaux champêtres. » Dans ce discours si passionné, où il témoigne, la voyant perdue sans ressource, qu'il veut aussi périr avec elle : « Eh, quand Dieu voudroit » me créer une autre Eve, mon cœur se consoleroit-il » de ta perte? Non, non, je me sens entraîné par la » chaîne de la nature ; tu es la chair de ma chair, l'os » de mes os, et de ton sort heureux ou malheureux » le mien ne peut jamais être séparé. » Le commencement de ce discours, et ce qui y prépare, tout est plein de cette même passion qui règne dans cette fin.

Les différentes ruses que le tentateur met en œuvre, quand il trouve Eve séparée d'Adam, le grand nombre d'images riantes qui se trouvent entremêlées dans cet endroit, la manière naturelle et suivie dont l'événement est amené, sont des circonstances dont il est inutile de faire remarquer les beautés.

Dans mes remarques sur cet admirable ouvrage, je ne me suis point arrêté à quelques comparaisons particulières, parce que j'ai parlé de toutes en général dans un de mes premiers discours; cependant j'en citerai une ici, non-seulement comme une des plus belles, mais des plus vives, une de celles qui offrent le plus d'idées en moins de mots. C'est celle du serpent marchant devant Eve pour la conduire à l'arbre défendu, lorsqu'elle est éloignée de son mari, qui ne pourra la secourir dans ce danger : « Comme un feu follet, dont » la lueur trompeuse étonne le voyageur nocturne, le » trompe, l'égare dans les forêts, et souvent dans les » lacs et les étangs profonds, où il tombe, et loin de » tout secours, reste englouti. »

Cet enivrement de plaisirs, cette joie que sentirent nos premiers pères en mangeant du fruit, cette tristesse qui y succède, cet abattement, ces accusations mutuelles, sont merveilleusement imaginées et décrites.

Au moment que Didon succomba, Virgile dit que la terre trembla, que les éclairs brillèrent, et que sur les montagnes les Nymphes hurlèrent. Milton, animé du même esprit poétique, représente toute la nature troublée au moment qu'Eve succombe :

> A peine elle eut touché ce fruit fatal au monde,
> Que la terre sentit sa blessure profonde;
> Et par un long soupir jusqu'au Ciel entendu,
> La nature annonça que tout étoit perdu.

Quand Adam commet le même crime, la nature frémit une seconde fois :

> Aux nouvelles douleurs qui la viennent saisir,
> La terre qui s'émeut, pousse un second soupir;
> Le Ciel même s'attriste, et versant quelques larmes,
> Par un murmure sourd, répond à ses alarmes.

Puisque tous les ouvrages de la création doivent prendre part au sort de celui qui a été établi leur souverain, cette terreur et cette consternation de la nature est ici très-bien placée.

La scène entre Adam et Eve après leur crime, est une fidelle copie de celle dont Jupiter et Junon sont les acteurs dans le quatorzième livre de l'Iliade. Quand Junon, à qui Vénus a prêté sa ceinture, aborde Jupiter, il lui déclare qu'il ne l'a jamais vue plus charmante, le jour même où il la vit pour la première fois. Le poète fait ensuite produire à la terre un lit de fleurs, le lotos, le safran, l'hyacinthe, et finit sa description par le sommeil où ils tombent. Que le lecteur compare cet endroit d'Homère avec celui-ci de Milton : « Jamais, » depuis le moment que pour la première fois je te » vis et je t'épousai, ta beauté n'enflamma mes sens » de tant d'ardeur....... Les fleurs de toute espèce, les » pensées, les violettes, l'asphodèle et l'hyacinthe, doux » et frais tapis de la terre, leur servirent de lit.... Ils » tombèrent dans le sommeil qui les soumit à son em-» pire. »

Comme jamais poète n'a plus étudié Homère, et ne lui a plus ressemblé par la grandeur du génie que Milton, le détail de ses beautés que j'ai rassemblées seroit imparfait, si je n'avois pas marqué les principaux endroits qui dans ces deux grands poètes sont semblables. J'aurois pu aussi rapporter plusieurs idées et expressions que Milton a prises d'Homère; mais je n'ai pas voulu m'arrêter à des recherches trop curieuses, qui paroîtroient des minuties. A l'égard des traits les plus considérables, je les rapporte, parce que leur conformité avec Homère les met à couvert de la censure des critiques ignorans et sans goût.

DISCOURS XVI.

Quis talia fando
Temperet à lacrymis?   Virg.

Le dixième livre est remarquable sur tous les autres par la variété des personnages ; le poëte y fait paroître tous ceux qui ont eu part à l'action, tous ceux qu'elle intéresse, et fait voir habilement de quelle façon elle intéresse chacun d'eux. C'est le dernier acte d'une bonne tragédie, où l'on voit revenir sur la scène ceux qui ont eu la principale part à ce qui s'est passé, dans la situation où ils doivent se trouver après l'action. J'examinerai donc ce livre sous quatre points de vue, comme offrant des personnages célestes, infernaux, humains et imaginaires.

Pour commencer par les célestes, je considère les Anges qui ont fait la garde du Paradis, reprenant la route du Ciel, après la chute de l'homme, pour aller justifier leur vigilance. Leur arrivée, la manière dont ils sont reçus, la profonde tristesse de ces esprits qui, comme dit l'Ecriture, se réjouissent de la conversion d'un pécheur, sont des endroits parfaitement touchés : « Une sombre tristesse parut obscurcir leurs fronts » célestes ; mais une tristesse que cause une tendre » compassion n'altère point leur béatitude. »

La même personne divine qui a été représentée auparavant, comme intercédant en faveur des hommes avant leur chute, comme foudroyant les Anges rebelles, et comme créant le monde, est dépeinte ici descendant du Ciel ; pour aller dans le Paradis terrestre prononcer aux trois coupables leur sentence de condamnation. La fraîcheur du soir, circonstance dont l'Ecriture fait mention, est décrite par le poëte dans cette scène intéressante d'une manière très-poétique ; et dans les termes des trois différentes sentences, il s'est astreint avec un scrupule religieux à ceux qui sont rapportés dans l'Ecriture. Il a mieux aimé sacrifier quelque chose de l'harmonie de ses vers, que de s'écarter le moins du monde de ce qui fut dit dans une si grave circonstance. Le poëte a bien peint la honte et la confusion de nos premiers pères, quand ils se présentent nus devant leur juge. A l'arrivée du Péché et de la Mort, entrant sur la terre, le Père éternel est introduit de nouveau adressant sa parole à tous ses Anges qui l'environnent : « Considérez avec » quelle ardeur ces dogues de l'Enfer vont porter la » ruine et la destruction dans ce monde que j'avois créé » si beau et si parfait. » Et ce qui suit est une belle imitation de la magnifique image de l'Ecriture, qui compare la voix de l'armée des Anges à celle des tonnerres, et au bruit des eaux : « Il dit ; et l'applaudis- » sement pareil au bruit des eaux, qui fit retentir son » céleste palais, fut suivi de cet hymne : Tes voies sont » justes, etc. » Quoique Milton, dans tout le cours de son poëme, et particulièrement dans ce livre, ait fait un grand nombre d'allusions à des passages de l'Ecriture-Sainte, je n'ai fait mention dans ces remarques que de celles qui y sont entremêlées d'une manière qui fait connoître l'art du poëte ; de ce nombre est celle-ci, lorsqu'en dépeignant la Mort, qui s'avance au milieu des ouvrages de la création, il dit : « Elle n'étoit pas encore » montée sur son pâle cheval. » Allusion à cet endroit de l'Apocalipse si merveilleusement poétique, et capable d'effrayer l'imagination : « Je vis paroître un cheval pâle ;

» et celui qui étoit monté dessus s'appeloit la Mort, et
» l'Enfer le suivoit. »

Dans ce premier article, qui comprend les personnages célestes, il faut ranger l'ordre donné aux Anges de faire divers changemens dans la nature, et de ternir la beauté des œuvres de la création. C'est ensuite de cet ordre qu'ils sont représentés infectant les étoiles et les planètes de malignes influences, affoiblissant la vive lumière du soleil, appelant l'hiver pour qu'il vienne dans les climats les plus doux, plaçant les vents et les tempêtes en différens endroits de l'air, remplissant les nuées de foudres et d'éclairs, en un mot, altérant toute la machine de l'univers, pour le rendre une demeure conforme à la nature corrompue de ses habitans. Dans le passage suivant, où les Anges soulèvent la terre pour qu'elle ait un autre regard du soleil, on trouve la sublime imagination du poète : « Les uns disent que Dieu ordonna
» à ses Anges d'éloigner de deux fois dix degrés et de
» plus, les poles de la terre, de l'axe du soleil, et
» qu'aussitôt, avec un pénible effort, ils poussèrent obli-
» quement ce globe qui est au centre de l'univers. »

Nous avons, en second lieu, à considérer les agens infernaux dans le point de vue où Milton les a placés dans ce livre. Ceux qui se sont attachés à faire sentir la grandeur du plan de Virgile, font remarquer qu'il fait parcourir à son lecteur toutes les parties de la terre connues de son temps, l'Asie, l'Afrique et l'Europe. Le plan du poëme de Milton est infiniment plus étendu, et remplit l'âme d'objets bien plus propres à exciter l'admiration. Satan qui a fait sept fois le tour de la terre, résolu de s'éloigner du Paradis terrestre, dirige son vol entre les constellations, et après avoir traversé l'espace immense qui renferme tous les ouvrages de la création, traverse l'empire du Chaos, et rentre enfin dans son triste royaume. Son retour dans l'assemblée de ses sujets, cause une agréable surprise au lecteur ; mais aucun incident n'est plus propre à surprendre dans ce poëme, que la métamorphose de toute l'assemblée, aussitôt après que Satan lui a fait le récit de son expédition. Le changement que le prince de l'assemblée éprouve lui même est décrit à la manière d'Ovide, et peut être comparé à tout ce qu'Ovide a le mieux décrit en ce genre. Milton ne manque presque jamais de renchérir sur ses propres idées, et de mettre une dernière main aux incidens qu'il invente. Le sifflement subit qui se fait entendre, les dimensions de Satan, si supérieures à celles de tous ses sujets qui ont subi la même métamorphose qui doit se renouveler tous les ans, sont des exemples de ce que je viens de dire. Dans tout cet épisode conduit avec tant d'art, comme je l'ai déjà remarqué, on doit admirer particulièrement la beauté de la diction. Nous avons à considérer les personnages humains, Adam et Eve. L'art de Milton ne paroît jamais plus admirable que dans les actions et les paroles qu'il leur prête. La peinture qu'il en fait, sans falsifier en rien l'histoire, ni appeler à son secours la fiction, inspire la compassion pour eux. Quoiqu'Adam plonge dans la misère toute l'espèce humaine, son crime a sa source dans une foiblesse que nous nous sentons disposés à pardonner, parce qu'elle nous paroît plutôt l'effet de la fragilité de notre nature, que d'une mauvaise intention. On est prêt à pardonner une faute qu'on auroit pu commettre, si l'on s'étoit trouvé dans les mêmes circonstances. Un excès d'amour pour Eve, perdit Adam et sa postérité. Je pourrois ajouter que sur ce point Milton est justifié par quelques-uns des Pères de l'Eglise, et par plusieurs écrivains orthodoxes. C'est par cette raison que Milton a rempli une grande partie de son poëme, de ce style que les critiques français appellent style tendre, beauté qui charme presque tous les lecteurs.

Adam et Eve sont, dans ce livre, pleins de sentimens qui nous engagent non-seulement à partager leur affliction, mais qui excitent en nous les mouvemens de la plus tendre pitié. Quand Adam voit les tristes changemens arrivés dans la nature, son âme est dans ce désordre où doit être un criminel qui vient de perdre son innocence et son bonheur. Il se sent agité d'horreur, de remords, de désespoir, et dans sa douleur il ose reprocher à Dieu de lui avoir donné une existence qu'il ne lui avoit pas demandée : « C'est donc moi qui t'ai prié, » Créateur, de me tirer de mon argile, pour me faire » homme? C'est donc moi qui t'ai sollicité de me tirer » du sein des ténèbres où j'étois? » Mais à peine a-t-il prononcé ces paroles, qu'il revient à lui-même, reconnoît la justice de l'arrêt qui le condamne, et demande que la mort dont il est menacé arrive promptement.

> Il appelle la mort. « Eh, pourquoi tarde-t-elle ?
> » Hélas, que sa lenteur, disoit-il, est cruelle! »

Tout ce discours est plein de la même émotion, et varié par tous les sentimens qu'excitent en lui des passions différentes. La généreuse inquiétude que notre père témoigne pour toute sa postérité, ne peut que faire une vive impression sur nous :

> Ah, que je vous prépare un funeste héritage,
> Infortunés enfans que de loin j'envisage !
> Combien de fois, contraints par votre sort affreux,
> Maudirez-vous l'auteur de vos jours malheureux !

Et qui peut contempler ce père du genre humain étendu sur la terre, poussant des lamentations pendant la nuit, déplorant sa naissance, et demandant la mort, sans partager ses douleurs?

Le rôle d'Eve dans ce livre, n'est ni moins touchant,

ni moins propre à exciter la compassion. Elle s'approche avec tendresse d'Adam, qui la repousse avec indignation; ce qui convenoit à celui sur qui les passions violentes commençoient à prendre l'empire. Rien n'est plus pathétique que ce qu'elle lui dit pour le calmer:

> Prends pitié, cher époux, de ma misère extrême.
> J'en atteste le Ciel qui sait combien je t'aime,
> Et pour toi quel respect est gravé dans mon cœur.....
> Passons en paix les jours qui nous restent à vivre.....
> Ah, de nous deux, c'est moi qui suis la plus coupable!
> Si tu l'es envers Dieu, tu l'es ainsi que moi;
> Mais pour comble de maux, je le suis envers toi, etc.

Leur réconciliation est pleine de la même tendresse. Eve, qu'aveugle le désespoir, propose à son mari de passer le reste de leur vie dans le célibat, pour empêcher que leur crime et leur malheur ne passe à leur postérité; et s'il trouve que ce parti soit impossible, elle consent de se donner la mort: sentimens propres à exciter la vive compassion du lecteur. La résolution de mourir, pour sortir tout d'un coup d'un état misérable et cruel, ne montre pas tant de fermeté que la résolution de supporter ses maux, et de se soumettre aux ordres de la Providence. C'est pour cela que la sagesse du poëte a donné à la femme cette première pensée, qu'il fait désapprouver par l'homme.

Il nous reste à considérer les personnages imaginaires, la Mort et le Péché qui jouent un rôle si considérable dans ce livre. De pareilles allégories ne sont certainement les productions que d'un grand génie; mais, comme je l'ai observé ci-dessus, elles ne sont pas conformes à la nature du poëme héroïque. Celle du Péché et de la Mort est admirable en son genre, si on ne la considère pas comme partie d'un pareil poëme. Les vérités qui y sont renfermées sont si claires et si sensibles qu'il est inutile de s'y arrêter pour les expliquer. Je me contenterai de dire simplement qu'il est difficile de concevoir comment le poète a pu trouver des mots et des tours si propres à décrire les actions de ces deux personnages, surtout lorsqu'il leur fait bâtir sur le chaos ce pont, ouvrage digne du génie de Milton.

Mon sujet m'ayant engagé à parler de ces personnages imaginaires qui peuvent trouver place dans les poëmes épiques, j'espère qu'il me sera permis de proposer mon sentiment sur une matière curieuse en elle-même, et qui n'a jamais encore été traitée par aucun critique. On trouve sans doute dans Homère et Virgile des personnages qui n'eurent jamais une existence réelle, et ils sont bien placés dans un poëme, pourvu qu'ils ne fassent que s'y rencontrer, et que le poète ne leur donne pas un rôle suivi. Le sommeil personnifié dans l'Iliade, n'y fait qu'un rôle très-court. Tout chimérique qu'est ce personnage, nous devons considérer que les Païens, qui lui ont élevé des statues, qu'ils ont placées dans leurs temples, en ont fait un Dieu. Mais Homère n'emploie de pareilles images que pour dire des choses fort simples; et il les emploie si légèrement, que ses expressions doivent être regardées comme des expressions poétiques, plutôt que comme des descriptions allégoriques. Au lieu de dire, par exemple, que la crainte fait prendre la fuite, il personnifie la crainte et la fuite, comme deux compagnes inséparables; au lieu de dire que le temps où Apollon devoit recevoir sa récompense étoit arrivé, il nous dit que les Heures la lui apportèrent; au lieu de nous dire les effets de l'égide de Minerve dans un combat, il met à l'entour de cet égide, la terreur, la déroute, la discorde, la fureur, le carnage, la mort. Dans son style, la victoire marche après Diomède, la discorde est la mère des funérailles et de la tristesse, Vénus est habillée par les Grâces, et la terreur est l'habillement de Bellone. On trouve de pareils exemples dans Virgile ; et Milton emploie souvent les mêmes figures, comme quand il place la Victoire à côté du Messie, marchant contre les Anges rebelles, quand il fait ouvrir les portes de la lumière par les heures, et qu'il fait la Discorde fille du Péché. Telles sont encore ses expressions, en parlant du rossignol qui chante, *le silence étoit charmé ;* et lorsque le Messie ordonne à l'abyme de se taire, *le chaos entendit sa voix.*

Je pourrois rapporter beaucoup d'autres exemples ; et l'on voit assez que de pareilles allégories ne sont pas faites pour être prises dans le sens littéral, mais seulement pour présenter au lecteur des images agréables : ce qui m'a fait dire que les personnages imaginaires ne doivent point être des principaux acteurs ; cette hardiesse ne convient pas au poëme héroïque, où dans les principales parties tout doit paroître croyable. Je ne puis m'empêcher de regarder le Péché et la Mort comme personnages aussi déplacés que la Force et la Nécessité dans une tragédie d'Eschyle, qui les introduit garottant Prométhée à un rocher ; ce que les plus fameux critiques ont condamné. Je ne connois aucun personnage imaginaire mis en œuvre d'une manière plus sublime, que par un de nos prophètes, qui représentant Dieu descendant des Cieux pour punir les péchés des hommes, ajoute à cette terrible image une autre qui redouble la terreur : « Devant lui marchoit la » peste ; » il eût pu décrire ce personnage imaginaire avec toutes ses taches de pourpre, précédé par la fièvre, ayant à sa droite la douleur, à sa gauche la frénésie, et derrière lui la mort. Ce même personnage pouvoit descendre ici-bas sur la queue d'une comète, ou y être lancé au milieu d'un éclair; son haleine peut corrompre les airs, et le feu de ses yeux tout embraser; mais je suis persuadé que la noble simplicité du prophète a quelque chose d'infiniment plus grand et plus sublime que tout ce qu'auroit pu ajouter la plus riche imagination d'un poète.

DISCOURS XVII.

Crudelis ubique
Luctus, ubique pavor et plurima mortis imago.   Virg.

Milton a montré un art admirable en décrivant la variété des passions qui s'élevèrent dans nos premiers pères aussitôt après leur désobéissance. Ils paroissent d'abord triompher de leur crime, et nous les voyons ensuite passer par degrés aux remords, à la honte, au désespoir, à la contrition, à la prière, à l'espérance, et enfin au parfait repentir. A la fin du dixième livre on les voit prosternés sur la poussière, arrosant la terre de leurs larmes; et le poète ajoute cette belle circonstance, qu'ils allèrent offrir la prière de leur repentir à la même place où leur juge avoit prononcé leur condamnation :

> Retournons à la place où nous fûmes jugés.
> Là, dans le repentir et la douleur plongés,
> A travers nos sanglots, couchés dans la poussière,
> Nous ferons de nos cœurs sortir notre prière.

On trouve une beauté semblable dans une tragédie de Sophocle : OEdipe, après s'être crevé les yeux, au lieu de se précipiter du haut de son palais, spectacle qui eût été agréable aux Anglais, demande à être conduit au mont Cythéron, pour aller terminer ses jours au même endroit où il avoit été exposé après sa naissance, et où il eût dû mourir aussitôt, si les ordres de son père eussent été exécutés.

Comme Milton est toujours attentif à donner à ses pensées un tour poétique, en décrivant la manière dont les prières des deux coupables furent exaucées, il emploie une courte allégorie, fondée sur un beau passage de l'Ecriture, où l'on voit un Ange avec un encensoir d'or et une grande quantité de parfums, offrir les prières des Saints sur un autel d'or: « Leurs prières
» toutes spirituelles, percèrent les portes du Ciel; et y
» ayant été par leur grand intercesseur couvertes de
» l'encens qui fume sur l'autel d'or, elles arrivèrent
» jusqu'à la vue du Père devant son trône, et le Fils
» les présenta avec joie. » La même pensée est employée de la manière la plus noble par le Messie, lorsqu'il intercède pour eux.

Parmi les endroits poétiques que Milton a fait entrer dans sa narration, je ne dois pas omettre celui d'Ezéchiel, qui dit que les Anges qui lui apparurent dans une vision avoient chacun quatre faces, et qu'ils étoient tout parsemés d'yeux.

Le concours des Anges appelés pour entendre l'auguste décret que le Père-Eternel prononce sur l'homme, est décrit avec une grande vivacité. En le prononçant, le Tout-Puissant se ressouvient de sa miséricorde, et commande à Michel d'exécuter avec douceur la commission qu'il lui donne, pour que l'homme, déjà accablé de douleur, ne s'abandonne pas au désespoir:
« Toutefois, en les frappant de ce coup terrible, mé-
» nage-les, de peur qu'ils ne tombent accablés du poids
» d'une sentence si rigoureuse, puisque je vois la dou-
» leur dont ils sont déjà pénétrés. »

La

La conversation entre Adam et Eve est pleine de tendres sentimens. Après la triste nuit qu'ils ont passée, ils aperçoivent l'aigle et le lion poursuivant chacun sa proie vers la porte orientale du Paradis; incident qui offre deux beautés : non-seulement il offre de grands et de justes présages, ornement qu'aime la poésie, il annonce cette inimitié qui commença alors entre les animaux. Le poète pour annoncer les autres changemens de la nature, et pour orner encore sa narration, représente le soleil dans une éclipse. Un nuage plus brillant que le soleil même, à cause des Anges dont il est rempli, descend vers l'occident. Pour augmenter l'éclat de ce nuage, tout le reste du théâtre de la nature est obscurci : « Pourquoi l'orient est-il ainsi obscurci, et pourquoi » la lumière orientale de l'aurore sort-elle comme au » matin, de ce nuage, etc.? »

Il n'est pas nécessaire d'observer avec quel jugement Milton, si habile dans la distribution de ses rôles, emploie Michel pour mettre nos premiers pères hors du Paradis : il ne se présente point à eux sous sa forme d'Archange; il ne les aborde point avec un air de familiarité, comme avant leur chute Raphaël les abordoit. Son air, sa démarche, sa conduite, tout répond à la dignité de son rang : « De son côté lumineux, comme » l'éclatant zodiaque, pendoit cette épée, terreur de » Satan, et dans sa main il portoit une lance : l'homme » fit une inclination profonde, l'Ange n'en fit aucune. »

Les lamentations d'Eve, quand elle apprend qu'il faut sortir du Paradis, renferment des sentimens convenables au sujet, et, par leur douceur, convenables à son sexe. Elle s'adresse aux fleurs :

> Vous que je visitois le matin et le soir,
> Vous qu'arrosoient mes mains de cette onde si pure,
> Fleurs dont j'entretenois la charmante parure,

> Qui toutes receviez de moi des noms si doux,
> Quelles mains désormais vont prendre soin de vous?
> Et toi, lit nuptial, objet de ma tendresse,
> Berceau délicieux, etc.

Les sentimens d'Adam sont touchans, mais ont quelque chose de plus mâle et de plus élevé :

> Je regrette un séjour qu'habitoit l'innocence,
> Et que de Dieu souvent honoroit la présence.
> Partout où je l'ai vu, je l'aurois adoré.
> Un jour à mes enfans, de respect pénétré,
> J'aurois dit : « Sur ce mont, il fit briller sa gloire.
> » Ici (bonheur encor plus cher à ma mémoire!) etc. »

Lorsque l'Ange a conduit Adam sur l'endroit le plus élevé du Paradis, il expose un hémisphère entier, comme le théâtre des différentes visions qui vont paroître à ses yeux. J'ai déjà observé combien le plan de ce poëme est plus grand que celui de l'Iliade et de l'Enéide. Le héros de Virgile, dans un épisode justement admiré, voit tous ceux qui doivent descendre de lui; cet épisode de Milton est de la même espèce, mais bien plus élevé. La vision d'Adam n'est point bornée à un seul peuple, elle s'étend sur toute la race des hommes.

Adam en voyant sa famille, voit d'abord Caïn et Abel, et cette vision est écrite avec toute la précision et la justesse possible. Tout est naturel dans la curiosité et l'horreur d'Adam à la vue du premier homme mourant :

> Je connois donc la Mort, et je la vois de loin.
> Est-ce ainsi que je dois retourner dans la poudre?

La seconde vision est cette mort, qui paroît dans une grande variété de formes. L'Ange pour lui faire comprendre les tristes suites de son crime, lui fait voir un lieu rempli de malades attaqués de toutes sortes d'infirmités. Quelle beauté, lorsque ce poète, employant à propos ces personnages allégoriques dont j'ai parlé,

personnifie le désespoir : « Le Désespoir courant d'un
» lit à l'autre, visitoit tous les malades, et sur eux la
» Mort triomphante faisoit briller son dard, mais dif-
» féroit à frapper. » Ce spectacle produit sur Adam un
effet naturel : « Il pleura, quoiqu'il n'eût pas été formé
» dans le sein du sexe foible. » Le discours qui suit
renferme une belle morale.

Comme rien n'est plus agréable en poésie qu'un contraste bien ménagé, Milton à ce spectacle cruel, fait succéder une scène de joie, de plaisirs et d'amour; et la joie
secrète que ressent Adam attentif à cette vision, est
imaginée avec beaucoup de délicatesse. Je ne dois pas
omettre la description de ces filles voluptueuses qui
séduisirent les fils de Dieu : « Enjouées et folâtres, elles
» s'approchoient en dansant, et accordant leurs harpes à
» des chants tendres et amoureux ; ces hommes si graves
» les apperçurent, laissèrent leurs regards courir en
» liberté, etc. » Dans une vision toute contraire, il
contemple les horreurs de la guerre; il fond en larmes,
et s'écrie :

> Qu'entends-je? Quelle horreur ! Et quel carnage affreux !
> Ministres de la Mort, ils s'égorgent entr'eux.
> L'homme massacre l'homme ! O monstres sanguinaires,
> Quels autres pouvez-vous massacrer que vos frères?

Pour entretenir une agréable variété dans ces visions,
Milton passe de ces images de terreur à des images de
triomphes et de fêtes, et dépeint les débauches qui
furent cause du déluge. Dans la description du déluge,
où l'on remarque qu'il imite Ovide, on remarque aussi
avec quel jugement il évite ce qui est puéril et superflu
dans Ovide. On ne voit point le loup nager avec les
brebis, ni toutes ces vagues imaginations que Sénèque
trouve si déplacées dans la terrible catastrophe de la
nature; et si Milton a fait usage du vers où Ovide dit

que tout étoit mer, et que la mer n'avoit point de rivages, il a évité la censure qui condamne ce vers, en disant : « Une mer couvre la mer, et cette mer nouvelle n'a point » de rivages. »

Le lecteur qui peut comparer d'autres endroits de cette description avec celle d'Ovide, trouvera Milton supérieur. Les Cieux chargés de nuages, la chute des pluies, l'élévation des mers, l'arc majestueux qui paroît dans le Ciel, sont des images qui frappent tout le monde. La destruction du Paradis terrestre est heureusement imaginée, et conforme à l'opinion de plusieurs savans.

L'impression que le spectacle du déluge fait sur Adam, est une imitation très-belle de Virgile, quoique la première pensée soit plutôt dans le goût d'Ovide : « O Adam, tu te trouvas dans une inondation d'une » autre nature! Un déluge de larmes te couvrit, et, suffo- » qué par tes gémissemens, tu restois noyé comme tes » enfans, si l'Ange ne t'eût relevé..... Désolé comme » un père qui pleure sur ses enfans qu'un coup cruel a » tous détruits à ses yeux, à peine eus-tu la force d'a- » dresser à l'Ange cette plainte. »

Je me suis particulièrement attaché à l'examen de ce livre, parce que, comme on ne le regarde pas ordinairement comme un des plus beaux du poëme, le lecteur eût pu passer des endroits dignes d'admiration. Les deux derniers livres ne contiennent essentiellement que la sortie de nos pères du Paradis. Quoique ce sujet ne soit pas si grand que ceux des livres précédens, il est diversifié par tant d'incidens surprenans et d'épisodes admirables, que ces deux livres sont également dignes de ce divin poëme. Si Milton n'avoit point représenté nos pères sortant du Paradis, l'action du poëme auroit été imparfaite.

DISCOURS XVIII.

Segnius irritant animos demissa per aurem,
Quàm quæ sunt oculis subjecta fidelibus.   Hor.

Milton ayant représenté en visions l'histoire du monde, jusqu'à la première et terrible époque, en fait rapporter la suite dans une narration : il a su fournir à l'Ange qui en use ainsi avec Adam, une raison très-finement trouvée ; mais la véritable est la difficulté que le poëte trouvoit à figurer par des objets visibles une histoire si compliquée. J'avoue qu'il ne l'eût pu faire sans beaucoup de travail ; mais je souhaiterois qu'il l'eût pris, et, pour dire librement mon sentiment, je pense que donner ainsi l'histoire du monde, partie en visions, partie en narration, c'est faire comme un peintre qui mettroit son sujet partie en couleur, partie en écriture. Si l'auteur languit quelque part, c'est dans cette narration, dans laquelle on le voit plus attentif à la théologie qu'à la poésie. Cependant il ranime heureusement sa narration dans les endroits susceptibles d'ornemens poétiques, comme lorsqu'il rapporte la confusion des langues arrivée parmi les architectes de la tour de Babel, et quand il fait un court récit des plaies de l'Egypte ; la tempête de grêle et de feu, et les ténèbres qui couvrent la terre pendant trois jours sont décrites très-vivement. Le passage suivant est imité de l'Ecriture :
« Le dragon du fleuve, dompté par dix plaies, consen-
» tira à laisser partir ses hôtes, son cœur endurci aura
» été plus d'une fois humilié ; mais comme la glace,
» qui après un faux dégel devient encore plus forte,
» son cœur s'endurcira encore. » Le dragon du fleuve est une allusion au crocodile qui habite le Nil, à qui

l'Egypte doit sa fertilité ; et cette allusion est tirée d'un sublime passage d'Ezéchiel, où Dieu dit à Pharaon : « Je viens à toi, grand dragon, qui as dit, ce fleuve » est à moi. » Milton dans la même description présente une autre image, tirée presque mot pour mot du récit de Moïse : « Dieu regardant entre la nuée et la colonne » de feu, mettra en désordre toute l'armée, et renver- » sera les roues des chars. ».

Comme le principal objet de cet épisode est de faire connoître à Adam la personne divine qui doit rétablir l'humaine nature dans le bonheur et la perfection qu'elle a perdue, le poète renferme sa narration historique dans la ligne d'Abraham, dont le Messie doit sortir. L'Ange voit ce patriarche marchant vers la terre promise, ce qui anime cette partie de la narration : « Je le vois, tu ne le peux voir ; je le vois partir, il » quitte ses Dieux..... Il va depuis Hamata (j'appelle » les lieux qui n'ont point encore de noms, par ceux » qu'ils auront un jour). » Dans la vision du sixième livre de l'Enéide, qui a probablement donné à Milton l'idée de cet épisode, on trouve ce vers dont est imité celui de Milton :

Hæc tunc nomina erunt, nunc sunt sine nomine terræ.

Le poète a admirablement exprimé la joie qui s'élève dans le cœur d'Adam lorsqu'il entend parler du Messie. Il est dans cette joie, sitôt qu'il aperçoit, à travers les types et les ombres, le jour de son Rédempteur ; mais quand il voit la rédemption achevée, et le Paradis recouvré, il s'écrie dans un saint transport : « Bonté » infinie ! Bonté immense, qui du mal produira tant de » bien, et changera le mal en bien, miracle encore plus » grand que celui qui dans la création fit sortir la lumière » des ténèbres ! »

J'ai dit dans mon sixième discours, que suivant l'opinion des meilleurs critiques, le dénouement d'un poëme héroïque devoit être heureux, afin que le lecteur qu'on a conduit à travers les doutes, la crainte, les chagrins et les inquiétudes, soit remis dans un état de satisfaction et de tranquillité. C'étoit en cela qu'étoit défectueuse la fable de Milton, si recommandable par d'autres endroits; mais le poète a montré un jugement admirable, et une grande beauté d'imagination, en trouvant le secret de remédier à ce défaut naturel de son sujet. La dernière fois que nous avons vu l'ennemi du genre humain, nous l'avons vu plongé dans un abyme d'humiliation et de désespoir, mâchant des cendres, rampant dans la poussière, accablé de tourmens; et nous avons vu au contraire nos premiers pères rassurés par des songes et des visions consolantes, soutenus par de grandes promesses, et élevés, pour ainsi dire, à un plus grand bonheur que celui d'où ils sont tombés. En un mot, Satan au comble de sa gloire, tombe dans le sein de la misère, et Adam du sein de la misère est élevé au comble de la gloire.

Le poëme finit avec noblesse; les derniers discours de l'Archange et d'Adam sont pleins de morale et d'instruction. Le sommeil qui a surpris Eve, et calmé le désordre de son esprit, a produit la même tranquillité dans l'âme du lecteur, qui est satisfait quand il entend dire à la mère du genre humain : « J'emporte avec moi » cette consolation certaine, que quoique je sois la » source de la perte, cependant (faveur qui m'est ac- » cordée, et dont je suis indigne) je serai la source du » salut; de moi sortira celui qui réparera tout. »

Dans les derniers vers du poëme, le poète qui se ranime, prodigue les images et les expressions poétiques. Suivant Héliodore dans ses Ethiopiques, les Dieux ne font pas pour s'avancer le même usage que nous faisons de nos pieds ; ils glissent sur la surface de la terre. Milton attribue ce même mouvement aux Anges qui viennent prendre possession du Paradis : « Ils rasoient » la surface de la terre comme des météores : ainsi » s'avance sur la plaine marécageuse, un brouillard, etc. »

Le poète a encore fait imiter à Michel la conduite de l'Ange qui fit sortir Loth de Sodome, et a mis en œuvre avec beaucoup d'art, quelques traits de ce récit : « Pour » hâter nos premiers pères, lents à marcher, il les prit » par la main. » Le changement qui surprend Adam et Eve quand ils tournent la tête pour regarder le Paradis, surprend le lecteur comme eux, et les larmes qu'ils versent n'ont rien que de naturel. Enfin, ils s'avancent sur la terre qui s'offre à eux tout entière : « Le lieu de » leur demeure étoit à leur choix, la Providence fut leur » guide. » S'il m'étoit permis d'altérer le moins du monde ce divin ouvrage, j'aimerois mieux le terminer par ces vers, que par les deux qui suivent : « Se tenant » par la main, marchant à pas lents et incertains, ils » prirent au travers d'Eden leur route solitaire. » Ces deux derniers vers, quoiqu'ils aient leur beauté, semblent affoiblir les deux qui les précèdent, et renouveler dans l'âme du lecteur une compassion qu'il ne devoit plus avoir.

Le Paradis Perdu est divisé en autant de livres que l'Enéide : il n'étoit qu'en dix dans la première édition ; mais Milton, avec quelques légères additions, du septième en fit deux, ainsi que du douzième. Cette seconde division est certainement très-judicieuse : la chimérique idée d'une ressemblance avec Virgile n'en fut pas la cause ; elle donna à ce grand ouvrage une disposition plus régulière.

Ceux qui ont lu le P. le Bossu et plusieurs autres critiques qui ont écrit depuis lui, me condamneroient si je ne disois rien de la morale particulière qui est l'objet de tout le poëme. Je suis bien éloigné de croire comme eux, que tout poète épique commence par choisir un point de morale qu'il veut enseigner, et y ajoute ensuite la fable qu'il y trouve propre. Je suis persuadé en même temps qu'aucun poëme épique ne peut être bon, s'il n'enseigne quelque excellente morale. Nul autre n'en peut enseigner une plus importante et plus utile que celle de Milton, qui est celle-ci : « L'o-» béissance à la volonté de Dieu rend l'homme heureux, » et la désobéissance le rend malheureux. » Le bonheur d'Adam et d'Eve tandis qu'ils sont dans le Paradis, et leur malheur quand ils en sortent, enseignent cette morale, qui est aussi celle du principal épisode, où l'on voit une multitude d'Anges précipités du Ciel dans les Enfers à cause de leur désobéissance. Outre cette grande morale, qui doit être regardée comme l'âme du poëme, une infinité d'autres maximes s'y trouvent répandues, et nul poëme, en quelque langue que ce soit, n'est plus instructif.

Ceux qui ont travaillé sur l'Odyssée, l'Iliade et l'Enéide, se sont donné beaucoup de peine pour fixer le nombre des mois et des jours que dure chaque action. Si l'on veut faire la même recherche dans Milton, on trouvera que depuis qu'Adam paroît sur la scène, dans le quatrième livre, jusqu'au moment qu'il sort du Paradis, le poète compte dix jours. A l'égard de la partie de l'action décrite dans les trois premiers livres, comme elle se passe hors des régions de la nature, elle ne peut être assujettie au calcul du temps.

Telles sont mes réflexions sur un ouvrage qui fait tant d'honneur à la nation anglaise. Je l'ai envisagé d'abord sous quatre points principaux, l'action, les caractères, les sentimens, le style. J'ai fait un discours sur chacune de ces parties, et j'ai rassemblé dans deux autres, ce que sur ces quatre chefs on y peut censurer. J'aurois pu en dire beaucoup davantage, mais cette matière n'étoit pas assez agréable pour me retenir long-temps ; et je suis convaincu que le lecteur le plus sévère ne trouvera aucune faute, de quelque nature qu'elle soit, qu'il ne puisse rapporter aux principaux défauts que j'ai reprochés à Milton.

J'ai fait ainsi le premier examen du poëme ; mais je n'ai pas cru qu'un examen général fût suffisant, il m'a paru nécessaire d'entrer dans le détail ; c'est pourquoi j'ai fait un discours sur chaque livre : et non content d'avoir montré les beautés générales, j'ai voulu par des recherches particulières déterminer en quoi consistent différentes beautés, les unes dans le sublime, d'autres dans la tendresse, d'autres dans le naturel, d'autres dans les passions, la morale, les sentimens, et plusieurs dans l'expression. Je me suis encore attaché à faire voir comment le génie du poète brille dans d'heureuses inventions, de fines allusions, et de judicieuses imitations, tantôt copiant ou imitant Homère et Virgile, et tantôt donnant à ses propres idées une élévation que lui inspirent différens endroits de l'Ecriture-Sainte. J'aurois pu citer quelques passages du Tasse qu'il a imités ; mais, outre que je ne mets pas le Tasse au même rang, j'aurois par de pareilles citations pu induire en erreur quelques lecteurs, qui auroient cru devoir mettre le poète italien au-dessus du poète anglais. Enfin, j'ai voulu entrer dans le détail de tant de beautés différentes, toutes essentielles à la poésie, et qui toutes se trouvent dans notre auteur, mais qu'il seroit ennuyeux de récapituler ici. Si lorsque j'ai conçu l'idée de ce travail, j'avois prévu qu'il m'eût mené si loin, peut-être ne l'aurois-je pas entrepris ; mais je n'ai pas à m'en repentir, depuis l'accueil favorable qu'il a reçu de personnes dont j'estime beaucoup les lumières.

DISCOURS

SUR

LE POËME ÉPIQUE,

A l'occasion des Remarques d'Addisson sur celui de Milton.

Lorsque Addisson met à la tête de ses Remarques sur Milton, ce vers de Properce,

> Cedite, Romani Scriptores, cedite, Graii,

nous excusons un critique anglais, qu'emporte son admiration pour un poète de sa nation. Pour nous, que le même zèle n'aveugle pas, nous laissons Homère et Virgile à leur place. Homère est toujours le premier, Virgile le second, Milton le troisième; mais de façon qu'il est bien plus près du second que du quatrième, puisque ceux qui veulent mettre le Tasse au rang des grands poètes épiques, doivent du moins le placer bien loin de ces trois.

Addisson, avant que de suivre en détail, livre par livre, toutes les beautés du Paradis Perdu, commence par faire voir que dans ce poëme se trouvent heureusement exécutées les règles du poëme épique : règles, comme il le dit, qu'il a apprises d'Aristote, qui les avoit apprises d'Homère, en qui nous admirons à la fois, et le commencement et la perfection de l'art; perfection si grande, qu'aucun autre poète n'a pu encore l'atteindre.

Quand je dis que l'art commence à Homère, je n'entends

pas qu'il ait le premier mis en vers un récit de faits. La poésie héroïque succéda naturellement à la lyrique, que des transports de joie et de reconnoissance firent naître la première. On voulut ensuite raconter en vers les faits dont la mémoire méritoit d'être conservée, et ces récits furent d'abord faits sans art.

Nous pouvons juger de ces premiers poëmes historiques, par celui de D. Alonzo d'Ercilla, intitulé *Araucana*. Ce poète, le plus raisonnable des anciens poètes espagnols, n'est ni boursoufflé dans son style, ni évaporé dans ses pensées, mais il écrit sans art. Il raconte les faits en historien ; il décrit les lieux où il a été en voyageur; ses épisodes sont des digressions très-inutiles, mais qui lui paroissent très-nécessaires pour rompre l'uniformité, qu'il sent bien devoir ennuyer. Homère, qui sentit de même que de pareils récits étoient ennuyeux, chercha une autre route, et trouva la seule qu'il falloit prendre.

Quand les hommes ne veulent qu'être instruits des faits, ils se contentent de les trouver écrits par l'historien, avec ordre et vérité: deux qualités qu'ils n'exigent pas du poète, parce qu'ils ne le lisent que pour être agréablement amusés, sans quoi ils cessent de le lire. Homère trouva que pour les rendre attentifs à un récit qui fût en même temps long et agréable, il falloit répandre le merveilleux dans un récit de plusieurs faits, qui tous liés à un seul fait principal, à une seule action, et formant un seul tout, les attachât à un seul point de vue. Un pareil récit réunit deux qualités très-essentielles pour plaire, la variété et l'unité.

La règle de l'unité d'action est si raisonnable, si simple et si naturelle, qu'on ne croit pas devoir admirer le premier qui l'a trouvée. On pensera différemment, si l'on fait réflexion que les premiers poètes dramatiques, en Italie, en Espagne, en France, en Angleterre, n'en eurent pas d'abord la moindre idée, et que même l'exemple d'Homère ne fut pas suivi dans la Grèce par tous les poètes épiques, puisqu'Aristote parle de plusieurs poëmes où ne se trouvoit pas l'unité d'action, et qu'il fait assez entendre qu'Homère est celui qui a pris la seule route qu'il faut prendre pour plaire. Et en effet, de tous ces anciens poëmes héroïques de la Grèce, aucuns n'ont été conservés, au lieu que les deux d'Homère l'ont été avec tant de soin, par l'estime qu'on en a faite, que le plus ancien de tous les écrivains profanes est celui dont les écrits sont venus jusqu'à nous les moins altérés.

Lorsque les poètes voulurent imiter une action par la représentation, après s'être égarés d'abord, ils reconnurent enfin qu'ils s'attacheroient des spectateurs par le même art que celui par lequel Homère s'attache des lecteurs, quand il imite une action par le récit. Ainsi la poésie dramatique suivit les mêmes règles que la poésie épique. C'est pourquoi Aristote, après s'être étendu sur la première, dit peu de choses sur l'épopée, à laquelle on doit appliquer tout ce qu'il a dit sur la tragédie, et où par conséquent on doit, après l'action, considérer les caractères, les sentimens et le style.

Ce sont ces quatre qualités qu'Addisson examine dans Milton; mais il ne dit qu'un mot de deux autres, dont l'une est très-essentielle au poëme épique, et l'autre très-importante, le merveilleux et la morale.

Si le poète n'a point pour objet de rendre les hommes meilleurs, sa gloire est frivole; parce que, comme dit Phèdre, *nisi utile est quod facimus, stulta est gloria;* mais quelqu'utile que puisse être son ouvrage, il restera sans gloire, s'il ne s'attire pas des lecteurs par le merveilleux. Le poëme anglais intitulé *Leonidas*, qui parut à Londres en 1737, et qui avoit pour objet de sa morale, l'amour de la liberté et de la patrie, fut reçu avec les plus grands applaudissemens, et traduit aussitôt dans notre langue.

L'auteur de la Bibliothèque Britannique, qui en donna un long extrait, l'annonça comme un chef-d'œuvre de la poésie épique, qui par la beauté du style et les charmes de la versification, l'emportoit sur le poëme de Milton. Il est cependant arrivé à ce poëme, dénué du merveilleux, le contraire de ce qui est arrivé à celui de Milton. Il n'a point fait la fortune que lui promettoit une naissance si éclatante ; et le Paradis perdu, malgré l'obscurité de sa naissance, a surmonté enfin tous les obstacles qui s'opposoient à sa fortune, parce que le merveilleux y règne, comme je le ferai voir dans la suite de mes réflexions, qui auront pour objet les six qualités du poëme épique : 1°. l'action ; 2°. les caractères ou mœurs ; 3°. les sentimens ; 4°. le style ou la diction ; 5°. le merveilleux ; 6°. la morale.

ARTICLE PREMIER.

L'ACTION.

Ceux qui demandent quel est dans le Paradis Perdu le héros, y cherchent, comme dit Addisson, ce que le poëte n'a jamais prétendu y mettre, et ce qui n'est pas nécessaire au poëme épique. Lorsqu'on y met un héros, il faut qu'il soit véritablement héros, et ne ressemble pas à celui que le Tasse entreprend de chanter, *canto l'arme pietose e'l capitano*,

  A ce sage héros, toujours en oraison,

comme le dit Boileau ; à ce héros sans aucun exploit, qu'on prendroit plutôt pour un prêtre que pour un général, comme le remarque le P. Mambrun dans son Traité du Poëme Epique. Par une procession dans laquelle il chante les litanies, il obtient la pluie. Voilà ce qu'il fait de grand. Le Tasse assure qu'il a opéré de grandes choses, *co'l senno, e con la mano*. Qu'a opéré sa main ? Il a été blessé par une femme; et pour lui, il n'eût point fait couler de sang, si dans les dernières stances du poëme, le Tasse ne lui eût fait tuer Emirène, victime qu'il immole sans peine. Cette observation est encore du P. Mambrun. Après tout, le poëme épique n'a pas besoin d'un héros, il n'a besoin que d'une action ; il est même assez indifférent qu'elle soit simple ou implexe, mais il est absolument nécessaire qu'elle soit une, grande et entière.

Addisson a raison d'avancer que ces trois qualités se trouvent dans l'action du Paradis perdu; mais il me paroît fort étonnant qu'il reproche à Homère d'avoir péché contre l'unité, en ajoutant que ce reproche lui a été fait par Aristote, qui tout au contraire, après avoir condamné ces poètes qui croient conserver l'unité quand ils rapportent quelqu'aventure de leur héros qui n'a point de rapport à l'action de leur poëme, ajoute : « Homère, qui a excellé en » tout, a parfaitement connu ce défaut, ou par les lumières » naturelles de son génie, ou par les règles de l'art; » et pour le prouver, il remarque qu'Homère qui ne rapporte point qu'Ulysse contrefît le fou pour ne point aller à la guerre, rapporte la blessure qu'il reçut dans sa jeunesse sur le Parnasse, parce que cette blessure, qui servira à le faire reconnoître, a rapport à l'action. Dire que l'unité d'action ne se trouve pas dans les deux poëmes d'Homère, c'est dire qu'Hélène n'étoit point belle. Addisson a peut-être été de l'opinion de ces critiques qui prétendent que l'action de l'Odyssée est double, à cause du voyage de Télémaque qui occupe les premiers livres. Mais l'action de l'Odyssée est la perte des poursuivans, et Télémaque ne fait ce voyage que pour pouvoir y parvenir, s'il apprend que son père vit encore, comme Minerve le dit, livre premier. Ainsi son voyage ayant un rapport nécessaire à l'action, n'en rompt point l'unité.

Tout ce qui rompt l'unité est condamnable, et les épisodes,

loin de la rompre, doivent l'établir. Ce sont des membres qui, comme ceux du corps, composent le tout ; c'est pour cela qu'Aristote appelle le poëme un *animal*, c'est-à-dire, un corps que composent plusieurs parties. La Jérusalem délivrée offre une suite d'épisodes qui ne naissent point de l'action, et qui n'ont avec elle aucune liaison nécessaire : défaut qu'on ne trouve ni dans Homère, ni dans Virgile, ni dans Milton. Si Homère fait raconter quelqu'histoire étrangère à son sujet, elle est fort courte ; sur quoi Pope dit fort bien, que le poëme épique est un grand jardin partagé en plusieurs allées, où s'égare agréablement la vue, qu'ennuieroit une uniformité trop régulière. La principale allée est grande et longue, et il y a de petites allées, où l'on va quelquefois se délasser, qui tendent toutes à la grande. Ainsi Homère, après nous avoir délassés par une courte histoire, nous ramène toujours à la grande allée, à l'action principale.

L'action du poëme épique doit être grande, et sa grandeur vient de celle des personnages, qui sont ordinairement des héros ou des princes, dont les actions causent des révolutions dans un Etat. Les deux personnages du Paradis perdu ne sont ni héros ni princes, mais bien plus grands. Ils sont les représentans de toute la race humaine, et causent une terrible révolution dans toute la terre.

L'action doit être entière, et avoir, comme s'explique Aristote, un commencement, un milieu, et une fin, c'est-à-dire, faire un tout qui ait toutes ses parties, quoiqu'elle puisse être la partie d'un autre tout. La colère d'Achille est une partie de la guerre de Troie ; mais cette colère apaisée, quoique la guerre ne soit pas finie, Homère n'a plus rien à dire. Sitôt que Turnus est tué, Enée n'ayant plus d'obstacle à son établissement dans l'Italie, Virgile n'a plus rien à dire. Dans les derniers vers du Paradis Perdu, nous voyons nos premiers pères entrer sur la terre.

Qu'y vont-ils faire? Où vont-ils s'établir? Ils ont perdu le Paradis, le poète n'a plus rien à nous dire.

Il ne suffit pas que l'action soit entière, il faut qu'elle ait une étendue convenable; et par cette étendue, ce n'est pas le temps de la durée qu'on doit entendre. On a réglé le temps de la durée de l'action dramatique, parce qu'étant faite pour être représentée, il doit y avoir une vraisemblance entre sa durée et sa représentation. On n'a point réglé le temps de la durée de l'action épique, parce qu'il est indifférent qu'une action qu'on entend raconter, ait duré tant de mois ou tant de jours. Celle de l'Iliade n'en dure que quatre ou cinq, si on retranche les jours dans lesquels on n'agit point; et celle de l'Odyssée en dure quarante. Cette différence vient de ce que le premier poëme est pathétique, c'est à-dire, une peinture des passions; l'autre est ηθικον, c'est-à-dire, une peinture des mœurs. Le poëme de Milton est l'un et l'autre, et l'action qui se passe sur la terre dure bien peu, si l'on retranche les sept jours que Satan met à un voyage qu'il pouvoit ne pas faire, ou faire en un moment.

Quoiqu'il soit indifférent à celui qui lit un poëme épique, que l'action se soit passée en un mois ou en quatre jours, on admire le poète qui, sans rien dire d'inutile, sait donner à une action fort courte une étendue proportionnée à son importance. La colère d'Achille dure très-peu de jours, et fournit à Homère un poëme fort long, dans lequel cependant il court toujours, comme dit Horace, à la conclusion; et il nous y fait courir, non-seulement par l'intérêt qu'il nous fait prendre à tous ces personnages, qu'il a rendus si fameux, que leurs noms sont connus du peuple même dans toutes les nations, mais par l'intérêt qu'il nous fait prendre à l'action; et Milton est le seul, depuis lui, qui ait su ainsi intéresser à l'action d'un poëme épique, comme je l'ai observé dans mon premier discours.

De ce que j'ai dit, on doit conclure que tout poëme, quelques beautés particulières qu'il renferme, s'il n'est point l'imitation d'une action, n'est point épique, et que par conséquent on ne doit pas donner ce nom à notre Télémaque. Je suis bien éloigné de vouloir rabaisser un ouvrage admirable, mais d'un genre différent de celui de l'épopée. Je ne fais cette remarque, que parce que quelques-uns de nos critiques ont écrit que le Télémaque seroit un poëme épique, s'il étoit en vers. La versification n'y mettroit point ce qui n'y est pas, l'imagination d'une action. L'auteur, qui n'a point prétendu donner à son ouvrage la forme de l'épopée, l'a intitulé *Aventures;* et un récit d'aventures n'est point l'imitation d'une seule action : il n'y a point jeté ce merveilleux que produit l'intervention continuelle des Dieux; il s'est attaché à des beautés plus solides : et il a si peu prétendu écrire en poète inspiré, qu'il commence son récit d'aventures sans exorde et sans invoquer aucune Muse; ce que les poètes épiques ont coutume de faire, et leur usage m'engage à parler de l'exorde et de l'invocation :

De l'Exorde, et de l'Invocation.

Quelque grande que soit l'action que le poète entreprend de raconter, il doit l'annoncer d'un ton simple, parce qu'il ne faut jamais commencer par de pompeuses promesses.

L'exorde de Milton est très-simple. L'invocation à sa Muse est ornée, à cause de la qualité particulière de cette Muse. Homère, dans ses deux poëmes, se contente de dire à la sienne: *Muse, chantez.* Virgile, dans ses Géorgiques, n'invoque aucune Muse, parce qu'il n'y doit chanter que des choses qu'il doit savoir par les lumières naturelles; mais quand il arrive à l'histoire d'Aristée, qu'il ne peut avoir apprise des hommes, il appelle les Muses : *Quis Deus hanc, Musæ, etc.*

L'Arioste, à l'exemple du Boiardo, n'invoque pas les

Muses, et n'a pas besoin d'un secours divin pour chanter

> Les dames, les guerriers, les armes, les amours.

Il chantera aussi ce fameux Roland, « que d'homme si sage qu'il étoit, l'amour rendit fou; pourvu, ajoute l'Arioste, que celle qui m'a presque mis dans le même état, me laisse l'esprit assez libre. » Voilà un poète bien éloigné de se dire inspiré du Ciel.

Le Pulci ne raconte pas moins de folies que lui; cependant, avant que de commencer l'extravagante histoire du géant Morgant, parce que l'esprit humain ne peut rien sans les lumières du Verbe, il ose commencer son poëme par une traduction fidelle des premières paroles de l'Evangile de saint Jean :

> In principio era il Verbo appresso à Dio, etc.

et prier Dieu de lui envoyer un de ses Anges,

> Qui marchant avec lui, rappelle à sa mémoire,
> Cette antique, fameuse et respectable histoire.

La seconde stance est une invocation à la sainte Vierge. Crescembeni avoue que le Pulci a avili le poëme héroïque. Mais pourquoi, à tant de folies, a-t-il joint tant de théologie, qu'on a prétendu que des philosophes théologiens, et entre autres Marcile Ficin, traducteur de Platon, avoient eu part à son poëme? Quelques-uns disent qu'il a écrit par impiété; d'autres disent par simplicité, et que c'étoit celle de son temps. En effet, puisqu'il écrivoit pour plaire à la mère de Laurent Médicis, et qu'il récitoit son poëme à sa table, cette bonne dame, si elle eût soupçonné la mauvaise intention du poète, n'eût pas souffert qu'il eût plaisanté devant elle de la religion, ni peut-être même de la chevalerie.

En parlant de l'extravagance d'un poète dans son exorde, je ne dois pas oublier le Dante, qui prêt à chanter le Paradis d'où il descend, après avoir fait allusion aux paroles de saint Paul, en disant qu'il a vu des choses qu'il n'est pas permis à un mortel de redire, fait une invocation très-païenne à Apollon, en lui rappelant son amour pour Daphné, et sa vengeance contre Marsyas.

Le poëte épique, après avoir invoqué sa Muse, ne doit s'adresser à aucun mortel ; puisqu'il est assuré d'un secours divin, il n'a pas besoin d'un protecteur sur la terre : c'est la faute que le Tasse a faite. Virgile, en commençant ses Géorgiques, s'adresse à Auguste ; ce qu'il ne fait point dans l'Enéide. Boileau à la vérité s'adresse à M. de Lamoignon, en commençant son Lutrin ; mais il s'adresse à celui qui a terminé l'action qu'il va chanter.

Je parle du Lutrin, parce que ce poëme, quoiqu'il ne paroisse qu'un badinage, est dans toutes les règles du poëme épique : action une et entière, qui, quoique petite, est ennoblie par les espèces de divinités qui la conduisent. La Discorde la commence, la Mollesse et la Nuit s'opposent à ses desseins. Quand le trouble est au plus haut point, la Piété va trouver Thémis, qui ramène la paix. Voilà le poëme épique : une action qui se passe chez les hommes, mais qui est conduite par des êtres supérieurs. Les personnages dans le Lutrin sont tous remarquables par leurs caractères, et peints avec le pinceau d'Homère.

ARTICLE II.

DES MŒURS.

Les mœurs sont essentielles au poëme épique, et non pas à la tragédie : « Une tragédie, dit Aristote, ne peut être » sans mœurs. » Comme elle représente ce qui peut se passer en trois ou quatre heures, il suffit que les personnages disent ce qu'ils doivent dire dans ce moment ; mais dans le poëme épique, c'est-à-dire, dans le récit d'une longue action, ceux qui agissent doivent être connus par leurs caractères.

Homère excelle en cette partie. « Il n'introduisit, dit
» Aristote, ni homme ni femme qui n'ait des mœurs; car
» tout a des mœurs dans Homère. » Je ne répéterai point
ce qu'on trouve écrit en tant de livres sur la beauté, la
force et la variété de ses caractères. Tout le monde avoue
qu'autant que Virgile est stérile et froid en cette partie,
autant Homère a de fécondité et de chaleur.

Il faut avouer qu'il avoit un grand avantage. Il peignoit
des hommes qui, quoiqu'ils fussent la gloire de ces temps
qu'on a nommés héroïques, étoient emportés, orgueilleux,
féroces, cruels. Je ne prétends pas que parce que nous
trouvons dans Virgile des mœurs plus douces, les hommes
fussent meilleurs dans son temps : les deux triumvirats
prouvent le contraire. Depuis le jour que la nature a été
corrompue, c'est-à-dire, depuis le Paradis Perdu, elle a
inspiré aux hommes les mêmes passions; mais la manière de
s'y livrer n'a pas toujours été la même. Les héros d'Homère
se livrent à toute leur impétuosité, et ne cherchent jamais
à se déguiser. Toujours sincères dans leurs haines, comme
dans leurs amitiés, c'est par cette même sincérité qu'ils se
vantent eux-mêmes, et qu'ils avouent leurs défauts. Ils en
ont tous de très-grands, et ils ont tous aussi des qualités
estimables. Le fier Agamemnon maltraite le prêtre d'Apollon, et, par l'injustice qu'il fait à Achille, cause tout le
trouble dont ensuite il se repent : il s'avoue coupable, et
propose lui-même de faire des satisfactions à Achille. Il est
la cause des maux de son peuple; cependant il a les qualités
d'un excellent roi. Toute la nuit occupé des affaires publiques,
il se lève de grand matin pour aller demander des conseils
au sage Nestor. Enfin il est un héros dans le combat, et fait
de grands exploits. Pâris lui-même, traité avec tant de mépris par Hector, et même par Hélène, n'est pas sans mérite.
Comme il aime le plaisir, il aime la musique, la poésie,
l'architecture, tous les beaux arts et les belles tapisseries;

ses armes sont bien travaillées ; il sait aussi en faire usage ; il sait combattre avec courage, mais jamais par devoir, ni pour secourir ses citoyens. Il ne va au combat que piqué des reproches qu'on lui fait; et quand Hector l'outrage par des injures cruelles, il lui répond avec douceur. Nous sommes étonnés de voir tant de haine entre les deux partis qui combattent : l'on n'y parle que de faire dévorer aux chiens et aux vautours les corps des ennemis. Tel est l'homme dans les guerres de haine. Nous lisons dans Sully, qu'après un combat du parti catholique contre Henri IV, on délibéra de faire exhumer les corps qui avoient été enterrés pêle-mêle, pour exposer aux corbeaux ceux des huguenots. La difficulté de distinguer leurs corps, empêcha l'exécution de ce dessein. De quoi n'est pas capable l'esprit de vengeance? Hécube dit qu'elle voudroit manger le cœur d'Achille, et Achille dit à Hector mourant, qu'il voudroit hacher par morceaux, et manger ses chairs crues. En même temps, ces hommes si féroces et si sanguinaires, très-religieux envers les Dieux, font sans cesse des libations et des sacrifices, ont un respect infini pour le serment et pour l'hospitalité. On recevoit chez soi, comme un homme sacré, un inconnu; on ne lui demandoit que le dixième jour qui il étoit, et on ne le renvoyoit pas sans présent. Ces hommes qui ont des mœurs si dures, sont toujours prêts à verser des larmes de tendresse. Achille ne peut s'en rassasier quand il entend parler de son père. Quand Ulysse et Télémaque se reconnoissent, il semble que leurs larmes ne doivent pas finir. Celles cependant qui finissent les premières, sont celles de Télémaque : sur quoi Pope fait une réflexion fort belle. Il dit qu'Homère, grand-prêtre de la nature, ne met point dans le cœur des enfans autant de tendresse pour leurs pères, que dans ceux des pères pour leurs enfans, parce que la nature l'a ainsi sagement réglé. Comme, suivant son ordre, les enfans doivent perdre leurs pères et leur rendre les derniers devoirs, les liens de l'amour doivent s'affoiblir par degrés. Les enfans, en voyant vieillir leurs pères, se préparent à les perdre. J'ajoute à cette réflexion de Pope, que Dieu le permet aussi par bonté pour les pères. Ils voient qu'ils sont aimés de leurs enfans beaucoup moins qu'ils ne les aiment, lorsque même ils se dépouillent de tout pour eux; ils voient que les tendres plaintes qu'ils en veulent faire, ne font point une impression assez vive sur des cœurs trop jeunes; ils se détachent peu à peu d'une vie qu'ils sont prêts à quitter.

On pourroit faire plusieurs remarques utiles et curieuses sur les mœurs antiques peintes par Homère. Je me borne à dire qu'elles sont, en poésie, bien plus agréables que d'autres plus parfaites; et qu'Achille, avec tous ses défauts, nous attache bien plus qu'Enée avec toutes ses vertus; parce que, suivant la pensée d'Aristote, nous aimons mieux voir dans un personnage un mélange de vertus et de foiblesses, qu'une égalité d'âme parfaite. La peinture d'une âme toujours agitée par l'orage des passions, plaît davantage que celle d'une âme toujours dans le calme.

Comment donc Milton a-t-il pu trouver le secret de nous plaire, lui qui avoit entrepris de peindre l'homme dans cet état de la plus grande perfection, et lorsqu'il ignoroit les passions? Il nous présente deux personnages qui seuls sur la terre, où ils n'ont rien à desirer, ni rien à craindre, n'ont d'autre occupation que celle d'adorer Dieu, admirer l'univers, se dire qu'ils s'aiment, et cultiver un jardin. Il a réussi, en les peignant avec ces traits qu'Addisson a si bien relevés, et en même temps en opposant à cette tranquillité si belle, les agitations continuelles de Satan, qui, très-déterminé à être le destructeur du bien et du beau, sitôt qu'il voit le bien ou le beau, s'arrête et écoute des remords, parce qu'il n'est tombé du Ciel que depuis peu de temps. Il veut se venger de Dieu sur deux créatures; il les cherche dans sa fureur pour les perdre. Quand il les aperçoit, leur aimable innocence l'attendrit; ce mouvement de compassion redouble ses peines, et il dit en lui-même:

> Lorsque je viens sur toi, couple mal protégé,
> Me venger de celui qui m'a tant outragé,
> Ton cruel ennemi, sans que je te haïsse,
> Ah, faut-il que pour toi la pitié me saisisse,
> Et que je sois pour toi, sensible à l'amitié,
> Moi pour qui mon rival n'a point eu de pitié?

Il admire la beauté de la terre, et cette admiration redouble ses peines : il seroit, comme il l'avoue, plus malheureux sur la terre que dans l'Enfer, et encore plus malheureux dans le Ciel, parce que l'Enfer est devenu son véritable séjour; aussi n'en sort-il jamais :

> L'Enfer me suit partout, et je trouve en mon cœur,
> Un plus noir, plus affreux, plus redoutable abyme,
> Que le gouffre profond où m'a plongé mon crime.

Je n'en dirai pas davantage sur ce caractère, dont Milton est créateur, et que dans mon premier discours j'ai appelé le chef-d'œuvre de sa poésie.

ARTICLE III.

DES SENTIMENS.

Si dans la partie des caractères, Virgile est foible, il ne l'est pas dans celle des sentimens, où tout est vrai, sage et noble; et dans Homère, excepté quelques endroits où il fait parler ses héros dans le feu de la colère, on trouve aussi cette même noblesse.

Je voudrois donc qu'Addisson eût rapporté quelques exemples de ces pensées qu'on peut accuser de bassesse; nous examinerions si c'est sa faute ou celle de son siècle, et même si ce que nous appelons fautes de son siècle sont de véritables fautes. Les sentimens qui nous paroissent bas aujourd'hui, sont souvent les vrais sentimens de la nature; mais par vanité nous voulons les déguiser, et c'est l'art de les déguiser que nous appelons grandeur. On ne pensoit pas de même dans ces premiers temps ; et lorsque les princes ne croyoient pas s'abaisser en faisant eux-mêmes leur cuisine, ils avoient sans doute aussi peu de faste dans leur langage que dans leurs mœurs.

Nous sommes aujourd'hui choqués, lorsque Télémaque, à qui l'on demande s'il est le fils d'Ulysse, répond : « Ma » mère me le dit ; mais on n'est jamais certain de son père. » Peut-être veut-il dire seulement par modestie, je n'ose me croire le fils d'un si grand homme. Quoi qu'il en soit, dans cette réponse, où l'on trouve aujourd'hui, comme dit Pope, plus de vérité que de décence, il est certain que Télémaque ne songeoit pas à offenser sa mère, qui eût peut-être été aussi douce, si elle l'eût entendu, qu'elle le paroît lorsque ce fils la renvoie à ses fuseaux. Au milieu de cette simplicité de mœurs, et de cette sincérité de langage, admirons la noblesse des sentimens, même dans les femmes. La sage Pénélope étoit bien en droit de parler d'Hélène avec mépris ; cependant elle en parle avec respect, et dit pour la justifier, qu'elle a été séduite par Vénus. Mais Hélène ne se justifie pas elle-même ; elle avoue, au contraire, qu'elle a déshonoré sa famille ; elle ne paroît sur la scène que gémissante de sa faute : ses regrets sont si connus, que les Grecs eux-mêmes disent plusieurs fois, qu'ils viennent venger *les soupirs et les larmes d'Hélène*.

La grande idée qu'avoit Homère de la noblesse des sentimens, qui doit régner dans le poëme épique, paroît surtout dans l'attention qu'il a eue de ne point faire parler le langage de l'amour dans un sujet qui lui en donnoit tant d'occasions. Il ne s'amuse jamais à faire une description voluptueuse de la beauté, comme le Tasse fait celle de la beauté d'Armide. Une épithète lui suffit pour dire qu'Hélène et Vénus sont belles. Il dit un mot du jugement des trois Déesses, sans le raconter, quoiqu'il eût trouvé une place si naturelle dans son sujet. Achille, tout violent qu'il est, et quoiqu'il ait dit que sa lance sera teinte du sang de quiconque viendra lui enlever quelque chose, est doux, lorsqu'on vient de la part d'Agamemnon lui demander Briséis : il l'accorde, en disant qu'il ne combat point pour l'amour d'une fille; il la renvoie sans adieux, et elle part dans un triste silence. « En pareille circonstance, dit Pope, » un poète italien ou français eût fait briller son esprit, » en les faisant parler tendrement. » La tendresse ne se trouve dans Homère qu'entre Andromaque et Hector, Pénélope et Ulysse. Vénus blessée demande à Mars son char pour remonter au Ciel; Mars le lui donne sans lui dire un seul mot, et ne paroît pas s'intéresser à son malheur.

L'amour ne convient point à la majesté du poëme épique, de même que la ceinture de Vénus ne convient point à la majesté de Junon : si elle l'emprunte une fois, elle la cache dans son sein; un ornement où sont *les charmes qui surprennent l'esprit et le cœur des plus sensés*, ne doit point paroître sur la reine du Ciel. L'amour ne doit pas non plus paroître dans le poëme épique, s'il n'est, ou tragique, comme dans Virgile, où il n'occupe qu'un livre; ou, comme dans Milton, *Paradisiacal* (c'est le terme d'Addisson), un amour de Paradis.

Il est bien difficile de faire parler un pareil amour; il semble cependant que Milton ait été dans le Paradis terrestre, et qu'il en ait entendu les conversations. On n'en entend point de pareilles sur la terre entre les amans les plus tendres, parce qu'ils ne peuvent avoir ni la même innocence, ni la même pureté. Quelle peinture d'Adam, lorsqu'à son réveil, remarquant sur le visage de son épouse qui dort encore, quelques signes de trouble, il la contemple!

   Surpris de ce désordre, Adam qui se soulève,
   Sur le coude appuyé, contemple sa chère Eve;

> Et suspendu sur elle, avec cette douceur
> Dont le plus doux zéphir souffle sur une fleur,
> Fait arriver ces mots jusques à son oreille :
> « Que mon bien, mon bonheur, ma beauté se réveille.
> » O le dernier des biens que le Ciel m'a donnés,
> » Par qui tous ses présens ont été couronnés,
> » A mon ardent amour, beauté toujours nouvelle,
> » Chère Eve, éveille-toi, l'aurore nous appelle ! »

Quelle joie pour Eve, qu'un songe tourmentoit, de revoir à son réveil, et le soleil et son époux !

> A l'époux qu'elle embrasse, elle adresse ces mots :
> « O toi, qui de mon âme es le parfait repos,
> » De toutes mes vertus admirable modèle,
> » Noble appui de ma gloire, et sa source immortelle,
> » De ta chère présence et de l'astre du jour,
> » Quelle joie en mon cœur ramène le retour ! »

Tous deux reconnoissent qu'au milieu des biens dont ils jouissent, cet amour mutuel est le plus grand de leurs biens, et un présent de Dieu, dont ils lui rendent grâces :

> Tu fis le jour : la nuit est aussi ton ouvrage ;
> Mais de notre bonheur le plus précieux gage,
> L'amour qu'avec transport tous deux nous nous rendons,
> Ce mutuel amour met le comble à tes dons,
> Et redouble pour nous le prix de ces richesses,
> Que dans ce Paradis nous offrent tes largesses.

C'est parce que cet amour est un présent de Dieu, qu'il rend l'homme heureux, et qu'il excite la jalousie de Satan, qui depuis notre chute n'a plus le même sujet de jalousie, puisqu'au contraire c'est lui-même le plus souvent, qui pour nous rendre malheureux, allume en nous les flammes de l'amour. Mais lorsque, dans le Paradis terrestre, il trouve deux créatures innocentes qui s'entretiennent de leur amour, en contemplant leur bonheur, il tombe dans une extase, pendant laquelle « sa cruauté devenant douce, et » sa bonté devenant stupide, le roi du mal est pour un » moment emporté hors du mal son empire. » Et quand il voit qu'Adam que charment « les caresses soumises de son

» épouse, la regarde avec amour et dignité, et avec de
» chastes baisers presse des lèvres si pures : »

    Satan qui détourne les yeux,
S'écrie : « O désespoir ! O spectacle odieux !
» Quoi, bonheur sur bonheur ! Eh quoi, lorsque l'on s'aime,
» On peut le faire, hélas, en ce Paradis même,
» Dans les bras l'un de l'autre, encore un Paradis !
» Et moi, je resterai dans mes cachots maudits,
» Où je ne puis aimer, etc. »

    La peinture d'un amour qui fait la félicité de deux créatures que Dieu lui-même a unies, et le désespoir de l'être qu'il a condamné à des tourmens éternels, et qui reconnoît que le plus grand de ses tourmens est de ne pouvoir plus aimer, est une peinture qui répond à la dignité d'un poëme, où un Ange dit à l'homme, que dans le Ciel les Esprits bienheureux s'aiment, parce que « sans amour, point de
» bonheur. »

    La peinture de cet amour *de Paradis*, quelque sage qu'elle soit, n'est jamais froide ni ennuyeuse ; et nous nous lassons moins d'être avec ces deux seules créatures, dont Milton nous occupe toujours, qu'avec tous ces amans et ces amantes que le Tasse ramène sans cesse sur la scène. Dans le jardin d'Armide, où un ridicule oiseau chante les leçons de l'amour, la terre, les eaux, les arbres, les chênes les plus durs, tout, suivant le Tasse, respiroit l'amour. Il paroît cependant que son langage y étoit bien inconnu ; ce n'est pas certainement celui de la nature que tient Renaud à Armide qui se contemple dans un miroir : « C'est dans
» mon incendie que vous trouverez le véritable portrait de
» vos beautés : »

    Ritratto vero
De le bellezze tue gli incendii miei.

« Mon cœur, mieux que ce cristal, représente vos mer-
» veilles. Un miroir ne peut bien rendre une si belle image,
» ni un si petit verre tout un Paradis. Le miroir digne de

» vous, c'est le Ciel ; contemplez votre ressemblance dans
» les étoiles : »

> Nè in picciol vetro è un Paradiso accolto,
> Specchio t'è degno il Cielo, e nè le stelle
> Puoi rigurdar le tue sembianze belle.

On ne trouve dans de telles paroles ni dignité ni vérité ;
et il ne faut chercher dans le Tasse, ni la dignité de la poésie
épique, ni la vérité des sentimens. Eve ne dit point à Adam
qu'il est aussi beau que le soleil et que les astres ; elle parle
bien mieux :

> Oui, la terre est féconde en fruits délicieux;
> J'admire cette lune et ces perles des Cieux,
> Noble et brillante cour, etc. *Tom. II, pag.* 421.

ARTICLE IV.

DU STYLE.

Que la première vertu du style, dit Quintilien, soit la clarté, *prima sit virtus perspicuitas.* Les anciens poètes espagnols pensèrent tout le contraire. L'un d'eux, qui a fait le poëme de Tobie, dit dans sa préface : « Je sais bien que
» presque tous les lecteurs, après avoir lu ma première
» stance, ne passeront pas à la seconde ; mais je n'écris que
» pour un petit nombre de gens éclairés. » Il trouve qu'il est honteux à un poète d'être facile à entendre, et il a en effet réussi à se rendre inintelligible, aussi-bien que Gongora, et tant d'autres. Cervantes lui-même, homme de tant d'esprit et de tant de goût, est souvent fort obscur dans ses vers. C'étoit le goût des anciennes Muses espagnoles.

Addisson avoue que Milton est quelquefois dur et obscur. Ne pourroit-on pas ajouter, que ce n'est pas toujours sa faute, mais celle de sa langue, qui n'est point favorable à la poésie ? Ce n'est point à moi à le dire ; mais Bentley paroît l'avoir pensé, comme je l'ai remarqué, tom. IV, pag. 171 ; et Pope, dans une de ses notes sur Homère, après avoir avoué qu'on trouve dans Homère quelques détails inutiles, ajoute : « Mais » la beauté de sa langue fait tout lire avec plaisir, parce que » les mots sont comme des feuilles qui sont l'ornement d'un » arbre stérile, et tiennent lieu de fruits : avantage que nous » ne trouvons point dans notre langue ; elle n'est pas capable » d'orner ce qui est stérile. » Le même Pope admirant la manière dont Homère sait rabaisser son style, dans l'endroit où Ulysse rencontrant une fille qui porte une cruche d'eau, et qu'il ignore être Minerve, lui parle dans le même style dont on parle à une servante, dit qu'Homère est comme Protée, qui prenant toutes sortes de formes, étoit toujours la même divinité.

Addisson loue Milton d'avoir ressuscité de vieux mots, de même que Quintilien loue Virgile d'avoir orné sa poésie de ces vieux mots : *Olli quianam, mî, poné*. Nous n'ornerions pas la nôtre avec *ains, quantefois, moult*. Mais en fait de langue, il ne faut point raisonner.

Nous n'accordons jamais à nos poètes le privilége qu'ils avoient chez les Grecs, d'alonger ou d'abréger les mots ; et on ne doit pas louer le Dante, lorsqu'à l'exemple d'Ennius, qui disoit *gau*, pour *gaudium*, il dit *me*, pour *meglio* ; *ca*, pour *casa* ; *introcque*, pour *inter hoc* ; car il parle aussi latin ; et voulant rapporter ces mots de l'Evangile : *Regnum Cœlorum violentiam patitur*, il dit pour rimer à *voluntate*,

Regnum Cœlorum violentia patè.

Comme un habile écrivain sait s'approprier un bien étranger, en employant des tours d'une autre langue, qu'il place si heureusement dans la sienne, qu'ils y demeurent, Addisson a raison de louer Milton d'avoir employé des tours latins, grecs, et même hébraïques ; supposé qu'il l'ait fait aussi habilement que l'auteur d'Andromaque, qui a su faire passer dans notre langue, sans qu'on s'en soit aperçu, tant de tours de la langue latine. Mais Addisson se trompe, quand il dit que c'est ce que conseille Aristote, et ce qu'il appelle *Langage étranger*. Le mot γλωτ7α dont se sert Aristote, en parlant du style des poètes, a trompé quelques commentateurs, et surtout M. Dacier, qui s'est imaginé qu'Aristote conseilloit aux poètes, pour ennoblir leur style, d'employer des mots de langues étrangères, et traduit toujours ainsi le mot γλωτ7α. J'éclaircirai dans un autre ouvrage cet endroit de sa Poétique; je me borne ici à montrer qu'il est impossible qu'Aristote ait pensé de cette manière.

Il commence par recommander surtout la clarté du style. Si un de nos poètes faisoit entrer dans ses vers des mots grecs, anglais, allemands, dirions-nous que « cet ornement » de style ne nuit point à la clarté? » Et dans quelle langue les anciens Grecs alloient-ils emprunter des mots? Etoit-ce dans celle des Hébreux ou des Egyptiens?

On a remarqué que Virgile avoit employé le mot persan *gaza;* mais ce mot, qui se trouve aussi dans Horace, étoit reçu dans l'usage. Nous disons de même l'*Alcoran*, le *Moufti*, etc. Le mot espagnol *canthus*, qui signifie la bande de fer qui est autour d'une roue, n'étoit pas sans doute généralement reçu, puisque Quintilien dit que Perse s'en est servi, comme s'il eût été déjà reçu : *eo tanquam recepto, utitur Persius.* Il n'excuse pas de même Catulle, d'avoir employé un mot étranger; et à l'égard de Cicéron, qui avoit employé le mot sardien *mastruca*, on voit bien, dit-il, qu'il ne s'en est servi qu'en plaisantant : *illudens Cicero de industriâ dixit.* Lorsqu'il parle de la liberté qu'on se donne de retrancher ou d'ajouter des syllabes, il reconnoît qu'on pardonne ces choses aux poètes; que quelquefois même on leur en fait un mérite : *Hæc apud scriptores carminum, aut veniâ dignâ, aut etiam laude;* et qu'Ennius qui a fait par de pareils changemens deux barbarismes en un seul mot, est justifié par le privilége des poètes : *poëtico jure defenditur.* Ce même

Quintilien ne dit jamais qu'on ait la même indulgence pour les poètes qui empruntent des mots d'une langue étrangère. C'est ce qu'on ne trouve pas non plus dans Horace, qui parle souvent du style, et se moque de ceux qui faisoient un mérite à Lucilius d'avoir semé ses satires de grec :

> At magnum fecit quod verbis græca latinis
> Miscuit, etc.

Le grec étoit si commun à Rome, qu'on apprenoit à un perroquet à dire en grec son bon jour, *suum χαιρε*. Cicéron remplit de mots grecs les lettres qu'il écrivoit à ses amis; mais dans le style élevé, on n'a jamais fait entrer des mots d'une langue étrangère, non reçus dans celle qu'on parle, et Aristote n'a pu en faire un précepte. Ses interprètes l'ont cru, parce qu'ils ont été trompés par ce mot γλωτία, dont il se sert en parlant du style, et que M. Dacier traduit toujours par *des mots d'une langue étrangère*. Au lieu qu'il faut entendre par γλωτίας, 1°. des mots qui ne sont pas de l'usage le plus commun, *voces minus usitatas, linguam secretiorem*, comme le dit Quintilien dans son premier livre; 2°. des mots pris des différens dialectes; 3°. des mots qui, quoique grecs, avoient un air étranger. Plutarque, dans son Traité d'Isis et d'Osiris, après avoir dit qu'Osiris est un nom composé peut-être de deux mots grecs, ajoute : « De pareils » mots ne doivent pas nous étonner. Il y en a beaucoup » d'autres qui, transportés hors de la Grèce par ceux qui » en sortirent autrefois, se sont établis chez les étrangers; » et quand ils sont rappelés parmi nous par la poésie, elle » est accusée de parler une langue étrangère (de barbari-» ser), par ceux qui appellent ces dictions γλωτίας. » Si M. Dacier et Addisson eussent fait attention à ce passage de Plutarque, ils eussent mieux entendu ce qu'Aristote a dit du style de la poésie.

La poésie épique, qui rassemble toutes les perfections, doit nécessairement avoir celle du style. Homère et Virgile ont,

ont, chacun dans leur langue, cette perfection. Tous les Anglais ne diront pas la même chose de Milton, et les Italiens ne donnent pas pour modèle de style dans leur langue, le Tasse, qui nous étonne dès le premier vers, quand il appelle les armes qu'il chante, *pietose*. On nomme saintes, les guerres qui ont pour cause la religion; mais des armes ne peuvent être appelées saintes, encore moins *pietose*, pleines de miséricorde et de compassion.

ARTICLE V.
DU MERVEILLEUX.

Humanum genus est avidum nimis auricularum.   Lucr.

« Le merveilleux est toujours agréable, dit Aristote.
» Voilà pourquoi ceux qui racontent, ajoutent toujours
» quelque chose à la vérité, pour plaire à ceux qui les
» écoutent. » Nous nous plaignons de ce que les voyageurs sont menteurs; nous les forçons à l'être : ils veulent nous engager à les écouter; et par la même raison, combien d'historiens ajoutent à la vérité! Les premiers poètes avoient à se faire écouter d'hommes grossiers, qui n'aimoient ni lecture, ni instructions; hommes sauvages dont il falloit adoucir la férocité : il fallut donc, pour les rendre attentifs à des récits instructifs, profiter de notre amour pour le merveilleux; ce qui fut cause que même les premiers physiciens furent tous, comme dit Strabon, des faiseurs de fictions, μυθογραφοι. Le privilége d'en inventer fut donc encore plus étendu pour les poètes.

L'épopée est une action que raconte une Muse; tout ce que raconte une divinité, doit paroître au-dessus des choses ordinaires : ainsi le merveilleux doit régner, et dans ce que font les hommes, et dans la part que prennent à ce qu'ils font des êtres supérieurs à eux. Ainsi deux sortes de merveilleux dans l'épopée, l'humain et le divin.

Ce n'est point en parlant du merveilleux divin qu'Aristote

a pu dire qu'il peut aller jusqu'*au déraisonnable*, et qu'il ne s'agissoit que de le rendre vraisemblable. Dans les actions opérées par des divinités, à qui rien n'est impossible, tout est croyable. Lorsqu'Homère fait faire un voyage à pied à Neptune, quand ce voyage eût été d'un bout de la terre à l'autre, il a pu dire :

> Neptune fait trois pas, arrive au quatrième.

Un Dieu peut même ne faire qu'un pas. Je crois donc qu'Addisson, dans ce qu'il a dit sur le merveilleux croyable, n'a pas entendu Aristote, que je vais tâcher d'expliquer.

Il ne parle pas du merveilleux divin, puisqu'il parle de celui de la tragédie : « Dans la tragédie, dit-il, il faut du » merveilleux. Il en faut bien plus dans l'épopée, qui même » le reçoit jusqu'au déraisonnable. » (Car il paroît qu'en cet endroit il faut lire avec Victorius, non pas αλογον, mais ἀναλογον, mot dont Aristote se sert trois fois.) Il en donne pour raison, que dans l'épopée, les choses n'étant point mises sous les yeux, comme dans la tragédie, et n'étant que récitées, l'absurde frappe moins ; et il le prouve par cet exemple. Il est absurde que l'armée des Grecs, dont le salut dépend de la mort d'Hector, ne le tue pas lorsqu'elle en a le pouvoir. Si l'on voyoit toute cette armée immobile, parce qu'un seul homme, qui est Achille, lui fait un signe de ne pas tirer sur Hector, on seroit porté à en rire ; et cette absurdité ne frappe pas dans le récit d'Homère : « Car Homère, ajoute Aristote, est celui qui apprend à tous » les poètes à dire les choses fausses comme il faut les dire ; » c'est-à-dire, il est le plus habile des menteurs ; il rend vraisemblable tout ce qu'il raconte, et il a par-là un grand avantage pour remplir son poëme du merveilleux, puisque, suivant le principe d'Aristote, « il faut préférer les choses » impossibles, mais vraisemblables, aux possibles, qu'on » ne peut persuader, ἀπίθανα. » Ce passage a donné lieu à beaucoup d'écrits sur le possible et le vraisemblable, et l'on a souvent fait dire à Aristote ce qu'il n'a pas pensé. Ce qu'il veut dire ici me paroît fort simple.

Il y a des choses possibles qu'on ne peut persuader, parce qu'elles ne sont pas vraisemblables. Il est possible qu'une mère tue de sang froid son propre fils, pour sauver la vie à celui de son prince, le mettre à la place du sien, et l'élever sous le nom de son fils. Mais parce que le poète ne peut rendre une telle action vraisemblable, et qu'il ne peut la persuader, il ne doit pas la choisir pour fondement d'une tragédie, comme a fait Corneille dans Héraclius.

Il est impossible que tout un peuple se laisse tromper, comme les Troyens, par le piége grossier d'un cheval de bois; et si la superstition va jusqu'à faire entrer ce cheval dans la ville, comme une chose sacrée, il faut du moins, puisqu'on soupçonne des hommes enfermés dans ce cheval, y faire mettre une garde dans la nuit. Cette fiction d'un fait impossible, devient cependant vraisemblable dans la narration de Virgile. Il faut donc, aux choses possibles qu'on ne peut persuader, préférer les impossibles lorsqu'on possède l'art de les persuader; le merveilleux en est bien plus grand, et c'est par-là qu'Homère est si admirable.

Voilà, selon moi, tout ce qu'Aristote a voulu dire; et comme son meilleur interprète est Horace, qui a pris de lui tous ses principes sur sa poétique, si on le consulte, on y trouve la même chose : « Rendez, dit-il, vos fictions vrai-
» semblables, *ficta voluptatis causâ sint proxima veris*, et
» imitez Homère. *Ita mentitur, sic veris falsa remiscet*, etc. »
Il ment si habilement, il enchaîne les choses croyables et incroyables avec tant d'art, que tout chez lui est d'accord. Après nous avoir persuadé le premier mensonge, il nous persuade sans peine ceux qui sont la suite de ce premier; et ainsi, de mensonges en mensonges, il nous conduit de merveilles en merveilles.

Quand nous sommes enfans, le merveilleux le plus absurde nous plaît; tous les contes des fées nous amusent. Dans un âge plus avancé, nous sommes également avides du merveilleux, mais nous voulons du moins une apparence de vérité qui nous séduise. Le merveilleux répandu dans nos anciens romans de chevalerie, dans le Pulci, le Boiardo, l'Arioste, est le merveilleux des enfans. Qu'un chevalier mette lui seul en fuite toute une armée, qu'un autre sur un hippogrife monte jusqu'à la lune, que l'épée de Morgant coupe vingt hommes d'un revers, qu'elle fasse voler cent têtes à la fois, et qu'une de ces têtes qui volent, aille frapper une autre tête qu'elle fait tomber; toutes ces têtes qui tombent, ne peuvent amuser que des enfans. Si nous examinons de sang froid tout ce que fait Achille dans son combat près le Xante, nous trouverons les mêmes absurdités; mais Homère échauffe notre imagination au point qu'il ne nous laisse pas le temps de faire cet examen; et il nous donne une si grande idée de son Achille, qu'il rend croyable tout ce qu'il en dit. Les Grecs sont à la dernière extrémité, leurs vaisseaux sont en feu; Patrocle se montre de loin, couvert des armes d'Achille : on croit voir Achille; les Troyens prennent la fuite, le feu est éteint, les Grecs sont vainqueurs. Voilà un miracle de l'ombre d'Achille; en voici un autre. Il paroît lui-même sur le bord d'un fossé, mais sans armes, et il pousse trois cris. Trois fois les Troyens et leurs alliés tombent à la renverse; les chevaux effarouchés emportant les chars et leurs maîtres, foulent à leurs pieds douze capitaines. Ceux qui ont pu rentrer dans Troie y tiennent un conseil, et le tiennent debout : la crainte qu'ils ont d'Achille ne leur permet pas de s'asseoir. Quand Homère nous raconte de pareilles choses, il fait sur nous, par les charmes de sa poésie, la même impression que son Ulysse faisoit à la table d'Alcinoüs sur ses auditeurs, qui enchantés de tant de merveilles, ne s'apercevoient pas qu'il leur faisoit des contes.

Lorsqu'il ne peut surprendre notre admiration, et rendre vraisemblable ce qu'il rapporte, il a recours alors à un autre artifice que fait remarquer Aristote. Il jette sur cet endroit foible, tous les ornemens qu'il peut trouver pour nous éblouir. Ainsi, lorsqu'il suppose Ulysse déposé pendant qu'il dort sur le rivage d'Ithaque, il cache cette absurdité, qu'il ne peut rendre vraisemblable, mais dont il a besoin, sous une infinité de choses admirables, qui empêchent le lecteur d'y faire attention. En un mot, tout ce qu'il décrit il le rend merveilleux ; ce qui fait que sous son pinceau la nature entière paroît plus grande qu'elle ne l'est. M. Bouchardon a fait un très-beau dessin d'Ulysse évoquant les ombres. On lui demandoit pourquoi il avoit donné à Ulysse une taille si grande : « Je venois, répondit-il, de lire Homère. Tous les objets » me paroissoient plus grands. »

J'ai maintenant à dire un mot du merveilleux divin qui est encore répandu partout dans Homère. Non-seulement il personnifie tout, il met autour de la ceinture de Vénus les jeux, les ris, les charmes, et, autour de l'égide de Minerve, la discorde, la déroute, la fureur, les attaques, les poursuites, le carnage, la mort : pour dire les choses les plus simples, il fait agir ses Dieux, qui ne sont que des êtres allégoriques. Si dans la course des chars, un homme laisse tomber son fouet, Minerve est toute prête à lui en donner un autre ; c'est-à-dire, il avoit eu la prudence d'en prendre deux. Si Ulysse et Télémaque prennent le parti de monter le soir dans un appartement, Minerve les précède sur l'escalier, et porte une lampe pour les éclairer ; c'est-à-dire, le parti qu'ils prirent étoit fort prudent. Mercure conduit le char de Priam, et lui sert de cocher ; c'est-à-dire, dans son voyage hardi, il est protégé du Ciel. Vulcain, poursuivi par Jupiter, se sauve dans les bras de la Nuit ; ce qui fait son salut, parce que Jupiter, tout irrité qu'il est, respecte la Nuit ; c'est-à-dire, souvent la nuit calme la plus grande colère. Presque toutes les fictions d'Homère sont allégoriques. Nous en pouvons expliquer quelques-unes, mais plusieurs sont pour nous des énigmes impénétrables. Les filles de Pandarus sont protégées par les plus grandes déesses ; Vénus, dans leur enfance, les a nourries de lait, de miel et de vin ; Junon leur a donné une beauté majestueuse ; Diane, une belle taille ; Minerve, l'adresse à faire de beaux ouvrages. Quand elles sont en âge d'être mariées, tandis que Vénus va demander pour elles à Jupiter des maris, les Harpies les enlèvent et les livrent aux Furies. Nous ne pouvons pénétrer le sens d'une telle fiction, et de tant d'autres. Homère, sous ces voiles, couvroit trois points principaux, la théologie, la morale, et la physique.

Minerve, après avoir renversé Mars d'un coup de pierre, renverse auprès de lui Vénus, d'un grand coup dans l'estomac ; en même temps Junon arrache à Diane son carquois, lui en donne des coups sur les deux joues, et Latone ramasse les flèches de sa fille, qui tombent par terre. Ce combat, qui remplit de joie le père des Dieux, nous scandalise ; mais Homère pourroit nous répondre ce que dans Lucien Jupiter répond à Momus, qui lui reproche de permettre qu'on l'adore sur la terre sous la forme d'un bélier : « Jusqu'à » quand, lui dit Momus, souffrirez-vous qu'on vous mette » des cornes sur la tête ? » « Il est vrai, répond Jupiter, » que cela est un peu scandaleux ; mais ce sont des figures » mystérieuses dont tu ne dois point parler, parce que tu » ne les entends pas. » Les Dieux d'Homère sont pour nous comme ces divinités de l'Egypte, dont l'une a une tête de chien, l'autre une tête de chat, et que nous savons avoir été des figures symboliques.

Nous ne pouvons plus orner notre poésie de ces allégories, dont le goût fut si général chez les Orientaux, et dont Virgile fait encore usage dans son rameau d'or et dans ses Enfers. Nous ne devons plus ramener les Dieux de l'antiquité.

Qui peut, en lisant le Camoens, s'accoutumer à entendre par Vénus la religion chrétienne ; par Mars, Jésus-Christ qui a combattu pour nous, et se figurer que les plaisirs peu chastes que les Néréides procurent aux Portugais dans une île voluptueuse, représentent les récompenses spirituelles que le Ciel prépare aux grandes actions? Les Anges, êtres parfaits et sans passions, qui ne peuvent servir nos poètes comme les Dieux d'Homère le servoient, prennent un foible intérêt à la sainte guerre que chante le Tasse. Le siége de Jérusalem ne les occupe pas, comme le siége de Troie occupoit les Dieux. Mais est-ce dans un pareil sujet qu'on doit trouver des magiciens et des magiciennes, une forêt enchantée, un palais d'Armide? Merveilleux qu'on ne peut pardonner à un poète que lorsque, comme l'Arioste, il fonde la vérité de tout ce qu'il dit sur l'autorité de l'archevêque Turpin.

La grande difficulté que trouveront toujours nos poètes à faire agir les Anges d'une manière conforme à la gravité de notre religion, et par conséquent de répandre le merveilleux divin dans le poëme épique, où il est absolument nécessaire, paroît devoir nous ôter l'espérance d'un poëme moderne véritablement épique. Boileau avoit perdu cette espérance, quand il disoit :

> Déjà le mauvais sens reprenant ses esprits,
> Songe à nous redonner des poëmes épiques.

Comme il n'est pas cependant impossible qu'il arrive un génie qui, faisant agir des êtres supérieurs avec les êtres imaginaires, c'est-à-dire nos passions personnifiées, soit capable de créer un merveilleux raisonnable et poétique, je ne crois pas qu'on doive désespérer; mais il me paroît que jusqu'à présent le poëme de Milton est le seul qui mérite d'être appelé épique, parce que, sans aucune fiction contraire à notre religion, le merveilleux divin y règne toujours. Tout s'y passe, ou dans les Enfers, ou dans le Ciel, ou dans un

Paradis, qui est un lieu qui n'existe plus dans la nature, et où sont deux créatures qui dans l'humanité n'ont plus leurs semblables ; en sorte que, ni les lieux, ni les acteurs, n'ont rien de terrestre, ce qui fait que tout y est poétiquement merveilleux.

Milton, après nous avoir, dans ses deux premiers livres, retenus dans le royaume des supplices, nous transporte tout-à-coup dans celui de la félicité. Voilà les deux objets les plus capables d'entretenir notre étonnement, et ceux dont si souvent ont parlé les poètes, qui, comme les peintres, ont employé leur art à nous représenter les Enfers et le Ciel. Je vais examiner la différence qui se trouve entre leurs descriptions ordinaires et celle de Milton. Cette digression sur l'Enfer et le Ciel des poètes, servira de délassement au milieu de ce discours, et trouve une place naturelle dans l'article du merveilleux.

§. I.

De l'Enfer des Poètes.

Il est dit dans le premier livre des Tusculanes de Cicéron, que le peuple, voyant qu'on mettoit les morts dans la terre, s'imagina qu'après notre mort nous allions continuer notre vie sous la terre ; opinion que suivirent de grandes erreurs, qu'augmentèrent les poètes : *quam opinionem magni errores consecuti sunt, quos auxerunt poëtæ.* De là vint l'idée d'un empire souterrain, qui, puisque tous les hommes bons ou méchans doivent s'y rendre, étoit partagé en deux séjours, celui des peines, et celui de la félicité. Quelques cérémonies observées en Egypte dans les funérailles, firent inventer la description générale de cet empire, où d'un côté étoient les Champs-Elysées, et de l'autre étoit le Tartare. Comme nous avons perdu deux anciens poëmes grecs, dont parle Pausanias, où étoit décrit tout ce que renfermoit l'empire souterrain, nous ne le pouvons connoître que par Homère et Virgile; et Homère n'en a point fait une description exacte. Ulysse, en racontant son évocation des ombres, ne parle pas des Champs-Elysées, dont il est parlé dans un autre endroit de l'Odyssée. Protée annonce à Ménélas qu'il y sera placé, et que même il aura, comme gendre de Jupiter, le privilége d'y être envoyé sans avoir payé le tribut à la mort. Par cette promesse magnifique, Jupiter vouloit apparemment engager son gendre à reprendre et à bien traiter son infidelle épouse. Ulysse vit les tourmens des grands coupables, et n'explique pas comment il les put voir, n'étant pas descendu dans les Enfers, où le Tartare est, suivant Virgile, une tour de fer, dont les portes sont fortement barricadées. Aucune des ombres qu'Ulysse fit accourir à cette fosse remplie de sang n'étoit heureuse, puisque toutes, comme on en peut juger par le discours d'Achille, regrettoient fort la vie, et que ce regret les rendoit si avides de boire du sang qui répand la vie dans le corps : c'étoit encore leur amour pour la vie, qui étoit cause que la vue d'une épée leur causoit tant de frayeur. Achille étoit bien changé, puisqu'il ayoit cette même frayeur. Mais il ne faut pas juger de la doctrine d'Homère par tout ce que raconte Ulysse à la table d'Alcinoüs, où il ne vouloit qu'amuser ces bons Phéaciens, très-simples et très-crédules.

On trouve, suivant Servius, la doctrine des Egyptiens dans l'Enfer de Virgile, qui en plusieurs endroits est inexplicable, et que Servius, qui pouvoit avoir plus de lumières que nous, ne nous fait pas entendre. Cet Enfer est partagé en neuf cantons. Celui de l'Elysée étoit le seul où l'on pouvoit être heureux; on y jouissoit du moins de la lumière, et de l'usage de la parole : on y chantoit. Dans tous les autres, *loca nocte silentia late*, la nuit et le silence régnoient; et lorsqu'une ombre vouloit parler, les mots expiroient dans sa bouche, qui restoit ouverte : *inceptus clamor frustratur hiantes*; ce qui n'empêche pas Déiphobe de raconter fort au long son histoire à Énée, qui au milieu de ces épaisses ténèbres reconnoissoit ses amis. Non-seulement on étoit dans des lieux fort tristes, on y étoit encore condamné à des peines. Les enfans même étoient dans les larmes. On y souffroit, victimes des fautes des autres : l'un de la cruauté de son père, qui avoit fait mourir son enfant le jour de sa naissance ; l'autre, de l'iniquité de son juge, qui sur une fausse accusation l'avoit condamné à mort ; et un autre souffroit de longues peines, parce qu'on avoit oublié de jeter sur son cadavre quelques poignées de terre.

Ces fictions singulières avoient eu un objet utile. On avoit voulu engager tous les hommes à respecter les cadavres, et à leur donner la sépulture : les pères, à recevoir et à faire élever leurs enfans, qu'on leur présentoit lorsqu'ils arrivoient au monde ; et les juges, à être éclairés et justes, pour ne condamner que des coupables. Il étoit cependant fort bizarre de placer des innocens dans des lieux de tristesse, et de placer dans des lieux semblables les homicides d'eux mêmes, des femmes aussi criminelles que Phèdre, Ériphile, Pasiphaé, et que des guerriers qui peut être avoient été ambitieux et cruels ; mais apparemment les crimes dont l'amour ou la passion de la gloire avoient été la cause, paroissoient pardonnables. On en étoit purifié avant que d'être admis dans l'Élysée, où l'on étoit encore purifié. Ainsi l'Enfer de Virgile étoit un Purgatoire, excepté le canton où étoient renfermés pour toujours les ennemis des Dieux, et ceux qui par de grands crimes avoient troublé l'ordre de la société.

Voici donc, suivant l'antiquité païenne, un lieu de tourmens éternels. Quand, par qui, et pour quels criminels cette tour de fer avoit-elle été construite ? Elle n'avoit pas toujours existé, puisque, suivant Juvénal, il n'y avoit

d'abord dans les Enfers ni juges, ni Furies, ni supplices ;
toutes les ombres y étoient dans la joie :

> Nec rota, nec Furiæ, nec saxum, aut vulturis atri
> Pœna, sed infernis hilares sine regibus umbræ.

Il n'y avoit point de supplices dans les Enfers, parce qu'il n'y avoit point de crimes sur la terre. Tous les hommes étoient sages. Les Dieux, qui l'étoient aussi, n'étoient point toujours à table, comme ceux d'Homère. Nul festin dans le Ciel. Chaque Dieu mangeoit chez soi :

> Nulla super nubes convivia Cælicolarum.
> Prandebat sibi quisque Deus.

Comment, après qu'un si bel ordre avoit régné, le désordre arriva-t-il ? Les poètes ne nous le disent point. Les premiers criminels précipités dans un Tartare, furent apparemment les Titans; et dans cette fable nous trouvons la tradition de la chute des Anges; mais l'emploi de ces Titans n'étoit pas de tourmenter les hommes, puisqu'eux-mêmes étoient tourmentés dans le Tartare. Par qui ? Quels étoient les ministres de la vengeance céleste ? Trois Furies, qui cependant étoient en plus grand nombre, puisqu'une des Harpies dit, dans Virgile, qu'elle est une des plus grandes Furies, *Furiarum ego maxima*. A qui ces Furies devoient-elles leur naissance ? Hésiode, le généalogiste de toutes les divinités, est si souvent contredit par les autres poètes, qu'on ne peut rien savoir de certain sur l'origine des divinités, ni pourquoi celles qui n'inspirent que terreur, et qui sont très-anciennes, puisque sur les vases étrusques on les voit armées de flambeaux, de haches et de marteaux ; pourquoi, dis-je, ces êtres occupés à faire du mal aux hommes, sont tous du sexe féminin : les Furies, les Harpies, les Némèses, les Parques, les Gorgones, les Lamies, les Praxidices, divinités de la vengeance ; la déesse Lissa, ou de la rage; Até, Méduse, Hécate, et la terrible Empuse, dont il est parlé dans Aristophane.

Les Furies, dont le Tartare étoit le domicile ordinaire, étoient toutes trois affreuses et cruelles; mais une des trois, encore plus cruelle que les deux autres, étoit, dit Virgile, un monstre odieux, même à ses sœurs, *odere sorores Tartareæ monstrum.* Voilà cet être que nous avons nommé Satan, le Dieu du mal; et en effet, M. l'abbé Bannier qui rapporte presque toutes les fables à des faits historiques, dit sur celle-ci : « La connoissance de la chute des Anges donna lieu à » l'introduction des Furies, qui sont elles-mêmes des Démons » destinés à tourmenter les coupables. » Ce n'étoit point par elles qu'étoient tourmentées ces âmes, qui dans les Enfers, purifiées de fautes pardonnables, par l'air, l'eau et le feu, devoient dans la suite retourner sur la terre. Leurs peines n'étoient que pour un temps; mais celles des scélérats, livrés dans le Tartare aux Furies, devoient être éternelles : *Sedet, æternumque sedebit infelix Theseus.* Nulle fin à tant de tourmens, dit Ovide: *Horaque erit tantis ultima nulla malis.* Ces tourmens fournissoient aux peintres de terribles sujets de tableaux; et ils n'étoient pas rares, comme on peut en juger par ce vers de Plaute, dans les Captifs :

> Vidi ego multa sæpe picta, quæ Acherunti fierent
> Cruciamenta.

Ces mêmes tourmens fournissoient aux poètes une ample matière aux descriptions poétiques. Ils en parlent souvent, jamais pour plaisanter, ni pour faire rire. Il étoit réservé aux poètes et peintres chrétiens d'égayer le séjour des supplices éternels; ce qui a fait dire à Rousseau :

> Osons, du Tasse empruntant le pinceau,
> Du sombre empire égayer le tableau,
> Et des portraits du hardi Michel-Ange,
> Renouveler le fantasque mélange.

Quelque hardi qu'ait été Michel-Ange dans son bizarre tableau, au bas duquel il a mis les Enfers, le Dante avant lui l'avoit été bien davantage. Il n'a voulu que nous amuser par de burlesques fictions, quand il a décrit ce séjour, appelé par lui *la Citta dolente*, sur la porte duquel est écrit :

> Per me si va nel eterno dolore.

L'admiration a engagé ses commentateurs à mesurer avec une exactitude extrême la capacité de cet antre, fait (comme je l'ai dit, tom. III, pag. 498) en forme d'entonnoir, et les diamètres de chacun des sept cercles où sont punis les différens péchés. Ils ont mesuré avec le même soin la largeur et la profondeur de ce puits où Satan, toujours immobile, s'occupe tranquillement à manger les trois traîtres que j'ai nommés au même endroit.

Satan n'est pas le seul qui se nourrisse d'un mets agréable à sa fureur. Un des damnés en trouve un encore plus agréable pour lui dans la cervelle d'un archevêque, et, quoique condamné comme lui à un supplice éternel, goûte en mangeant éternellement sa tête, le plaisir d'une éternelle vengeance : il semble même que ce ne soit que pour goûter ce plaisir qu'il soit en Enfer. Tous deux sont dans l'étang glacé : l'un est le comte Ugolin de Pise, qui par les intrigues de l'archevêque de cette ville, fut enfermé dans une tour avec ses quatre enfans, où on les laissa mourir de faim ; l'autre est cet archevêque. Le comte fait au Dante un récit de son aventure si animé, que j'en vais faire un extrait ; et au lieu des vers du Dante, je rapporterai ceux du célèbre M. le Beau, qui ayant goûté la vivacité de ce récit, l'a traduit en vers latins.

« En contemplant, dit le Dante, les malheureux plongés
» dans l'étang glacé, j'en vis deux placés l'un sur l'autre, de
» façon que celui qui étoit au-dessus tenoit la tête de l'autre,
» et mangeoit sa cervelle avec la même ardeur qu'un homme
» affamé mange du pain. Ah, m'écriai-je, que t'a donc fait
» celui que tu dévores ainsi ?

> Regna per æternæ noctis, stygiasque tenebras,
> Hinc rapidos ignes, illinc concreta profundo

> Stagna gelu, lustrans errabam. Plurima circum
> Poenarum facies, atque illætabilis horror.
> Ecce alios inter glaciali in gurgite vidi
> Extantes cervice duos; comes alter et hostis
> Occiput alterius toto premit oris hiatu.
> Ac veluti Cererem jejuno dente viator
> Mandit inexpletus, miseri sic ille cerebrum
> Carpit, et infixus morsu rimatur edaci.
> Dilaniata cutis; durisque sub ossibus ossa
> Fracta, attrita crepant.

» Ce malheureux levant les yeux vers moi, après avoir
» essuyé sa bouche aux cheveux de la tête qu'il dévoroit,
» me dit : « Tu veux donc renouveler ma douleur affreuse?
» Mais si le récit de mon histoire peut contribuer à la honte
» de ce criminel, je vais parler et pleurer.

> Talia fatus eram, scelerata torvus ab escâ,
> Extulit os rabidum vultur, tersitque capillo
> Semesi capitis, gemitumque è pectore rumpens
> Incipit. Infandum cogis renovare dolorem.
> Sed si nostra potest meritam vox addere labem
> Perjuro capiti, æterno quod rodere morsu
> Nos juvat, en lachrymas inter, vox nostra sonabit.

» M'étant fié à l'archevêque Roger, je fus par son ordre
» enfermé avec mes quatre fils dans une tour, où j'eus d'a-
» bord un songe qui m'annonça mes malheurs. A mon réveil,
» j'entendis mes enfans pleurer et me demander du pain. Ah,
» si ce que je vais te raconter ne te fait pas verser des larmes,
» que faut-il donc pour t'en faire verser?

> Excutior somno, natosque sopore jacentes
> Ingemere, ah! duro comites in carcere natos,
> Audivi, querulo panem rogitare susurro.
> Ferreus ô nimium, si jam miserescere nescis,
> Dum reputas, quanti mihi mens præsaga doloris
> Horruerit. Si flere negas, educere fletus
> Quæ tibi causa potest?

» Le lendemain, je regardois mes enfans, en retenant
» mes larmes. Ils pleuroient; et le jeune Anselme me dit :
« Comme vous nous regardez, mon père! Etes-vous en

SUR LE POEME EPIQUE.   575

» colère contre nous ? » Je ne répondis rien, et je passai
» encore ce jour sans pleurer.

> Prolem aspectabam tacitus, fletusque tenebam.
> At miseri flebant ; pallens Anselmulus, ut nos
> Aspicis, ô genitor! Nobisne irascere? dixit.
> Nil ego. Non flentem vidit, non ore sonantem
> Audiit illa dies.

» Le troisième jour, je voulus, dans mon désespoir,
» mordre mon bras; mes enfans, qui croient que je veux me
» nourrir de ma chair, s'écrient : « Ah, nourrissez-vous
» de la nôtre, vous nous l'avez donnée! » Je ne répondis
» rien. O terre, que ne t'ouvris-tu pour nous engloutir !

> Tunc mihi sicca farens invasi brachia morsu ;
> Olli, namque avidos, credunt suadere furores
> Esuriem, subito exsurgunt, genibusque voluti,
> Ah ! tibi parce, parens. Hîc dentibus utere, clamant.
> Membris ah ! leve vulnus erit, tu vescere nostris,
> Vescere, et ipse datas natis, pater, exue carnes.
> Compressi memet. Cur non divulsa patebas
> Dura nimis tellus ?

» Au quatrième jour, mon cher Thadée se traînant vers
» moi : « Je me meurs, mon père; secourez..... » En
» disant ces mots, il expire. Chaque jour m'en enlève un
» autre ; et moi, ayant déjà les yeux éteints, j'étendois les
» bras pour chercher ces cadavres et les embrasser. J'ap-
» pelois mes enfans, et la faim termina enfin mes douleurs.

» Il me parle ainsi, et en roulant les yeux, remet dans
» ses dents la tête qu'il continue à dévorer. »

> Ecce pedes mihi Thadeolus defluxit ad imos
> Expirans, morior, nec opem pater.... Hæsit in illo
> Frigida lingua sono......
> Hîc jam cæcus ego projecta cadavera supra
> Reptabam amplexans. Natos bis mane vocantem,
> Bis vesper cæcis ululantem exaudiit umbris,
> Abrupere meos tandem jejunia luctus.
> Dixerat hæc, rursùmque oculis immane retortis,
> Infixit rabidos æterno in vulnere dentes.

Ces vers sont encore plus beaux que ceux du Dante, qui dans cet endroit sont très-beaux. Mais comment un poète chrétien, appelé dans sa patrie un théologien divin, a-t-il pu nous faire entendre qu'on se venge ainsi de son ennemi dans l'Enfer ?

Milton n'a pu, comme le Dante, placer son Enfer au centre de la terre, qui n'étoit pas encore créée, lorsque cet abyme s'ouvrit sous l'empire du Chaos, pour recevoir les Anges rebelles tombant du Ciel. Il ne fut point fait pour les hommes qui n'existoient point encore ; ce ne fut qu'après leur désobéissance, que le Péché et la Mort construisirent ce long et large pont qui établit une si grande communication entre la terre et les enfers. Dans la description que Milton a faite du séjour des tourmens, il eût conservé tout le terrible de son sujet, s'il n'eût pas parlé de ces heures de récréation dans lesquelles les Démons font des jeux et des concerts admirables. On peut le justifier par ce que les Démons disent eux-mêmes à Jésus-Christ : *Etes-vous venu nous tourmenter avant le temps ?* Mais on sera toujours choqué, quoi qu'en dise Addisson, d'entendre de beaux concerts exécutés par les Démons. Un Orphée trouveroit dans cet Enfer de plus grands musiciens que lui.

§. 2.

Du Ciel des Poètes.

Nous trouvons dans notre Télémaque une admirable description de la félicité des justes dans les Champs-Elysées : « Pénétrés d'une lumière qui est plutôt une gloire céleste » qu'une lumière, c'est d'elle seule que ces hommes bien-» heureux sont nourris ; elle sort d'eux, elle y entre, et » s'incorpore à eux, comme les alimens s'incorporent à » nous. Ils la voient, ils la sentent, ils la respirent ; elle » fait naître en eux une source intarissable de paix et de
» joie...

» joie...... Je ne sais quoi de divin coule sans cesse au travers
» de leurs cœurs, comme un torrent de la divinité même
» qui s'unit à eux. Une même félicité fait comme un flux
» et reflux dans ces âmes unies. »

Cette peinture est très-belle, mais elle ne ressemble en rien à celle que nous ont faite du même séjour, les poètes de l'antiquité, qui n'avoient aucune idée d'une félicité toute spirituelle. Polignote avoit, dans un très-grand tableau, représenté les Enfers, et le détail que nous en a conservé Pausanias, ne nous donne pas une grande idée de l'imagination de ce célèbre peintre. Tous les personnages, qui étoient en très-grand nombre, et dont les noms étoient écrits, sembloient être dans une ennuyeuse oisiveté, occupés à rêver, assis sur des pierres; trois ou quatre seulement jouoient aux dez, et Phèdre se balançoit en l'air, en tenant une corde des deux mains. On y voyoit aussi des supplices; et il a toujours été plus facile aux peintres et aux poètes de représenter le Tartare que les Champs-Elysées, dont les poètes ne disent autre chose, sinon que dans un air pur, dans de charmantes prairies, au milieu des roses, on s'amusoit à des jeux, à des chants, à des danses.

Suivant Hésiode, Jupiter envoie les héros, après leur mort, dans les « Isles des heureux, près de l'Océan; et là,
» trois fois l'année, la terre féconde produit de doux fruits. »
Suivant Homère, « on respire en tout temps, dans les
» Champs-Elysées, un air tempéré; d'aimables zéphirs qui
» s'élèvent de l'océan, rafraîchissent continuellement cette
» délicieuse contrée. » Suivant Pindare, les hommes qui,
après « avoir vécu trois fois sur la terre, ont su toujours
» conserver leurs ames pures, sont enfin placés dans une île
» charmante, séjour éternel des bienheureux, toujours
» rafraîchie par d'aimables zéphirs, et remplie de fleurs
» brillantes, dont les unes sortent de terre, les autres pen-
» dent aux arbres, les autres naissent dans les eaux : ils en

» font des couronnes et des guirlandes, dont ils ornent leurs
» têtes et leurs bras. » Cette terre, suivant Tibulle, étoit
couverte de roses :

> Floret odoratis terra benigna rosis.

On peut rapporter à la tradition du Paradis terrestre, ce qui a été dit de la beauté de ce séjour. En quoi y consistoit la félicité? Les hommes et les femmes dansoient et chantoient au son des flûtes, suivant Aristophane; et dans une de ses comédies, ces âmes heureuses font un chœur. Virgile donne les mêmes plaisirs à celles qui aiment la danse ou les chants; d'autres s'amusent sur la verte prairie aux exercices du corps, aux combats de la lutte, et à conduire des chars. Alcée et Sapho, en récitant leurs vers, charment, suivant Horace, les retraites des âmes justes : *Sedes discretas piorum.* Socrate plus sage, après avoir, dans le Phédon, décrit les supplices du Tartare, se contente de dire des justes, qu'ils sont reçus « dans une terre pure, dans des de-
» meures délicieuses, qu'il n'est pas facile d'expliquer. » Ne cherchons donc point la peinture d'un véritable bonheur dans l'Elysée, mais dans le Ciel, où les Romains envoyoient leurs Césars, où Auguste, suivant Horace, buvoit le nectar avec les Dieux. Examinons le Ciel d'Homère, celui de toute l'antiquité païenne.

Les Dieux devoient l'immortalité au nectar et à l'ambroisie, boisson et nourriture dont un mortel ne pouvoit goûter : ce qui fait qu'Ulysse et Calypso, quoique depuis plusieurs années ils vécussent avec une très-grande familiarité, dans la même grotte, ne mangeoient pas à la même table les mêmes mets, comme on voit dans Milton, Raphaël et Adam manger les mêmes fruits. Calypso (Odyssée 5), après avoir mis elle-même devant Ulysse une table chargée de ce que les mortels peuvent manger et boire, va s'asseoir, et ses Nymphes lui apportent son nectar et son ambroisie. Ces être qui étoient trop spirituels pour se nourrir de nos viandes grossières, en aimoient cependant la fumée. Mercure, arrivant chez Calypso, qui demeuroit aux extrémités de la terre, paroît fort affamé, parce qu'il a fait un si grand voyage, il a traversé une si grande étendue de mers, « sans » trouver sur sa route une seule ville qui fasse des sacrifices. » La ville, que dans une comédie d'Aristophane les oiseaux ont bâtie en l'air, arrêtant la fumée des sacrifices des hommes, qui ne montent plus jusqu'au Ciel, les Dieux y meurent de faim. Dans une comédie de Plaute, un cuisinier se vante de faire un si bon ragoût, que c'est de leur odeur dont Jupiter soupe tous les jours : « Et comment fait-il, dit» on à ce cuisinier, les jours que tu ne travailles pas ? » Le cuisinier répond aussitôt, que Jupiter va se coucher sans souper : *It incœnatus cubitum.*

Tant de sacrifices offerts tous les jours aux Dieux, étoient sans doute très-agréables à leurs prêtres, qui ne se contentoient pas, comme eux, de la fumée des victimes. La magnificence de leurs festins est fameuse, et l'excellence d'un vin le rendoit, comme dit Horace, digne de la table des Pontifes : *Pontificum potiore cœnis.*

Les prêtres trouvoient encore leur compte à faire entendre au peuple, que les Dieux, quoiqu'avides de nos sacrifices, ne les recevoient cependant que lorsqu'ils leur étoient offerts par des mains pures. Il falloit se purifier de toute souillure, avant que d'approcher de leurs autels, même de ceux de Vénus. C'est le jour de sa grande fête que se passe l'action d'une des comédies de Plaute. Toutes les courtisanes vont en pompe à son temple, pour assister aux sacrifices. Un homme qui s'entretient avec une de ces courtisanes, lui demande la permission de la baiser : « Je vous l'accorderai, » lui répond la fille scrupuleuse, au retour de la cérémonie » sacrée : *Mox dabo, cùm ab re divinâ rediero.* »

Ce seul trait pourroit fournir des réflexions sur l'idée que les peuples se faisoient alors de la sainteté de leurs divinités ; je ne veux parler ici que de l'idée qu'ils se formoient de leur félicité. Elle consistoit à habiter de brillans palais, boire le nectar, et mener une vie tranquille, suivant ce passage d'Horace :

>Illum ego lucidas
>Inire sedes; ducere nectaris
>Succos, et adscribi quietis
>Ordinibus patiar Deorum.

La tranquillité de leur vie étoit souvent troublée par des querelles et des divisions ; et la magnificence de leurs palais célestes ne les empêchoit pas de venir souvent sur la terre chercher leurs amusemens. Quoi qu'il en soit, ils étoient dans la gloire, parce qu'ils étoient les habitans de l'Olympe.

Jupiter, ce Dieu qui se plaisoit à lancer la foudre τερπικεραυνος, ce qui n'est pas un plaisir pour un Dieu bienfaisant, alloit souvent sur le mont Ida ; et nous voyons dans l'Iliade, que voulant aller parler aux Dieux, il retourne du mont Ida à l'Olympe, en poussant son char au milieu des airs.

L'Olympe étoit, par rapport à nous, une montagne renversée, et suspendue sur nos têtes. La pointe de son sommet regardoit la terre, et sur la base qui s'étendoit dans le Ciel étoient bâtis tous les palais des Dieux. M. Boivin le jeune a savamment prouvé cette position de l'Olympe, dans une Dissertation imprimée dans le tom. VII des Mémoires de l'Académie des Belles-Lettres. Comment, dira-t-on, Jupiter qui, pour contempler ce qui se passoit sur la terre, alloit se mettre seul à l'écart, tantôt sur le sommet de l'Ida, tantôt sur celui de l'Olympe, pouvoit-il, sans se précipiter, descendre vers le sommet de l'Olympe, qui étoit à ses pieds ; et comment pouvoit il y rester, puisque, suivant Homère, cette pointe de la montagne étoit souvent couverte de neige ? Cette difficulté n'arrête pas ceux qui savent qu'il est égal à un Dieu de marcher comme une mouche, soit de haut en bas, soit de bas en haut, sur un corps élevé; et que la neige ne peut l'incommoder. Elle ne tomboit pas cependant sur la base de l'Olympe, puisqu'elle étoit dans le Ciel. C'est Homère qui nous le dit, Odyssée 6 : « Là est » le siége éternellement stable des Dieux. Il n'est jamais » agité par les vents, ni inondé par les pluies. Jamais les » neiges n'en approchent. Un air pur et sans nuages y » règne de tous côtés, et une blancheur lumineuse le » couvre. C'est là que ces êtres heureux sont tous les jours » dans les plaisirs. » Ces derniers mots sont remarquables : *ils sont heureux, et toujours dans les plaisirs.* Cependant ils en venoient souvent chercher parmi les malheureux mortels, dont les femmes et les filles leur faisoient oublier que l'amour et la majesté ne s'accordent pas bien ensemble; ce qu'oublioient aussi les déesses, dont les plus sages avoient de grandes complaisances pour les hommes : ce qui avoit rempli la terre de héros de race divine, tantôt du côté du père, tantôt du côté de la mère. Puisque Jupiter avoit parmi nous une famille fort nombreuse, il avoit quitté souvent ce palais éclatant d'or que, sur la base de l'Olympe, avoit bâti pour lui Vulcain, qui avoit, sur la même base, construit des appartemens pour les autres Dieux. Junon avoit seule le secret d'ouvrir le sien, dont la clef étoit merveilleuse. Elle s'y enfermoit quand elle s'habilloit, se mettoit seule à sa toilette, et s'y servoit elle-même. Tous les Dieux n'avoient point leur domicile sur l'Olympe; mais tous s'y rendoient, quand Jupiter, qui aimoit souvent à présider, convoquoit un conseil général, tel que celui dont parle Homère, Iliade 20. Cette assemblée importante fut convoquée, non par Iris, ni par Mercure, mais par Thémis; et en un moment toutes les divinités, jusqu'aux Nymphes des bois, des fontaines, des prairies, se trouvèrent sur l'Olympe. Les Dieux s'y transportoient de tous les lieux en un moment. Quelquefois ils prenoient des chars qui, soit qu'ils fussent d'or ou d'argent, traversoient légèrement les airs, emportés par des coursiers immortels comme leurs maîtres. Quand les Dieux se servoient de leurs chars, ils atteloient et dételoient eux-mêmes leurs chevaux. On ne leur rendoit aucun service, si ce n'étoit celui de leur verser à boire ; ce qu'il falloit faire souvent. Le jour, ils étoient presque toujours à table ; le soir, ils s'alloient coucher, et attendoient, comme nous, le retour du soleil, qui, dans l'Odyssée, menace Jupiter de se retirer dans l'Erèbe, pour ne plus éclairer que les morts ; menace qui effraie Jupiter. Ces immortels avoient parmi eux un Dieu médecin, ou plutôt chirurgien, et il leur étoit très-nécessaire, à cause des blessures qu'ils recevoient quand ils se battoient entr'eux, ou avec les hommes. L'empereur Julien qui, dans sa satire des *Césars*, rassemble les Dieux et les Déesses dans un festin, nous assure que toutes ces divinités possédoient la beauté, et une beauté qu'on ne peut décrire, ni comprendre. Cependant Vulcain, boiteux des deux côtés, étoit fort laid et fort mal fait, toujours couvert de sueur, de cendre, de fumée et de crasse ; ce qui l'oblige à prendre une éponge pour se nettoyer, quand il reçoit dans son palais bâti sur l'Olympe la visite de la belle Thétis. Ce Dieu si laid avoit deux femmes, une des Grâces et Vénus ; c'est-à-dire, que la beauté et la grâce accompagnoient tous ses ouvrages. Une divinité si crasseuse, et si bien partagée dans le Ciel, nous apprend l'estime qu'on faisoit alors de l'art de travailler les métaux. Tous ces êtres, dont le peuple a cru ce qu'il a voulu, étoient, pour les poètes comme pour les hommes éclairés, des êtres allégoriques. Jupiter étoit l'Æther, l'air pur ; Junon, l'air grossier : et comme les orages auxquels cet empire est sujet sont suivis d'un grand calme, les querelles entre le mari et la femme sont fréquentes dans l'Iliade ; et après la dispute la plus vive, ils vont se coucher ensemble dans une union conjugale. Dans l'Enéide, c'est Junon qui cause tout le trouble. Dans l'Odyssée, où Homère ne peint

plus l'impétuosité des passions, Junon ne paroît pas, et
Jupiter n'est plus ce Dieu toujours violent, qui menace les
autres Dieux de les précipiter du Ciel dans le Tartare, de
les suspendre à une chaîne; qui menace sa femme et sa fille
de briser leurs chars, de blesser leurs chevaux, et de faire
à elles-mêmes avec sa foudre des blessures qui seront dix
ans à guérir. Il tient deux conseils avec dignité et sagesse.
Dans Virgile, qui peint des mœurs douces, Jupiter voit
tranquillement Junon troubler la terre, la mer et le Ciel;
il la laisse faire, et se contente d'espérer qu'un jour elle
deviendra raisonnable, et pensera comme lui: *Consilia in
melius referet*. Dans le conseil qu'il assemble, il écoute la
dispute entre sa femme et sa fille, sans prendre aucun parti.
Sans avoir rien décidé, il se lève de son trône d'or; et tous
les Dieux, en le mettant au milieu d'eux, le reconduisent
à son appartement; *Cælicolæ medium quem ad limina ducunt*:
honneur qu'ils ne lui rendent jamais dans Homère, parce
que les Dieux de cette première antiquité ignoroient le céré-
monial; ce qui faisoit peut-être une partie de leur bonheur.
Le Ciel poétique de l'antiquité devoit rappeler les hommes
à l'idée d'un pouvoir suprême; mais il faut avouer qu'il étoit
le séjour d'une gloire et d'une félicité bien méprisable.

Si de l'Olympe d'Homère nous passons au Paradis du
Dante, nous trouverons des descriptions qui auront souvent
aussi peu de vraisemblance. Le Dante sortant de son bizarre
Purgatoire, où Virgile, guide qui ne peut aller plus loin, l'a
quitté, attache ses regards sur sa chère Béatrix; et en la
regardant il lui arrive ce qui arriva à Glaucus en mangeant
une herbe, il est déifié: changement qu'on peut faire comprendre par cet exemple, mais non par des paroles:

> Trasumanar significar per verba.
> Non si poria.

Enlevé avec elle vers la lune, il lui demande pourquoi son
corps, malgré sa pesanteur, monte en haut comme les corps

légers. Béatrix le regardant avec cet œil de pitié dont une mère regarde son enfant, dont elle plaint la simplicité, lui fait entendre par un discours philosophique, que les créatures étant faites pour retourner à leur créateur, il leur est aussi naturel de monter, qu'aux ruisseaux de tomber des montagnes. Le Dante enlevé dans les planètes, avertit ceux qui ne sont pas savans, de ne pas le lire; ils ne l'entendront pas : « Vous qui dans une petite barque voulez suivre mon » vaisseau en pleine mer, retournez au rivage, vous m'au- » riez bien.... perdu de vue; » ce qui m'est souvent arrivé en voulant le suivre. J'étois sans doute *in piccoletta barca*. Il va de planète en planète où sont les âmes dans différens degrés de béatitude. Les fronts des Anges, suivant Milton, ne peuvent être obscurcis que par une tristesse qui n'altère point la béatitude; c'est celle que cause une tendre compassion pour les hommes pêcheurs. Les Saints, suivant le Dante, ne se contentent pas de cette tristesse; ils se livrent à une véritable colère, et j'ai rapporté, tom. III, pag. 478, celle de saint Pierre contre ses successeurs. Leurs discours sont semés de traits satiriques fort peu charitables. Dans Saturne, où sont les solitaires contemplatifs, le Dante trouve Pierre Damien, qui après lui avoir raconté comment il fut tiré de sa solitude, pour recevoir ce chapeau qui, en s'agrandissant, va toujours de mal en pis,

Quel capello
Che pur di mal in peggio si travasa,

se plaint de ce que les successeurs des apôtres, qui n'avoient ni pain ni souliers, sont richement habillés, et mettent sur leurs chevaux des housses superbes, en sorte que la même peau sert à deux bêtes :

Si che due bestie van' sotto una pelle
O patientia, che tanto sostenì !

Saint Benoît se plaint de ce que sa règle ne sert plus qu'à

perdre du papier; parce qu'au lieu de la pratiquer on se contente de la copier, et que des habits qui couvroient autrefois des religieux, sont devenus des sacs pleins d'une mauvaise farine :

> E le cocolle
> Sacca son piene di farina ria.

Le Dante, après avoir rendu compte de sa doctrine, et avoir été interrogé sur la Foi, par saint Pierre ; sur l'Espérance, par saint Jacques ; sur la Charité, par saint Jean l'Evangéliste, est enlevé dans le neuvième Ciel, qui est le premier mobile où il voit les neuf chœurs des Anges. Enfin il est enlevé jusqu'à l'Empyrée, où est le vrai Paradis en forme de rose ; les Saintes et les Saints, rangés suivant leur degré de béatitude, en sont les feuilles. Au-dessus de la rose, est le trône de Dieu. Les Anges vont et viennent de ce trône à la rose. Une lumière qui s'étend en forme circulaire, seroit pour le soleil une ceinture trop large ; et cette lumière environne la rose, où sont les Saints d'un côté, les Saintes de l'autre. « A côté de Marie, est celle qui causa la plaie que Marie a refermée. » A côté d'Eve est Rachel, que suit Béatrix, qui de loin fait un sourire à son cher Dante, son ancien amant, et fait en sorte par son crédit, qu'elle obtient pour lui la permission de contempler le trône de la lumière. Il lève les yeux en haut, et voit qu'au fond de cette lumière est lié avec un lien d'amour tout ce qui est dans l'univers ; c'est-à-dire, que la perfection de tous les êtres créés est éminemment en Dieu. Il y voit les formes et les accidens ; et compare son étonnement (étonnante comparaison !) à celui de Neptune, quand il vit sur les eaux l'ombre du vaisseau des Argonautes. Il voit la Trinité, c'est-à-dire, un Arc-en-Ciel de trois couleurs. Il voit l'humanité unie à la divinité. Il voudroit décrire ce qu'il a vu ; mais ici le pouvoir manque à une si grande entreprise. Dieu le veut. Il se conforme à sa volonté, et finit son poëme, qui certainement n'est ni épique, ni héroïque, mais souvent en sujets très-sérieux, fort comique.

Le Pulci nous a fait en sa manière une description du Paradis. Un géant blessé à mort par Roland, lui demande le baptême, que lui donne Roland accoutumé à baptiser ceux qu'il tue. Ce géant voit le Ciel ouvert, et demande à Roland: « Qui est celui qui est assis sur un trône de lumière? » « Notre Seigneur, répond Roland. » « Qui est celle qui est près de lui, accompagnée d'un si bel Ange? » « La mère de Jésus-Christ; près d'elle est l'Ange qui vint lui dire: *Ave, Maria.* » « Qui sont ces douze couronnés? » « Les douze Apôtres. » « Et ces trois dames? » « Les trois Maries. » « Qui est cet homme qui demande pardon? » « Adam. » « Et ce vieillard qui chante? » « Joachim. » « Qui sont ceux qui tiennent des livres? » « Les Prophètes. » Le géant voit ensuite les chœurs des Anges; et Roland, après lui avoir expliqué leurs différentes hiérarchies, le voyant prêt à expirer, lui donne sa bénédiction, et, frappé d'une mort si heureuse, paroît comme saint Paul, dans son ravissement, appelant morts ceux qui restent encore dans cette vie :

> Paul pareva al Ciel ratto,
> Chiamando morto chi in vita è restato.

Roland fera une mort encore plus heureuse. Dans la terrible déroute arrivée à Roncevaux, perdant toute espérance, il veut d'abord casser sa fameuse épée sur un rocher, mais l'épée coupe le rocher comme une rave; et les pèlerins qui vont en Galice, voient encore ce rocher coupé. Roland résolu de mourir, se confesse à l'archevêque Turpin, qui lui donne pour pénitence un *Pater* et un *Miserere.* Alors l'Ange Gabriel descend, et après avoir vanté les exploits de Roland, qu'il compare à Achille, lui apprend que Dieu est prêt à le recevoir dans son Paradis. Aussitôt Roland se donne tant de coups dans la poitrine, qu'on l'eût pris pour saint Jérôme, et après avoir embrassé l'archevêque Turpin, expire. Son âme est emportée par les Anges, qui chantent *In exitu Israël*. On entend chanter dans le Ciel le *Te Deum* et le *Salve*. De pareils poètes ont-ils été plus sages que ceux de l'antiquité ?

La félicité des habitans du Ciel est celle que dit Milton : « Debout, en la présence du Tout-Puissant, ils goûtent, en » le voyant, cette béatitude qui surpasse toute expression. » Ils ne voient pas cependant la gloire même de celui que sa lumière rend invisible, mais sa gloire réfléchie sur le visage de son Fils. C'est de cette seule manière qu'il est visible à ses créatures. Quand il est seul avec son Fils, il n'est point enfermé dans cette nuée, dont, à cause de ses Anges, pour les laisser approcher, il couvre son excessive lumière, ne laissant échapper que l'extrémité de ses rayons, dont le Ciel est encore ébloui ; ce qui oblige le plus brillant Séraphin à couvrir ses yeux de ses deux ailes. Son trône est élevé sur une très-haute montagne, et le trône de son Fils est à sa droite. Les Anges qui environnent ces trônes, et chantent des cantiques, ont des couronnes d'or et d'amaranthe, et des harpes d'or. Quand l'Eternel leur parle, ils entendent seulement sa voix, qui sort de cette nuée, qui est son temple. Le séjour du bonheur est celui de l'amour, parce que « sans amour point de bonheur, dit » Raphaël à Adam. » Les Anges n'ont d'autres chagrins que ceux que nous leur causons par nos fautes ; « Mais, » dit Milton, la tristesse que cause la compassion n'altère » point la béatitude. » Tel est le Ciel de Milton, dont on ne doit pas chercher la description dans le cinquième et le sixième livre, où Raphaël emploie des images convenables à la portée d'Adam.

ARTICLE VI.

DE LA MORALE.

Le poëme ayant été inventé pour récréer les esprits,

comme dit Horace, *animis natum, inventumque poëma jucandis*, le premier objet des poètes est de nous amuser; le second, de nous instruire. Ils n'y sont pas obligés; la poésie sans instruction est toujours poésie, mais est moins estimable, et même moins recherchée; parce que, quoique nous n'aimions pas l'instruction, nous estimons l'art de la donner sans paroître la donner : ainsi les poëmes qui réunissent l'agréable et l'utile, sont ceux, comme le dit le même Horace, qui font la plus grande fortune.

Voilà donc les poètes engagés par leur propre intérêt à nous instruire; et dans quelle espèce de poésie y seront-ils plus engagés que dans celle qui est la plus rare production de l'esprit humain? Tout homme capable d'y réussir, a un génie si grand, et par conséquent si solide, qu'il lui est impossible d'entreprendre un poëme épique sans avoir en vue l'utilité des hommes.

Il me paroît donc qu'il est aisé de s'accorder sur une question en elle-même assez indifférente, à laquelle a donné lieu le sentiment du P. le Bossu, adopté par madame Dacier, suivant lequel la fable épique est de même nature que l'apologue, qui doit avoir pour fondement une moralité; en sorte que le poëte épique doit faire ce que faisoit Esope, choisir sa moralité, ensuite ses acteurs, et construire sa fable : et de même qu'Esope, pour débiter une vérité, pouvoit choisir d'autres acteurs que le loup et le renard, Homère, pour les deux moralités qu'il a voulu être les fondemens de ses deux poëmes épiques, a pu choisir d'autres héros; mais il n'a construit sa fable, comme Esope, qu'en conséquence de la moralité qu'il vouloit prouver.

Cette comparaison entre Homère et Esope, la fable et l'apologue, ne me paroît pas juste, et est peut-être une erreur dont une équivoque de mots est la cause. L'apologue, que nous nommons fable, est nécessairement une allégorie instructive : sans cet objet, feroit-on parler des animaux?

Ce que nous appelons fable dans la poésie épique et dramatique, est la composition des choses, la conduite de l'action. Elle n'est pas nécessairement instructive ; mais quand il en résulte nécessairement une vérité morale, le poëme est plus parfait.

Il faut être aveugle, pour ne pas voir que le grand objet d'Homère est de rendre les hommes meilleurs. Il eût chanté la prise de Troie, s'il eût voulu chanter la gloire de sa nation. Il y songe si peu, qu'il rapporte les fautes des Grecs, comme celles des Troyens : *Iliacos intra muros peccatur et extra*. Il ne loue aucun prince de son temps, et l'on ne remarque dans ses deux poëmes aucun endroit où il ait cherché à faire sa cour à quelque protecteur. Jamais poète ne fut peut-être plus pauvre, et cependant jamais poète n'a moins prodigué l'encens. On lui reproche seulement d'avoir nommé un Moron, qui fit présent d'un excellent vin à Ulysse, parce que, dit-on, il vouloit immortaliser un homme de ce nom, qui lui avoit fait un pareil présent, et qu'il aimoit fort le vin. Quand les poètes ne feront qu'un pareil usage de l'encens poétique, ils ne seront pas fort coupables; on leur pardonnera même d'aimer le vin, quand il leur fera faire d'aussi bons poëmes, et aussi instructifs que ceux d'Homère.

Je ne prétends pas m'arrêter à faire voir combien de leçons de morale il donne : elles sont infinies; et l'art avec lequel il les donne, sans les annoncer, fait dire à Pope, que si on ne sait pas les découvrir, on perd en le lisant un grand nombre de beautés. Hector est un homme sage, qui sert bien sa patrie, et fait souvent des sacrifices aux Dieux : après sa mort, les Dieux le protègent, et empêchent Achille d'outrager son corps. Pourquoi, dira-t-on, ont-ils permis qu'il fût tué ? Il étoit d'une famille coupable : il avoit part à l'offense ; il avoit même trop de complaisance pour Hélène, comme on le voit par ce qu'Hélène dit de lui après sa mort. Mais les Dieux sauvent Enée des mains d'Achille ; pourquoi ? Homère le dit : « Il n'a point de part » à l'offense ; faut-il qu'il périsse pour les fautes d'autrui ? » Loin de périr, lui et sa famille régneront éternellement sur les Troyens ; ce qui nous apprend (soit dit en passant) que l'action de l'Enéide a pour fondement un fait très-faux : ce qui est indifférent à la poésie.

Homère vivoit dans une nation où l'on n'aimoit point le pouvoir arbitraire des rois ; il fait voir les malheurs que causent à leurs sujets les caprices de ces rois, qu'il nomme *mangeurs de peuples*. En même temps, par une autre épithète, il fait entendre que leur autorité vient du Ciel ; et il le dit sans paroître le dire, lorsque comptant toutes les mains par lesquelles a passé le sceptre que porte Agamemnon, avant que de venir dans les siennes, son énumération remonte jusqu'à Jupiter. La ceinture de Vénus est cause que le maître des Dieux perd l'attention qu'il donnoit à des affaires très-sérieuses, et tombe dans le sommeil, dont il se repent bientôt après. Pénélope qui a toujours négligé sa beauté, étant prête à revoir Ulysse, pendant un sommeil que Minerve lui a envoyé, cette Déesse lui met du fard. Pour mettre du fard à une Pénélope, il faut qu'elle dorme, et que ce soit pour la rendre plus aimable aux yeux d'un mari qui revient après vingt ans d'absence. Un tel fard n'est point mis par Vénus, mais par Minerve. J'ai déjà remarqué qu'on ne trouve point dans Homère d'adieux tendres entre amant et maîtresse, mais entre Hector et Andromaque. Vénus méprisée dans le Ciel, est outragée par Diomède, et insultée par Hélène. Le Dieu de la guerre est un emporté, un inconstant, un cruel, que Jupiter même déteste, quoiqu'il soit son fils ; ce qu'il lui déclare dans cet endroit que Rousseau a imité :

> Va, tyran des mortels, Dieu barbare et funeste,
> Va faire retentir tes regrets loin de moi ;

> De tous les habitans de l'Olympe céleste,
> Nul n'est à mes regards plus odieux que toi.

Ce poète ne faisoit pas sa cour aux héros de son temps, lorsqu'il parloit mal de Mars et de Vénus, les deux divinités dont le règne étoit alors le plus étendu. Les princes étoient souvent en guerre, et des enlèvemens de femmes étoient la cause des divisions. Les poètes sages, qui étoient des philosophes, avoient pour objet, comme dit Horace, d'adoucir la férocité des mœurs de leur temps, et d'enseigner les lois du mariage: *concubitu prohibere vago*; et c'est parce qu'Homère écrivoit dans ces temps où les hommes se livroient à toute l'impétuosité des passions, que dans ses deux poëmes, par des exemples tout contraires, il enseigne la même moralité. Dans l'un, il représente les malheurs qui suivent les passions violentes, l'imprudence et la colère; dans l'autre, la récompense qui suit la prudence et la patience. Ulysse est un modèle de malheur et de patience. Tous les maux qu'il a soufferts dans ses voyages n'approchent point de ceux qu'il souffre lorsqu'il arrive chez lui sous la figure d'un mendiant. Insulté par tout le monde, même par un gueux qui lui dispute une place à la porte, on lui jette à la tête tantôt un marchepied, tantôt une escabelle, tantôt un pied de bœuf. Par sa patience et la protection des Dieux, il viendra à bout de se venger, et le désordre cessera.

On accuse Homère d'enseigner la fatalité, et Dryden disoit que son Jupiter n'étoit que le gardien du livre des destins: « Il n'est pas étonnant, a répondu Pope, que sur une ques- » tion que nos théologiens et nos philosophes ne peuvent » nous expliquer, il y ait des contradictions dans Homère; » mais sans cesse il fait entendre que l'homme est libre, » et coupable de ses fautes; » et il faut être aveugle (je le répète) pour ne pas voir que son grand objet est de rendre les hommes meilleurs.

On ne trouve rien dans l'Enéide qui ne porte à la vertu; et Virgile est occupé du bien public, quoique poète courtisan.

L'Enéide est ce temple qu'il annonçoit à Auguste, dans ses géorgiques :

> In medio mihi Cæsar erit, templumque tenebit.

Cependant, en louant toujours Auguste, il lui présente dans son héros toutes les qualités d'un bon prince ; et en même temps, comme Rome étoit venue au point que son meilleur parti étoit celui de se soumettre à l'autorité d'un seul, il fait voir aux Romains que la volonté du Ciel est qu'ils aient pour maîtres les Césars ; en sorte qu'il a toujours en vue le bien de son prince et celui de sa patrie.

Un poète est bien plus estimable, lorsqu'il a en vue le bien général des hommes, et leur bien véritable, en les rappelant à ce qu'ils doivent à Dieu. On ne dira point que le Tasse, en faisant toujours parler d'amour à ses héros chrétiens, ait eu un objet si grand ; et l'on ne dira point que Milton en ait pu avoir un autre.

On peut l'accuser d'arianisme, et d'avoir admis avant la création une matière première ; mais j'ai assez prévenu dans mes notes sur ses erreurs, pour n'avoir plus à parler ici que des grandes vérités qu'il nous annonce, et de ses leçons de morale.

C'est à tous les hommes que sont données celles qu'un Ange descendu sur la terre vient donner à Adam ; et lorsqu'il lui recommande d'avoir une sagesse humble, de borner sa curiosité sur les mystères de la nature, et de ne pas s'embarrasser qui tourne, du soleil ou de la terre, c'est à tout homme qu'il dit :

> Laisse à Dieu son secret, et songe à l'adorer.

Nos premiers pères, soit dans l'inexprimable félicité dont les fait jouir leur innocence, soit dans les troubles affreux qui suivent la perte de cette innocence, nous donnent d'importantes leçons ; mais celles qui nous frappent encore plus que les leurs, et plus même que celles d'un Ange, sont celles que

SUR LE POEME EPIQUE.

que nous donne Satan. Quel meilleur prédicateur que le grand ennemi du bien, quand il avoue tout ce qu'il souffre, et qu'il fait connoître que ses tourmens les plus cruels ne sont pas ceux des Enfers? Dans son désespoir, il a paru d'abord accepter ce séjour avec satisfaction, parce qu'il y régneroit :

> J'accepte tes horreurs, cruel empire; et toi,
> Abyme ténébreux, accepte aussi ton roi.
> Je t'apporte un esprit que ton horreur extrême
> Ne peut jamais changer, et qui seul en moi-même,
> Fait de l'Enfer un Ciel, et du Ciel un Enfer.

Mais lorsque sorti de ce séjour il voit la lumière du soleil, il s'écrie :

> Triste image pour moi, de celui qui m'a fait !
> Que ta clarté m'afflige, et que mon cœur te hait !
> Ta splendeur, ô soleil, rappelle à ma mémoire,
> Quel éclat fut le mien dans le temps de ma gloire.

Il se maudit lui-même :

> Amour d'un Dieu, pour moi plus fatal que sa haine,
> Sois maudit ; ou plutôt sois toi-même maudit,
> Déchiré de remords, et de honte interdit.
> N'impute, malheureux, ton malheur qu'à toi-même.

Il se flatte qu'étant le Dieu du mal, il partagera l'empire avec ce Dieu dont il veut se venger. Cette vengeance est toute son ambition; et il nous apprend ce que c'est que l'ambition et la vengeance, lorsque prêt d'entrer dans le corps du serpent, il fait ces réflexions : « O honteux abais- » sement ! Je vais m'unir à cette fange méprisable ; mais » jusqu'où ne doit point s'abaisser l'ambition....? Que la » vengeance, qui est si douce d'abord, devient bientôt » amère ! J'éprouve qu'elle est elle-même son supplice. » Tout ce qu'il voit de beau redouble son désespoir. Il seroit plus malheureux sur la terre que dans l'Enfer; il seroit encore plus malheureux dans le Ciel. Il faut donc qu'il retourne dans l'Enfer. Il ne cherche qu'à se cacher.

Sitôt qu'Adam est devenu coupable, il veut aussi se cacher, et il déteste l'éclat de la lumière :

> Je rougis de me voir, et je vais désormais
> Me cacher dans le sein des bois les plus épais.
> O cèdres, redoublez vos ombres charitables;
> O chênes, étendez vos branches favorables :
> Puissé-je, enseveli dans votre obscurité,
> Eviter du soleil l'importune clarté !

Sera-t-il donc plus heureux dans les ténèbres ?

> Quel désordre en son cœur, quel tumulte terrible !
> Le silence régnoit, la nuit étoit paisible;
> Mais il ne trouve plus dans sa tranquillité,
> Cette douce fraîcheur, cette sérénité,
> Que dans toutes les nuits goûtoit son innocence.
> L'obscurité l'effraie; il craint jusqu'au silence.

Voilà donc l'état d'un être infidèle à son Dieu. Il doit attendre de la part d'une justice infinie, une punition infinie. C'est cette punition que Milton nous représente à l'ouverture de la scène, et quand l'action de son poëme finit. Mais que les deux spectacles sont différens ! A l'ouverture de la scène, on voit des millions d'Anges étendus sur le lac de feu, et précipités dans un abyme où l'espérance n'entrera jamais, parce que l'Ange rebelle éprouvera combien Dieu est infini dans ses vengeances. Quand l'action se termine, on voit un Ange, ministre des arrêts du Ciel, qui conduit par la main deux créatures coupables, au lieu de leur exil, en les consolant par de grandes espérances; parce que l'homme infidèle doit éprouver combien Dieu est infini dans ses miséricordes.

La grande leçon de l'obéissance qu'on doit à Dieu, est donc celle qui est donnée depuis le commencement jusqu'à la fin, dans l'ouvrage d'un homme qui, toute sa vie ennemi de toute autorité, ne vouloit reconnoître aucun joug. C'est ce même poète qui dépeint si vivement les malheurs où l'esprit d'indépendance a précipité cet être qui, sitôt qu'il apprit qu'il devoit adorer le Fils comme le Père, s'écria :

> Quoi, deux maîtres, deux rois ! C'étoit déjà trop d'un.

Milton, non content de nous instruire de l'obéissance qu'on doit à Dieu, nous apprend combien peu cette obéissance doit coûter à une créature, qui même depuis qu'elle est devenue coupable, est toujours l'objet de l'amour de son Dieu.

Les païens ont souvent regardé la divinité comme ennemie des hommes, et mettant son plaisir à leur faire du mal. Dans les bizarres systèmes de quelques-uns de nos philosophes modernes, la divinité, assez indifférente pour l'homme, l'a placé comme une roue qui entre dans la machine de l'univers; et malgré son état misérable, n'ayant point à se plaindre d'un Dieu qui ne lui devoit pas davantage, il doit trouver tout bien. Un poète éclairé par une religion qui lui apprend que la divinité a daigné s'unir à l'humanité, nous donne une idée bien différente de notre grandeur.

C'est pour l'homme annoncé aux Anges, et attendu par eux depuis long-temps, qu'est d'abord créé ce vaste univers, pour être le palais de son souverain. Il y est placé dans un jardin délicieux, et ce jardin est le point de vue de l'Eternel, qui du haut de son trône veut toujours voir le lieu qu'habite son ouvrage favori. Il envoie ses Anges faire la garde dans ce jardin; et par son ordre, un des plus brillans Séraphins va dans sa propre forme lui rendre visite, s'asseoir à sa table, converser avec lui comme avec son frère : « Ils sont tous deux serviteurs du même maître; » il doit devenir leur égal; il est destiné à remplacer les Anges tombés, après qu'il aura passé un certain temps dans ce jardin, fidèle à un seul précepte très-facile à observer.

Il ne l'observera pas. Sa chute est annoncée par l'Eternel, au milieu de sa céleste cour. Aussitôt le Fils demande grâce pour l'homme ; et comme il faut que la justice infinie du Père soit satisfaite par une victime infinie, le Fils s'offre à être lui-même cette victime. Le Père l'accepte ; et tous les Anges célébrant la clémence du Père et l'amour du Fils, chantent : « O amour sans exemple. »

L'homme, malgré tous les secours qu'il a reçus pour résister à une séduction, devient coupable, et voit arriver son juge ; mais ce juge est ce même Fils qui s'est offert d'être sa victime, et qui doit l'être un jour. Au milieu « d'un air tranquille, dans une colère encore plus tran- » quille, » il vient sans cortége, pour épargner au coupable la honte d'être condamné devant des témoins ; et après lui avoir prononcé son arrêt d'un ton de voix fort doux, il le couvre d'un vêtement, contre les injures de l'air.

Le criminel, surpris lui-même de la bonté de son juge, la fait remarquer à la complice de son crime :

> Quand il nous prononça cet arrêt si sévère,
> Vîmes-nous éclater en lui quelque colère ?
> Ses regards n'annonçoient que bonté dans son cœur ;
> Jusqu'au ton de sa voix, tout n'étoit que douceur.
> Il ne paroissoit pas nous juger, mais nous plaindre.
> Contre un froid, qui pour nous maintenant est à craindre,
> Lui-même de ses mains il daigna nous couvrir.
> Ah, sans doute il se laisse aisément attendrir !

Prosterné sur la poussière, il passe une nuit dans les soupirs et les gémissemens. Etonné, quand il se relève, de la paix qu'il sent renaître dans son cœur, il s'écrie : « Il » faut bien qu'un soupir, sorti rapidement du cœur humain, » soit porté jusqu'au lieu où Dieu réside. » Pouvoit-il se l'imaginer, lorsqu'il ignoroit qu'il avoit dans le Ciel un avocat, qui ayant reçu ses soupirs, et les ayant couverts d'encens, les avoit présentés lui-même à son Père, en les appelant « des fruits provenus dans le cœur de l'homme, » d'un parfum plus agréable que tous ceux que ses labo- » rieuses mains eussent fait produire à tous les arbres du

» Paradis, avant la perte de son innocence? » Voilà donc l'homme devenu, pour ainsi dire, plus agréable à Dieu depuis son péché, parce qu'en effet Dieu le voit déjà racheté par son Fils.

Les châtimens qu'il doit souffrir seront pour lui des faveurs ; et cette mort, dont le nom seul l'a tant effrayé, sera pour lui la porte d'une vie nouvelle : et c'est afin que cette porte lui soit plutôt ouverte, pour qu'il sorte plutôt d'une terre maudite, que l'ordre de l'univers est dérangé, afin que l'inconstance des saisons et le trouble des airs abrègent ces jours malheureux qu'il doit traîner dans un pénible exil. C'est ce qu'il apprend par l'Ange exécuteur de la céleste vengeance, qui lui apprend encore que cette mort, qui ne le détruira point, sera elle-même détruite par celui qui, après avoir été long-temps promis, viendra sur la terre ; où après avoir, d'un prix infini, « payé à la justice infinie » notre rançon, annullé notre sentence de condamnation, il » écrasera la tête du Serpent. » Victorieux de nos ennemis, il retournera en triomphe dans le Ciel reprendra sa place à la droite de son père, d'où il conduira son Eglise jusqu'au jour où « il citera les nations devant son tribunal redoutable ; » et en présence de ses Saints, il précipitera les Anges » perfides, il saisira le prince de l'air, et la Mort sera » désarmée de son dard fatal. L'enfer sera scellé. L'univers » sera en feu ; et de cette masse que les flammes auront puri- » fiée, sortiront de nouveaux Cieux, et une nouvelle terre. » Alors se fera le grand renouvellement des justes. L'Homme » sera renouvelé, ainsi que la terre et le Ciel. Le peuple » choisi, et racheté, restera dans la joie et la félicité, ne » faisant qu'un avec le Fils, qui ne fait qu'un avec le Père. » Dieu sera tout en tous. »

C'est ainsi que Milton faisant voir que Dieu exécute fidèlement ses antiques pensées, *cogitationes antiquas fideles*, dans lesquelles depuis le commencement du monde jusqu'à son dernier jour, il a pour objet la gloire de son fils, et la nôtre, « justifie aux yeux des hommes les voies de la Provi- » dence, » développe toute la suite de ses desseins, fait connoître « cette bonté infinie, qui du mal produit le bien, » change le mal en bien ; miracle encore plus grand que » celui qui, dans la création, fit sortir la lumière des té- » nèbres : » et si les biens infinis dont nous accable cette bonté nous font contracter avec elle une dette infinie, il nous apprend qu'il est aisé de l'acquitter ; parce « qu'un » cœur pénétré de reconnoissance, en devant ne doit plus, » puisqu'il paie sans cesse, et que tout à la fois il contracte » la dette et l'acquitte, » et parce qu'enfin « l'amour est » l'âme de toutes les vertus. »

Lorsqu'Horace dit qu'Homère, plus grand maître de morale que les philosophes, apprend mieux qu'eux aux hommes ce qui leur est utile, quel éloge ne mérite pas Milton, qui, s'il n'a pas porté le poëme épique à la plus grande perfection poétique, l'a certainement rempli de la plus grande utilité, et l'a élevé à la plus respectable majesté qu'il puisse avoir ? Quand on a donné une attention sérieuse à un poëme qui, dans un style souvent sublime, contient tant de choses solides, on ne se sent plus de goût pour la lecture de ces poëmes appelés autrefois *divins*, où tout est frivole. C'est peut-être ce qui est cause que dans mes notes et mes deux discours, je n'ai pas assez ménagé les poètes italiens. Je leur rends la justice qui leur est due : je leur accorde des beautés dignes d'être vantées ; mais pourquoi, dans leurs poëmes, dans leurs tragédies, dans leurs innom- brables sonnets, ne trouve-t-on rien de grand ? Pourquoi, dans une nation où la peinture a rendu les plus grands sujets de la manière la plus sublime, la poésie n'a-t-elle pu approcher du sublime ? Pourquoi même ces poètes qui veulent sans cesse parler amour, ne parlent-ils jamais le langage de la nature? Ceux qui poussent trop loin l'admiration pour eux, m'accuseront cependant de ne les avoir point assez respectés. Je serai criminel devant eux, mais innocent, à ce que j'espère, devant les Muses qui inspirèrent Homère, et devant cette Uranie qu'invoquoit Milton.

FIN DU TOME QUATRIÈME.

TABLE EXPLICATIVE
DES MATIÈRES
CONTENUES DANS CE VOLUME.

Sommaire du livre septième du Paradis perdu.. Pag. 2
Le Paradis perdu, livre septième. 3
Notes du livre septième. 30
Sommaire du livre huitième. 58
Livre huitième. 59
Notes du livre huitième. 88
Sommaire du livre neuvième. 114
Livre neuvième. 115
Notes du livre neuvième. 169
Sommaire du livre dixième. 208
Livre dixième. 209
Notes du livre dixième. 258
Sommaire du livre onzième. 302
Livre onzième. 303
Notes du livre onzième. 343
Sommaire du livre douzième. 372
Livre douzième. 373
Notes du livre douzième. 400
Avertissement sur les remarques d'Addisson sur le Paradis perdu. 426
Discours I. 427
Discours II. 433
Discours III. 439
Discours IV. 444
Discours V. 450
Discours VI. 454
Discours VII. 460
Discours VIII. 467

Discours IX............................ Pag. 474
Discours X............................... 481
Discours XI.............................. 489
Discours XII............................. 495
Discours XIII............................ 500
Discours XIV............................ 506
Discours XV............................. 512
Discours XVI............................ 519
Discours XVII........................... 527
Discours XVIII.......................... 533
Discours sur le poëme épique à l'occasion des remarques d'Addisson sur celui de Milton........... 539
Article Ier. L'action................. 542
De l'exorde et de l'invocation............. 546
Article II. Des mœurs.................... 548
Article III. Des sentimens................ 552
Article IV. Du style..................... 557
Article V. Du merveilleux................ 561
De l'enfer des poètes.................... 568
Du ciel des poètes....................... 576
Article VI. De la morale................. 587

FIN DE LA TABLE DU QUATRIÈME VOLUME.

www.ingramcontent.com/pod-product-compliance
Lightning Source LLC
Chambersburg PA
CBHW060304230426
43663CB00009B/1575